LAW & BUSINESS

法商丛书

商标注册与保护实务

Practice of Trademark REGISTRATION and PROTECTION

吴　凯　宋振山　刘淑华 / 主编

法律出版社 | LAW PRESS

北京

图书在版编目(CIP)数据

商标注册与保护实务 / 吴凯，宋振山，刘淑华主编
. -- 北京 ：法律出版社，2022
ISBN 978 - 7 - 5197 - 6848 - 5

Ⅰ. ①商… Ⅱ. ①吴… ②宋… ③刘… Ⅲ. ①商标法
– 研究 – 中国 Ⅳ. ①D923.434

中国版本图书馆 CIP 数据核字(2022)第 110617 号

商标注册与保护实务
SHANGBIAO ZHUCE YU BAOHU SHIWU

吴 凯 宋振山 刘淑华 主 编
王 辉 杨 莉 副主编

策划编辑 肖 越
责任编辑 肖 越
装帧设计 汪奇峰

出版发行 法律出版社
编辑统筹 法商出版分社
责任校对 晁明慧 王 皓
责任印制 胡晓雅
经 销 新华书店

开本 710 毫米 × 1000 毫米 1/16
印张 32.5 **字数** 503 千
版本 2022 年 7 月第 1 版
印次 2022 年 7 月第 1 次印刷
印刷 天津嘉恒印务有限公司

地址：北京市丰台区莲花池西里 7 号(100073)
网址：www.lawpress.com.cn
投稿邮箱：info@lawpress.com.cn
举报盗版邮箱：jbwq@lawpress.com.cn

销售电话：010 – 83938349
客服电话：010 – 83938350
咨询电话：010 – 63939796

书号：ISBN 978 – 7 – 5197 – 6848 – 5
定价：136.00 元

凡购买本社图书，如有印装错误，我社负责退换。电话：010 – 83938349

吴 凯

1971年5月生，甘肃天水人，中国人民大学法律硕士，研究领域为知识产权法。在国家知识产权局商标局审查处和异议处等业务部门工作，熟悉商标申请、商标审查、商标异议等业务，对于审查业务有深入的研究，对于疑难案件善于找出主要矛盾。在商标确权领域有丰富的实践经验，曾参与商标便利化改革的宣讲活动，为国家知识产权局骨干人才，著有《中国商标注册与保护》（合著）一书，曾在《中华商标》、《电子知识产权》、《中国知识产权报》、《中国工商报》和《商标通讯》等报刊发表二十多篇专业文章。

宋振山

1973年8月生，黑龙江佳木斯人，中国政法大学法律硕士，研究领域为知识产权法、公司法。现任北京市京广律师事务所主任、创始合伙人，北京市大兴区律师协会副会长，北京市大兴区人民政府法律顾问，大兴区五届政协常委，北京市律师协会代表、监事，大兴区行政复议委员会兼职委员，邯郸仲裁委员会仲裁员。擅长政府法律事务、房地产及建设工程、刑事辩护、公司法律事务、知识产权、企业法律顾问及其他重大民商事争议诉讼、仲裁等业务。曾获全国优秀律师，北京大兴国际机场建设工作先进个人，北京市法律服务村居行优秀公益律师，北京市法律援助先进个人，北京市法律服务进企业、进社区、进村庄法律服务之星，北京市大兴区优秀律师奉献奖。

刘淑华

1975年10月生，湖南桃江人，中国人民大学法学博士，美国约翰·马歇尔法学院高级访问学者，主要研究领域为知识产权法、知识产权政策等。现任北京市京广律师事务所高级事业合伙人、知识产权部主任。兼任重庆理工大学重庆知识产权学院教授，刘春田宿迟金克胜工作室学术处主任。原国家知识产权局知识产权发展研究中心副研究员。国家知识产权局首批骨干人才和第四批高层次人才。中国知识产权法学研究会理事，英国皇家特许仲裁员协会会员，厦门仲裁委员会仲裁员，北京市律师协会涉外法律人才。具有二十多年从事知识产权法学习研究的知识背景，参与承担国家级知识产权相关研究项目六十多个，参编著作二十多部，发表论文五十多篇，十三次获得个人相关荣誉证书，有七篇论文获得国家知识产权局相关奖励。其中，代表性著作《试论知识产权的私权属性及其公权化趋向》一文发表于《中国法学》，其论文引证率高达五百多次，是知识产权领域传播较为广泛的学术成果。

《商标注册与保护实务》
编 委 会

主　编　吴　凯　宋振山　刘淑华

副主编　王　辉　杨　莉

编委会顾问

李建昌　原国家工商行政管理总局商标局局长

王学政　原国家工商行政管理总局法规司司长

马　夫　中华商标协会会长

于智勇　山东省市场监督管理局(知识产权局)副局长

侯丽叶　原国家工商行政管理总局商标评审委员会副主任

程永顺　原北京市高级人民法院知识产权庭副庭长、高级法官

刘继祥　原北京市高级人民法院民三庭高级法官

罗国海　国家知识产权局上海商标审查协作中心主任

刘建新　国家知识产权局广州商标审查协作中心主任

刘西怀　国家知识产权局郑州商标审查协作中心主任

徐云洛　国家知识产权局济南商标审查协作中心主任

林振强　国家知识产权局济南商标审查协作中心副主任

周　欣　国家知识产权局重庆商标审查协作中心副主任

编委会成员

按照本书章节写作顺序排列

宋振山　吴　凯　王　辉　杨　莉　刘淑华　马红玉　李　琼
尚志阳　侯文科　庞伟卿　任　丽　黄奚珣　宋汝宁　杨　虹
张彦宾　宋梓睿　杜燕辉　尹延昭

审稿专家

冯晓青　中国政法大学教授博士生导师
张月梅　原国家工商行政管理总局商标评审委员会案件处调研员

出 版 说 明

商标是产品进入市场的通行证，是市场主体重要的战略资源和无体财产。正如世界知识产权组织总干事邓鸿森所指出的，“商标是知识产权世界的面包和黄油”，认为商标对企业家和企业而言是如此重要，相比专利而言，品牌才是每个企业所必需的，企业需要用品牌吸引消费者，需要用品牌传达自己的使命。我国自改革开放以来，十分重视对商标的法律保护，并且近年来呈现不断加强商标权保护的发展趋势。在《国民经济和社会发展第十四个五年规划和2035年远景目标纲要》中，明确要求“健全知识产权保护运用体制”。2020年11月30日，习近平在中央政治局第二十五次集体学习时提出，要加强知识产权保护工作顶层设计、提高知识产权保护工作法治化水平、强化知识产权全链条保护、统筹推进知识产权领域国际合作和竞争、维护知识产权领域国家安全，突出强调了我国对强化知识产权保护的坚定决心。2021年9月22日，中共中央、国务院印发了《知识产权强国建设纲要（2021—2035年）》，提出全面提升知识产权创造、运用、保护、管理和服务水平。随着我国商标法律制度的不断发展完善，在党中央国务院关于强化知识产权保护方针政策的指引下，我国商标事业发展不断迈入新的阶段，取得显著成效。2020年，我国商标注册量为576.1万件。截至2020年年底，有效注册商标量3017.3万件。2020年，我国商标异议申请13.4万件，商标评审案件申请36.7万件，中国申请人提出马德里商标国际注册申请7553件。截至2020年年底，我国累计批准地理标志产品2391个，核准专用标志使用企业9479家，累计注册地理标志商标6085件。

面对我国商标事业蓬勃发展的趋势，为了满足广大市场主体对于国内外商标注册和保护的切实需求，本书编委会邀请了我国商标注册与保护实务界的相关领导组成专家顾问团队，以长期从事商标保护工作的专业人士和北京市京广律师事务所知识产权部的全体律师作为编委会成员，组织编写《商标注册与保护实务》，以期对相关市场主体和社会公众进行商标注册与保护实务提供参考和指引。

本书以我国商标制度的现行立法、行政保护以及司法实践，以商标注册和保护的相关知识和实务操作为出发点，通过大量的、真实的典型案例生动形象地展示法律条款的内涵和适用规则，以及司法实践中法官的裁判思维。本书共分为六编，第一编是对商标、商标权、商标法、商标权的利用等基础知识的阐述与梳理；第二编以商标注册与商标权的取得为线索，对商标注册申请流程、商标权的取得条件、商标异议程序与商标评审程序作了介绍，尤其是商标异议程序与商标评审程序部分，结合大量商标审查过程中的真实案例对相关知识与理论进行了分析；第三编与第四编从商标权保护的司法实务出发，对国内外商标权保护制度、模式与法律规定进行了介绍，运用真实的案例为广大读者解读相关的法律规定，以助于相关公众在面临相同的纠纷案件中及时进行商标维权与侵权应对；第五编对化妆品、茶叶、药品、酒类、食品类等热点领域的商标注册申请实务进行了阐述，为相关公众提供了上述热点领域商标注册的实务指南；第六编对地理标志、驰名商标、特殊标志，以及商标权与其他权利的冲突等商标权专题保护进行了介绍。

本书的主要特色在于其新颖性、体系性、实务性与国际化。本书以《商标法》新修订版本与商标权注册与保护相关前沿规定为法律依据，充分体现了商标相关立法的发展与其对商标实务的影响。从内容上来说，本书不仅包括商标相关的基础概念，商标注册、审查与取得程序，商标权的民事、行政、刑事与反不正当竞争保护，还包括一些热点领域的商标注册申请与地理标志、特殊标志等特定客体的法律保护，体系完整、逻辑连贯。同时，本书各编、章、节都融入了大量经典的实务案例，通过案例生动形象地阐释商标法律制度的基本理论和商标注册申请的全流程，以及商标的民事、行政、刑事以及反不正当竞争等方面的法律保护措施，易于理解且可操作性强。最后，本书充分考虑了目前国内众多企业开拓国际市场、打造国际化品牌的切实需求，针对马德里国际商标注册以及美国、日本等经济发达国家和地区的商标注册和保护制度分别进行了论述。

本书对于具有商标实务需求的企业等市场创新主体，从事商标业务的商标代理机构和律师，以及商标的行政管理、司法部门的人员，高校和科研院所从事商标相关教学科研的人员均具有较强的参考价值。

本书的编写人员及分工如下(以编写章节为序):

1. 马红玉:第一编第一章。

2. 李琼:第一编第二章;第六编第一章第二节。

3. 尚志阳:第一编第三章;第六编第三章;第六编第四章第一节。

4. 侯文科:第二编第一章、第二章。

5. 吴凯:第二编第三章、第四章;第四编;第五编。

6. 刘淑华:第三编第一章、第四章;第六编第一章第三节、第四节、第五节。

7. 庞伟卿、任丽:第三编第二章。

8. 黄奚珣:第三编第三章第一节、第二节、第三节;第六编第四章第二节。

9. 宋汝宁:第三编第三章第四节。

10. 杨虹:第四编。

11. 张彦宾:第五编第四章。

12. 宋梓睿:第六编第一章第一节。

13. 尹延昭、杜燕辉:第六编第二章。

全书由刘淑华、杨虹、宋梓睿进行统稿。

本书在编写过程中得到各编委会顾问的相关指导,并邀请中国知识产权法学研究会会长、国家知识产权专家委员会委员、中国人民大学法学院教授、博士生导师刘春田老师作序,还邀请中国知识产权法学研究会副会长,中国政法大学教授、博士生导师冯晓青老师,以及原国家工商行政管理总局商标评审委员会审查员张月梅老师对全书进行审稿。对于上述顾问和专家付出的辛勤劳动和提供的宝贵意见、建议,在此表示衷心的感谢。

本书在编写过程中的错谬在所难免,敬请读者见谅,并欢迎批评指正。

序　言

我国《商标法》1979 年开始起草，1982 年颁布，并于次年开始实施，历经 4 次修改，至今实施已近 40 年。随着我国市场经济的恢复和发展，在《民法通则》的规范和指引下，商标法律制度不断完善，商标事业取得长足发展。随着民事制度的不断建设，直到《民法典》的颁行，社会对商标权的私权属性观念不断巩固，商标权的财产价值不断彰显。商标权、其他知识产权和物权、债权一样，都是基本的、重要的民事财产权利。商标权的私权属性，决定了它得以栖身的法律家园是民法。民法的理念在于保障私权、自由、平等和法治。立法机关在制定商标法保护商标权时，既要恪守民法理念，同时又要使商标法与外部法律体系相和谐。无论是《商标法》的第四次修改，还是《民法典》关于知识产权的相关规定，2017 年修订的《反不正当竞争法》以及 2020 年《刑法》修正案等均不断加大对侵犯商标权行为、不当竞争行为和刑事犯罪行为的打击力度，体现了商标法治体系的有机统一。

商标与其标识的产品或服务来源之间是“标”与“本”的关系。商标是体现市场主体经营状况的“晴雨表”，综合反映市场主体在参与生产经营过程中，拥有的技术、管理、产品质量、服务水平的核心竞争力。商标具有“点石成金”的能力。如果市场主体对这商标这一知识财富掉以轻心，很容易被不正当竞争者横加掠夺和恣意破坏。树立商标形象，制定商标战略，不仅是市场主体商业竞争的手段，也是衡量其商业化认知程度的重要指标。通过树立商标意识，促进相关产品和服务质量的提高，将大大增强企业的核心竞争力。注重培育国际知名商标，开拓国际市场，是中国经济融入世界市场不可或缺的一个环节。

市场经济呼唤法治和美德。商标法治是构建合乎道德、正当竞争商业秩序的强有力保障。当前，我国正处于社会转型和创新发展的关键时期，商标权的保护面临大量新的矛盾和挑战。这些挑战和矛盾,源自市场主体对商标法律制度的不熟悉,部分市场投机者利用商标法律制度的漏洞进行不正当竞争的商业行为,商标的市场监督和行政管理、执法、司法救济过程中暴露出的水平低、能力不足,以及科学技术发展带来的适用新模式、新业态的法律规范滞后等。对于市场主体而言,树立正确的商标理念、采取有效的保护措施,就要认识到商标权的生命和价值在于使用,并非来自商标注册。商标注册只表达国家职能部门对私权主体主张商标权的确认和公示,其目的在维护商业秩序的稳定性,减少相关利益冲突,保障交易安全,保证消费者选择的便利性。商标权价值观念的转变,有利于促进商标权回归私权的本质,也有利于缓解"注而不用""商标囤积""恶意抢注"造成的资源浪费乱象。

商标法治建设离不开全体商标专业工作者的共同努力,特别是对于提供商标法律服务的律师和商标注册代理服务、商标价值评估服务等专业工作者而言,不仅要熟悉商标法律制度的基本规定,还要将商标制度运用到具体的商标业务中,准确地理解和适用商标制度。本书由从事商标相关业务的律师、审查员,以及法律研究的学者共同完成,这既是他们长期而丰富的实践经验的积累和总结,也是理论思考、概念辨析的升华与结晶。本书涵盖了商标注册与保护内容,以生动的事例和典型案例系统地阐述了商标注册申请和审查的全流程,以及商标民事、行政、刑事和反不正当竞争保护的法律体系,并针对实务中的热点和难点问题,对地理标志、特殊标志、驰名商标、在先权利冲突、药品、茶叶和酒类等开展商标权的专题保护分析。本书内容广泛,重视体系、重点突出、实务鲜明、通俗易懂,对于提升市场主体的商标保护意识,提高商标服务机构的专业水平,促进商标注册与保护的相关研究,以及营造良好的商标法治环境,均具有重要的帮助和实践意义。

是为序。

刘春田

2022 年 3 月 10 日

CONTENTS 目 录

第一编　商标权概述

第二编　商标注册与取得

第四编　商标的国际注册与保护

第五编　热点领域的商标注册申请

第六编 商标权的专题保护

第一编
PART 1

商标权概述

第一章　商 标 概 述

第一节　商标的概念和特征

一、商标的概念

“商标”一词为外来语，英文为“trade mark”或“brand”。世界知识产权组织在 1966 年制定的《发展中国家商标、商号和不正当竞争行为示范法》中曾对商标作出以下定义：商标是将一个企业的产品或服务与另一企业的产品或服务区别开的标记。国际保护工业产权协会（AIPPI）在柏林大会上曾对商标作出的定义：商标是用以区别个人或集体所提供的商品及服务的标记。法国《知识产权法典》对可构成商标的各种标记列举为：名称——词、词的组合、姓氏、地名、假名、数字、缩写词；音像标记——声音、乐句；图形标记——图案、标签、戳记、浮雕图、全息图像、徽标、合成图像以及外形（尤其是商品及其包装的外形或表示服务特征的外形）和颜色的排列、组合或色调。

我国《商标法》（2019 年 4 月 23 日第四次修正，11 月 1 日起施行）第 4 条第 1 款规定：自然人、法人或者其他组织在生产经营活动中，对其商品或者服务需要取得商标专用权的，应当向商标局申请商标注册。第 8 条规定：任何能够将自然人、法人或者其他组织的商品与他人的商品区别开的标志，包括文字、图形、字母、数字、三维标志、颜色组合和声音等，以及上述要素的组合，均可以作为商标申请注册。

故商标可以定义为：商标是自然人、法人或者其他组织在生产经营活动中，为使其生产、制造、加工、拣选、经销的商品或者提供的服务能够与他人的商品或者服务区别开而采用的标志。

二、商标的特征

首先,商标与商品或服务密不可分。依据我国《商标法》第 8 条,商标是由文字、图形、字母、数字、三维标志、颜色组合和声音等,以及上述要素的组合构成的标志。但是,在上述标志与具体的商品或服务结合之前,仅仅是一个标志,它可以是一种智力劳动成果,但不是商标法意义上的商标。因为商标权所确立和保护的,是商标权人对特定的商标标志与特定范围的商品或服务之间的联系。离开了商品或服务的标志不是商标,如绿色和平组织的标志、红十字会的标志、禁烟的标志、禁火的标志,上述标志与商品本身都没有直接联系。

其次,商标是用以区别商品的生产者、销售者或区别服务的提供者的标志。标志有很多种,有安全标志、质量认证标志、组织机构的标志等,这些标志在生产和生活中起着不同的证明或提示作用,它们与商标所具有的区别商品的生产者、销售者或区别服务的提供者的作用显然不同。商标的前述作用可以使消费者通过商标来选择自己信赖的生产者、销售者或区别服务的提供者所提供的商品或服务。

最后,商标的价值与使用有关。商标在特定商品上的使用以及对商标的各种宣传,会在消费者心目中建立起特定商标与特定商品之间的联系。当使用特定商标的商品的质量得到消费者的认可,使用特定商标的商品的销售量上升和销售区域扩大,这一商标就会在相关消费群体中产生有益的影响,该商标的价值就会提升;反之,该商标的价值就会下降。所以,商标的价值并不是恒定的,而是与商标的使用有着密切关系。

第二节　商标的种类

商标是随着商品的出现而出现的,随着市场经济的不断发展,商标的构成要素也多样化,除了文字、图形、字母、数字,三维标志和颜色甚至音响和气味等也成为其构成要素。了解商标的种类,有助于企业在设计商标时通盘考虑,制定有利于推广商品或服务的商标设计方案,更好地体现商标的宣传等功能,助推其商品或服务在相关公众中留下深刻的印象。

依据不同的划分标准,商标可以有不同的分类方式。

一、商品商标和服务商标

依据商标的使用对象,可将商标划分为商品商标和服务商标。为了区分不同类别的商品商标和服务商标,应当按照《类似商品和服务区分表》(以下简称《区分表》)进行商标注册申请。

(一)商品与服务的类别

申请人申请商标注册的,要按照《区分表》填报使用商标的商品和服务类别以及商品和服务名称。商品和服务项目的填写是否具体、规范,分类是否准确,是商标注册申请过程中的一个非常重要的环节。它决定了商标注册申请能否顺利受理并进入实质审查程序,也关系到所申请商标专用权的保护范围。

经过审查程序,初步审定并刊登于《商标公告》的商标也按照《区分表》中的类别来排列。《区分表》是商标主管部门为了便于商标注册申请的检索、审查和管理工作的需要,按照是否存在特定联系,是否容易造成误认,将所有的商品或服务分为若干类,并将其按一定的顺序排列组成的商品和服务分类说明书。

尼斯联盟采用《商标注册用商品和服务国际分类表》(以下简称尼斯分类)。现行尼斯分类将商品和服务分成45大类,其中商品为1~34类,服务为35~45类。

商标局将尼斯分类的商品和服务项目划分类似群,并结合实际情况增加我国常用商品和服务项目名称,制定《区分表》,供申请人申报商标注册时使用。《区分表》中45个类别项下含有类别、类别标题、【注释】及类似群组名称、具体商品或服务项目和注解。类别,是指该类所包括的商品或服务属于《区分表》中的第几类;类别标题指出了归入本类的商品或服务项目范围;【注释】对本类主要包括及不包括哪些商品或服务项目作了说明;具体商品或服务项目指《区分表》将每一类所属的商品或服务项目以列举的形式一一列出,每一类的商品或服务项目又依据功能、用途和原料等条件划分为若干群组;注解是对群组内部的商品或服务项目之间的关系的说明,以及本群组与其他群组的商品或服务项目之间的关系的说明;《区分表》中所列出的商品和服务项目名称为标准名称。

(二)商品商标

商品商标是使用在商品上标明商品来源的商标。商品商标是数量最多、用途最广的商标。商品商标的作用主要是为了把不同企业生产的同类商品加以区别,也可以把同一企业生产的不同品种、质量的商品加以区分,因此企业可以拥有多种商品商标。例如,伊利集团拥有下列商标:伊利、青山、YILI、奥力星、金典、QQ 星、味可滋 MIX 等;宝洁公司拥有下列商标:潘婷、飘柔、海飞丝、沙宣、伊卡璐、舒肤佳、卡玫尔、博朗、护舒宝、佳洁士、汰渍、兰诺、金霸王、碧浪、安娜苏等。

又如,内蒙古伊利实业集团股份有限公司在"牛奶;牛奶制品"等商品上注册的"伊利"商标;海南某生物产业有限公司在"家具"等商品上注册的"自然一派 NATURE"商标。

(三)服务商标

服务商标,是指使用于向社会提供的服务项目上,用以区分服务的提供者的商标。申请注册服务商标的企业主要包括旅馆、饭店、航空公司、出租汽车公司、保险公司、旅行社、修理公司、洗衣店、银行、证券所、邮电局、网络公司等,涉及面很广。银行业如工商银行、农业银行、交通银行、华夏银行等;餐饮业如阿西娅、燕兰楼、全聚德等;宾馆业如王府井大饭店、锦江之星等。

例如,北京燕兰楼清真餐饮管理有限公司在"饭店;餐厅"等服务上注册的"燕兰楼"商标。

大庆市某旅行社有限公司在"游乐园,演出,健身俱乐部"等服务上注册的"沙头角"商标。

二、传统商标和非传统商标

(一)传统商标

传统商标一般指文字、数字、图形、各种符号等呈现在二维空间上的标识,如文字、图形、数字、各种符号或上述元素的组合,包括文字商标、图形商标、数字商标、符号商标,以及上述元素组合而成的组合商标。

例如,武汉某精细化工有限公司在“洗发液”等商品上注册的第 1790392 号“起舞 FLARE”商标。

(二)非传统商标

非传统商标,是指在前述二维标识之外出现的可以用来区分商品或服务的标识,如立体商标、颜色组合商标、声音商标、气味商标等。

1. 立体商标

立体商标,是指由三维标志或含有其他标志的三维标志构成的商标。立体商标可以是商品本身的形状、商品的包装物或者其他三维标志。例如,可口可乐公司的汽水瓶设计独特,具有较强的显著性,已经注册为商标。某企业在“饭店”等服务上申请并获得注册的牧童骑牛的立体商标。

我国《商标法》第 12 条对三维标志作为商标注册作了限制性的规定:以三维标志申请注册商标的,仅由商品自身的性质产生的形状、为获得技术效果而需有的商品形状或者使商品具有实质性价值的形状,不得注册。例如,“普通的啤酒瓶形状、剃须刀的形状、水盆的形状”就不能在“啤酒、剃须刀、水盆”等商品上注册,这些形状不具备显著特征,以这些形状做商标,消费者难以识别提供商品的经营者,且对这些通用形状的独占会影响他人的正当使用,这显然是不公平的,故为法律所禁止注册。

2. 声音商标

声音商标是以一段音乐或以某种特殊效果的声音作为商品或服务的标志。

如广播电台或电视台开播节目前的台标音乐。目前只有极少数国家对这种商标给予注册,如法国。我国《商标法》第8条规定了声音可以作为商标注册,但是具备注册所需要的显著性是声音商标面临的一大难题。例如,腾讯科技(深圳)有限公司在“信息传送”等服务上注册的声音商标由6声短促且频率一致的“嘀嘀嘀嘀嘀嘀”的声音构成。

中国国际广播电台在“无线电广播”等服务上注册的声音商标是其广播节目的开始曲,全长40秒,共18小节,2/4拍慢板节奏,G大调和C大调交替转换,前4小节为整段声音商标前奏部分,曲调为G大调;中间11小节为整段声音主体部分,曲调为C大调;其中第12小节和第13小节播音员报出“中央国际广播电台”的呼号后音乐延续2小节,主题部分结束;最后3小节钢片琴再次奏响主题音乐,转回G大调,该声音商标结束。

中国国际广播电台声音商标乐谱

3. 颜色组合商标

颜色组合商标是由两种或两种以上颜色,以一定的比例、按照一定的排列顺序组合而成的商标。构成颜色组合商标的基本要素是颜色,而且是两种或两种以上的颜色。独特新颖的颜色组合,如果具有显著性,能起到指示产品来源的作用,也能起到区别生产者、经营者或者服务者的作用。

4. 气味商标

气味商标是以某种具有特殊效果的气味作为区分不同商品或服务来源的标志。目前保护和承认这种商标的国家也是极少数,20世纪90年代初美国将一种缝纫线的特殊香味作为商标予以保护。我国《商标法》没有对气味商标作出规定,目前不接受气味商标注册。

三、集体商标、证明商标和普通商标

(一)集体商标

集体商标,是指以团体、协会或者其他组织名义注册,供该组织成员在商事活动中使用,以表明使用者在该组织中的成员资格的标志。集体商标申请人应明确其使用者经营的每一项商品(或提供的服务)所应达到的品质标准。品质标准可以是国家标准(GB,GB/T)、行业标准、地方标准(DB)、企业标准(Q)(团体标准、自定标准)。集体商标可以转让。

第一件集体商标是意大利质量检验协会在设备的技术质量控制等服务上注册的第1084594号“IEMMEQU”。

IEMMEQU

集体商标注册申请人应是由平等、独立的商品经营者或者服务的提供者组成的组织,既可以是工业或者商业的团体,也可以是协会、行业或者其他集体组织(俗称“会员制”或者“俱乐部”形式的组织),如中国新华书店协会、欧洲黄金制造商协会、中药行业商会、西瓜产销联合会、金华市桃花屋杨梅合作社、丽水市生态农业协会、沙县小吃同业公会等,而不是某个单一的企业或者个体经营者,如阿鲁科尔沁旗粮食总公司。

新華書店 XINHUA BOOKSTORE

SHAXIAN DELICACIES 沙县小吃

沙县小吃同业公会

使用集体商标的商品或服务,表明该商品或服务是由加入这一行业协会或组织的企业生产或提供的,其商品和服务的质量受到该组织的监督。大家最熟悉的是中国新华书店协会在“出版物发行和书籍出版”等服务上注册的“新华书店 XINHUA BOOKSTORE”,大众熟知的集体商标还有平谷鲜桃、小站稻、山西老陈醋、山西陈醋、镇江香醋、五常大米、龙井茶、三门青蟹、舟山带鱼、绍兴黄酒、金华火腿、安溪铁观音、景德镇青花、普洱茶。

(二)证明商标

证明商标,是指由对某种商品或者服务具有监督能力的组织所控制,而由该组织以外的单位或者个人使用于其商品或者服务,用以证明该商品或者服务的原产地、原料、制造方法、质量或者其他特定品质的标志。

这种商标具有一定特殊性,须经过专门行政机关或行政机关指定的质量监督、检验机构的检验,商品或服务达到一定质量标准,才可获得这种商标使用权。证明商标的注册人不能将证明商标用于自己的服务或经营的商品上。使用证明商标的目的就是要向公众表明商品的特定品质。证明商标不具有区分商品或服务的提供者的作用,如“兰州百合”“库尔勒香梨”等。我国第一件证明商标是中国旅游饭店业协会在“住所”(饭店,供膳寄宿处)服务上注册的第892101号“长城及图”。

(三)普通商标

此处的普通商标,是指除集体商标和证明商标以外的商标。

四、主商标与联合商标、防御商标

根据商标使用目的,可以将商标划分为主商标与联合商标、防御商标。我国《商标法》未对联合商标和防御商标作出明确规定,但是已经有企业注册了这两种商标,目的是保护主商标,防止他人“搭便车”。

(一)联合商标

联合商标,是指同一个商标所有人在同一种或者类似的商品和服务中注册两个或两个以上近似的商标,总称为联合商标。其中主要使用的商标是主商标,其余的是为了防止他人注册造成混淆而注册的,用于积极防卫。

联合商标是近似的若干商标的群体,可以由商标申请人分批获得注册,但不能单独转让或许可。例如,青岛海商智财管理咨询有限公司在第9类商品上注册了“海尔”“尔海”“琴岛海尔”“海尔兄弟”及图形商标等商标。这些都是属于联合商标。

对联合商标实行保护的国家,一般都规定,只要使用了联合商标中的一个,就可以认为整个联合商标都符合商标法中所规定的“使用”要求。

(二)防御商标

防御商标是指商标所有人将已具有独创性或已为公众知晓的商标,在该商标核定使用的商品和服务类别之外的不同类别的商品和服务上注册若干相同的商标。例如,青岛海商智财管理咨询有限公司在第11类商品上注册了“海尔”和“琴岛海尔”商标,在第12类商品上注册了“海尔”和“海尔兄弟”等商标。

五、驰名商标与非驰名商标

依据商标的知名度,可以将商标划分为驰名商标与非驰名商标。

(一)驰名商标

国家工商总局行政管理局于2003年4月颁布的《驰名商标认定和保护规定》(2003年6月1日起施行)第2条第1款规定:驰名商标是指在中国为相关公众广为知晓并享有较高声誉的商标。第2条第2款进一步指明了相关公众的范围:相关公众包括与使用商标所标示的某类商品或者服务有关的消费者,生产前述商品或者提供服务的其他经营者以及经销渠道中所涉及的销售者和相关人员等。

我国《商标法》第14条第1款对驰名商标的认定作了如下规定:驰名商标应当根据当事人的请求,作为处理涉及商标案件需要认定的事实进行认定。认定驰名商标应当考虑下列因素:(1)相关公众对该商标的知晓程度;(2)该商标使用的持续时间;(3)该商标的任何宣传工作的持续时间、程度和地理范围;(4)该商标作为驰名商标受保护的记录;(5)该商标驰名的其他因素。

驰名商标可以通过以下途径认定：

(1)在商标注册审查、市场监督管理部门查处商标违法案件过程中，当事人依照本法第13条规定主张权利的，国家知识产权局根据审查、处理案件的需要，可以对商标驰名情况作出认定。

(2)在商标异议案件审理过程中，当事人依照本法第13条规定主张权利的，商标局商标异议部门根据处理案件的需要，可以对商标驰名情况作出认定。

(3)在商标复审案件处理过程中，当事人依照本法第13条规定主张权利的，商标局根据处理案件的需要，可以对商标驰名情况作出认定。

(4)在商标民事、行政案件审理过程中，当事人依照本法第13条规定主张权利的，中级人民法院根据审理案件的需要，可以对商标驰名情况作出认定。

依据我国《商标法》第14条的相关规定，认定“驰名商标”的机构有商标局和最高人民法院指定的人民法院。

“驰名商标”遵循被动保护原则，依据我国《商标法》第13条的相关规定，只有为相关公众所熟知的商标，持有人认为其权利受到侵害时，可以依照本法规定请求驰名商标保护。生产、经营者不得将“驰名商标”字样用于商品、商品包装或者容器上，或者用于广告宣传、展览以及其他商业活动中。

驰名商标是在长期的市场经济发展中逐步形成的，必须得到社会和消费者的公认，才具有生命力。我国对驰名商标的认定始于1989年，是由于商标在海外被抢注引起的。1989年11月8日、1991年12月10日，国家工商行政管理局商标局先后认定“同仁堂”(指定使用商品：中药成药)、“蝴蝶”(指定使用商品：缝纫机)为驰名商标。

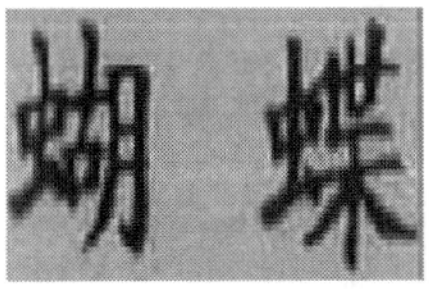

(二)著名商标

著名商标的概念在正式生效的有关国际公约中尚未见到，其原因之一是各国对这一概念有不同的理解。法国、德国、西班牙、挪威、丹麦、日本等大陆法系国家在其相关的法律中，把“著名商标”认定为声誉和知名度比“驰名商标”更高的商标。

我国在法律上没有对著名商标作出明确规定。但是从20世纪90年代初开始,许多省、市、自治区已经进行了由政府主管机关组织、民间组织参加的“著名商标评选认定活动”,并下发了认定评选办法等文件。但是近几年各地已停止“著名商标”的认定工作。

六、按照商标的注册状况分类

根据商标的注册状况,可以将商标划分为注册商标、未注册商标。

(一)注册商标:指商标注册申请人向国家商标主管机关提出商标注册申请,并在指定使用的商品或服务项目上获准注册的标志。

(二)未注册商标分两种情形:一种情形是指商标使用者未向国家商标主管机关提出注册申请,自行在商品或服务项目上使用的标志;另一种情形是指商标注册申请人向国家商标主管机关提出商标注册申请,该注册申请仍处于申请或审理程序中(包括驳回复审、不予注册复审和法院诉讼阶段),未最终取得准予或不准予注册的决定。

第三节　商标与其他商业标志

一、商标与商品名称

商标与商品名称既紧密相联,又有本质区别。

商标只有附着在商品包装或商品上,与商品名称同时使用,才能使消费者区别该商品的来源,而商品名称是用来区别商品的不同原料、不同用途的,可以独立使用。商标是专用的、独占的,而商品名称(除特有名称外)通常是公用的。

注册商标与商品的品种名称在一定条件下可以互相转化。依据我国《商标法》第11条的规定,商品的品种名称不得在与该商品有关联的商品上作为商标注册,但经过使用取得显著特征并便于识别的,可以作为商标注册。例如,“两面针”原本是药材的品种名称,在与其关联商品上使用可能直接表示了商品的原料特点,缺乏商标应具备的显著特征,如在“牙膏”等商品上使用就缺乏显著性。但“两面针”在某“牙膏”上经过长期使用后,消费者已将其与柳州两面针股份有限公司生产的“牙膏”联系起来,故其已取得商标所应具备的显著特征,在“牙膏”上注册为商标。

注册商标在实践中长期使用,可以逐渐演化为商品的名称,一旦出现这种情况,原注册商标所有人就不得再禁止别人使用。例如,“阿斯匹林”原本是商标,现已演化为商品的名称。

二、商标与商号

商标与商号有密切联系。有些企业商号与注册商标标志相同,我国有“狗不理”“张小泉”“同仁堂”等。国外有美国的“波音公司”,其注册商标是“波音”;德国的大众汽车股份公司,其注册商标是“大众”。

但是,从法律的角度看,商标与商号有着本质的不同。

首先,从使用对象来看,商标的使用范围以商品为核心,商号是以企业为核心或依托来使用的。

其次,从两者的功能来看,商标的作用是将不同企业(或个人)的商品或服务区分开;商号则使用在企业名称中,用以区分不同的市场主体和民事主体。

再次,权利产生的法律依据不同,商标是依据我国《商标法》的规定取得专用权的标志,其权利效力在全国范围内有效。商号是依据《企业法人登记管理条例》的规定取得的,在法定范围内享有专用权的名称。商号不享有绝对的排他权,在不同的管辖区域可以有相同的商号存在。

最后,商号均由文字构成;但商标既可由文字,也可以由图形、字母、数字、三维标志、颜色组合和声音等,或上述要素的组合构成。

三、商标与商品装潢

商标与商品装潢有一定的联系,又有本质区别。

两者关联之处是:商标是商品装潢的一部分,两者同时使用于商品包装上,有些商标是商品装潢的主体部分,如“可口可乐”等;有些商品装潢经过长期使用获得显著性后可以作为商标注册。

二者的区别是:首先,商标的作用是将不同企业(或个人)的商品或服务区分开;而商品装潢是为了美化商品,强调商品的内在品质,以刺激消费者的购买欲望。

其次,商标与商品装潢的构成要素不同,商品装潢的构成要素的范围更广。商标的构成要素有许多限制,我国《商标法》第11条第1款规定注册商标不能由下列标志构成:仅有本商品的通用名称、图形、型号的;或仅直接表示商品的质量、主要原料、功能、用途、重量、数量及其他特点的;或其他缺乏显著特征的。而商品装潢的构成元素则不受上述限制。

再次,商标由《商标法》来调整;而商品装潢可以由《反不正当竞争法》和《著作权法》来调整。

最后,使用注册商标时不能随意改动;商品装潢可任意变换设计样式。

四、商标与商业外观

商业外观一般指营业场所的独特装饰、选用的独特用具以及产品的独特外观。这些独特之处与他们的所有者有着密切的商业联系,使公众看到这些特征就会联想起这个营业所及其商品。一些著名餐馆的外观,包括房屋的外形、色彩、室内的装饰、用具等在世界各地都是相同的。美国的"肯德基""麦当劳"等快餐店的商业外观,使公众一见就能知其营业内容、质量和信誉。

商业外观与服务商标的作用相似。它与产品商标的共同之处是都能起到标识作用,都反映商业质量或信誉。不同之处是它是用于区别不同的企业,不是用来区分不同企业(或个人)的服务。

五、商标与商务标语

商务标语是经营者在经营过程中为了获得预期的市场效果而制作的广告用语或宣传用语。

商标和商务标语都是以促销商品为目的,都是营销手段。一些具有显著特征的商务标语也可以作为商标注册。

商标的直接功能是在众多相同或类似的商品中区分不同企业(或个人)的商品。商务标语的目的是使某种商品与特定的商标或经营者等在消费者心目中产生联系,有利于消费者接受该种商品,或者让企业在相关公众中留下深刻印象。

注册商标必须具有显著性;对于商务标语而言,则没有显著性的要求。

六、商标与特殊标志

1996 年 7 月 13 日,国务院发布了《特殊标志管理条例》,其中第 2 条规定:本条例所称特殊标志,是指经国务院批准举办的全国性和国际性的文化、体育、科学研究及其他社会公益活动所使用的,由文字、图形组成的名称及缩写、会徽、吉祥物等标志。

特殊标志经过国务院工商行政管理部门核准登记,所有人对其享有专用权,特殊标志所有人可以在与其公益活动相关的广告、纪念品及其他物品上使用该标志,并许可他人在国务院工商行政管理部门核准使用该标志的商品或者服务项目上使用。特殊标志有效期为 4 年,自核准登记日起计算。特殊标志所有人可以在有效期满前 3 个月内提出延期申请,延长的期限由国务院工商行政管理部门根据实际情况和需要决定。

从上述规定可以看出,商标与特殊标志由不同的法律、法规调整,两者的适用范围、核准程序、有效期等不同。

七、商标与域名

域名,是指国际互联网上数字地址的一种转换形式,通过一定的注册制度就可用于网络地址和电子邮件地址。域名可分为顶级、二级、三级,常见的通用顶级域名有“. int”“. com”“. org”“. net”“. edu”等。这些由 3 个字母组成的顶级域名由美国的 NSI(network solution inc.)负责注册。此外,有 240 多个国家域名注册机构负责注册由 2 个字母组成的国家代码表示的顶级域名,即国家代码顶级域名(country code top level domains, CCTLDs)。中国互联网络信息中心(CNNIC)负责注册以中国国家代码“. cn”为顶级域名的域名。上述两类顶级域名中,前者由 NSI 管辖范围内同行业的所有计算机用户使用;后者由注册机构管辖范围内的所有计算机用户使用。

商标与域名存在一定的联系。第一,商标与域名存在一致与冲突。一致指商标所有人(或域名所有人)将与其商标(或域名)相同的标志同时注册为域名(或商标),如可口可乐公司注册的域名是“coca-cola. com”,新浪公司的商标是“Sina”。冲突,是指将他人知名度较高的商标(或域名)注册为自己的商标(或域名)时的情况。第二,域名与实行注册制度国家的注册商标一样,也由注册取得,也实行先申请原则。第三,域名所有者就其域名拥有的权利属于知识产权。

商标与域名也存在显著的差异。第一,识别对象不同,商标的基本功能是将不同企业(或个人)的商品或服务区分开,域名则是网络地址和电子邮件地址的识别标志。第二,在同一商标注册制度下,不同商品或服务上的相同或近似的商标可以由不同的所有人拥有。在国际互联网上,域名必须是独一无二的,这样才能识别不同的网络地址和电子邮件地址。第三,域名的构成和商标不同,域名的唯一性是就其整体而言,只要求其中的顶级域名或二级域名不同,其二级或三级域名可以相同,如“mingtian. com”与“mingtian. edu. cn”。这种现象与目前各个域名注册机构之间未实行交叉审查直接有关。

第二章　商标权与商标法概述

第一节　商标权的概念和特征

一、商标权的概念

我国对商标权的定义存在多种理解和观点，一般认为，商标权是指商标所有人对其商标所享有的独占的、排他的权利。虽然理论上对商标权的定义表述的各有不同，但基本上都将商标权与注册商标紧密结合在一起，这是因为《商标法》和《商标法实施条例》对商标权的客体和取得方式上作出了明确的规定。我国实行的是因商标注册而取得商标权的立法模式，申请注册的商标被核准注册后，该商标注册申请人就成为该注册商标的商标权人，就成为商标权的原始主体。商标权的本质是商标法对商标权人占有、使用、处分其商标的确认，是对商标注册人因其注册商标所享有权利的维护。商标法是以维护商标权为核心而建立起的法律体系，并配套以相应的法律制度。

二、商标权的主要特征

（一）独占性

独占性，又称专有性或垄断性，是指商标注册人对其注册商标享有独占使用权。赋予注册商标所有人独占使用权的基本目的，是通过注册建立特定商标与特定商品的固定联系，从而保证消费者能够避免混淆并能接受到准确无误的商品来源信息。

典型案例1-2-1 宏联国际贸易有限公司与宜阳县菲英特商贸有限公司、宜阳县菲英特商贸有限公司菲英特生活广场侵害商标权纠纷案

(2019)豫03知民初423号

案件事实

2010年9月28日,保罗公司在美国加利福尼亚州注册成立,Scott Rosenbaum为法定代表人。2016年6月28日,经中华人民共和国国家工商行政管理总局商标局核准,保罗公司取得第13782135号注册商标专用权(指定颜色),有效期至2026年6月27日,核定使用商品为第24类。它以色彩缤纷、年轻、可爱、时尚感吸引无数粉丝,成为全球化的流行潮牌。PaulFrank(大嘴猴)商品畅销世界各地。2015年1月1日,保罗公司将PaulFrank(大嘴猴)品牌在中国内地、香港、澳门的相关权益授权给了宏联公司,宏联公司取得了独占性的使用许可权,宏联公司负责在上述市场内维护品牌形象、进行市场推广,并负责品牌的维权事宜,宏联公司有权将其所获权利转授权给第三方,授权有限期至2030年2月28日。宏联公司调查发现,宜阳县菲英特商贸有限公司未经宏联公司许可,在其经营场所内销售的被罩,涉嫌侵犯宏联公司第13782135号商标独占许可使用权,给宏联公司造成较大经济损失。

法院裁判

经法院审理,判定菲英特商贸有限公司侵犯了商标专用权,并承担赔偿责任。

评析

本案中,被告销售的被罩与涉案第13782135号注册商标核定使用商品中的床罩为同一种商品。该商品上使用了与涉案商标相同的猴头图案,但未经合法授权,这种未经合法授权使用他人注册商标的行为侵害了商标专用权的独占性,严重者可构成假冒注册商标罪,将会承担相应的法律责任。故被告菲英特生活广场依法应当承担停止侵权、赔偿损失的民事责任。被告菲英特生活广场系被告菲英特商贸有限公司的分支机构,菲英特生活广场虽以自己的名义从事民事活动,但不是独立法人,产生的民事赔偿责任应由菲英特商贸有限公司承担。

(二)时效性

商标经核准注册以后,能够在法律规定的时间内进行使用,并进行相应的法律保护,这一时间称为注册商标的有效期限。根据《商标法》第39条的规定,自核准注册之日起计算,注册商标的有效期为10年。注册商标有效期满,需要继续使用的,商标注册人应当在期满前12个月内按照规定办理续展手续;在此期间未能办理的,可以给予6个月的宽展期。每次续展注册的有效期为10年,自该商标上一届有效期满次日起计算。期满未办理续展手续的,注销其注册商标。故在有效期限之内,商标专用权受法律保护,超过有效期限又不续展,就将不再受到法律的保护。

典型案例1-2-2　中国人民大学因商标到期未续展而被春回大地公司抢注案

(2019)京行终299号、300号、301号、302号、303号

案件事实

2003年中国人民大学将3个并列的篆书"人"字图形的校徽图案申请为商标,核心类别为41类教育培训类。2004年该商标获得注册,专用期限为2004年6月至2014年6月。但2014年在校徽图案商标10年专用期限到期时,人民大学却未对此商标申请续展,故商标因未续展而无效。

后2016年泉州市春回大地公司提交了与该校徽图案高度类似的图形商标注册申请,类别也为第41类,并于2017年注册成功。

处理决定

在商标因未续展而无效的3年后也就是2017年,人民大学才发现商标无效,故重新提出注册申请,但由于春回大地公司已经在先注册了,故重新注册商标的申请被驳回,虽然最后经过复审并对在先抢注商标申请无效,最终获得了重新注册,但仍然经历了一番波折。

评析

企业应建立好商标管理制度,做好商标续展工作。如因商标未及时续展而导致商标无效,极有可能被他人恶意抢注,给企业带来严重损失,并且此时再重新申请注册难度将会大大增加。

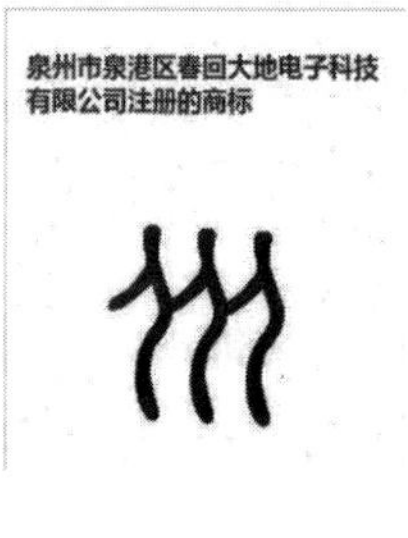

（三）地域性

地域性就是指在一国注册的商标，只在本国内受到保护，对别的国家不产生法律效力。在我国注册的商标想要在其他国家获得商标专用权并受到法律保护，就必须分别在这些国家进行注册，或者按照相关国际条约的约定进行。

（四）财产性

商标权是没有实物形态的非货币资产。作为无形财产权，是商标权人经过市场化运营后，产生具有巨大经济价值的财产权利。商标权的保护对象是商标，商标作为一种智力成果，通常借助一定的载体呈现。虽然载体本身并无太大的经济价值，但通过载体所呈现出来的商标经过核准注册获得法律保护以后却具有巨大的经济价值。比如我们常见的“青岛”商标和“全聚德”商标所附着的啤酒、烤鸭等这样的物质载体本身并不昂贵，但其“青岛”“全聚德”商标权却具有极高的经济价值。“全聚德”作为中国的民族品牌评估价值近亿元人民币。

第二节　商标法的发展历史

我国商标法律制度的发展历史相对较晚，现有正式文件记载的真正属于中国第一部关于商标方面的法律是 1904 年清政府颁布的《商标注册试办章程》，但公布后未及时施行就被废止。1923 年，北洋政府颁布了《商标法》和《商标法施行细则》，较为系统地规定了商标注册和商标管理方面的内容。1930 年，国民党政府公布了《商标法》及《商标法施行细则》，并于 1931 年 1 月 1 日起实行。这一时期的商标法有着浓厚的半封建半殖民地色彩，凡发生中外商标争执，倾向于保护外国的商标。中华人民共和国成立后，废除了国民党政府的商标法令和外国列强的商标特权，并对之前遗留下来的商标进行了重新登记、换证等清理工作。1950 年 7 月 28 日，政务院批准施行《商标注册暂行条例》，这是中华人民共和国第一部统一施行的商标管理法规。同日，由政务院财政经济委员会颁布了《商标注册暂行条例施行细则》及中央私营企业局商品分类表。1963 年 4 月 10 日，国务院公布了《商标管理条例》，同年 4 月 25 日，中央工商行政管理局公布了《商标管理条例施行细则》。该条例是适应 1956 年后生产资料的社会主义改造基本完成,应加强商标管理,促使企业保证和提高产品质量的需要而制定的,具有浓厚的计划经济色彩。1978 年 9 月,国务院决定成立国家工商行政管理局,下设商标局。1982 年 8 月 23 日,第五届全国人大常委会第 24 次会议通过了《商标法》,并于 1983 年 3 月 1 日起施行,该法经 1993 年 2 月 22 日第七届全国人大常委会修正,又经过 2001 年、2013 年、2019 年三次修正,为我国现行有效的《商标法》。商标是商品经济的产物,《商标法》也因经济社会的繁荣而不断完善和发展。我国《商标法》的历次修改主要体现在:

一、1993 年《商标法》的修改

这次修改将服务商标作为注册商标的范围予以保护,从民事、行政、刑事多个维度加强对商标侵权行为的打击力度。还增加了地名不得作为商标注册的规定。明确了注册不当商标的撤销规定,增加了其他单位或者个人可以请求商标复审委员会裁定撤销以欺骗手段或者其他不正当手段取得注册商标的规定。

二、2001 年《商标法》的修改

这次修改与《与贸易有关的知识产权协议》相衔接,进一步扩大商标权保护的范围,新增加集体商标、证明商标,并准予注册立体商标和颜色组合商标。此次还取消了对自然人注册商标必须有经营资格的限制,并增加了对驰名商标的保护,明确了驰名商标的认定标准。在商标确权程序中增加司法审查,加强了商标的行政管理。对于即将发生的侵权行为可以申请财产保全、证据保全等救济措施。此次修改是中国商标法与国际公约及国际商标法律体系相互融合和促进的重要表现。

三、2013 年《商标法》的修改

由于 2001 年《商标法》的内容无法再适应市场经济和社会实践的发展,为了实施国家知识产权战略,我国对《商标法》再一次进行了修改。此次修改完善了商标注册异议制度,通过规范商标申请和使用行为,加强了商标专用权的保护。按照个案认定、被动保护的原则进一步完善驰名商标保护制度。此次修改还规范了我国的商标代理活动,同时引入了惩罚性赔偿制度,规定对恶意侵犯商标专用权,情节严重的,可以判决给予 1 倍以上 3 倍以下的惩罚性赔偿。

四、2019 年《商标法》的修改

此次修改明确了"不以使用为目的的恶意商标注册申请"的法律后果,强调了对商标注册的使用;提高了恶意侵犯商标专用权的赔偿限额,加强了商标侵权的处罚力度,将惩罚性赔偿的倍数提高到"一倍以上五倍以下";同时通过罚款、警告、刑事追责等处罚方式进一步对商标代理机构的违法行为加上枷锁,对于加强知识产权保护,提高了侵权违法的成本,对于建设知识产权强国、培育全社会尊重知识产权意识,促进创新创意产业的发展具有重要意义。

第三章　商标权的利用

商标权作为一种典型的知识产权，本质上是一种民事权利，具有私权的属性。其客体是权利人在商业流通过程中凝结在商标标识上的商誉，具有非物质性的特征，而不是作为商誉物质载体的商标标识本身。相应地，商标法主要调整平等主体之间，即公民之间、法人之间、其他组织之间以及公民、法人和其他组织相互之间，围绕商誉形成的财产关系。这种财产关系的调整遵从平等自愿、意思自治、等价有偿的私法原则。与所有权等物权具有的占有、使用、处分、收益等权能不同的是，商标权包含"使用权"和"禁止权"的积极权能和消极权能。积极权能主要指商标权人有权在经营过程中合法使用注册商标、许可他人在经营活动中使用注册商标、将注册商标转让给他人使用、将注册商标专用权出质、将注册商标专用权作价出资以及对商标权进行证券化、托管、保险等。消极权能主要是指商标权人有权禁止他人未经许可在相同、类似甚至于不相同、不类似的商品或服务上使用其商标，即阻止他人以可能导致消费者对商标凝结的商誉混淆或者淡化的方式使用相同或者近似的商标。商标的价值在于在商业实践中的使用。所谓商标权利用，是指商标权人将商标用于各种商业化市场运营过程中，从而实现商标权价值的最大化。商标权利用的主要方式包括商标权的许可、转让、移转、出资与质押。

第一节　商标权的许可

一、商标权许可的概念

商标权作为一种财产性的私权，权利人不仅可以自行使用，也可以通过授权的方式许可他人使用。早期,为了保证商标具有的识别来源的功能,有些国家不允许商标注册人许可他人使用其注册商标,防止出现同一商标标识的商品和服务源于不同的提供者的情形,导致消费者对商品或者服务的来源发生混淆。随着商品经济的发展,消费者更为关心的并非商品或者服务的实际提供者,而是使用同一标识的商品或者服务是否具有相同的品质。即使商标权人授权他人使用其注册商标,如果可以保证商品或者服务的品质如一,商标具有的来源识别功能一定程度上依然在发挥作用,应该给予其许可他人使用的权利。目前,各国的商标法均允许商标注册人许可他人使用商标,这在一定程度上也体现了商标的品质保障功能。

我国现行《商标法》对于注册商标的许可使用作出了明确的规定,但是对未注册的商标是否可以通过许可的方式授权他人使用并未作出明确规定。事实上,司法实践中出现了大量的未注册商标许可他人使用的纠纷。根据民事法律行为效力的认定原理,在法律法规并未对未注册商标的使用许可作出禁止性规定的情况下,只要许可人和被许可人的意思表示真实,就未注册商标的使用许可达成一致,在此情况下,应当认定双方签订的未注册商标的使用许可合同有效,即未注册商标也可以许可他人使用。

二、商标权许可的类型

商标使用许可的类型主要依据被许可人获得的注册商标使用权的排他性不同,以此在约定时间和约定地域范围内使用注册商标的垄断优势不同而进行分类。第一类为独占使用许可,指商标注册人在约定的期间、地域范围内和以约定的方式,将该注册商标仅许可一个被许可人使用,商标注册人依约定不得使用该注册商标。换言之,在约定的范围中,包含商标注册人在内的所有其他人都不能通过合法形式使用被许可商标,被许可人获得了独一无二的竞争优势。

第二类为排他使用许可,是指商标注册人在约定的期间、地域范围内和以约定的方式,将该注册商标仅许可一个被许可人使用,商标注册人依约定可以使用该注册商标但不得另行许可他人使用该注册商标。也就是说,在约定的时间和范围内,只有商标注册人和被许可人可以合法地使用注册商标,商标注册人不能随意另行许可他人使用,以损害被许可人的竞争优势。

第三类为普通使用许可，是指商标注册人在约定的期间、地域范围内和以约定的方式，许可他人使用其注册商标，并可自行使用该注册商标和许可他人使用其注册商标。相比前两者类型，普通使用许可的被许可人在同一市场上面临较多的竞争，商标注册人不但自己使用，还可以通过许可他人使用的方式，降低被许可人的竞争优势。

三、商标权许可的法律依据

《商标法》第 43 条第 1 款规定了商标注册人可以通过签订商标使用许可合同，许可他人使用其注册商标的商标许可制度。《商标法实施条例》第 69 条补充规定了商标权利人许可他人使用其注册商标的，应当在许可合同有效期内向商标局备案并报送备案材料的制度。最高人民法院《关于审理商标民事纠纷案件适用法律若干问题的解释》第 3 条规定了商标使用许可的三种类型，即独占使用许可、排他使用许可、普通使用许可。《商标使用许可合同备案办法》（商标〔1997〕39 号）进一步规定了加强对商标使用许可合同的管理，以规范商标使用许可行为。

四、商标权许可的合同内容

从上述法律规定来看，商标注册人许可他人使用其注册商标时，可以签订商标使用许可合同。《商标使用许可合同备案办法》第 6 条规定："商标使用许可合同至少应当包括下列内容：（一）许可使用的商标及其注册证号；（二）许可使用的商品范围；（三）许可使用期限；（四）许可使用商标的标识提供方式；（五）许可人对被许可人使用其注册商标的商品质量进行监督的条款；（六）在使用许可人注册商标的商品上标明被许可人的名称和商品产地的条款。"除此之外，依据有关合同成立的法律法规规定，商标使用许可合同还需要包括：(1)许可人和被许可人的名称、地址等主体信息。其中，许可人的名称和地址应当和国家知识产权局登记的注册商标注册人名义和地址相一致，否则面临商标许可在商标局备案不通过的风险。(2)授权范围。应当包括商标使用许可的形式，即独占使用许可、排他使用许可、普通使用许可。(3)注册商标有效的条款。注册商标人签订合同时，应当保证其有权对外许可他人使用该注册商标，包括取得共有商标人的许可、质押权人的许可等权利无瑕疵的行为。(4)被许可人再许可的权限。(5)合同终止或解除的条件。(6)商标使用许可费的数额以及支付方法。(7)违约责任。(8)解决争议的方法。(9)合同生效日期。(10)合同签约日期。(11)合同应当约定的其他条款。值得注意的是,在实践中,当事人可以参照各类合同的示范文本订立合同。

许可人和被许可人就商标权许可的合同内容达成一致,并且合同生效后,双方履行过程中应当就遵循诚信原则,秉持诚实,恪守承诺。商标使用许可的双方当事人应当按照合同约定的内容,全面履行自己的义务,如果合同内容不全面或者约定不明确,可以协议补充;不能达成补充协议的,按照合同相关条款或者交易习惯确定。许可人和被许可人的权利义务构成合同的主要内容,双方对于权利义务的分配不能违背法律的强制性规定。

一般而言,商标许可人享有的权利内容包括:(1)以合同约定收取商标许可费用。(2)监督被许可人使用其注册商标的产品质量。防止被许可人提供低劣的商品或服务,有损注册商标的品质保证功能和识别功能。(3)依据合同约定,被许可人未全面履行义务时,追究其违约责任的权利。(4)其他按照法律或合同约定应当享有的解除权、变更权等。相应地,商标许可人应当负担的义务包括:(1)按照合同约定,适时地提供真实有效的商标。(2)保证被许可人的商标使用权不受到他人的侵权控告等。(3)保证注册商标在许可使用期间的有效存续。防止出现主动注销、期满不续展注销、违法使用商标被撤销,以及被宣告无效的情形。

至于商标被许可人,一般而言,其享有的权利除了有权在合同约定的时间、地域范围内使用注册商标外,根据许可的类型不同,因侵犯注册商标专用权行为引起纠纷的,其作为利害关系人享有的诉权不同:(1)独占使用许可合同的被许可人可以向人民法院提起诉讼;(2)排他使用许可合同的被许可人可以和商标注册人共同起诉,也可以在商标注册人不起诉的情况下,自行提起诉讼;(3)普通使用许可合同的被许可人经商标注册人明确授权,可以提起诉讼。相应地,被许可人应当承担的义务有:(1)按合同约定缴纳商标许可使用费;(2)按照合同约定的范围合法使用被许可商标;(3)发现商标侵权行为,及时通知并协助许可人维权;(4)被许可人应当保证使用该注册商标的商品质量;(5)必须在使用该注册商标的商品上标明被许可人的名称和商品产地。

五、商标权许可的备案

《商标法》第 43 条第 3 款规定："许可他人使用其注册商标的,许可人应当将其商标使用许可报商标局备案,由商标局公告。商标使用许可未经备案不得对抗善意第三人。"《商标法实施条例》第 69 条规定："许可他人使用其注册商标的,许可人应当在许可合同有效期内向商标局备案并报送备案材料。备案材料应当说明注册商标使用许可人、被许可人、许可期限、许可使用的商品或者服务范围等事项。"在 2013 年《商标法》修订时,将"商标使用许可合同备案"修订为"商标使用许可备案",删除了"合同"二字,延续到现行法当中。虽然《商标使用许可合同备案办法》依然有效,没有作出相应的修订,但是依据法律层级和生效时间的效力,意味着现在提交商标使用许可备案申请,不再需要提交"商标使用许可合同"。商标许可备案制度的目的是通过公示的方式,一方面,进一步彰显商标具有的区别来源功能,使相关公众进一步了解到商标的实际使用方式;另一方面,赋予被许可人对抗第三人的权利,防止在被许可人不知情的情况下,商标注册人随意处分或者重复许可,给被许可人带来不知情的损失。换言之,商标使用许可合同本身不会因为没有备案而产生无效的法律后果,但是会产生被许可人不得对抗善意第三人的不利法律后果。善意第三人的范围包括商标受让人、商标继受人、商标质权人、其他被许可人。

六、商标权许可的备案操作实务指引

国家知识产权局商标局官方网站发布了有关《申请注册商标使用许可备案、变更许可人/被许可人名称备案、商标使用许可提前终止备案、撤回商标使用许可备案》[①]的指南,具体内容如下:

一、法律依据及申请条件

根据商标法第四十三条及《商标法实施条例》第六十九条规定,许可他人使用其注册商标的,许可人应当在许可合同有效期内向商标局备案并报送备案材

① 国家知识产权局商标局:《申请注册商标使用许可备案、变更许可人/被许可人名称备案、商标使用许可提前终止备案、撤回商标使用许可备案》,载中国商标网,http://sbj.cnipa.gov.cn/sbsq/sqzn/201811/t20181114_277046.html。

料。备案材料应当说明注册商标许可人、被许可人、许可期限、许可使用的商品或者服务范围等事项。注册商标使用再许可备案、许可人/被许可人变更其名称、提前终止许可他人使用其注册商标、撤回商标使用许可备案的,可以向商标局办理相应手续。再许可是指商标注册人通过被许可人许可第三方使用其注册商标。

二、办理途径

申请注册商标使用许可备案有以下途径:

(一)申请人自行提交电子申请。

通过网上系统提交商标使用许可备案申请。提交方法详见中国商标网"网上申请"栏目。商标网上服务系统网址:http://sbj.cnipa.gov.cn/wssq。

(二)申请人可到以下地点办理:

1. 直接到开展相关受理业务的商标受理窗口办理。

自2018年11月1日起,部分地方商标受理窗口受理商标变更、转让、续展申请等业务,申请人可就近办理,窗口地址请查阅中国商标网"商标申请指南"栏目或"常见问题解答"栏目《京外商标审查协作中心和地方商标受理窗口汇总表》,网址:http://sbj.cnipa.gov.cn/gzdt/201811/t20181107_276856.html。

2. 到商标局在京外设立的商标审查协作中心办理。

广州商标审查协作中心受理大厅地址:广东省广州市越秀区流花路117号内12、14号楼一楼 邮编:510014 咨询电话:020-83772305

上海商标审查协作中心受理大厅地址:上海市徐汇区漕宝路650号一号楼一楼 邮编:200235 咨询电话:021-23521800-0

重庆商标审查协作中心受理大厅地址:重庆市江北区对山立交科技金融大厦5号楼 邮编:400023 咨询电话:023-65854191,65854187

济南商标审查协作中心受理大厅地址:济南市高新区天辰路2177号联合财富广场2号楼南侧大厅 邮编:250000 咨询电话:0531-89700542

郑州商标审查协作中心受理大厅地址:河南省郑州市郑东新区永和龙子湖广场B座32层 邮编:450046 咨询电话:0371-88905323

3. 直接到商标局驻中关村国家自主创新示范区办事处办理。

商标局驻中关村国家自主创新示范区办事处地址为:北京市海淀区苏州街36号北京市工商行政管理局二层205办公室。

4. 直接到商标局商标注册大厅办理。

商标局商标注册大厅办公地址：北京市西城区茶马南街1号

邮编：100055

办公时间：8：30－11：30　13：30－16：30

咨询电话：010－63218500

（三）委托在商标局备案的商标代理机构办理。

三、申请材料

（一）《商标使用许可备案表》

（二）《变更许可人/被许可人名称备案表》

（三）《商标使用许可提前终止备案表》

（四）《撤回商标使用许可备案表》

申请人为商标许可人。许可人应根据办理的具体事项填写相应的备案表：

1. 需要办理商标使用许可备案或者再许可备案的，填写《商标使用许可备案表》；

2. 需要办理变更许可人/被许可人名称的，填写《变更许可人/被许可人名称备案表》；

3. 需要办理商标使用许可提前终止的，填写《商标使用许可提前终止备案表》；

4. 需要办理撤回商标使用许可备案许可提前终止的，填写《撤回商标使用许可备案表》。

四、办理流程

（一）准备申请书件

1. 应提交的申请书件：

A. 报送商标使用许可备案或者再许可备案的，提交以下书件：

（1）《商标使用许可备案表》；

（2）许可人/被许可人的身份证明文件复印件（如企业的营业执照副本、自然人的身份证/港澳居民居住证/台湾居民居住证/护照等）；

（3）再许可的，还需报送注册人同意注册商标使用再许可授权书；

（4）委托商标代理机构办理的提交代理委托书。

B. 报送变更许可人/被许可人名称备案的，提交以下书件：

(1)《变更许可人/被许可人名称备案表》;

(2)变更后的身份证明文件复印件;

(3)有关登记机关出具的变更证明文件,变更证明可以是登记机关变更核准文件复印件或登记机关官方网站下载打印的相关档案;

C. 报送商标使用许可提前终止备案的,提交以下书件:

(1)《商标使用许可提前终止备案表》;

(2)许可人/被许可人的身份证明文件复印件;

D. 报送撤回商标使用许可备案的,提交以下书件:

(1)《撤回商标使用许可备案表》;

(2)许可人/被许可人的身份证明文件复印件;

(3)委托商标代理机构办理的提交代理委托书。

2. 具体说明:

(1)备案表应当打字或印刷。许可人/被许可人请仔细阅读填写说明,按照规定填写,不得修改格式。

(2)许可人应当在许可有效期内向商标局备案并报送备案材料。

(3)一份备案表许可人只能许可一个被许可人使用注册商标。共有商标的,许可人的代表人和其他共有许可人均需提交身份证明文件复印件,均应在备案表及附页盖章或签字。

(4)商标使用许可在商标局未予以备案前可以撤回。撤回商标使用许可备案需许可人、被许可人双方同意。

(二)缴纳规费

办理商标使用许可备案按类别收费,一个类别受理费为150元人民币,电子申请为135元。具体请见收费标准:http://sbj.cnipa.gov.cn/sbsq/sfbz/。

五、注意事项

1. 报送商标使用许可备案后,对符合受理条件的,商标局予以受理并书面通知许可人;不符合受理条件的,商标局不予受理,书面通知许可人并说明理由;需要补正的,商标局通知许可人予以补正,许可人自收到通知之日起30日内,按照指定内容补正并交回商标局。期满未补正的或者不按照要求进行补正的,商标局不予受理并书面通知许可人。

2. 符合《商标法》《商标法实施条例》规定的,商标局予以备案并书面通知许可人。

3. 不符合《商标法》《商标法实施条例》规定的，商标局不予备案，书面通知许可人并说明理由。需要补正的，商标局通知许可人予以补正，许可人自收到通知之日起30日内，按照指定内容补正并交回商标局。期满未补正的或者不按照要求进行补正的，商标局不予备案并书面通知许可人。

4. 办理再许可的，需在许可备案表是否再许可一栏勾选是，并填写许可人原备案号，附送注册人同意商标使用再许可授权文件。

5. 以纸件方式直接办理的，商标局将相应文件通过邮寄方式送达许可人；委托商标代理机构的，送达商标代理机构。

以上内容于2019年11月修订，如果以后发生变动，或者在办理中与商标注册大厅工作人员的要求不一致的，应以工作人员的要求为准。

典型案例1-3-1　北京业宏达经贸有限公司与天津开发区泰盛贸易有限公司、广州睿翔春皮具有限公司商标使用许可合同纠纷案

（2011）二中民初字第19534号

案件事实

2007年3月1日，英国沃尔西公司与北京业宏达经贸有限公司（以下简称业宏达公司）签订《Wolsey许可证总协议》（以下简称《商标许可协议》），授权业宏达公司在中国独占使用英文“Wolsey”、汉字“无赛”、狐狸图形等系列文字及图形商标并有权在上述地区将该系列商标再许可给他人。

2007年4月，业宏达公司与天津开发区泰盛贸易有限公司（以下简称泰盛公司）签订《再许可授权协议》等，约定：业宏达公司将第18类商品上的“Wolsey”、汉字“无赛”、狐狸图形商标独家使用权在中国许可泰盛公司使用；授权使用的商品均为皮革、皮箱和旅行包等，并约定了相应许可费。涉案协议中约定商标的商品使用范围属于1802类似群组商品类别。

案外人广州市海图皮件有限公司于2001年8月1日申请注册第1926344号英文“Wolsey”商标，核定使用在1802类似群组的公文包、钱包等商品上。此后，该商标转让给案外人广州奥巴尔皮具有限公司。

涉案协议约定的第3730889号狐狸图形商标和第3730890号“无赛”商标经案外人英国沃尔西有限公司申请，均已核定使用在1802类似群组的旅行包等商品上。

涉案协议约定的第3730891号"Wolsey"注册商标系案外人英国沃尔西有限公司于2003年9月申请,在《再许可授权协议》约定的1802类似群组皮具等商品上未获得注册。

泰盛公司曾长期允许业宏达公司销售标有"Wolsey"注册商标的服装等产品,双方存在长期的业务往来。

业宏达公司认为泰盛公司未依约汇报商标使用情况,也未支付商标使用费,并多次提出要求,但泰盛公司及广州睿翔春皮具有限公司(以下简称睿翔春公司)仍拖欠相应商标许可费。为此,业宏达公司诉至法院,请求法院判决:解除涉案的《再许可授权协议》及《补充协议》;泰盛公司、睿翔春公司支付商标特许使用费1488万元及逾期付款滞纳金444万元。

泰盛公司、睿翔春公司对业宏达公司的诉讼请求不予认可。

法院裁判

北京市第二中级人民法院在审理过程中认为:英文"wolsey"标识具有核心价值和影响力。根据涉案协议的约定,泰盛公司向业宏达公司支付加盟费后,获取的对价是获得按照约定使用涉案协议约定的注册商标特别是第3730891号"wolsey"注册商标制造、销售涉案协议约定的皮具产品的权利,其合同目的是由此获得经济利益。因第3730891号"wolsey"注册商标核定使用的商品并不包括涉案协议约定的1802类似群组的皮具商品,使泰盛公司签订涉案协议及《补充协议》的合同目的不能实现,业宏达公司此行为已构成违约,应承担相应的违约责任。

故,北京市第二中级人民法院依据《合同法》第8条、第60条第1款等规定,判决:一、解除业宏达公司与泰盛公司签订的《再许可授权协议》及《补充协议》;二、业宏达公司返还泰盛公司383万元;三、泰盛公司、睿翔春公司停止使用《再许可授权协议》中约定的3件注册商标;四、驳回业宏达公司的其他诉讼请求。

业宏达公司不服上述一审判决上诉至北京市高级人民法院,二审法院认为:未注册商标并不影响商标许可使用合同的效力,同时应当根据涉案协议签订的目的认定是否构成根本违约,一审判决相关认定缺乏事实及法律依据,遂判决维持一审判决第一项、第三项;撤销一审判决第二项、第四项;泰盛公司给付业宏达公司商标特许使用费446.4万元;驳回业宏达公司的其他诉讼请求。

评析

根据2001年10月27日第九届全国人民代表大会常务委员会第二十四次会议《关于修改〈中华人民共和国商标法〉的决定》第二次修正的《商标法》(以下简称第二次修正的《商标法》)仅对注册商标进行许可须履行相应的行政备案手续进行了规定,但并未对未注册商标是否可以成为商标使用许可合同的标的作出规定。那么,若将未获准注册商标进行许可,是否影响商标许可使用合同的效力?合同效力的确定应当依照法律、法规的强制性规定进行界定,在法律、法规的效力性强制性规范并未明确限定的情况下,一般不宜认定合同无效。因此,在法律、法规并未对未获准注册商标不得许可他人使用进行规定的情况下,此种情形不影响商标许可使用合同的效力。

第二节　商标权的转让和移转

一、商标权转让的概念

在注册商标有效期内,商标权人享有对该核准注册商标的专用权。该注册商标凝集了商标权人在经营过程中产生的商誉,正是为了保护商誉带给商标权人的利益,《商标法》赋予了商标权人在核定使用的商品上专门使用经核准注册商标的权利。商标专用权作为一种具有财产利益的私权,《商标法》赋予了商标权人对让转让注册商标的权利。所谓商标权的转让,是指商标权人依照法定程序,将其所有的注册商标转让给他人所有的行为。商标权转让的实质是商标权主体的变更。由于注册商标包含着涉及消费者的识别和期待利益,商标法律法规对商标转让的处置行为做出了严格的限制。

二、商标权移转的概念

商标移转,是指除转让以外通过继承等事由,继受取得注册专用权的方式。接受该注册商标专用权的当事人应当凭有关证明文件或者法律文书到商标局办理注册商标专用权移转手续。商标移转一般包括以下几种情形:(1)原商标注册人或者申请人死亡,继承人继承商标权;(2)企业因合并、兼并或者改制而发生商标移转的;(3)因法院生效法律文书而发生商标权移转的。

三、商标权转让和移转的法律依据

《商标法》第42条主要规定了转让注册商标的行为。《商标法实施条例》第31条主要补充规定了转让注册商标的核准行为。此外,《商标法实施条例》第32条规定了注册商标专用权因转让以外的继承等其他事由发生移转的行为。

商标转让行为是一种合同行为。商标专用权作为一种具有财产利益的私权,商标权人可以依据其意志对外转让。商标法律法规对经营者的商标转让行为做出了严格的限制:(1)商标的转让采取核准制。转让人和受让人应当就转让的注册商标进行签订转让协议,并共同向商标局提出申请。转让注册商标经核准后,予以公告。受让人自公告之日起享有商标专用权。值得注意的是,商标转让合同的生效并不以商标转让行为获得批准为前提。注册商标转让合同没有特别约定的,合同在双方当事人签字盖章之日起即生效,但是合同生效时,商标权并未当然发生转移的效果,只有当合同生效后,双方向国家知识产权区提交了申请转让手续并获得批准后,转让行为才发生效力,受让人取得商标专用权。但是商标转让合同可以约定自合同生效之日起,受让人可以实际使用商标。如果在此期间,授权受让人对商标侵权行为提起诉讼,则受让人可以提起诉讼。(2)商标转让采取"一并转让"原则,即转让注册商标的,商标注册人对其在同一种商品上注册的近似的商标,或者在类似商品上注册的相同或者近似的商标,应当一并转让。如果商标注册人对其在同一种或者类似商品上注册的相同或者近似的商标未一并转让的,由商标局通知其限期改正;期满未改正的,视为放弃转让该注册商标的申请,商标局应当书面通知申请人。究其原因,商标转让行为不能发生容易导致混淆或者有其他不良影响的法律后果,否则违背了商标的识别来源的功能。(3)商标转让的标的包括注册商标和注册申请中的商标。对于注册商标而言,必须满足有效且无权利负担的条件,即注册商标在注册有效期内、未被注销、撤销、未被法院冻结、未办理质押登记。如果注册商标处于宽展期,未提交续展申请,则其效力处于待定的状态,不能办理转让。对于注册申请中商标而言,需要确认申请流程的阶段。如果申请中的注册商标全部驳回的决定已经生效、裁定不予注册的异议裁定已经生效,则不能转让。值得注意的是,实践中转让注册申请中的商标,在同一天申请的,要求遵循“一并转让”原则,将相同或相似的商标一同转让。如果不是同一天申请的,不要求遵循“一并转让”原则。

对于移转行为,同样为了维护商标的识别功能,需要遵循“核准制”和“一并转让”原则。也即,注册商标专用权移转的,注册商标专用权人在同一种或者类似商品上注册的相同或者近似的商标,应当一并移转;未一并移转的,由商标局通知其限期改正;期满未改正的,视为放弃该移转注册商标的申请,商标局应当书面通知申请人。商标移转申请经核准的,予以公告。接受该注册商标专用权移转的当事人自公告之日起享有商标专用权。

四、商标权转让合同的内容

商标转让合同作为一种要式合同,应当采用书面的形式签订,虽然转让方和受让方共同向商标局办理注册商标的转让申请时,不要求提交转让合同。出于维护双方权益的考虑,转让合同应当包括以下基本条款:(1)主体信息。转让人和受让人的名称、住所、法定代表人等信息。(2)转让标的的基本情况。商标图样、名称、申请或注册日期、商标效力。(3)商标权的权利负担。是否为共同商标、是否进行过许可或者存在质权等。(4)转让费用以及支付方式。(5)违约责任。(6)合同解除或者终止的条件。(7)解决争议的方法。(8)合同生效日期。(9)合同签约日期。(10)合同应当约定的其他条款。

值得注意的是,除了基于双方当事人自愿、公平、诚信原则在合同中具体分配权力和义务,法律还基于保障消费者的利益,要求受让人承担保证使用该注册商标的商品质量的义务。至于转让人,如果转让人在相同或者相似商品上注册了相同或者近似的数个商标,法律基于保障商标的来源识别功能,要求转让人遵循“一并转让”原则,承担将相同或者近似的数个商标一并转让的义务。

五、商标权转让和移转的程序

注册商标的转让和移转,必须按照法律规定的程序进行,其转让和移转行为才能发生法律效力。根据《商标法》及《商标法实施条例》的有关规定,商标权转让和移转的主要程序包括:

(一)签订注册商标转让协议

商标权转让协议是基于合同行为产生的民事法律关系,自合同生效时,对双方当事人产生法律约束力。但是,依据《商标法》第 42 条第 4 款之规定,"转让注册商标经核准后,予以公告。受让人自公告之日起享有商标专用权",意味着注册商标权的转让并非自合同生效时,即当然发生转让的效果。须经商标局核准并予以公告后,受让人自公告之日起才享有商标专用权。

(二)注册商标转让申请与审查

我国《商标法》规定,转让注册商标的,转让人和受让人应当向商标局提交转让注册商标申请书,并共同办理转让注册商标申请手续,附送原商标注册证,并缴纳申请费和注册费,针对烟草制品等国家规定必须使用注册商标的商品,受让人应当提供烟草主管部门颁发的有关证明文件,同时,受让人还需符合《商标法》规定的主体资格。

商标局对注册商标转让申请进行审查的内容有:申请手续的完备性;转让的商标与核准使用的商品、服务和原商标与其核定使用的商品和服务需一致;是否已经缴纳了相关费用等。

通过审查后,商标局认为符合《商标法》规定的,予以核准并公告。对不符合规定的申请,予以驳回。

(三)申请人对商标局驳回其注册商标转让申请提出复审

申请人对商标局驳回其注册商标转让申请不服的,可以在收到驳回通知 15 日内向商标复审委员会提交驳回转让复审申请书、原转让注册商标申请书,请求其进行复审。

商标移转是基于合同行为之外的,由其他法律事实产生的注册商标专用权"主体变更"的法律效果。我国《商标法》同样规定,接受该注册商标专用权的当事人应当凭有关证明文件或者法律文书到商标局办理注册商标专用权移转手续。

六、商标权转让的实务指引

国家知识产权局商标局官方网站发布了有关《申请转让注册商标注册

申请》[①]的指南，具体内容如下：

一、法律依据及申请条件

根据商标法第四十二条及《商标法实施条例》第三十一条、第三十二条规定：

1. 转让注册商标的，转让人和受让人应当共同到商标局办理注册商标的转让手续。双方均为申请人。

2. 因继承、企业合并、兼并或改制等其他事由发生移转的，接受该注册商标专用权的当事人应当凭有关证明文件或者法律文书到商标局办理注册商标的移转手续。

3. 依法院判决发生商标专用权移转的，也应当办理移转手续。

办理商标转让或移转适用《转让/移转申请/注册商标申请书》。

二、办理途径

申请转让注册商标有以下途径：

（一）申请人自行提交电子申请。

通过网上系统提交商标转让申请。提交方法详见中国商标网"网上申请"栏目。商标网上服务系统网址：http://sbj.cnipa.gov.cn/wssq。

（二）申请人可到以下地点办理：

1. 直接到开展相关受理业务的商标受理窗口办理。

自2018年11月1日起，部分地方商标受理窗口受理商标变更、转让、续展申请等业务，申请人可就近办理，窗口地址请查阅中国商标网"商标申请指南"栏目或"常见问题解答"栏目《京外商标审查协作中心和地方商标受理窗口汇总表》，网址：http://sbj.cnipa.gov.cn/gzdt/201811/t20181107_276856.html。

2. 到商标局在京外设立的商标审查协作中心办理。

广州商标审查协作中心受理大厅地址：广东省广州市越秀区流花路117号内12、14号楼一楼　邮编：510014　咨询电话：020－83772305

上海商标审查协作中心受理大厅地址：上海市徐汇区漕宝路650号一号楼一楼　邮编：200235　咨询电话：021－23521800－0

---

① 国家知识产权局商标局：《申请转让注册商标注册申请》，载中国商标网，http://sbj.cnipa.gov.cn/sbsq/sqzn/201811/t20181114_277043.html。

重庆商标审查协作中心受理大厅地址:重庆市江北区对山立交科技金融大厦5号楼　邮编:400023　咨询电话:023－65854191,65854187

济南商标审查协作中心受理大厅地址:济南市高新区天辰路2177号联合财富广场2号楼南侧大厅　邮编:250000　咨询电话:0531－89700542

郑州商标审查协作中心受理大厅地址:河南省郑州市郑东新区永和龙子湖广场B座32层　邮编:450046　咨询电话:0371－88905323

3. 直接到商标局驻中关村国家自主创新示范区办事处办理。

商标局驻中关村国家自主创新示范区办事处地址为:北京市海淀区苏州街36号北京市工商行政管理局二层205办公室。

4. 直接到商标局商标注册大厅办理。

商标局商标注册大厅办公地址:北京市西城区茶马南街1号　邮编:100055

办公时间:8:30－11:30　13:30－16:30

咨询电话:010－63218500

(三)委托在商标局备案的商标代理机构办理。

三、转让的书件格式

转让的书件格式只有一种,即《转让/移转申请/注册商标申请书》。

四、申请材料及办理流程

(一)准备申请书件

1. 应提交的申请书件为:

(1)《转让/移转申请/注册商标申请书》;

(2)转让人和受让人经盖章或者签字确认的身份证明文件复印件(如企业的营业执照副本、自然人的身份证/港澳居民居住证/台湾居民居住证/护照等);

(3)委托商标代理机构办理的提交转让人和受让人双方出具的代理委托书,直接在商标注册大厅办理的提交双方经办人的身份证复印件;

(4)申请移转的,商标注册人已经终止的,无需提交身份证明文件及委托书,但应当依法提交有关证明文件或者法律文书,证明有权利继受相应的商标权;

(5)申请文件为外文的,还应提供经申请人或代理组织或翻译机构签章确认的中文译本。

2. 具体说明

(1)按照申请书上的要求逐一填写，且必须是打字或者印刷。转让人或受让人是自然人的，应在姓名后填写身份证件号码，外国自然人填写护照号码，电子申请除外。

(2)网上提交电子申请的，同意转让证明文件应由双方盖章、签字（法人或其他组织应盖章并同时由负责人或者法定代表人签字）并上传，原件应留存备查。

(3)办理移转申请的可以免于提供转让人身份证明文件复印件。

(4)办理转让商标申请，受让人为自然人的，应注意下列事项：

i. 受让人为个体工商户的，可以以其《个体工商户营业执照》登记的字号作为受让人名义，也可以以其个人身份证姓名作为受让人名义。以个人姓名作为受让人时应提交以下材料的复印件：

①受让人的身份证；

②个体工商户营业执照。

ii. 个人合伙可以以其《营业执照》登记的字号或有关主管机关登记文件登记的字号作为受让人名义提出商标转让申请，也可以以全体合伙人的名义共同提出商标转让申请。以全体合伙人的名义共同提出申请时应提交以下材料的复印件：

①合伙人的身份证；

②营业执照；

③合伙协议。

iii. 农村承包经营户可以以其承包合同签约人的名义提出商标转让申请，申请时应提交以下材料的复印件：

①签约人身份证；

②承包合同。

iv. 其他依法获准从事经营活动的自然人，可以以其在有关行政主管机关颁发的登记文件中登载的经营者名义提出商标转让申请，申请时应提交以下材料的复印件：

①经营者的身份证；

②有关行政主管机关颁发的登记文件。

v. 对于自然人受让人不符合上述规定的商标转让申请,商标局不予受理并书面通知申请人。

申请人提供虚假材料取得商标权的,由商标局撤销核准商标转让。

(5)办理商标移转的,如果转让人不能盖章,受让人应提交其有权接受该商标的证明文件或者法律文书。例如,企业因合并、兼并或者改制而发生商标移转的,应提交合并、兼并或者改制文件和登记部门出具的证明。合并、兼并或者改制文件应证明商标权由受让人继受,登记部门应证明原注册人与受让人的关系、原注册人已经不存在的现实状态。因法院判决而发生商标移转的,应提交法院出具的法律文书,法律文书上的被执行人名称和接受该注册商标专用权的企业名称应当与申请书中的转让人名称和受让人名称相符。

(6)如果申请转让的商标是共有商标,应注意下列事项:

i. 商标由一个人所有转让为多个人共有的,在填写转让申请书时,受让人名称和地址的栏目应当填写代表人的名称和地址,受让人章戳处加盖代表人印章,其他共有人的名称应填写在附页的转让后其他共有人名义列表中,并加盖印章,其他共有人的地址不需填写。

ii. 商标由多个人共有转让为一个人所有的,在填写转让申请书时,转让人名称和地址的栏目应填写原代表人的名称和地址,转让人章戳处加盖原代表人印章;受让人名称和地址填写在相应的栏目中,并加盖印章。原其他共有人的名称应填写在附页的转让前其他共有人名义列表中,并加盖印章,原其他共有人的地址不需填写。

iii. 因共有商标的共有人发生改变(包括共有人的增加或减少)而申请转让的,在填写申请书时,应将原代表人的名称和地址填写在申请书的转让人名称和地址的栏目中,转让人章戳处加盖原代表人印章,原其他共有人的名称填写在附页的转让前其他共有人名义列表中,并加盖印章;申请书的受让人名称和地址栏目应填写转让后的代表人名称和地址,受让人章戳处加盖转让后的代表人印章,转让后的其他共有人名称应填写在附页的转让后其他共有人名义列表中,并加盖印章。附页列表中不需填写其他共有人的地址。

(7)如果申请转让的商标是集体商标、证明商标,除申请书外,还应提交以下书件:

i. 集体商标转让需提交商标转让合同、集体成员名单、受让主体资格证明文件复印件和商标使用管理规则。

ii. 证明商标转让需提交商标转让合同、受让主体资格证明文件复印件、受让人检测能力证明和商标使用管理规则。

iii. 地理标志集体商标/证明商标转让需提交商标转让合同、受让资格证明文件复印件、地方政府或主管部门同意该地理标志转让的批复、受让人监督检测能力的证明和商标使用管理规则。

(二)缴纳商标规费

申请按类别收费,一个类别受理转让注册商标费为500元人民币,电子申请为450元。具体请见收费标准:http://sbj. cnipa. gov. cn/sbsq/sfbz/。

五、注意事项

1. 转让注册商标的,商标注册人对其在相同或类似商品上注册的相同或近似商标应当一并转让。转让注册商标申请不应可能产生误认、混淆或者其他不良影响。

2. 受让人为外国人或外国企业的,应当在申请书中指定国内文件接收人负责接收商标局的法律文件。国内受让人不需填写此栏。

3. 转让申请提交后,对符合受理条件的转让申请,商标局给申请人发出《受理通知书》(纸件方式直接办理的,将按照申请书上填写的地址,以邮寄方式发给申请人;委托代理机构的,发送给代理组织)。不符合受理条件的,不予受理,并向申请人发出《不予受理通知书》(纸件方式直接办理的,将按照申请书上填写的地址,以邮寄方式发给申请人;委托代理机构的,发送给代理组织)。

4. 如果转让申请需要补正的,商标局给申请人发出补正通知(纸件方式直接办理的,将按照申请书上填写的地址,以邮寄方式发给申请人;委托代理机构的,发送给代理组织),要求申请人限期补正。申请人未在规定期限内按要求补正的,商标局有权对转让申请视为放弃或不予核准。

5. 转让申请核准后,纸件方式直接办理的,商标局将按照申请书上填写的地址,以邮寄方式发给受让人转让证明,委托代理机构的,发送给代理组织。同时将转让事宜刊登公告。受让人自公告之日起享有商标专用权。

6. 转让申请被视为放弃或不予核准的,商标局发出《视为放弃通知书》或《不予核准通知书》。纸件方式直接办理的,将按照申请书上填写的地址,以邮寄方式发给申请人;经代理的,发送给代理组织。

7. 转让申请书中的受让人为多个人共有的,商标局的有关通知或证明仅发给代表人。

8. 申请人委托商标代理机构办理转让申请的,所有书件都寄发给该商标代理机构。

9. 转让申请在商标局核准之前双方协商一致的,可以申请撤回。通过代理机构办理转让的,应通过原代理机构办理撤回手续。

以上内容于2019年11月修订,如果以后发生变动,或者在办理中与商标注册大厅接待人员的要求不一致的,应以工作人员的要求为准。

典型案例1-3-2 上诉人北京世都同盟商业管理有限公司诉被上诉人北京世都百货有限责任公司、原审第三人胡某江确认转让注册商标行为无效纠纷案

(2000)京高知终字第70号

案件事实

世都百货公司系由黄某斌、薛某阳、胡某江、刘某伟、刘某共同出资设立的有限责任公司,该公司于1995年9月20日成立,注册资本为2000万元,经营范围是:销售[百货、五金、交电、针纺织品、家具、建筑材料、医疗器械、工艺美术品、字画、副食品、烟(零售)]、美容美发、餐饮、摄影、咨询服务(中介服务除外)、人才培训。登记注册机关为北京市工商行政管理局。

世都百货公司成立后,法定代表人原为执行董事胡某江,后于2000年1月8日经北京市工商行政管理局核准,变更法定代表人为公司股东刘某伟。

世都百货公司执行董事的职权在该公司章程第18条、第23条中规定为:(1)负责召集、主持股东会,并向股东会报告工作;(2)执行股东会决议;(3)决定公司的经营计划和投资方案;(4)制定公司年度财务预算方案、决算方案;(5)制定公司的利润分配方案和弥补亏损方案;(6)制定公司增加或减少注册资本的方案;(7)拟定公司合并、分立、变更公司形式、解散的方案;(8)决定公司内部管理机构的设置;(9)聘任或解聘公司总经理,根据总经理的提名,聘任或解聘公司副总经理、财务负责人,决定其报酬事项;(10)制定公司的基本管理制度;(11)检查股东会议的落实情况,并向各位股东报告;(12)代表公司签署有关文件;(13)在发生战争、特大自然灾害等紧急情况下,对公司事务行使特别裁决权和处置权,但这类裁决权和处置权须符合公司利益,并事后向股东报告。

世都同盟公司于1998年11月9日成立,注册资本为1000万元,经营范围为企业管理、策划、咨询;摄影服务;销售:百货、针纺织品、家具、建筑材料、医疗器械、五金交电、工艺美术、包装食品;美容美发。经北京市工商行政管理局门头沟分局确认,世都同盟公司股东为胡某江,出资额为400万元,占注册资本的40%,任公司执行董事、法定代表人;王某一,出资额为300万元,占注册资本的30%,任公司监事;王某二,出资额为300万元,占注册资本的30%,被聘为公司经理。世都同盟公司的股东和监事王某一于1996年10月至1999年1月,曾在世都百货公司任F1层经理。世都同盟公司的股东和经理王某二于1996年9月至1999年1月,曾在世都百货公司任计划财务部经理。

世都百货公司于1997年1月15日向国家工商行政管理局商标局提出注册"世都"商标申请。1997年9月27日出版的1997年第35期、总第608期《商标公告》的初步审定商标公告中登载以下内容:第1137805号,申请日期1997年1月15日;商标为:经美术变形的"世都"文字商标(指定颜色);服务项目:商业咨询;商业管理咨询;贸易业务的专业咨询;市场分析;市场研究;推销(替他人);人事咨询管理;人员招收等;申请人:世都百货公司。

1997年第47期、总第620期《商标公告》中登载,1997年9月21日总第608期商标公告刊登的初步审定商标,审定期满,下列商标核准注册。商标专用期限自1997年12月21日至2007年12月20日。其中含有注册号为1137805的初步审定商标。

1999年1月28日,经国家工商行政管理局商标局核准,在1999年第16期、总第685期《商标公告》上刊登了转让注册商标公告,其中包括1137805号注册商标,即"世都"商标。世都百货公司提交的某商标服务中心出具的商标查询单载明,1137805号注册商标,即"世都"商标,类别35类,于1999年1月21日被申请转让,注册人/申请人为世都同盟公司。

世都同盟公司和胡某江称,"世都"注册商标的转让是胡某江作为世都百货公司的执行董事与总经理,口头委托该公司的徐某,同时,胡某江作为世都同盟公司最大的股东,口头委托该公司的股东王某二口头达成转让协议并到国家工商行政管理局商标局办理商标转让手续。

胡某江称,在转让"世都"注册商标之前,他曾经同世都百货公司的其他股东口头商量过,其他股东也同意转让"世都"注册商标。

世都百货公司的股东黄某斌、刘某伟、薛某阳、刘某于2000年3月31日向一审法院提交书面声明:(1)胡某江与他人成立世都同盟公司一事,其他股东事前并不知道;(2)胡某江在任公司执行董事、总经理期间将公司注册商标转让给世都同盟公司,事先未通知过其他股东;(3)胡某江将公司注册商标转让给与其有重要利害关系的被告公司,是胡某江损害公司利益、自己谋取私利的行为,要求将"世都"注册商标专用权索回。

在二审开庭后,世都百货公司就前述书面声明,向二审法院提交了经深圳市公证处公证的世都百货公司股东黄某斌的声明,声明2000年3月31日提交给北京市第一中级人民法院的《北京世都百货有限责任公司部分股东就"世都"注册商标转让问题致人民法院的函》上的黄某斌的签名是其本人亲笔签字。

另查,1999年3月27日,胡某江向北京市工商行政管理局东城区分局提出撤销世都百货公司企业登记及吊销其营业执照的申请,主张1993年至1996年,黄某斌、薛某阳以香港人身份先后出任多家公司的董事长、董事,与申请成立世都百货公司时使用的大陆身份不一致,违反了有关法律的规定。但北京市工商行政管理局东城区分局未对世都同盟公司的申请作出裁决。为此,胡某江向北京市东城区人民法院提起行政诉讼,要求北京市工商行政管理局东城区分局履行法定职责。

在法院审理期间,世都百货公司于2000年4月21日向国家工商行政管理局商标复审委员会提出撤销注册不当商标申请,请求撤销"世都"注册商标的转让。国家工商行政管理局商标复审委员会于2000年8月22日受理该申请。

法院裁判

法院认为,本案中,第三人胡某江在世都同盟公司与世都百货公司达成无偿转让"世都"注册商标专用权的口头协议时,既是世都同盟公司的最大的股东、法定代表人,又是世都百货公司的股东、执行董事、法定代表人,该转让行为是其在未通知世都百货公司其他股东的情况下决定并由其委托前述二公司的工作人员具体实施。胡某江作为世都百货公司的股东、执行董事、法定代表人,根据该公司的有关章程,并没有在未通知其他股东的情况下,转让该公司注册商标专用权的权力。因此,胡某江的行为不能代表世都百货公司,其以世都百货公司的名义所为的转让"世都"注册商标专用权的行为,不是该公司的真实的意思表示。由于胡某江是世都同盟公司的最大股东、法定代表人,该公司对胡某江不能代表世都百货公司转让“世都”注册商标专用权的情况应认为是明知的,而该公司在明知的情况下仍接受该无偿转让,该公司的行为损害了世都百货公司的正当利益。世都同盟公司与世都百货公司作为在工商行政管理部门注册的法人,其所达成的转让“世都”注册商标专用权的口头协议,虽然在形式上合乎法律的规定,但该转让行为并不是世都百货公司的真实的意思表示,该转让行为损害了世都百货公司的正当利益,应为无效民事行为,世都同盟公司与世都百货公司之间的口头转让“世都”注册商标专用权的协议为无效协议。世都同盟公司应承担将“世都”注册商专用权标返还给世都百货公司的民事责任。

因民事法律行为引起的诉讼,属于人民法院受理民事诉讼的范围。本案中,世都同盟公司与世都百货公司作为平等的民事主体,双方所订立的注册商标专用权的口头转让协议及依据该合同所为的转让行为,均属民事法律行为,因此形成的诉讼属于民事诉讼;人民法院审理的是世都同盟公司与世都百货公司之间转让“世都”注册商标专用权的行为是否有效,并不涉及商标行政管理部门对该注册商标专用权转让的核准登记是否应予撤销的问题,故人民法院应予受理该民事诉讼。世都同盟公司所提人民法院不应对本案行使主管、管辖权,本案不属于人民法院受理民事诉讼的范围的上诉理由不能成立,法院不予支持。

世都百货公司是经工商行政管理部门登记注册的企业法人,工商行政管理部门并未撤销该公司的法人资格。世都同盟公司所提世都百货公司是非法设立的企业,法院应中止审理上诉理由,与本案无关,法院不予采信。

世都同盟公司所提胡某江转让商标专用权的行为属胡某江职权范围内的行为,并通知过其他股东的上诉理由,无证据支持,法院不予采信。

世都同盟公司所提世都百货公司提交给一审法院的重要材料未经当庭质证,不应作为本案判决依据的上诉理由,证据不足,法院不予采信。

世都同盟公司在一审答辩期内所提管辖权异议,不属于人民法院受理的管辖权异议的范围,该公司所提一审法院未对其提出的管辖权异议依法裁定,剥夺了该公司对管辖权异议的上诉权的上诉理由不能成立,法院不予支持。

评析

注册商标专用权是一种民事权利,其转让是作为平等民事主体的注册商标专用权人与受转让人之间的民事法律行为,受民事法律的调整。商标行政管理部门的核准既是行政机关对注册商标的管理行为,也是对这种转让行为的确认,但是,商标行政管理部门的这种行政行为并不能改变注册商标专用权的民事权利的性质,也不能改变转让注册商标专用权的行为的民事法律行为性质。平等的民事主体之间在为民事法律行为时,必须符合法律的规定,应当公平地考虑对方当事人的正当利益,并不得损害国家、集体和他人利益。

第三节　商标权的出资

一、商标权出资的概念

对于有限责任公司、股份有限公司和其他企业法人等营利法人以及非营利法人或者非法人组织的出资人而言,可以将其享有的商标权作为非货币资产作价出资,相对于货币资产而言,包括商标权在内的非货币资产出资时应当评估作价,核实财产,不得高估或者低估作价,以保障非货币财产价值的真实性、合法性。

二、商标权出资的法律依据

《公司法》第27条规定了股东可以用包含知识产权在内的可以用货币估价并可以依法转让的非货币财产作价出资的内容。《公司登记管理条例》第14条补充规定了不得作价出资的部分非货币资产。《公司注册资本登记管理规定》第5条也规定了知识产权作价出资的相关内容。财政部、国家知识产权局联合发布的《关于加强知识产权资产评估管理工作若干问题的通知》(财企〔2006〕109号)进一步细化规定了知识产权评估的情形和评估机构。同时,中国资产评估协会就包含商标专用权在内的知识产权的评估发布了规范性文件——《知识产权资产评估指南》和《商标资产评估指导意见》。

三、商标权作价出资的方式

依据《公司法》第 28 条之规定，股东以非货币财产出资的，应当依法办理其财产权的转移手续。包含商标权在内的知识产权作为一种无形财产，发挥其价值最关键的核心就在于“使用”权利，即只有经过使用才能发挥经济增值功能。相应的在《商标法》中的商标权转让和许可使用中都可以满足“使用权”转移的法律效果。商标权出资可以理解为一种特殊的商标权转让，将注册商标转让给目标公司，并取得目标公司的一定股权作为对价。与商标所有权出资不同的是，商标权人可以在不转移商标所有权的情况下，只对商标的使用收益权进行出资，这种出资方式是通过商标使用许可的方式进行出资。商标许可使用权出资，是指作为注册商标所有权人的出资者与目标公司签订商标使用许可合同的行为。

四、商标权出资的实践困境

虽然《公司法》等法律法规明确要求了对作为出资的非货币财产应当评估作价，核实财产，不得高估或者低估作价。但是实践中有案例表明，针对包含商标权在内的知识产权等非货币出资，协商自评作价的，也不因未经评估而无效。除此之外，包含商标权在内的知识产权本身的特点决定了知识产权出资具有的价值不稳定性、知识产权固有的时间性和地域性、价值评估的可靠性以及权力瑕疵风险等。对以商标权作为融资手段进行商标权的资本化利用造成现实的困难，随着知识产权蕴含的巨大效益在我国市场经济中逐步显现出来，包含商标权在内的有关知识产权的法律法规有待进一步完善，促进知识产权的市场活力和保护。

五、商标权出资的实务指引

鉴于具体的商标权作价出资的法律法规制度的缺失，注册商标专用权人拟将其商标权作价出资的，应注意保障出资安全和防范出资风险，具体如下：

第一，了解所属辖区内的相关政策规定，提前和享有管辖权的市场监督管理部门确认商标作价出资的可行性和所需材料。从法理上来看，注册商标专用权具备可出资性，但是由于缺乏明确的法律依据和具体的操作规则，导致各地市场监督管理部门的态度各不相同,有必要提前与拟设立或投资的公司所属辖区内的市场监督管理部门进行确认。

第二,充分考量商标权出资的主体、商标权范围与期限、出资方式。重点关注是否可以接受商标权被许可人作为出资主体,采用转让商标权的方式或者独占许可、排他许可、普通许可等出资方式。

第三,受资公司需对股东拟出资的商标权进行详尽完整的尽职调查。重点关注商标权权属是否清晰、是否存在共有、是否存在质押等权利限制或瑕疵。

第四,委托有资质的评估机构进行评估。评估价值直接决定了出资人在受资公司的持有股权比例及股东权利,而对于受资公司原有股东来讲,新出资人出资价值大小也将影响原股东股权稀释程度,商标权的评估的价值涉及各方的利益。

第五,商标权稳定性的考察。用于出资的商标,可能面临因他人以绝对理由和相对理由提起商标权无效的风险,建议明确商标无效的法律后果和责任承担方式,以维持公司注册资本。

第六,签署出资协议和商标权转让及许可协议等出资文件,并进行备案登记,以满足公司注册登记的有关要求和通过公示对抗第三人的效力。

第四节　商标权的质押

一、商标权质押的概念

为了担保债务的履行,债务人或者第三人就其有权处分的注册商标专用权可以出质,质权自办理出质登记时设立。即商标权作为一种具有财产属性的私权,可以作为权利质押的标的物。质押作为担保的方式之一,是为了赋予债权人在债务人不履行到期债务或者发生当事人约定的实现债权的情形时,依法享有就担保财产优先受偿的权利。商标作为商誉的载体,其价值或商标权的财产属性与企业的经营情况密切相关。企业的生产经营恶化会导致商誉的减损,进而会影响商标权的价值以及商标权的稳定性,因此,以商标权作为权利质押的标的,面临价值不稳定的风险,同时,商标价值的评估本身也存在不确定性的风险。

二、商标权质押的法律依据

商标专用权作为一种具有财产利益的权利,可以作为质押的标的物。《民法典》第 444 条规定了包含注册商标专用权在内的知识产权的质押制度。《商标法实施条例》第 70 条规定了注册商标专用权出质的登记申请制度。《注册商标专用权质押登记程序规定》(国家知识产权局公告第 358 号)规定了国家知识产权局负责办理注册商标专用权质权登记的有关内容。

三、商标权质押合同内容

自然人、法人或者其他组织以其注册商标专用权出质的,出质人与质权人应当订立书面合同。从有关合同法律制度的角度来看,合同形式表现出从重形式到重意思表示的立法倾向,虽然未签订书面合同,不至于影响合同的效力,但是无疑增加了当事人之间的交易便捷和交易安全,质权也面临无法完成国家知识产权局核准登记要求而未能设立的风险。注册商标专用权质权合同一般包括以下内容:(1)出质人、质权人的姓名(名称)及住址;(2)被担保的债权种类、数额;(3)债务人履行债务的期限;(4)出质注册商标的清单(列明注册商标的注册号、类别及专用期);(5)担保的范围;(6)当事人约定的其他事项。

基于合同行为产生的商标权质押的权利担保法律关系,除了在合同签订过程中,出质人和质权人双方应当遵循自愿、公平、诚信的基本原则来分配具体的权利义务内容外,对于质权人和出质人权利义务的分配同样不能违背法律的强制性规定和法律制度的设计目的。设定商标专有权质押,意味着商标注册人以债务人或者担保人的身份将自己所拥有的、依法可以转让的商标专用权作为债权的担保,当债务人不履行债务时,债权人有权依照法律规定,以该商标专用权折价或以拍卖、变卖该商标专用权的价款优先受偿。相应地,为了保证上述质权人享有的担保权利,包含注册商标专用权在内的知识产权中的财产权出质后,出质人不得转让或者许可他人使用,但是出质人与质权人协商同意的除外。出质人转让或者许可他人使用出质的知识产权中的财产权所得的价款,应当向质权人提前清偿债务或者提存。值得注意的是,权利质押的标的权利应当具有可转让性。为了保证质权人的权利得以实现,设立商标权质押时,应当与商标转让相一致,采取“一并转让”的原则。也就是说,签订合同时和办理质押登记时,明确将相同或者近似的商标一并质押,并保证被质押的注册商标可以依法转让,保障质权人在债务人不履行债务时可以通过注册商标这一无形财产获得优先受偿。

四、商标专用权质押登记备案

质权人和出质人就商标专用权的质押达成一致,并签订书面质权合同后,双方应当共同向国家知识产权局提出办理质权登记。应提交下列文件:(1)申请人签字或者盖章的《商标专用权质权登记申请书》;(2)主合同和注册商标专用权质权合同;(3)申请人签署的承诺书;(4)委托商标代理机构办理的,还应当提交商标代理委托书。上述文件为外文的,应当同时提交其中文译文。中文译文应当由翻译单位和翻译人员签字盖章确认。在商标专用权质押登记期间,如果质押登记的事项发生变更,质权人和出质人应当及时共同向国家知识产权局办理质押登记变更申请。包括但不限于:质权人或出质人的名称(姓名)更改,质权合同担保的主债权数额变更的;因被担保的主合同履行期限延长、主债权未能按期实现等原因需要延长质权登记期限的,注册商标专用权质权登记需要注销的;甚至《商标专用权质权登记证》遗失的,可以向国家知识产权局申请补发。

五、商标权质押的实务指引

国家知识产权局商标局官方网站发布了有关《申请注册商标专用权质权的登记、变更、延期以及注销》[①]的指南,具体内容如下:

一、法律依据及申请条件

根据《商标法实施条例》第七十条规定,自然人、法人或者其他组织以其注册商标专用权出质的,出质人与质权人应当订立书面合同,并共同向商标局办理质权登记。

质权自商标局办理出质登记时设立。

---

① 国家知识产权局商标局:《申请注册商标专用权质权的登记、变更、延期以及注销》,载中国商标网,http://sbj.cnipa.gov.cn/sbsq/sqzn/201811/t20181114_277049.html。

商标局对注册商标专用权质权的登记、变更、延期、注销等申请不收取规费。

办理质权登记事宜由质权人、出质人双方共同办理。双方可以委托同一个人或同一个代理机构代理。

二、办理途径

办理质权登记及有关事项有以下途径:

(一)申请人自行办理

1. 直接到商标局商标注册大厅办理。

商标局商标注册大厅办公地址:北京市西城区茶马南街1号　邮编:100055

办公时间:8:30－11:30　13:30－16:30

咨询电话:010－63218500

2. 直接到商标局驻中关村国家自主创新示范区办事处办理。

商标局驻中关村国家自主创新示范区办事处地址为:北京市海淀区苏州街36号北京市工商行政管理局二层205办公室。

3. 直接到开展相关受理业务的商标受理窗口办理。

窗口地址,请查阅中国商标网“商标申请指南”栏目或“常见问题解答”栏目《京外商标审查协作中心和地方商标受理窗口汇总表》,网址:www. cnipa. gov. cn。因各商标受理窗口办理的商标业务有所不同,是否办理商标质押业务,请咨询当地的商标受理窗口。

(二)委托在商标局备案的商标代理机构办理。

三、质权登记的书件格式

1.《商标专用权质权登记申请书》及承诺书

2.《商标专用权质权登记事项变更申请书》及承诺书

3.《商标专用权质权登记期限延期申请书》及承诺书

4.《商标专用权质权登记注销申请书》及承诺书

5.《商标专用权质权登记证补发申请书》

四、申请材料及办理流程

(一)准备申请书件

1. 应提交的申请书件:

A. 申请质权登记的,提交如下文件:

(1)申请人签字或者盖章的《商标专用权质权登记申请书》

(2)出质人、质权人办理商标专用权质权登记有关业务的承诺书

(3)主合同和注册商标专用权质权合同原件或经双方盖章确认的复印件

(4)委托商标代理机构办理的,应当提交商标代理委托书

B. 申请质权人或出质人的名称(姓名)更改,以及质权合同担保的主债权数额变更的,提交如下文件:

(1)申请人签字或者盖章的《商标专用权质权登记事项变更申请书》

(2)出质人、质权人办理商标专用权质权登记事项变更承诺书

(3)有关登记事项变更的协议或相关证明文件

(4)委托商标代理机构办理的,应当提交商标代理委托书

出质人名称(姓名)发生变更的,还应按照《商标法实施条例》的规定在商标局办理变更注册人名义申请。

办理质权登记事项变更申请后,由商标局重新核发《商标专用权质权登记证》。

C. 申请质权延期登记的,提交如下文件:

(1)申请人签字或者盖章的《商标专用权质权登记期限延期申请书》

(2)出质人、质权人办理商标专用权质权登记期限延期承诺书

(3)当事人双方签署的延期协议

(4)委托商标代理机构办理的,应当提交商标代理委托书

办理质权登记期限延期申请后,由商标局重新核发《商标专用权质权登记证》。

D. 申请注销专用权质权登记的,提交如下文件:

(1)申请人签字或者盖章的《商标专用权质权登记注销申请书》

(2)出质人、质权人办理商标专用权质权登记注销承诺书

(3)委托商标代理机构办理的,应当提交商标代理委托书

质权登记期限届满后,该质权登记自动失效。

2. 具体说明

(1)按照申请书上的要求逐一填写,且必须是打印或者印刷形式,出质多件商标的,在一份申请书中列明,相同、近似的商标必须一并出质。

(2)商标专用权质权登记申请书应加盖出质人和质权人双方的印章,或有

出质人、质权人的签字，委托代理人的，还应加盖代理人的章戳。

(3)出质人、质权人办理有关商标专用权质权登记业务的承诺书，应加盖出质人和质权人双方的印章，或有出质人、质权人的签字。

(4)注册商标专用权质权合同一般包括以下内容：

①出质人、质权人的姓名(名称)及住址；

②被担保的债权种类、数额；

③债务人履行债务的期限；

④出质注册商标的清单(列明注册商标的注册号、类别及专用期)；

⑤担保的范围；

⑥当事人约定的其他事项。

(5)上述文件为外文的，应当同时提交其中文译文。中文译文应当由翻译单位和翻译人员签字盖章确认。

(二)提交申请书件

申请人直接办理的，在商标注册大厅的申请受理窗口、有受理权限的商标受理窗口或质权登记受理点直接提交申请文件；委托商标代理机构办理的，由该商标代理机构将申请文件报送商标局。

(三)《商标专用权质权登记证》的领取和补发

申请登记书件齐备、符合规定的，商标局予以受理。受理日期即为登记日期。商标局自登记之日起2个工作日内向双方当事人发放《商标专用权质权登记证》。《商标专用权质权登记证》载明：出质人和质权人的名称(姓名)、出质商标注册号、被担保的债权数额、质权登记期限、质权登记日期。

出质人、质权人遗失《商标专用权质权登记证》的，应及时向商标局提出补发登记证申请，由商标局予以补发。

《商标专用权质权登记证》可以直接到商标局领取，也可以邮寄。直接领取的，由办理质权登记的经办人或其授权的人领取，领证人应携带本人的身份证和有关授权文件。如果是委托商标代理机构办理的，商标局将《商标专用权质权登记证》邮寄或发给该商标代理机构。

五、注意事项

1. 申请人填写的地址、邮政编码和电话号码应详细准确，以保证邮件送达和便于联系。

2. 出质人名称与商标局档案所记载的名称不一致，且不能提供相关证明证实其为注册商标权利人的，商标局不予登记。

3. 合同的签订违反法律法规强制性规定的，商标局不予登记。

4. 商标专用权已经被撤销、被注销或者有效期满未续展的，商标局不予登记。

5. 商标专用权已被人民法院查封、冻结的，商标局不予登记。

以上内容于2021年2月19日修订，如果以后发生变动，或者在办理中与质权登记人员的要求不一致的，应以登记人员的要求为准。

第二编

PART 2

商标注册与取得

第一章　商标注册申请

第一节　商标申请的主体

《商标法》第 4 条第 1 款规定:“自然人、法人或者其他组织在生产经营活动中,对其商品或者服务需要取得商标专用权的,应当向商标局申请商标注册。不以使用为目的的恶意商标注册申请,应当予以驳回。”《商标法》规定商标注册申请的主体包括自然人、法人、其他组织、共同申请人以及外国人或者外国企业。我国商标法律制度以及相关国际条约对商标注册申请的主体均有不同程度的限制。比如,外国企业或外国人在我国申请商标注册,应当按照其所属国与我国签订的协议或者共同参加的国际条约办理,或者按照对等原则办理;同时规定外国企业或外国人在我国申请商标注册或办理其他商标事宜的应当委托我国备案的组织代理。

一、自然人

随着我国经济不断发展,自然人从事生产、经营活动越来越重要,《商标法》明确将自然人作为申请商标的主体之一。为维护商标注册秩序,避免造成大量商标资源闲置和浪费,并非所有的自然人均可以提出商标的注册申请,我国的商标制度对以自然人名义提出注册申请是存在附加条件的——必须“持证”申请。

首先,《商标法》所称的自然人应当是具有完全民事权利能力和完全民事行为能力的自然人,这是最基本的前提条件。

其次,根据 2007 年商标局发布的《自然人办理商标注册申请注意事项》,2019 年 11 月 26 日更新的关于《商标注册申请常见问题指南》中,明确自然人提起商标注册申请的前提必须是经营者,申请时应当提供营业执照或有关行政机关颁发的登记文件。虽然在法律上取消了要求领取营业执照复印件这一硬性要求,但在实际操作中还是要求自然人提供从事经营活动的基本材料。

现实生活中最常见的就是个体工商户,上述两文件对个体工商户的申请要求也作了较长篇幅的规定:第一,个体工商户以其登记的负责人作为申请人提出商标注册申请,或者以其营业执照上登记的负责人提出商标注册申请。第二,根据商标局于2016年3月14日发布的通告,个体工商户办理商标注册申请时,对于申报商品或者服务范围是否在其核准经营范围内不再进行审查。申请人持有未记载经营范围信息的新版个体工商户营业执照,办理商标申请事宜的,不在提交从登记机关指定网站下载打印的关于经营范围的证明材料,办理商标转让申请,受让人为自然人的,参照上述事项办理。第三,提交申请的文件中包括商标注册申请书、商标图样、个体工商户营业执照复印件以及自然人身份证复印件。

个体经营并不全部包括个体工商户,其他依法获准从事经营活动的自然人,可以其在有关行政主管机关颁发的登记文件中登载的经营者名义提出商标注册申请;农村承包经营户,可以其承包合同签约人的名义提出商标注册申请,但商品和服务范围必须以其自营的农副产品为限。

二、法人

根据《民法典》第57条的规定,“法人是具有民事权利能力和民事行为能力,依法独立享有民事权利和承担民事义务的组织”。法人是除自然人外最为重要的民事主体,有独立的法律人格。

申请注册商标的法人组织主要包括:企业法人、机关法人、事业单位法人、社会团体法人等。其中,企业法人是商标申请注册的“主力军”,是最常见的申请主体,其注册量大、注册类别集中是其显著特点,特别是一些实力强大的企业,通过在多个类别上申请注册大量商标,并将核心商标进行全类别注册,建立自身商标防御体系。

三、其他组织

其他组织这类主体在商标法中并没有进行定义,笔者参照最高人民法院《关于适用〈中华人民共和国民事诉讼法〉的解释》第52条对其他组织的规定来理解,其他组织是指合法成立、有一定的组织机构和财产,但又不具备法人资格的组织。包括:依法登记领取营业执照的个人独资企业;依法登记领取营业执照的合伙企业;依法登记领取我国营业执照的中外合作经营企业、外资企业;依法成立的社会团体的分支机构、代表机构;依法设立并领取营业执照的法人的分支机构;依法设立并领取营业执照的商业银行、政策性银行和非银行金融机构的分支机构;依法登记领取营业执照的乡镇企业、街道企业;其他符合本条规定条件的组织。

四、共同申请人

商标共同申请人是比较特殊的一类主体,《商标法》第 5 条中作出明确规定:"两个以上的自然人、法人或者其他组织可以共同向商标局申请注册同一商标,共同享有和行使该商标专用权。"这类商标即共有商标,共有商标的申请人即共同申请人,也被称为"共有人"。这看似与商标的专有性要求相悖,实际不然。共有商标权的一个重要特征是主体的复数性,主体可以是两个以上的自然人、法人或其他组织,但共有的商标权是一个商标权,而不是数个商标权。

五、外国人或者外国企业

根据《商标法实施条例》第 5 条第 4 款的规定,"外国人或者外国企业,是指在中国没有经常居所或营业所的外国人或者外国企业"。外国人或者外国企业在中国申请商标注册和办理其他商标事宜的,应当委托依法设立的商标代理机构办理,但在中国有经常居所或者营业场所的外国人或外国企业除外。此处应当明确,外国企业在中国依法设立的独资分公司为中国企业,并非其仅在中国营业。

第二节　可注册的标识范围

申请人在申请商标时需要了解可注册标志有哪些类型,对于申请注册的商标应具备的法定构成要素,我国《商标法》第 8 条明确规定:"任何能够将自然人、法人或者其他组织的商品与他人的商品区别开的标志,包括文字、图形、字母、数字、三维标志、颜色组合和声音等,以及上述要素的组合,均可以作为商标申请注册。"可见,法律对申请注册为商标标志的形式赋予了无数可能,对于符合《商标法》第 8 条规定类型的,就可以发挥主观能动性,根据自身需求设计标志。根据可注册标识的主要类型,可以对商标进行以下主要分类:

一、文字商标

文字商标,是指纯粹使用文字、数字所构成的商标,是最常见的商标表现形式之一,采用的文字包括汉字、汉语拼音字母、少数民族文字和外国文字等。文字商标中的文字字体既可以是印刷体,也可以是书写体或美术体等。由于文字是商标中的显著部分,更为直观,其文字、字形、字音、字义、书写方式等起着主要的认读作用,表达意思明确,易于区别判断,便于保护。

二、图形商标

图形商标,是指以图形构成的商标。早期的图形商标大多为花鸟鱼虫、飞禽走兽、名山大川、人物头像等,比文字商标的历史更为久远。其特点是直观、艺术性强,同时也不受语言的限制。

三、三维标志商标

三维标志商标一般是指立体商标,指由三维标志或含有其他标志的三维标志构成的商标,可以是商品本身的形状、商品的包装物或以其他三维为标志。以三维标志申请注册商标的,仅由商品自身的性质产生的形状、为获得技术效果而需有的商品形状或者使商品具有实质性价值的形状,不得注册;同时规定,以三维标志申请商标注册的,应当在申请书中予以声明,说明商标的使用方式,并提交能够确定三维形状的图样,提交的商标图样应当至少包含三面视图。

四、声音商标

声音商标是非传统商标的一种,同样要求具有显著性,便于识别。中国国际广播电台向商标局成功提交的中国国际广播电台“开始曲”的声音商标申请,是我国首例声音商标申请。

根据《商标法实施条例》的规定,以声音标志申请商标注册的,应当在申请书中予以声明,提交符合要求的声音样本,对申请注册的声音商标进行描述,说明商标的使用方式。对声音商标进行描述,应当以五线谱或者简谱对申请用作商标的声音加以描述并附加文字说明;无法以五线谱或者简谱描述的,应当以文字加以描述;商标描述与声音样本应当一致。

五、颜色组合商标

我国《商标法》2011 年修改后,增加了颜色组合商标的规定,要求两种以上的颜色组合可以申请商标注册。目前,保护单色商标的国家和地区较少,如美国、意大利和韩国等。颜色组合商标是符合 TRIPs 的最低要求,在现实生活中,颜色组合商标能够起到识别商品或者服务来源的作用,能够带给消费者强烈的视觉冲击。从而有利于提升广告宣传的效果,具有传统商标无法比拟的独特作用。例如,宝马汽车的标志是一个以蓝白两色相间的螺旋桨图案;别克汽车商标中,有三把颜色不同的利剑,分别为红、白、蓝三种颜色。

宝马汽车商标

别克汽车商标

第三节　商品和服务分类

商品和服务分类是商标不可或缺的重要内容,想要申请商标,就必须了解商品和服务分类。商品或者服务项目名称应当按照商品和服务分类表中的类别号、名称填写;商品或者服务项目名称未列入商品和服务分类表的,应当附送对该商品或者服务的说明。

一、《类似商品和服务区分表》

在国内注册商标,使用的是《类似商品和服务区分表》(以下简称《区分表》),分为说明、目录和正文三大部分。说明部分简要指出了《区分表》的来源、基本概念、组织结构、适用方法等内容;目录部分收录了各个类别的标题、各类似群组号和类似群组名称,以便检索;正文部分具体列举了商品和服务名称及类似关系。我国作为尼斯联盟成员国,制定《区分表》时采用的是尼斯分类。由于尼斯分类每年修订一次,《区分表》也随之予以调整,笔者建议读者在申请商标之前,参考最新版本的《区分表》(最新版本可到商标局官网下载),避免因商品调整、跨类保护更改导致商标注册不成功。

《区分表》在实务当中,不仅是商标审查人员、申请人和代理人判断类似商品和服务的参考,也是行政机关、司法机关在处理商标案件时判断类似商品和服务的依据。因此,《区分表》的重要性不言而喻,认识并学会使用《区分表》是注册商标的第一步。

正文是《区分表》的灵魂部分,采用层次代码结构——每一类别由类别、类别标题、【注释】及类似群组名称、具体商品或服务项目和注解组成。类别,即指尼斯分类中的1~45类,采用代码或文字方式表述;类别标题,系文字表述,在原则上指出了归入该类的商品和服务的范围;【注释】,系用文字表示,作用是为正确确定商品和服务项目提供了思路,指出类别主要包括的商品或服务的属性,并通过列举"尤其包括"和"尤其不包括"明确本类商品的内容。

接下来是类似群组名称,系对该群组下面的商品或服务项目的高度概括,采用"代码+文字"的表述方式,代码使用4位数字:前两位数字表示商品或服务类别,后两位数字表示类似群组号,如1301火器、军火及子弹。此处需要强调,类似群组名称仅是对该类似群组所含商品的简单提领,范围不是十分周延,仅具指引作用。

类似群组项下系具体商品或服务项目,基本采用"文字+代码"的表述方式,一般是6位数字代码的形式,另有采取特殊排列方式或加入特殊符号及字母标注以示区别。例如,段前带有"※",表示的是我国比较常用但未列入尼斯分类的名称分段表示;"C+六位数字代码",表示在我国比较常用但未列入尼斯分类的商品或服务名称无对应的尼斯分类对应数字代码。例如,第十三类1301类似群的:※炮衣C130001;带※号的商品或服务是指《区分表》中出现的与某一特殊类别有关的统称,不能排除这个统称同样在其他类别出现的可能性,如服装、油漆。名称中含括号的商品和服务是指括号内的词语在多数情况下是用来使其前面的商品或服务名称更准确,这是由于这些商品或服务名称表述含糊或过泛,不能确立其所属的类别。例如,第十三类1301类似群的坦克车(武器)130071。

注解这一部分虽然通常用小字表示,但是在判定商品和服务类似关系时起到不容忽视的作用。通常对于某些特殊类似关系情况,该类似群组后面用加“注”的形式详细解释说明,并可出现多条注解的情况,以数字序号引领排列。例如,第十三类1301类似群的“注:除瞄准望远镜外的火器用瞄准器,除瞄准望远镜外的武器用瞄准器,枪和步枪用瞄准镜,步枪瞄准镜,枪瞄准镜与0911武器用瞄准望远镜,火器用瞄准望远镜类似”。

二、使用原则

(一)在申请商标时,应当依据尼斯分类进行申报

因为许多不同的部门出于管理、统计等工作需要,都要对商品和服务项目进行分类。而且按照尼斯分类进行申报,能够避免商品或者服务名称不规范而进行补正。

(二)申请人在申报《区分表》上没有的商品和服务项目时,应根据“类别标题”“【注释】”,比照标准名称申报类别

例如,坚果壳制工艺品。根据类别标题,“未加工或半加工的骨、角、鲸骨或珍珠母”属于第20类,“【注释】”中说明第20类“主要包括家具及其部件,由木、软木、苇、藤、柳条、角、骨、象牙、鲸骨、贝壳、琥珀、珍珠母、海泡石以及这些材料的代用品或塑料制成的某些制品”,“木、蜡、石膏或塑料艺术品”为第20类的标准名称。比照上述内容,“坚果壳制工艺品”应申报在第20类。

(三)根据“类别标题”“【注释】”,比照标准名称仍无法分类的,按照分类原则申报

《区分表》把商标按照各行各业细分成了45个类别。但是在我们实际操作过程中,就会发现它的分类规则和实际生活中大家约定俗成的分类概念并不是完全契合的。出现这种情况时,需要按照分类原则进行申报。

1. 商品分类原则

(1)商品为制成品,原则上按功能或用途进行分类。例如,手套类商品,应依据具体产品的功能、用途进行分类。“手套(服装)”属于服装,应申报在第25类;“防事故用手套”属于救护器具,应申报在第9类;“医用手套”属于医疗用辅助器具,应申报在第10类;“绝缘手套”属于绝缘用品,应申报在第17类;“家务

手套”属于家务用具,应申报在第21类;“竞技手套”属于体育和运动用品,应申报在第28类。“一次性手套”为不规范名称,因为该商品的功能用途并不明确,如“医用一次性手套”应申报在第10类;“家务用一次性手套”应申报在第21类。

(2)商品为多功能的组合制成品,应依据主要功能或用途进行分类。例如,“带有图书的电子发声装置”,主要功能是电子发声装置,应申报在第9类;“带电子发声装置的图书”,主要功能是图书,应申报在第16类。

(3)商品为原料、未加工品或半成品,原则上按其组成的原材料进行分类。例如,根据类别标题,“金属建筑材料”属于第6类,那么“建筑用金属衬板”应申报在第6类。同理,“金属制人工鱼礁”是由金属材料制成,应申报在第6类。

(4)商品按其组成的原材料分类时,如果是由几种不同原材料制成,原则上按其主要原材料进行分类。例如,“牛奶饮料(以牛奶为主)”应按牛奶申报在第29类;“加奶咖啡饮料”的本质仍是咖啡饮料,应申报在第30类。

(5)商品是构成其他产品的一部分,且该商品在正常情况下不能用于其他用途,则该商品原则上与其所构成的产品分在同一类。例如,“电话机听筒”是构成“电话机”的一部分,应申报在第9类。

(6)用于盛放商品的专用容器,原则上与该商品分在同一类。此处的“用于”,是指专门用于,即该专门容器为盛放该商品进行了专门的设计,具有特殊的形状和样式。例如,“专用化妆包”为盛放化妆用具进行了专门的设计,应申报在第21类;“非专用化妆包”应申报在第18类。

2. 服务分类原则

(1)比照《区分表》所列标准名称,依据服务所属的行业,并结合服务的目的、内容、方式、对象等因素进行综合判断。例如,“广告片制作”属于广告类服务,应申报在第35类;“除广告片外的影片制作”属于娱乐类服务,应申报在第41类;但“制作电视购物节目”属于广告类服务,应申报在第35类。

(2)出租服务、咨询服务、特许经营服务可依据以下原则分类。

①出租服务,原则上与通过出租物所实现的服务分在同一类别。例如,“出租电话机”实现的是通讯服务,应申报在第38类。租赁服务与出租服务相似,应采用相同的分类原则。但融资租赁是金融服务,属于第36类。

②提供建议、信息或咨询的服务,原则上与提供服务所涉及的事物归于同一类别。以电子方式(如电话、计算机网络)提供建议、信息或咨询不影响这种

服务的分类。例如,"运输信息"应申报在第39类,与运输服务归入同一类别;"金融咨询"应申报在第36类,与金融服务归入同一类别;"通过网站提供金融信息"与"金融信息"的分类相同,应申报在第36类。

③特许经营的服务,原则上与特许人所提供的服务分在同一类别。例如,"特许经营的商业管理"应申报在第35类,与特许人所提供的商业管理服务归入同一类别。

三、商品和服务申报实务指引

申请人申请商标注册时,应使用《区分表》中已列出的标准名称。在申报时,应填写具体的商品和服务项目名称,不需要填写《区分表》中6位代码之前的具体名称,不可填写类别号、类别标题、类别注释、类似群号、类似群名称、项目编号。

申请人也可选择商标局公布的《区分表》以外可接受商品和服务项目名称。申请人在使用《区分表》中的标准名称以及《区分表》以外可接受名称时,应当依照提交申请时施行的尼斯分类和《区分表》版本进行申报,不得申报提交申请时已经失效或尚未生效的商品和服务项目名称。

申请人申请商标注册时,还可申报《区分表》以外的其他商品和服务项目名称,但应符合以下要求:

(1)符合提交申请时施行的尼斯分类和《区分表》版本分类原则。

(2)申报的商品和服务项目名称应对商品和服务项目进行准确的表述。该名称应足以使此商品或服务项目与其他类别的商品或服务项目相区分。应避免使用含混不清、过于宽泛、不足以确定其所属类别或易产生误认的商品或服务项目名称。

申请人申请商标注册时,可申报含有描述性词语的商品和服务项目名称。关于商品的描述性词语,一般包括说明商品的功能、用途、所用原料、销售渠道、消费对象等方面的词语;关于服务的描述性词语,一般包括说明服务的目的、内容、方式、对象等方面的词语。

(3)申报的商品和服务项目名称申报应符合国家通用语言文字法、标点符号用法及社会公众语言习惯,应使用规范简体汉字表述,不得出现错别字及繁体字。

(4)申请人可附送对该商品或服务项目的说明。该说明材料仅为对商品或服务项目的补充解释说明,并非商品或服务项目名称组成部分。即使申请人附送了对商品或服务项目的说明材料,该商品或服务项目名称本身也应符合上述所有申报要求。

申报《区分表》以外的其他商品和服务项目名称应当特别注意避免下述情形,以免被认定为不规范商品和服务,导致补正或者不予受理:

(1)含有表示概括性的词语。由于外延范围不清,可能含有多种商品或服务项目,概括性词语不宜出现在商品和服务项目名称中。例如,"不属别类的工艺品""提供有关上述服务的信息"为不规范名称。

(2)描述性词语。商品和服务项目名称中可出现说明商品的功能、用途、所用原料、成分、销售渠道、消费对象,或者服务的目的、内容、方式、对象等方面的描述性词语。但此种描述应是对商品或服务项目的客观说明,可为限制性或具体化描述。不宜含有广告宣传、过度修饰、扩大渲染等描述性词语。

①除化学概念之外的"有机"含义不明,不宜出现在项目名称中。例如,"有机茶"为不规范名称。

②"风味""滋味"等词汇不宜出现在项目名称中。例如,"风味牛奶"为不规范名称。

③"营养""调理"等作为宣传性词语不宜出现在项目名称中。例如,"营养意面""速食调理面"为不规范名称。

④"精制""特制""高级"等作为广告宣传性词语且含义不明不宜出现在项目名称中。例如,"特制服装"为不规范名称。但有明确定义的除外,如"特级初榨橄榄油"。

⑤"特殊""特种"等含义不确切的修饰性词语不宜出现在项目名称中。例如,"特种纸浆"为不规范名称。

⑥"有关""相关"等外延模糊的词语不宜出现在项目名称中。如果出现,项目名称整体应该内涵明确。例如,"与精神压力相关的咨询"为不规范名称;"与精神压力相关的医学咨询"是医学咨询,为可接受名称。

(3)外文音译为中文。商品和服务项目名称中含有外文音译为中文的,如外文音译为中文的接受程度低或使用范围较小,或不是外文的规范中文名称,则不宜申报。例如,"维他命制剂",虽然"维他命"为英文 vitamin 的音译,但已有对应规范中文名称"维生素",故应申报"维生素制剂"。

(4)含有外文字母。商品和服务项目名称应使用规范简体汉字申报,外文字母不宜出现在商品和服务项目名称中。一般来说,中文指代含义明确且集中、使用频率很高、使用范围广泛的英文缩写可以申报,如《区分表》中已有的CD、DVD、LED、DNA 等。如申报的外文字母组合中文含义不明、有两个或两个以上中文指代含义、使用频率低、使用范围狭窄,为不规范名称。

(5)含有地名。商品和服务项目名称一般不宜出现地名、"原产地""产自于"类词语。例如,"意大利原产地的啤酒"为不规范名称。

(6)中心词为"制品"或"产品"。"制品"或"产品"等词语表述的制成品,内涵不明,外延不清,不宜作为商品和服务项目名称申报。例如,"钢制品""沐浴产品"为不规范名称。

(7)含有"和/或"。此类表述含义不确定。例如,"加入蛋白、和/或蔬菜、和/或植物、和/或调味品的土豆",为不规范名称。

(8)含有民族宗教用语。商品和服务项目名称中含有民族宗教用语的,应慎重申报。例如,"清真"一词,具有特定民族宗教含义。为尊重民族宗教习惯,避免混淆误认,在申报具体商品和服务项目名称时应慎重考虑。

(9)地区性较强的名称。某一地区对特定商品的特殊表述,不宜出现在商品和服务项目名称中。例如,"细露面",此种说法地域性强,非国内一般消费者或公众普遍了解的说法,适用性不够广泛,为不规范名称。

(10)菜式名称。如菜式名称不能清晰表述成分、成分配比或工艺,则不宜申报。例如,"老虎菜"为不规范名称。

(11)标点符号用法。商品和服务项目名称是描述具体的商品或者服务项目,应为名词或带有前缀的名词,亦可表述为名词后缀带有括号的解释性内容,但不能表述为句子或段落。因此,商品和服务项目名称一般不宜出现逗号、句号,但名词后缀的括号内容可含有逗号。

商品和服务项目名称包含多个括号的,应慎重申报,以免出现逻辑不清或误认的情况。例如,"未加工的人造树脂(原料)(覆盖材料)",内容表述不明确且前后矛盾,为不规范名称。

一个商品或服务项目名称应表明一种商品或服务项目,不宜对应两种或两种以上商品或服务项目,因此,商品或服务项目名称的中心词部分一般不宜出现顿号,如"假睫毛、假发"为不规范名称。如顿号前后词语均修饰同一中心词,可以申报,如"假睫毛、假发用粘合剂"。

第四节　商标相同或近似的判定

商标相同,是指两商标在视觉上基本无差别,使用在同一种或者类似商品或者服务上易使相关公众对商品或者服务的来源产生混淆。

商标近似,是指商标文字的字形、读音、含义近似,商标图形的构图、着色、外观近似,或者文字和图形组合的整体排列组合方式和外观近似,立体商标的三维标志的形状和外观近似,颜色商标的颜色或者颜色组合近似,声音商标的听觉感知或整体音乐形象近似,使用在同一种或者类似商品或者服务上易使相关公众对商品或者服务的来源产生混淆。

认定商标相同或者近似,都要以相关公众的一般注意力为标准。"相关公众"是指与商标所标识的某类商品或者服务有关的消费者和与前述商品或者服务的营销有密切关系的其他经营者。"一般注意力"是介于极高和极低之间的注意力,即具有普通知识与经验的相关公众具有的普通注意力。

一、近似商标

以下面三组商标为例,这三组商标均可看出左右商标的区别,但区别不大,消费者在看到右边商标时,极易联想到左边的商标,不易区分。这种情况下就产生来源的混淆,因此,左右两边的商标会被认定为近似商标。

二、判断商标是否近似的方式

(一)隔离观察比较

隔离观察比较,即应当在对比对象隔离状态下,对商标的整体和主要部分进行比对。举个例子：

上述两个商标存在一定差异,字母不同,弧形的位置也不同,但在隔离状态下,消费者会立刻发现第二个商标中最显著的部分——弧线,尽管位置发生了变化,但和第一个商标最显著的部分是相同的,这个特征在两个商标中都出现了。同时,这两个商标的整体而言给人留下的印象也是相似的,这些字母都是用红色构成的,字母大小、相对位置也比较接近,再考虑在先商标的知名度和它高度的显著性,两个商标就能够认定为近似商标。

(二)要遵循显著部分观察

有些商标由几个元素构成,其中的某一个元素在商标中起到了最关键的作用,它能够使消费者把这个商标和其他商标区分开,给消费者留下的最为深刻的印象,我们称这为商标的显著部分。如果商标的显著部分是高度近似的,很可能就会使消费者在隔离观察的状态下,认为两个商标是同一个。

(三)整体观察

有时一个商标各个组成要素之间是有相当差异的,但这些要素组合起来,给消费者留下的印象是高度近似的,这种情况下可以认定为近似商标。

(四)考虑在先商标的显著性和知名度

一般情况下,商标显著性越大,知名度越大,给消费者留下的印象就越深,更容易发生混淆;反之则不容易发生混淆。

第五节　同一种或类似商品和服务的判定

一、同一种或类似商品的判定

根据《商标法》第 57 条第 1 ~ 2 款的规定,未经商标注册人的许可,在同一种商品上使用与注册商标近似的商标或者在类似商品上使用与注册商标相同或者相近似的商标，容易导致混淆的，构成商标侵权行为。这主要存在四种情形：(1)在同一种商品上使用相同商标；(2)在同一种商品上使用近似商标；(3)在类似商品上使用相同商标；(4)在类似商品上使用近似商标。相同商标和近似商标、同一商品和类似商品的认定，对判断是否构成商标侵权有重要作用。

同一种商品，是指名称相同的商品或者名称不同但所指的商品是相同的商品。"名称相同的商品"通常按照尼斯分类中规定的商品名称进行判断，一般不存在认定困难。

类似商品，是指在功能、用途、生产部门、销售渠道、消费对象等方面相同，或者相关公众一般认为其存在特定联系、容易造成混淆的商品。[①] 认定商品或者服务是否类似，应当以相关公众对商品或者服务的一般认识综合判断；《商标注册用商品和服务国际分类表》《区分表》可以作为判断类似商品或者服务的参考，但不是最终依据。[②] 不同类别的商品也有可能是类似商品，比如，加咖啡的牛奶和加牛奶的咖啡，二者虽不属于同一类别，但根据公众的一般认识，二者相同或相似，因此，这两种饮料属于类似商品。

二、同一种或类似服务的判定

在申请商标注册的时候，申请人都要根据商品和服务分类表来标明自己希望在哪一类商品或服务获得商标注册，所以，对商品或服务是否构成类似商品或类似服务的判断需要参考一下《区分表》，但仅仅是参考依据之一，它不是一个标准，不能说只要两种商品位于表中不同的类别，他们肯定不构成类似的商品。商品和服务之间是否类似，关键是要看消费者的感知，如果消费者凭借自己的经验认为这两种商品属于同一类别，或者属于高度类似的类别，就可以认定它们是相同或者近似的服务种类。

判断同一种或者类似的服务，应当以"相关公众的一般认识"综合判断，《商标注册用商品和服务国际分类》《区分表》可以作为判断同一种或者类似服务的参考。所谓"相关公众的一般认识"，是指相关市场的一般消费者对服务的通常认知和一般交易观念，不受限于服务本身的自然特性。实践中，对"同一种服

---

① 最高人民法院《关于审理商标民事纠纷案件适用法律若干问题的解释》(2020 年修正)第 11 条。
② 最高人民法院《关于审理商标民事纠纷案件适用法律若干问题的解释》(2020 年修正)第 12 条。

务”应该做严格解释。即应该严格按照《区分表》中服务名称所揭示的核心含义进行,不能做出宽泛的解释,否则容易导致被控侵权人承担过于严厉的法律责任,还可能架空《区分表》,影响其对商标注册所发挥的指引功能。类似服务,是指在服务的目的、内容、方式、对象等方面相同或者具有较大关联性的服务。应当综合考虑下列各项因素,不能以单一因素作为考量服务类似的唯一依据:(1)服务的目的。服务的目的直接体现了服务接受者的消费需求,是判定服务类似的重要依据。两项服务具有相同或者相近的目的,可满足一般服务接受者的相同或者相近的需求的,被判定为类似服务的可能性较大。(2)服务内容与方式。服务的内容与方式是服务提供者为满足消费者需求而采取的具体行为、措施及手段。两项服务的内容、方式越相近,被判定为类似服务的可能性越大。(3)服务场所。两项服务的服务场所相同,一般服务接受者同时接触的机会较大,则可能被判定为类似服务。(4)服务的提供者、对象。两项服务的提供者来自相同的行业或者领域,接受者来自相同或者相近的消费群体,则可能被判定为类似服务。

第六节　商标注册申请的途径

一、概述

国内的申请人申请商标注册或者办理其他商标事宜,有两种途径:一是自行办理;二是委托在国家知识产权局备案的商标代理机构办理(已备案的商标代理机构名单在中国商标网“商标代理”一栏中公布)。自行办理的,可以通过网上服务系统在线提交商标注册申请,提交方法详见“中国商标网—网上申请”栏目,商标网上服务系统网址为 http://sbj. cnipa. gov. cn/wssq/;也可以到国家知识产权局商标局注册大厅、商标局驻中关村国家自主创新示范区办事处、商标局在京外设立的商标审查协作中心,或者商标局委托地方市场监管部门或知识产权部门设立的商标受理窗口办理。

外国人或者外国企业在中国申请商标注册和办理其他商标事宜的,应当委托依法设立的商标代理机构办理,但在中国有经常居所或者营业场所的外国人或外国企业除外。

以上申请途径如图 2－1－1 所示：

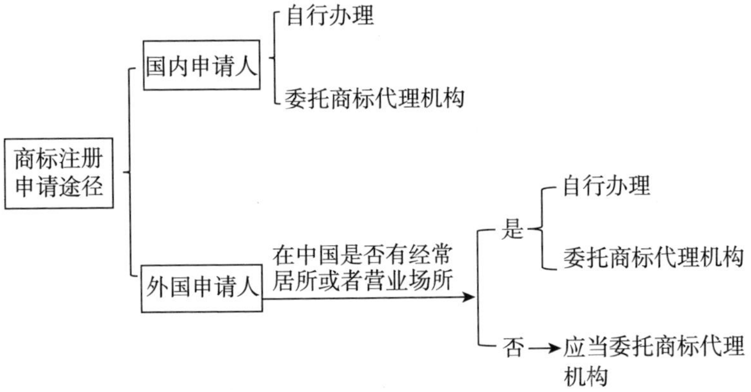

图 2－1－1　商标注册申请途径

二、商标注册申请的方式

（一）网上申请

目前商标局推行无纸化申请，网上服务系统的开通使商标注册更加便利，使用网上服务系统必须安装商标局提供的数字证书。申请人在申请数字证书之前，应准备一份加盖企业公章的营业执照扫描版（自然人申请人则需要另准备一份身份证复印件）、接收激活码和“商标数字证书—软证书”（以下简称“软证书”）的电子邮箱，以保证申请的顺利进行。

1. 用户类型分为以下三类：

（1）商标申请人，要成为商标网上服务系统用户的，应当先申请国家知识产权局商标局颁发的“软证书”。

（2）简易用户，适用于无网上服务系统正式用户的代理机构和自行办理（未委托代理机构）提交申请的当事人。应当申请“软证书”。

（3）商标代理机构及律师事务所，要成为商标网上服务系统用户的，应当先申请国家知识产权局商标局颁发的“商标数字证书—硬证书”（以下简称“硬证书”）。

注意：数字证书持有人应当妥善保管数字证书载体。否则，承担由此产生的一切后果。

2. 商标申请人及简易用户申请“软证书”流程

（1）在线填写商标数字证书申请表

①商标申请人访问“中国商标网—网上申请—选择用户类型为【网上申请

用户登录】”,简易用户访问“中国商标网—网上申请—选择用户类型为【简易用户登录】”。

②进入“商标网上服务系统”首页,点击“没有账户,立即注册”。

③点击“申请”,按页面提示如实填写信息,检查无误后提交申请。

④申请提交后,系统将自动随机产生激活码,证书申请人务必牢记并切勿外泄该激活码。首次登录本系统时,必须使用该激活码激活商标数字证书。

(2)审查结果查看

商标申请人及简易用户提出用户注册申请后,自行登录注册时填写的邮箱,查看是否收到商标局发送的用户注册成功/不予注册通知。

(3)安装证书助手

收到用户注册成功通知的,可在邮件中或进入“商标网上服务系统”首页,右下侧点击“数字证书驱动下载”,下载并安装“证书助手”。

(4)使用证书助手

请根据《证书助手使用指南》进行操作。

3. 商标代理机构申请“硬证书”流程

(1)“硬证书”申请递交方式

①登录“商标网上服务系统”,点击“代理机构备案申请”,仔细阅读“注意事项”后,认真填写备案信息,同时在“是否申请制发商标数字证书”一栏中,选择“是”。领取方式可以选择“邮寄”或“自取”。备案提交后,系统将自动随机产生激活码,务必牢记并切勿外泄该激活码。备案成功后1~2个月内发放商标数字证书。首次登录商标网上申请系统时,需使用该激活码激活数字证书。

②邮寄或大厅办理代理机构备案,且需要开展网上申请业务的,可登录“商标网上服务系统”,点击“没有账户,立即注册”,按页面提示如实填写,领取方式可以选择“邮寄”或“自取”,检查无误后提交申请。提交完成后,系统将自动随机产生激活码,务必牢记并切勿外泄该激活码首次登录本系统时,需使用该激活码激活数字证书。

(2)“硬证书”领取方式

“硬证书”制作完成后,将在“中国商标网—通知公告”及“商标网上服务系统”首页刊登“新申请代理机构领取 usb-key 通告”,根据申请硬证书时勾选的领取方式发放。

①自取:数字证书申请人应持介绍信、营业执照复印件、领取人身份证原件、复印件到商标局注册大厅9号窗口领取。前述领取材料均应加盖商标数字

证书申请人公章。

②邮寄:将通过邮政快递寄送至用户注册时填写的邮寄地址,请保证邮寄信息的准确性,如发生退件、拒收情况,需准备前述自取材料到商标局注册大厅9号窗口领取。

特别提示:数字证书并非当日申请就能够收到并安装,请申请人根据自身需求提前安排申请数字证书事宜,以免错失申请商标良机。数字证书仅对应一个申请人和申请证书的电脑,请谨慎对待,如非必要,请不要更换计算机设备。

商标数字证书安装完成后,申请人登录商标网上服务系统可以选择需要办理的业务,进行申请,目前支持网上办理的业务有商标注册申请、马德里国际注册申请等,近几年还陆续开放了驳回复审申请、撤销连续3年不使用商标的申请、异议申请以及相应的答辩业务,各项业务均可按照系统的提示来完成。

关于商标文件送达,申请人自行通过商标网上服务系统提交的各项业务的申请,均以电子文件方式送达,送达通知会发送至申请数字证书时填写的电子邮箱以及系统中登记的手机号码上,申请人需自行登录商标网上服务系统查看并下载。

通过网上申请获得的商标注册证,商标局会分别以电子文件和纸质商标注册证的形式发送给申请人,申请人应当在申请商标时关注所提供的地址是否能够实际收到文件,以防丢失纸质商标注册证书。

(二)通过纸质材料窗口办理

不具备网上办理商标业务条件的申请人,除了可以委托商标代理机构办理,还可以到国家知识产权局商标局首页"商标申请书式"中查询下载纸质材料。材料准备齐全后,可以选择到国家知识产权局商标局注册大厅、商标局驻中关村国家自主创新示范区办事处、京外商标审查协作中心受理大厅地方商标受理窗口(广州、上海、重庆、济南、郑州)以及商标局委托地方市场监管部门或知识产权部门设立的商标受理窗口进行提交。窗口受理业务范围比网上申请范围更加丰富,而且京外审查协作中心受理大厅可免费出具商标注册证明。

申请人在商标受理窗口采用在线申请方式提交商标注册申请,基本符合规定的,通过网上服务系统接收申请文件,申请人当场缴纳费用。国家知识产权局会对申请文件进行进一步审查,申请人可通过申请时填写的电子邮箱查看国家知识产权局发送的文件。如需补正,则申请人应自收到通知之日起30日内,按照指定内容通过网上服务系统在线进行补正。

申请人在国家知识产权局商标局注册大厅、商标局驻中关村国家自主创新示范区办事处递交纸质材料申请商标注册的,国家知识产权局商标局均以挂号信的方式送达到申请人,申请人应当在申请商标时需关注所提供的企业地址是否能够实际收到文件,以防无法收到通知,延误缴费、补正等重要通知。

特别提示:申请人通过该方式提交的申请,在收到商标局的缴费通知后,仍需要登录商标局网上服务系统,点击"商标网上申请",选择"简易用户登录"进行缴费,简易用户也需要申请并安装数字证书,安装步骤参照前述"个人或非持有电子营业执照的商标申请人"进行操作,安装好数字证书后注册登录,输入纸质缴费通知书上的缴费码进行缴费。

(三)国内商标注册申请书样式,请见附录。

第七节　商标注册申请流程

《商标法》规定每件商标的审查期限是 9 个月,但实际上,从提交商标注册申请到取得商标注册证,可能需要 8 个月,可能需要几年,这完全取决于商标的类型。

一、商标注册申请的一般程序

商标从申请到取得注册证最理想注册程序就是:提出申请—商标局录入—4 个月初步审查(包括形式审查和实质审查)—初步审定并公告—公告期满 3 个月无异议—发放商标注册证。这个流程大概需要 8 个月,或者更短。

想要自己申请的商标快速进入注册流程,需要在申请商标前就要做好标识设计、商品和服务的选择及事先查询。这些流程申请人可以自己完成,也可以委托有经验的知识产权代理机构、律师来完成,以提高商标注册的通过率。

二、商标注册申请的常见问题

商标遵循申请在先原则,而且我国商标数据库十分庞大,超过 3000 万条数据。因此,如果没有做好事先查询或者委托专业的知识产权代理机构或者律师去分析判断,就直接提交申请,商标很可能无法进入注册流程,后续遇到问题可能也是无法预料的。

（一）补正通知

在提交申请后，商标局在收文后会对材料进行书面形式审查，如果申请材料不符合申请条件，一般会发补正通知，限期 15 日补正，一定程度上会影响商标的审查进度。因此，提交申请的材料一定要按照规定提交，建议在提交申请材料前再审核一遍是否存在下述补正出现的常见情形：

（1）商标图样不清晰或未按规定格式提交；

（2）商标申请书、委托书、营业执照等材料章戳不清晰；

（3）指定商品和服务名称不规范；

（4）商标图样与代理委托书填写的不一致；

（5）申请书中代理人签字不正确；

（6）未按规定在商标说明栏内对商标图样做出说明，如立体、颜色、声音商标未填写使用方式；

（7）商标代理委托书中法律组成填写有误；

（8）商标代理委托书中国籍组成填写有误。

（二）审查意见书

商标局在受理商标后，根据《商标法》第 29 条、《商标法实施条例》第 23 条、《商标审查及审理标准》，会向申请人发出审查意见书，限期 15 日提交书面说明。适用审查意见书的情形大致有以下几种：

（1）具有符合《商标法》第 10 条第 1 款第 2～4 项、第 2 款但书规定可能性的，经申请人说明可能予以初步审定的。

（2）在报纸、杂志、期刊、新闻刊物等特殊商品上申请注册含有国名、县级以上行政区划名，需申请人提供相关证据材料，如《期刊出版许可证》等。

（3）具有符合《商标法》第 11 条第 2 款可能性的，经申请人说明可能予以初步审定的。

（4）商标注册申请为颜色组合商标或者声音商标并且据申请文件尚不足以确认其具有显著特征，经申请人再行补充使用证据说明其经过长期使用获得显著特征后，可能予以初步审定的。

（5）商标注册申请包含未声明放弃专用权的非显著部分并且因此不应予以初步审定，经申请人修正后可能予以初步审定的。

（6）确有必要使用的其他情形。例如，商标中包含名人的姓名和照片等，在申请中未提供所有权人出具的授权书；商标中含有的汉字书写形式未提供出处等情形。

(三)商标异议

商标在注册流程进入初步审定并公告后,有3个月的公示期,这是供社会相关公众对该商标提出异议的时间,如果在此期间提出异议,商标会进入异议程序,从而加大了取得商标注册证书的难度。

(四)商标驳回复审

商标注册遵循在先申请原则,因此,如果没有做好事先查询,商标数据库很有可能存在在先权利的商标,这样就会出现申请商标被驳回或者部分驳回的情况。如果申请人接受被驳回的事实,可以另设计商标重新提出申请;如果不接受被驳回的事实,坚定地走法律程序,能否取得注册证也未可知。

出现这种情况的商标可能需要走的流程:提出申请—商标局录入—4个月初步审查驳回/部分驳回—15日内提出复审申请—3~4个月商标复审被驳回—30日内提起诉讼—北京知识产权法40日内院判决驳回诉讼请求—15日内上诉—北京高级人民法院判决。如果生效判决支持商标申请人的诉讼请求,那么商评委则须重新作出裁文,如果生效判决驳回了商标申请人的诉讼请求,此商标在先权利就随之消灭。

(五)等待在先商标权利稳定

商标数据库中的商标权利每天都在变化,即使申请时做好了事先审查,但在实质审查环节中,若遇到需要引证的在先申请的相同或近似商标,或与申请人在先申请的商标有关联性的商标处于不稳定的状态,如引证商标处于等待驳回复审阶段、等待续展、等待法院审理阶段等情形,需要等待引证商标状态稳定后再进行审查,如此商标的审查时间会被延长。

(六)同日申请

同日申请,顾名思义,就是同一天提交申请的商标,即使是每个商标在同一天提交的时间点不同,也认定为同日申请。出现这种情况,商标进入实质审查阶段后,申请人需要提供证据证明商标使用情况,如果证据被认定无效,商标局会发出通知要求双方协商,若协商不成或不予协商,到期后商标局会统一安排双方抽签,抽签决定商标在先权利的归属,再进行实质审查。笔者在下一节中详细阐述同日申请的相关规定,此处不再赘述。

综上,从申请注册到取得注册证,商标所经历的每个程序似乎都会遇到问题,而且经历的每个问题所用的时间都是不确定的,会根据案件的变化而变化。

因此,做好事先查询以及经验判断,对最终取得商标注册起着非常重要的作用。

综上所述,商标注册流程如图 2－1－2 所示:

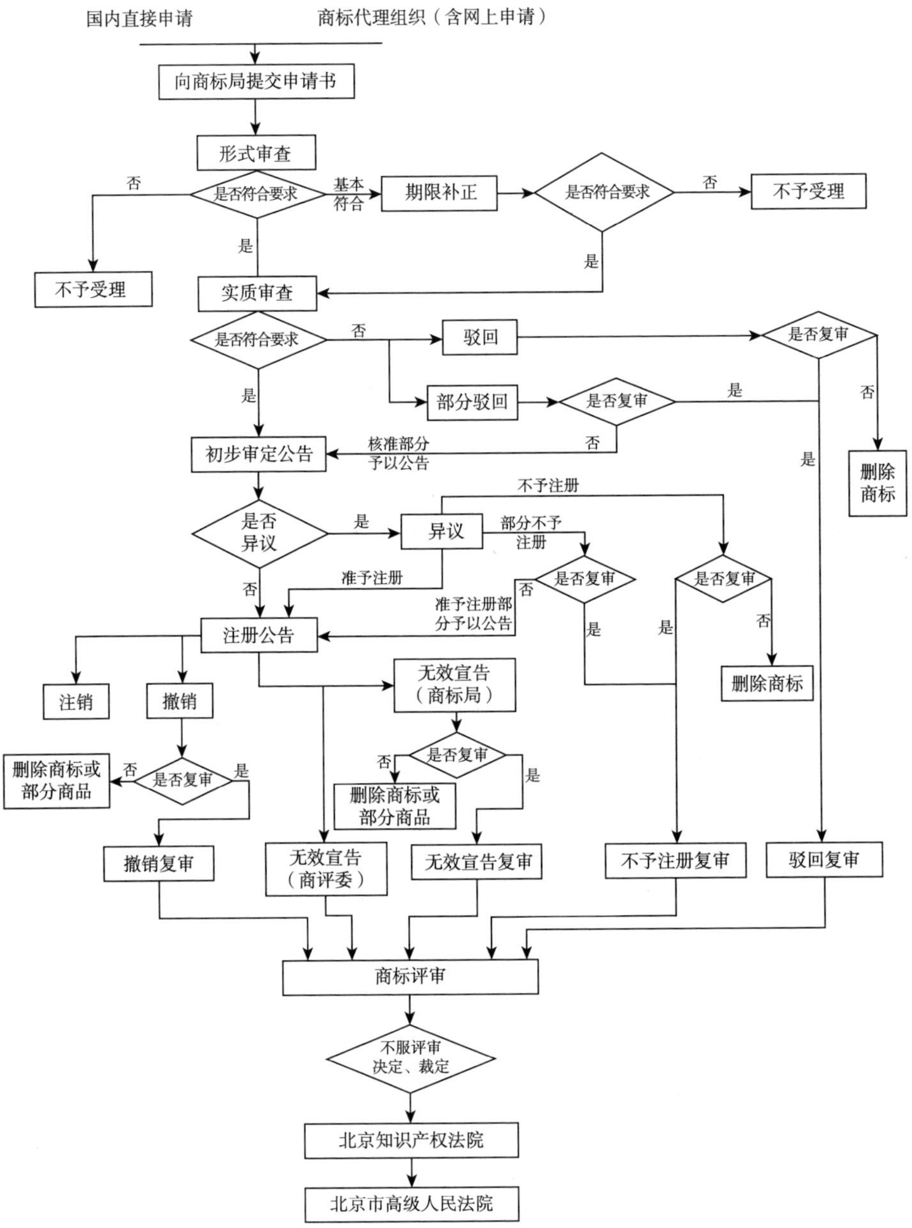

图 2－1－2　商标注册流程简图

第八节　同日申请

一、相关法律规定

《商标法》第31条规定："两个或者两个以上的商标注册申请人，在同一种商品或者类似商品上，以相同或者近似的商标申请注册的，初步审定并公告申请在先的商标；同一天申请的，初步审定并公告使用在先的商标，驳回其他人的申请，不予公告。"基于法条不难看出，同日申请，是指两个或两个以上的商标注册申请人在同一天在同一种商品或者类似商品上，申请相同或者近似的商标。

《商标法实施条例》第19条作了相关规定："两个或两个以上的申请人，在同一种商品或者类似商品上，分别以相同或者近似的商标在同一天申请注册的，各申请人应当自收到商标局通知之日起30日内提交其申请注册前在先使用该商标的证据。同日使用或者均未使用的，各申请人可以自收到商标局通知之日起30日内自行协商，并将书面协议报送商标局；不愿协商或协商不成的，商标局通知各申请人以抽签的方式确定一个申请人，驳回其他人的注册商标申请。商标局已经通知但申请人未参加抽签的，视为放弃申请，商标局应当书面通知未参加抽签的申请人。"因此，以法律条款为依据，申请人如遇到同日申请，可能需要经历提供使用证据、协商、抽签三个阶段，因此需要关注每个节点，重点把握机会。

二、同日申请流程及应对策略

同日申请一共有三个阶段，即提供使用证据、协商、抽签（流程见图2-1-3）。遇到同日申请，可以按照不同的程序以及官方要求准备相应的证据材料来积极争取商标获准注册，一定要注意把握各个关键环节。

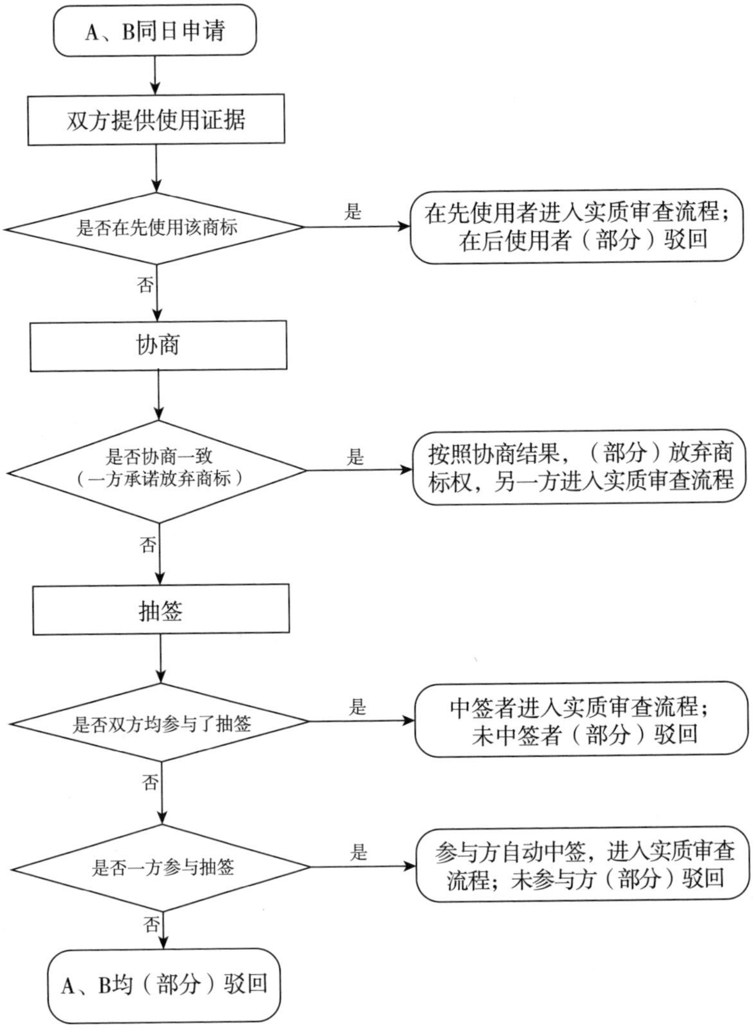

图 2－1－3　同日申请流程

（一）阶段一：补充使用证据阶段

审查员如果遇到同日申请的案件，经审查会下发《商标注册同日申请补送使用证据通知书》，通知书要求各申请人在收到通知书之日起 30 日内，提交在冲突商品上使用申请商标的证据材料。通知尤其强调“在规定的期限内未提供使用证据或证据无效的，视为未使用”。

基于该通知书，申请人需做到：

（1）监控好补充使用证据的期限，千万不能延误提交使用证据的期限；

(2)注意保留商标使用的证据材料并在法定期限内提交至官方。

在该阶段,冲突双方中的任意一方提供了较早且有效的使用证据,其商标将被核准注册,其他人的商标将被驳回。

(二)阶段二:双方自行协商

如在阶段一,冲突各方均未提供有效或无效的使用证据,官方将会下发《商标注册同日申请协商通知书》,通知书要求各申请人在收到通知书之日起30日内自行协商解决冲突并将书面协议报至官方。

此阶段属于冲突各方自行解决冲突的阶段,冲突各方可以充分考虑各方的行业、经营模式、销售群体、销售渠道等,如果能到达成市场的共赢,对彼此来说都是最好的结果。

(三)阶段三:抽签

在各方均未提供有效的使用证据且也未达成书面协议或书面协议无效时,官方将会下发《商标注册同日申请抽签通知书》,通知书会告知详细的抽签时间、地点、所需材料和注意事项等。

申请人尤其需要注意的是:

(1)严格监控抽签时间,千万不能延误;

(2)通知书尤其指出:未参加抽签的,视为放弃商标注册申请。

没有及时参加抽签的申请人会收到官方下发的《商标注册同日申请视为放弃通知书》,收到该文件就意味着申请商标将会被驳回。

虽然同日申请的案件有很多解决方法,但还是建议申请人在商标设计好后及时提交商标注册申请以避免解决同日申请的事情牵扯不必要的精力和承担商标被驳回的风险。

第二章　商标权的取得条件

《商标法》对商标注册、使用、保护的内容、条件等作出了明确的规定,鼓励在使用商标之前先进行注册,但并未从正面规定什么样的商标可以注册,而是对什么样的商标不能注册进行了规定,具体可以分为商标不予注册的绝对理由和商标不予注册的相对理由。

第一节　商标不予注册的绝对理由

不予注册的绝对理由,是指商标的注册会破坏公共秩序、损害社会公共利益,因此绝对不可以被注册;如果已注册,任何人都可以向商标局请求宣告该商标无效。具体包括以下方面:

一、禁止作为商标使用的规定

《商标法》第 10 条明确作出了不得作为商标使用的禁止性规定。下列标志不得作为商标使用:

(1)与我国特定官方标志相同或近似。

同中华人民共和国的国家名称、国旗、国徽、国歌、军旗、军徽、军歌、勋章等相同或者近似的,以及同中央国家机关的名称、标志、所在地特定地点的名称或者标志性建筑物的名称、图形相同的不得注册为商标。官方的名称代表了国家的尊严,不得进行商业性使用,若作为商标使用,会让消费者产生误解,认为相关的商品是经过官方授权的,从而对其质量产生错误信赖,受骗上当。

(2)与外国特定官方标志相同或者近似,但该国政府同意的除外。

同外国的国家名称、国旗、国徽、军旗等相同或者近似的,但经该国政府同意的除外。该条规定了但书,在向商标局提交存在该情况的标志时,建议将相关官方同意的证明文件一并提交,避免收到补正或者审查意见书。

(3)同政府间国际组织的名称、旗帜、徽记等相同或者近似的,但经该组织同意或者不易误导公众的除外。该条同样规定了但书,在向商标局提交存在该情况的标志时,建议将相关官方同意的证明文件一并提交,避免收到补正或者审查意见书。

(4)与表明实施控制、予以保证的官方标志、检验印记相同或者近似的,但经授权的除外。该条亦规定了但书,在向商标局提交存在该情况的标志时,建议将相关官方同意的证明文件一并提交,避免收到补正或者审查意见书。

(5)同"红十字""红新月"的名称、标志相同或者近似的。若有人把"红十字"或者"红新月"注册在商品或者服务上并进行使用,就会使消费者误认为相关的商品或服务于国际人道主义救援机构有关,从而出于爱心去购买,这样则产生了欺骗的效果,因此不得注册。

(6)带有民族歧视性的。这里的"民族"不仅包括我国各民族,还包括外国民族和种族。带有民族歧视的文字、图形等若作为注册商标使用,容易导致对某些民族的伤害。有些与民族或种族有关的文字、图形等本身并不具有歧视的含义,但用在某些产品上容易产生民族歧视的效果。例如,使用"DWRKIE"申请商标注册时,商标图形为黑人并标有"黑人"文字,商标局在审查时认为"DWRKIE"与"DRKY"读音相近,而"DRKY"是歧视黑人的语言,汉语为"黑鬼",故不予注册并禁止使用。

(7)带有欺骗性,容易使公众对商品的质量等特点或者产地产生误认的。比如,在仿金制品上注册"周大宝 24K",容易使消费者将仿金制品认为是 24K 黄金。再如,"意呆利"作为商标申请注册,"意呆利"是一部漫画中某角色的昵称,该漫画将第二次世界大战时期的国家拟人化,其中意大利的拟人角色被动漫圈称呼为"意呆利""意呆",可见"意呆利"具有特殊含义,与意大利形成对应关系,该商标无论用到何种商品或服务上,均会产生欺骗性,使相关公众对商品或服务的来源产生误认,最终被驳回。

(8)有害于社会主义道德风尚或者有其他不良影响的。如果商标注册有害于社会主义道德风尚或者有其他不良影响,违反了社会主义道德风尚,会对青少年乃至整个社会的道德观、是非观产生不良影响。比如,“干掉他们!”“饭爷求包养”等违反社会主义道德风尚被绝对禁止注册;其他不良影响最常见的情形之一就是佛教用语,如果将佛教用语用作商标,极易伤害宗教人士情感,也不允许被注册。

(9)县级以上行政区划的地名或者公众知晓的外国地名,不得作为商标。但是,地名具有其他含义或者作为集体商标、证明商标组成部分的除外;已经注册的使用地名的商标继续有效。

例如,“金华火腿”商标虽然使用了“金华”这一地名,但具有地理标志产品、证明商标和商品商标三合一的作用,享誉全球。又如,“长安汽车”,“长安”既是地名,又有“长治久安”的意思,符合《商标法》第10条第2款的但书情形,经审查后获准注册。再如,“章丘大葱”“绍兴黄酒”等集体商标、证明商标,申请人均为当地行业协会,符合但书情形,经审查后获准注册。

已经注册的使用地名的商标继续有效,如“上海”牌口琴。这类商标注册的时间早于现行《商标法》规定,法不溯及既往。当时《商标法》没有禁止县级以上地名作为商标注册,只要当时注册了,而且一直续展,就继续有效。

二、不以使用为目的的恶意注册

2019年修订后的《商标法》增加了一种新的不予注册的绝对理由,即不以使用为目的的恶意注册。《商标法》的本意是鼓励经营者使用商标之前先进行注册,这样的好处是产生了公示效力,让其他的经营者知道这个商标已经被注册,从而避免产生权利冲突。但也有一些个人或企业滥用注册制度,在我国甚至发生一个自然人或一个企业同一天申请注册上千个商标的事例。显然,一个自然人或者一个企业,不可能使用这么多商标,而商标的意义在于自己使用,只有使用才能使商标获得特定的声誉,也才使《商标法》有保护的必要性,而这些在同一天注册上千个商标的自然人或企业,注册的目的并非自己使用,而是希望囤积居奇,注册之后高价售给其他需要使用商标的人,这就违反了商标注册的基本目的,所以《商标法》修改之后明文规定,此种情况成为不予注册的新理由。

第二节　商标不予注册的相对理由

商标不予注册的相对理由，是指商标并未损害公共利益，但损害了特定民事主体的利益，若该商标被错误地注册了，那么，只有权力受损的在先权利人和利害关系人能够在特定的期间去请求宣告注册商标无效。

一、商标不具有显著性

商标的显著特征又被称为识别性或者区别性，指商标使用于商品或者服务上时，可以起到区别商品或者服务来自不同企业的特性。使用商标的目的是区别，如果一个商标没有显著特征，就无法起到区别作用。不具有显著性特征的标志不能作为商标注册，否则会损害公平竞争。

我国《商标法》第 9 条第 1 款规定："申请注册的商标，应当有显著特征，便于识别，并不得与他人在先取得的合法权利相冲突。"第 11 条第 1 款规定："下列标志不得作为商标注册：(一)仅有本商品的通用名称、图形、型号的；(二)仅直接表示商品的质量、主要原料、功能、用途、重量、数量及其他特点的；(三)其他缺乏显著特征的。"《商标法》从正面和反面均对商标要具备显著性这个条件作出了规定，不难看出，显著性是一个标志能否成为商标的基本要求，也是灵魂所在。商标显著性的取得有两种类型，即固有显著特征的商标和经使用获得显著特征的商标。

(一)固有显著特征的商标及判断原则

固有显著特征的商标指将某一标记使用于特定商品或者服务上时，消费者能够认识到这是用于区别商品或者服务来自不同企业的标记。简单来说，就是标志用于特定商品或服务，一开始就具有显著性，但同时也意味着相同的标志用于另一些商品，可能一开始就没有显著性。例如，"苹果"不能注册为苹果这类商品的商标，它相对于苹果这类商品，毫无显著性。但相对于手机而言，具有显著性的。消费者看到手机上"苹果"二字，就能明白它是识别手机来源的商标，此时，"苹果"对于手机商品而言，是有固有显著性的。具有固有显著特征的商标又可以细分为自创性商标、任意性商标、暗示性商标。

自创性商标,是指商标的构成要素如字、词、图形、颜色等是由申请人设计的、以前从未出现过的、独创性的标记。例如,家用电器上的“海尔”“格力”“索尼 SONY”,用在照相机上的“佳能 Canon”“尼康 Nikon”,皮鞋上的“康奈”“百丽 BELLE”等。这类商标要素本身并无含义,不会与任何商品或服务发生联系,所以在所有的商品或服务上都具有显著特征。但自创性商标存在一定的缺点,这类商标在进入市场之初因其本身并无含义,不为公众所知悉,产生识别效果的困难较大,需要通过商标权人的努力使该商标被消费者所知晓并接受,从而可以获得最大的识别效果和最强的保护。

任意性商标,是指商标的构成要素已经存在且有含义,但这些构成要素没有描述指定使用的商品或提供的服务的特点,与指定使用的商品或提供的服务无任何关系,能起到区别作用的标记。例如,家用电器上使用的“长虹”,服装上的“啄木鸟”。但是有含义的商标不得在本商品或服务上注册,如“苹果”可以在“电视、音响”等商品上注册,但不能在水果上注册,因为此时该商标显然不能起到区别不同的经营者的作用。

暗示性商标,是指商标的构成要素已经存在且有含义,但这些构成要素没有直接描述指定使用的商品或提供的服务的特点,仅仅是暗示商品或服务的特点,消费者通过商标不会立刻想到商品的特点,需要通过思考或想象才能将商标与商品或服务的特点联系起来。例如,在乐器上使用“远声”,茶叶上使用“永赞”等,虽然暗示了商品的特点,但不是直接描述,仍然可以作为商标注册。

《商标法》第 11 条第 1 款中规定的三种情况均表明,标志对于某种商品而言,联系过于密切,是没有显著性的。因此商标的固有显著性应当遵循的判断规则可以归纳为:标志的文字或图形与商品之间的关系越密切,显著性越弱;反之关系越疏松,显著性越强。比如,“纯棉”字样是不被允许注册在内衣上的,纯棉本身就是内衣的主要原料,显著性很弱。如果“纯棉”被注册,那么其他厂商就无法使用纯棉来描述自己生产的内衣的主要原料和品质了,这显然是不公平的。同样道理,是否能在烟花爆竹上注册“恭贺新禧”呢?答案是否定的。烟花爆竹通常在节日使用,其主要目的就是恭贺新禧,如果这四个字被注册,那么,烟花的其他销售者就不能印这四个字来标识烟花喜庆的用途,这显然也是不公平的。

（二）经使用获得显著特征的商标及判断

《商标法》第 11 条第 2 款对经使用获得显著特征的商标作出了明确的规定，即"经过使用取得显著特征，并便于识别的，可以作为商标注册"。具体来讲，是指将某一标记使用于商品或者服务上时，该标记直接表示了商品或服务的质量、主要原料、功能、用途、重量、数量、产地及其他特点，或者是本商品的通用名称、图形和型号等，消费者一般不会将其同特定的经营者联系在一起，原本起不到商标所具有的区别作用。但是该标记经过长时间、大范围的商业使用后，如果消费者已能够将其与特定的经营者联系在一起，该标记就拥有了"第二含义"，就产生了区别作用，获得了商标所应具有的显著特征，在不违反《商标法》其他条款的情况下，可以作为商标予以注册。牙膏上使用的"两面针"商标就属于经过使用取得了显著特征。因而缺乏显著特征的标志经使用获得显著特征还是存在可能性的。

二、与他人在相同或类似商品上已注册或初步审定的商标相同或近似

我国《商标法》第 9 条第 1 款规定：申请注册的商标，应当有显著特征，便于识别，并不得与他人在先取得的合法权利相冲突。第 9 条中"他人在先取得的合法权利"是指他人已获得注册的商标的商标权。第 30 条规定：申请注册的商标，凡不符合本法有关规定或者同他人在同一种商品或者类似商品上已经注册的或者初步审定的商标相同或者近似的，由商标局驳回申请，不予公告。第 31 条规定：两个或者两个以上的商标注册申请人，在同一种商品或者类似商品上，以相同或者近似的商标申请注册的，初步审定并公告申请在先的商标；同一天申请的，初步审定并公告使用在先的商标，驳回其他人的申请，不予公告。

三、与他人驰名商标相同或者近似

（一）驰名商标的特殊保护

驰名商标，是指有很高市场知名度为相关公众所熟知的商标，商标从普通商标到驰名商标功能发生了变化，从仅仅识别质量好的商品与服务的来源，变成了表明使用者身份的一个标志，也就是所谓的表彰功能，这就是驰名商标不同于普通商标的一个功能，那就是表明和彰显购买者、使用者的身份。与此相

适应,《商标法》的功能也发生了变化,不仅要防止他人未经许可使用相同或近似的商标用于相同或类似商品,导致消费者混淆,还要防止他人损害和利用驰名商标中所凝聚的声誉。因此,《商标法》对驰名商标提供了一些特殊保护。

所谓特殊保护,就是《商标法》对其他商标保护之外的额外保护,这与驰名商标的功能有关,普通商标的功能就是识别功能,消费者凭商标来识别自己所信赖的商品与相关的服务,与此相适应,《商标法》的功能就是保证消费者能够将商标与其识别来源的商品或服务正确的联系在一起,防止消费者对商品或服务的来源产生混淆。

(二)我国对驰名商标的特殊保护机制

1. 对未注册的驰名商标禁止同类混淆

我国《商标法》第 13 条第 2 款规定:"就相同或者类似商品申请注册的商标是复制、模仿或者翻译他人未在中国注册的驰名商标,容易导致混淆的,不予注册并禁止使用。"这就意味着一个商标在我国没有注册,但由于长期使用取得很高的知名度,变成了驰名商标,那就不允许他人在相同或类似的商品上进行注册。

2. 对已注册的驰名商标禁止跨类混淆

我国《商标法》第 13 条第 3 款规定:"就不相同或者不相类似商品申请注册的商标是复制、摹仿或者翻译他人已经在中国注册的驰名商标,误导公众,致使该驰名商标注册人的利益可能受到损害的,不予注册并禁止使用。"

例如,"是你的益达",这个广告语家喻户晓,而"益达"口香糖也因此获得了很高的知名度,若他人在其他商品上,如在服装或者皮具上申请注册"益达"商标,是无法注册的。尽管服装、皮具与口香糖不构成相同或者近似商品,但由于其知名度非常高,几乎到了家喻户晓的程度,当消费者看到服装、皮具上的"益达"时,会自然地认为这是箭牌公司拓展商品的领域,从而产生混淆。所以这种注册属于跨类混淆,《商标法》是不允许的。

3. 对已注册的驰名商标禁止淡化

对驰名商标的使用虽然不会导致混淆,但削弱了驰名商标识别特定商品或者服务来源的能力,或者贬损驰名商标的声誉,从而损害了驰名商标的价值。弱化驰名商标主要有两种情形:

(1)弱化。驰名商标的弱化,是指不会导致混淆地使用削弱了驰名商标与特定商品或服务来源之间独一无二的联系，从而削弱了驰名商标指示来源的能力，损害了驰名商标的价值。例如，玛莎拉蒂属于豪华品牌，如果把它用在与豪车不相干的三轮车上，导致玛莎拉蒂可以同时指示汽车和三轮车的来源，则削弱了玛莎拉蒂指示豪车出处的能力，这对玛莎拉蒂的品牌价值会产生一定的弱化影响。

（2）丑化。驰名商标的丑化，是指对驰名商标进行贬损性或有伤风化的使用。众所周知，“蒙牛”牛奶享誉中外，假设允许他人在地漏、马桶等卫生洁具上注册和使用，会将其与不洁物发生联想，这种使用会贬损“蒙牛”商标声誉，这就是典型的驰名商标丑化。

4. 对恶意注册的商标，驰名商标所有人请求无效宣告不受5年限制

对于普通商标，如果存在不予注册的相对理由，则民事权利受损的在先权利人或利害关系人请求宣告无效，应当自商标注册之日起5年内向商标复审委员会提出。但是存在例外，即对恶意注册的，驰名商标所有人不受5年的时间限制。

四、误导性使用地理标志

《商标法》第16条第1款规定：“商标中有商品的地理标志，而该商品并非来源于该标志所标示的地区，误导公众的，不予注册并禁止使用；但是，已经善意取得的继续有效。”该条款对误导性使用地理标志作出明确规定。例如，阳澄湖大闸蟹味道鲜美，美名远扬，那么，广东某水产公司能否申请注册“阳澄湖”牌大闸蟹呢？显然是不可以的，因为阳澄湖是地名，消费者都知道阳澄湖盛产大闸蟹，如果是广州的公司申请“阳澄湖”，其所出售的大闸蟹完全有可能来自广州，极易误导消费者大闸蟹来自阳澄湖。

五、抢注

（一）以不正当手段抢注他人已有一定影响的未注册商标

根据《商标法》第32条的规定，“申请商标注册不得损害他人现有的在先权利，也不得以不正当手段抢先注册他人已经使用并有一定影响的商标”。根据《商标法》第15条第2款的规定，“就同一种商品或者类似商品申请注册的商标与他人在先使用的未注册商标相同或者近似，申请人与该他人具有前款规定以

外的合同、业务往来关系或者其他关系而明知该他人商标存在,该他人提出异议的,不予注册"。根据该条款的规定,所谓不正当手段抢注,主要是指申请人与在先使用人曾有贸易往来或者合作关系;或者与在先使用人曾有内部人员往来关系,可知晓在先使用人商标等情形,而抢注在先使用人的已有一定影响的未注册商标。

(二)代理人、代表人和其他关系人抢注

这种情况主要是代理人、代表人和其他关系人并未取得授权,却以自身名义将被代理人或者被代表人的商标进行抢注,这违反了诚实信用原则。

我国《商标法》对此种情况作出了相关规定。《商标法》第 15 条第 1 款规定:"未经授权,代理人或者代表人以自己的名义将被代理人或者被代表人的商标进行注册,被代理人或者被代表人提出异议的,不予注册并禁止使用。"可见,此种情况,该类商标不予注册。

第三章　商标异议程序

第一节　商标异议申请

一、概念

商标异议,是指自然人、法人或者其他组织在法定期限内对商标注册申请人经商标局初步审定并刊登公告的商标提出反对意见,请求商标局不予核准注册该商标,由商标局依法作出准予注册或不予注册决定的法律程序。提出异议的一方为异议人,商标注册申请人为被异议人,该初步审定商标为被异议商标。

二、法律依据

《商标法》第 33 条规定,对初步审定公告的商标,自公告之日起 3 个月内,在先权利人、利害关系人认为违反本法第 13 条第 2 款和第 3 款、第 15 条、第 16 条第 1 款、第 30 条、第 31 条、第 32 条规定的,或者任何人认为违反本法第 4 条、第 10 条、第 11 条、第 12 条、第 19 条第 4 款规定的,可以向商标局提出异议。

对于异议决定书结论不服的,可依据以下法律规定在后续程序中提出自己的诉求。

《商标法》第 35 条第 2 款规定:商标局做出准予注册决定的,发给商标注册证,并予公告。异议人不服的,可以依照本法第 44 条、第 45 条的规定向商标复审委员会请求宣告该注册商标无效。

《商标法》第 35 条第 3 款规定:商标局做出不予注册决定,被异议人不服的,可以自收到通知之日起 15 日内向商标复审委员会申请复审。

三、商标异议期限

自申请注册商标被初步审定公告之日起3个月内可以提出异议。依据《商标法实施条例》第12条的规定,初步审定公告当日不计算在期限之内。以期限最后一月的相应日为期限届满日;该月无相应日的,以该月最后一日为期限届满日;期限届满日是节假日的,以节假日后的第一个工作日为期限届满日。

四、商标异议审查

(一)审查方式

1. 书面审查

异议审理一般不进行当面辩论和质证,商标局根据异议案件双方当事人提出的异议和答辩书面材料中陈述的事实、理由及提供的相关证据进行裁定。

2. 独任制与合议制相结合

简单案件由审查人员单独审理、撰写决定书并签发。

较为复杂的案件,审查人员需归纳整理双方的理由和证据后,将案件提交异议工作业务会讨论决定。

(二)异议审限

自初步审定公告期满之日起12个月内(特殊情况可延长6个月)。

五、商标异议程序流程

2020年商标新申请量再创新高,达到9,116,454件,被异议商标为135,614件。被异议商标约占新申请商标的1.49%。所以商标异议程序是非必经程序,绝大多数商标不会经过异议程序。但是绝大部分被异议商标对企业的经营活动非常重要。

新申请的商标经过审查程序,结论为准予初步审定的,会刊登在商标初步审定公告上,公告期限是3个月,3个月内如果有适格的当事人提出反对意见,就会进入异议程序。如果异议理由成立或部分成立,则商标局会裁定被异议商标不予注册或在部分指定使用商品上不予注册;如果异议理由不成立,则被异议商标会获准注册。收到不予注册的决定书后,被异议人可以向商标局申请复审，如果商标局的裁定不支持复审理由，被异议人还可以向有管辖权的人民法院提起诉讼（一审在北京知识产权法院，二审在北京市高级人民法院）。商标异议工作流程如图 2－3－1 所示：

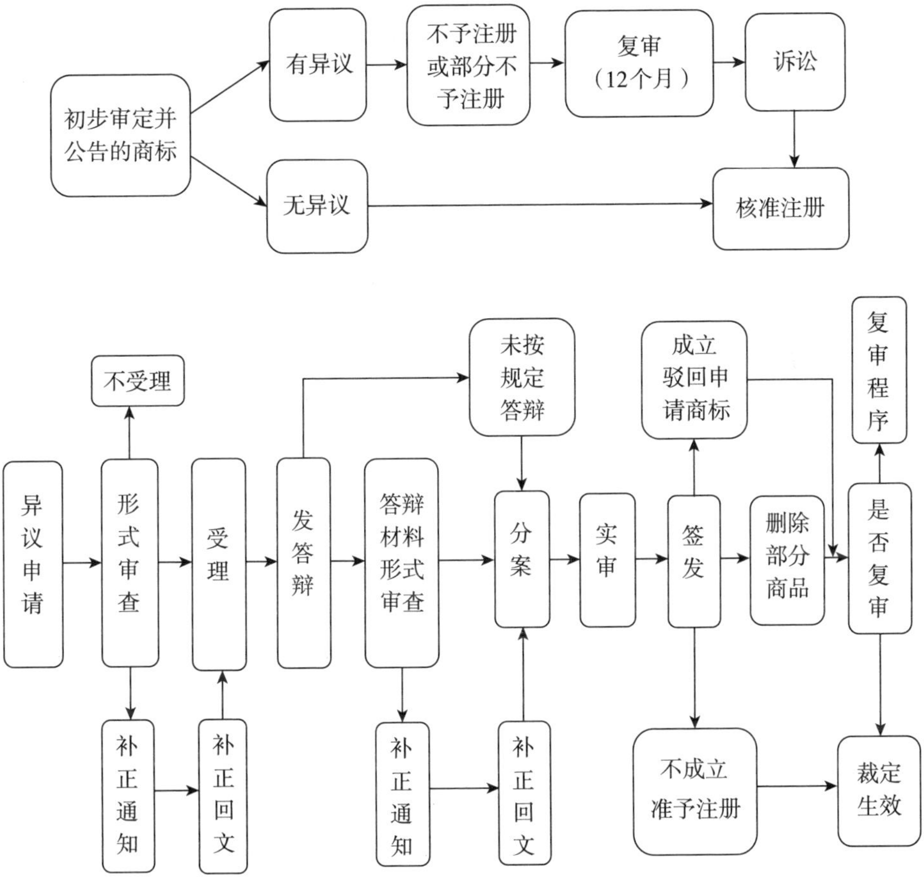

图 2－3－1　商标异议工作流程

六、商标异议申请文件

（一）商标异议申请书①

商标异议申请书及证据材料应当提交一式两份并标明正、副本（注明是商业秘密的证据材料可以单独提交，或不在副本中体现）。

① 参见国家知识产权局网站商标局公布的规范书式，网址为：http://sbj.cnipa.gov.cn/sbsq/sqss/。

异议人自行办理商标异议申请的，商标异议申请书只需异议人盖章或签字；异议人委托有商标代理资质的机构办理异议申请的，商标异议申请书只需代理机构盖章并由经办的代理人签字。

对于一标多类的商标提出异议申请的，异议人可以按照被异议商标的类别分别提交商标异议申请书，也可以在一份商标异议申请书中列明多个类别。

（二）能够证明异议人身份的文件

1. 身份证明文件

自然人的身份证明包括：身份证和护照。

法人及其他组织的身份证明文件，是指其依法成立的证明文件，包括但不限于营业执照、事业单位法人证书、社会团体法人登记证书、民办非企业单位登记证书、基金会法人登记证书、律师事务所执业许可证。

国内（不包括我国香港、澳门及台湾地区）非自然人申请人办理异议申请，应当使用标注统一社会信用代码的身份证明文件。

2. 主体资格证明文件

如果提出异议的法律依据是《商标法》第 13 条第 2 款和第 3 款、第 15 条、第 16 条第 1 款、第 30 条、第 31 条、第 32 条，异议人必须提交作为在先权利人、利害关系人的主体资格证明文件。主体资格证明与异议申请所援引的条款应有直接联系。

"主体资格"，是指《商标法》第 33 条规定的启动异议程序的主体资格；以相对理由提出异议的，主体资格证明是指《商标法实施条例》第 24 条第 1 款第 3 项规定的异议人作为在先权利人或者利害关系人的主体资格证据，其与"身份证明"是并列的关系，均属于必须提交的申请要件，不具有互相替代可选择性。

在提交异议申请时可以提供在先权利的少量证据，以及相关的在先权利归属于异议人的证据。在提交适格的主体资格证明后，异议人完全可以在 3 个月补充期内再提交大量的在先权利证据，以提高在实体审查中得到保护的概率。

作为在先权利人或利害关系人的主体资格证明不属于《商标法实施条例》第 27 条所规定的补充证据范围，应当在法定异议期内提出异议申请时提交。

3. 因主体资格不符导致不予受理的情形

因主体资格不符导致不予受理的情形有：

（1）在先注册商标已无效；

（2）未提供使用证据或不能证明其在先（仅有目录）、仅叙述（公司、品牌介绍等）、没有日期的照片；

(3)引证商号权在被异议商标申请日期之后；

(4)著作权证据不能提供授权使用证明或权属移转证明；

(5)未就利害关系提供证据。

(三)有明确的异议理由、事实和法律依据,同时提交相关证据材料

基于在先权利提出异议申请的,应提交所涉及的在先权利信息或证明文件。

基于《商标法》第4条、第10条、第11条、第12条、第19条第4款规定提出异议申请的,应提交相关的事实依据和证据材料。

七、商标异议申请的途径

商标异议申请的途径如下：

1. 异议人直接到商标局公布的受理大厅递交商标异议申请书,受理日期以收文部门记录的收文日为准。

2. 异议人通过商标局公布的提交电子申请的端口递交商标异议申请书,以商标局收到商标电子申请文件的时间为准。异议人的电子材料未能被接受的,视为未提交。

3. 异议人通过邮局以邮寄的方式递交商标异议申请书,以寄出邮戳日为准;邮戳日不清晰或没有邮戳的,以商标局实际收到日为准。当邮戳日不清晰或没有邮戳,当事人能够提出实际邮戳日的证据,是指提交县级以上邮政部门出具的加盖红色公章的实际递交日证明。挂号信的邮戳应以与中国邮政集团官网记录的邮路信息一致的寄出邮戳日期为准。

4. 异议人通过民营快递企业递交商标异议申请书,以企业收寄的日期为准;收寄日不能确定的,以商标局实际收到日为准(异议人能够提出实际收寄日证据的除外)。

5. 异议人可以委托依法设立的商标代理机构办理。

异议人委托依法设立的商标代理机构办理的,应填写商标代理委托书(在国家知识产权局网站下载由商标局公布的规范书式)。(1)异议人是国内申请人的,应按商标代理委托书所列的项目填写委托人名称、地址、被异议商标名称、代理权限、选择具体的代理事项(商标异议申请)和授权日期等,并加盖委托人章戳或由委托人签字。(2)异议人是我国香港、澳门、台湾地区或外国申请人的,必须委托依法设立的有商标代理资质的机构办理,商标代理委托书中委托人的名称、地址、委托事项等必须翻译成中文。

综上，商标异议申请的途径如表2-3-1所示：

表2-3-1　商标异议申请的途径

直接办理	委托代理机构
1. 直接递交	1. 直接递交
2. 通过邮政或其他快递企业递交	2. 通过邮政或其他快递企业递交
3. 网上申请	3. 网上申请
—	4. 应填写代理委托书

八、商标异议申请的受理与补正

1. 商标局收到商标异议申请后，由相关部门审查提交的申请书及各种材料，符合异议受理条件的，向商标异议申请人发出异议受理通知书。

2. 不符合异议受理条件的，向商标异议申请人发出不予受理通知书。

异议形式审查流程见图2-3-2。

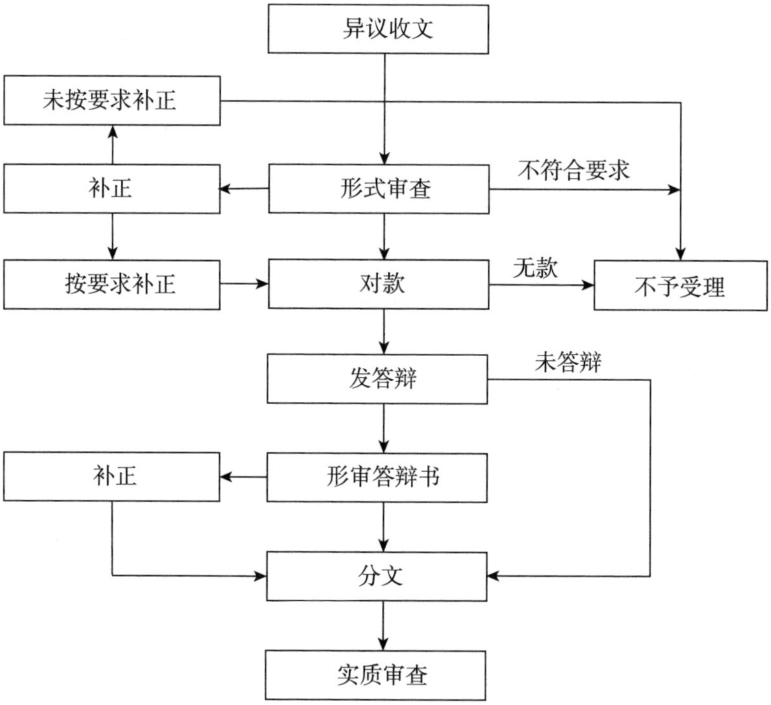

图2-3-2　异议形式审查流程

3. 商标异议申请不予受理的情形:(1)商标异议申请未按相关规定使用中文的;(2)商标异议申请未在法定期限内提出;(3)商标异议申请人的主体资格、异议理由不符合《商标法》第33条规定的;(4)商标异议申请缺少身份证明(外国人或外国企业的身份证明必须提交中文译文,如未提交视为未提交身份证明);(5)无明确的异议理由、事实和法律依据的;(6)同一异议人以相同的理由、事实和法律依据针对同一商标再次提交异议申请的(包括异议申请人自行或委托商标代理机构,或者先后委托不同的代理机构);(7)商标异议申请人未按规定缴纳异议费用;(8)外国人或外国企业没有委托依法设立的有商标代理资质的机构提交异议申请;(9)商标异议申请人期满未补正的或者不按照要求进行补正的;(10)按照《商标法》及实施条例应当不予受理的其他情形。

2019年异议申请不予受理原因统计:主体资格不符合《商标法》第33条规定的占37.7%,未在法定期限内提出的占9.1%,未按照规定进行补正的占8.9%,未按照规定缴费的占7.9%,无明确理由和事实依据的占1.4%,其他情况的占38%。所以,异议申请人在提交异议申请时特别需要关注以上几种情况。

4. 商标异议申请补正的情形:(1)被异议商标初步审定公告期、商标注册号、被异议商标名称及被异议商标类别等有误信息;(2)被异议商标的申请人与被异议人不一致的;(3)异议人自行提交商标异议申请,未加盖异议人章戳或未签字;(4)异议人委托代理机构办理但商标异议申请书未加盖代理机构公章或代理人未签字;(5)异议人委托代理机构办理但缺少代理委托书或代理委托书填写有误、不完整;(6)未提供商标异议申请副本或正、副本不一致;(7)一件商标异议申请对多个商标提出异议申请;(8)通过邮寄递交商标异议申请,但邮戳日不清楚或者没有邮戳;(9)通过民营快递企业递交商标异议申请,但快递企业收寄日不明确的;(10)按照《商标法》及实施条例应需要补正的其他情形。

商标异议申请补正回文必须与补正通知书一并交回,符合补正要求的异议申请予以受理;未补正或未按要求补正的,异议申请不予受理(补正期限:30日)。

九、商标异议的纠错

(一)商标异议形式审查的纠错

异议申请受理后发现不符合受理条件的,予以驳回,并书面通知申请人并说明理由。

（二）商标异议实质审查的纠错

1. 当事人不服异议审查决定，已经向商标局请求宣告无效或者提出不予注册复审的，不予以纠错。

2. 异议决定书存在以下错误情形，审查结论正确的可以纠错：（1）异议决定书主送、抄送、答辩状态等信息存在错误。（2）异议决定书对双方商标信息描述有误。（3）异议决定书中文字表述笔误。（4）异议决定书适用法条笔误。

3. 异议决定书存在以下错误情形，审查结论虽然有错误，但仍可以纠错：（1）因撤销或者注销、驳回等原因引证商标失效，因转让、变更等原因被异议商标已为异议人所有。（2）异议决定书结论与正文不一致。（3）异议决定书删除商品错误。

异议决定书发出以后，发现裁文内容中有错误的，可以通知双方当事人交回异议决定书，由商标局重新作出异议决定。

十、异议网上申请

下面是异议网上申请涉及的流程：（见表 2－3－2）

表 2－3－2　异议网上申请流程

网上申请平台	电子送达平台
异议申请	异议补正回文
异议申请撤回	异议质证通知书回文
异议申请补充材料	异议补充证据通知书回文
异议变更代理人申请	异议撤回申请补正回文
超期提交补充材料	异议补充材料补正回文
答辩绑定	异议答辩补正通知回文
答辩材料下载	异议答辩补充补正通知回文
异议答辩	—
异议答辩补充材料	—
异议申请统计	—

(一)电子申请的注意事项

1. 申请人直接办理商标异议电子申请的,首先应注册成为商标网上服务系统用户。

2. 申请人和代理机构办理商标异议电子申请时,应当结合本说明内容,按照页面要求填写相关内容和上传材料。异议申请书填写和上传材料的具体要求与纸质件相同,仅需一份。

3. 除特殊情况外,商标异议电子申请的后续流程不接受纸质件。商标网上服务系统网址:http://sbj.cnipa.gov.cn/wssq/。

(二)异议申请

用户通过数字证书登录商标网上服务系统网址,在左边项目栏中找到商标异议,然后进入商标异议申请,在右边输入商标注册号,点击查询,就会出现被异议商标的相关信息(见图2-3-3)。

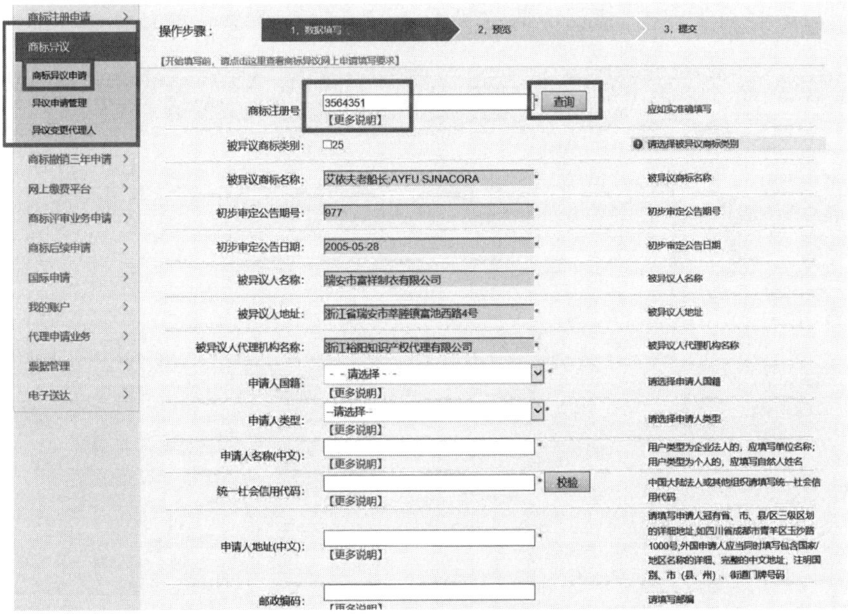

图2-3-3　查询被异议商标

然后在"法律依据"的对话框中选择被异议商标注册申请具体违反了哪些法条;在"阐述理由"的对话框中说出事实依据;在"上传附件"的对话框中上传有关证据(见图2-3-4)。

图2-3-4　添加异议请求和事实依据

（三）异议申请撤回

在左边项目栏中找到“商标异议”，然后进入“异议申请管理”，输入“异议申请号”，点击查询键，在查询记录中找到需要撤回异议申请的商标，在最右边的“操作”栏目下点击“撤回申请”（见图2-3-5）。

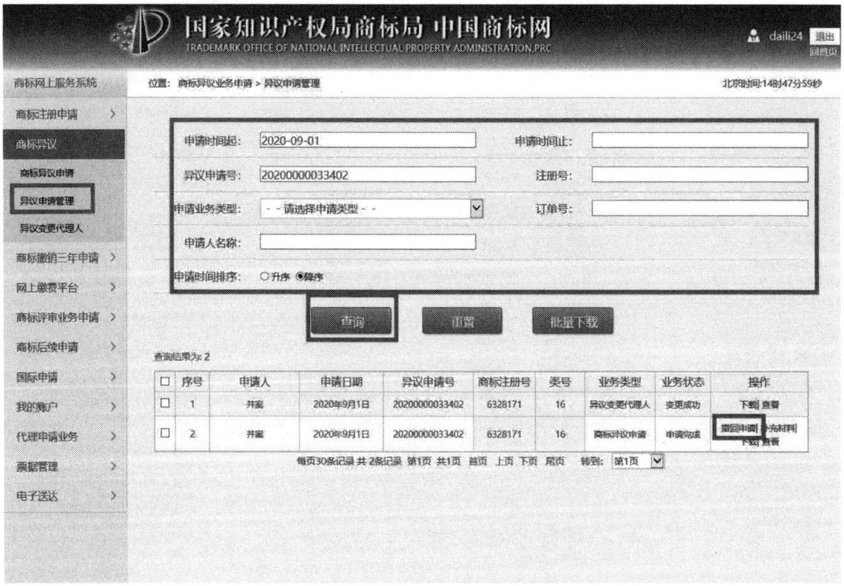

图2-3-5　异议申请撤回

（四）变更代理人（被异议人也可以）

在左边项目栏中找到“商标异议”，然后进入“异议变更代理人”，输入“商标注册号”,点击查询键,在查询记录中找到对应的异议申请号,将“变更前的代理机构名称”和“代理机构名称”栏目右边的内容完整填写,点击下方“预览键”信息核对无误后,点击“预览键”旁边的“提交键”(见图2-3-6)。

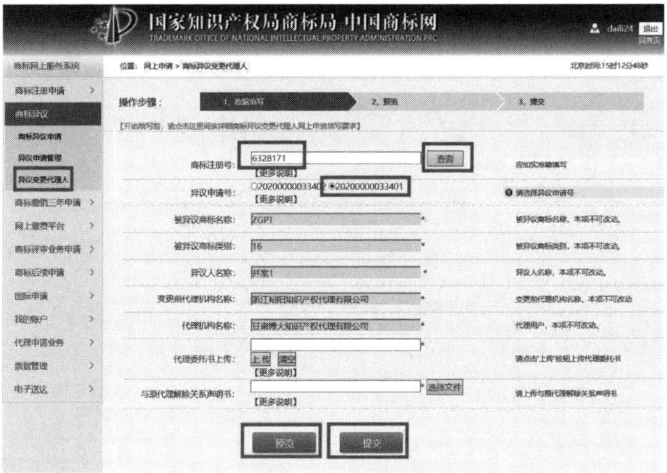

图2-3-6　变更代理人

(五)补充材料

在左边项目栏中找到“商标异议”,然后进入“异议申请管理”,输入“异议申请号”,点击“查询键”,在查询记录中找到需要补充材料的被异议商标,在最右边的“操作”栏目下点击“补充材料”(见图2-3-7)。

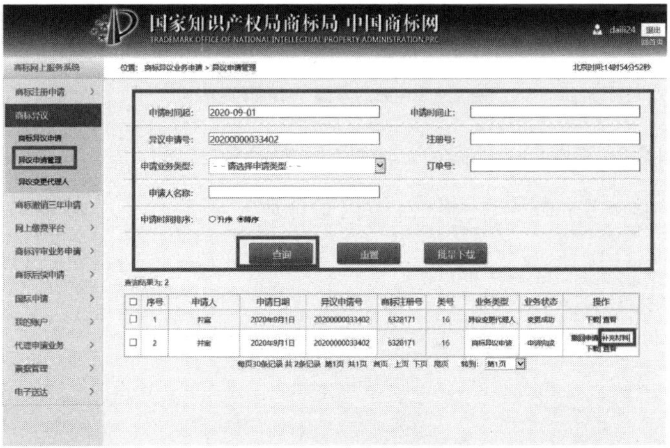

图2-3-7　补充材料

（六）异议答辩

在左边项目栏中找到“我的账户”，然后进入“答辩绑定”，在上方对话框中输入下载码，点击“查询键”，被异议商标信息就出现在网页上，在最右边的“操作”栏目下点击“绑定”，绑定成功就会弹出操作成功的对话框（见图2－3－8、图2－3－9）。

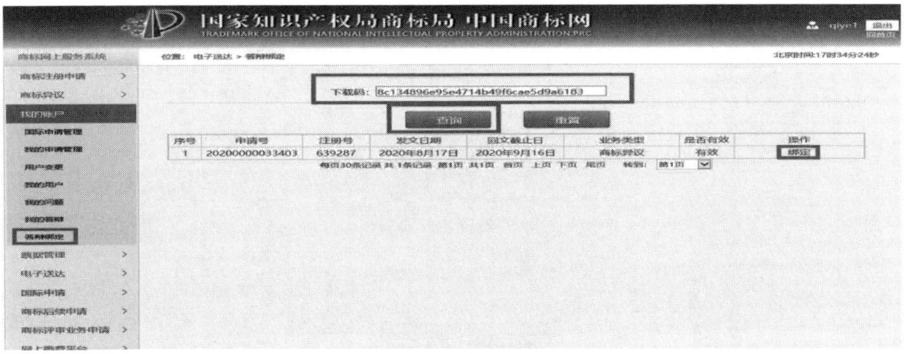

图2－3－8　异议答辩绑定

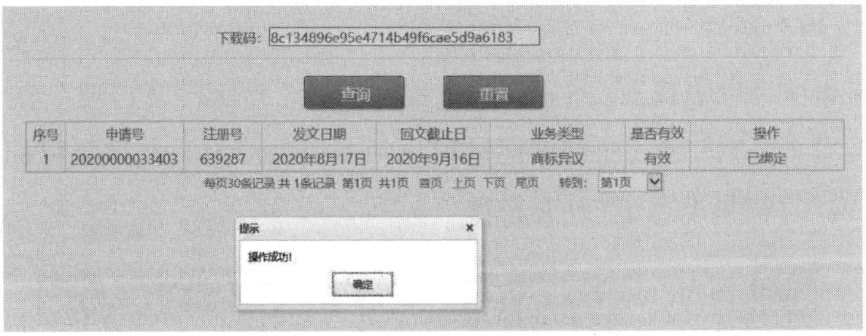

图2－3－9　异议答辩绑定成功

回到用户登录页面，在最下方找到“答辩材料下载”，点击后进入“下载答辩材料”页面，输入“下载码、手机号、短信验证码”，然后点击下载键（见图2－3－10、图2－3－11）。

图 2－3－10　答辩材料下载

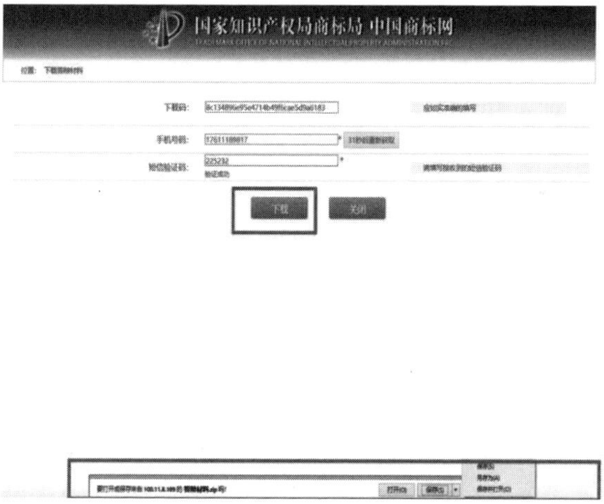

图 2－3－11　下载答辩材料

最后，在左边项目栏中找到“我的账户”，然后进入“我的答辩”，在右边的对话框里找到“申请业务类型”栏目，填写“商标异议”，点击“查询键”，下方就会出现申请商标的信息，在最右边的“操作”栏目下点击“答辩”。在弹出的对话框里认真填写必填信息，“是否保留提交补充材料的权利”选择“是”，在最下方的“商标异议答辩”栏目上传答辩材料，然后点击“提交键”（见图 2－3－12、图 2－3－13）。

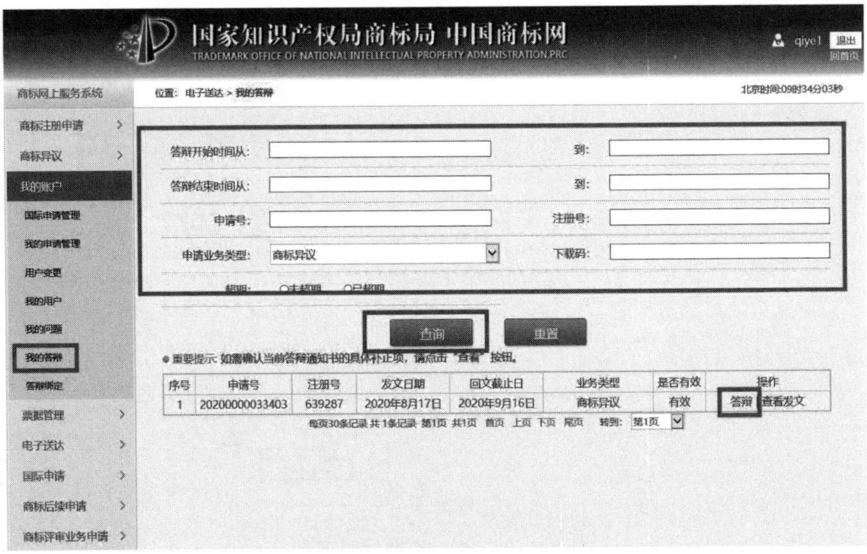

图2-3-12 查询—点击答辩

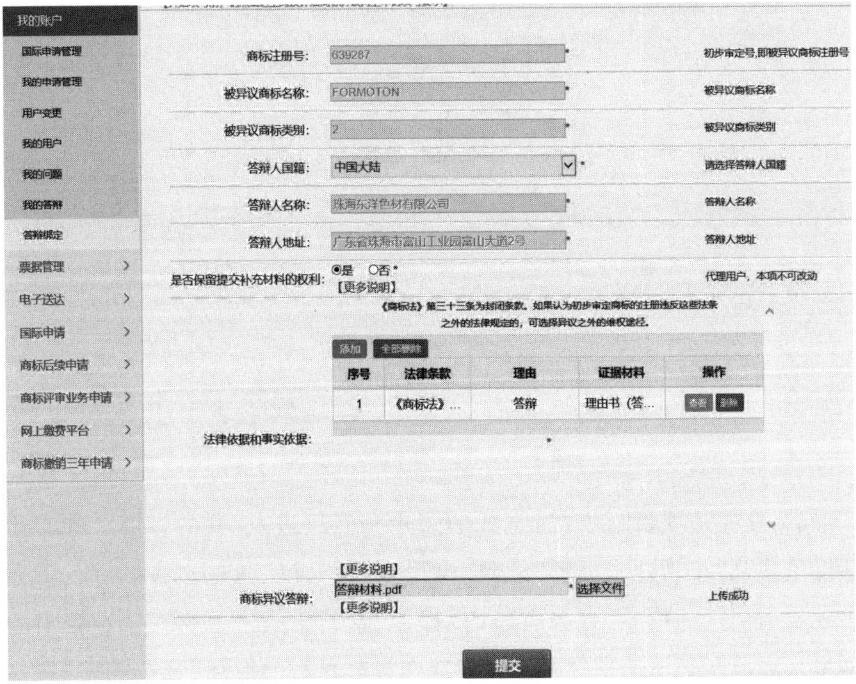

图2-3-13 提交答辩

（七）各种补正回文

在左边项目栏中找到“电子送达”，点击后在右边出现的对话框中填写“商标申请号”“商标注册号”等必填信息，在最下方的“有关说明文件”栏目中提交补正材料（见图2－3－14）。

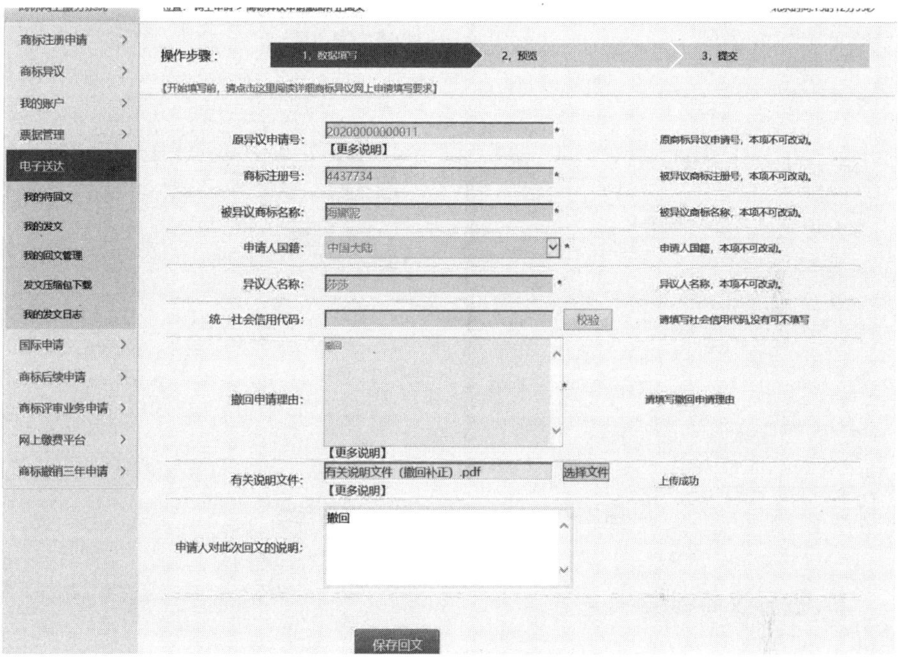

图2－3－14　补正回文

第二节　商标异议申请书解析

一、商标异议申请书

商标异议申请书的内容包括：被异议商标、商标类别、注册号、初步审定公告期、被异议人名称、被异议人地址、被异议人代理机构名称、异议人名称、异议人地址、邮政编码、联系人与电话等基本信息，除此之外，还附有填写说明（见图2－3－15）。

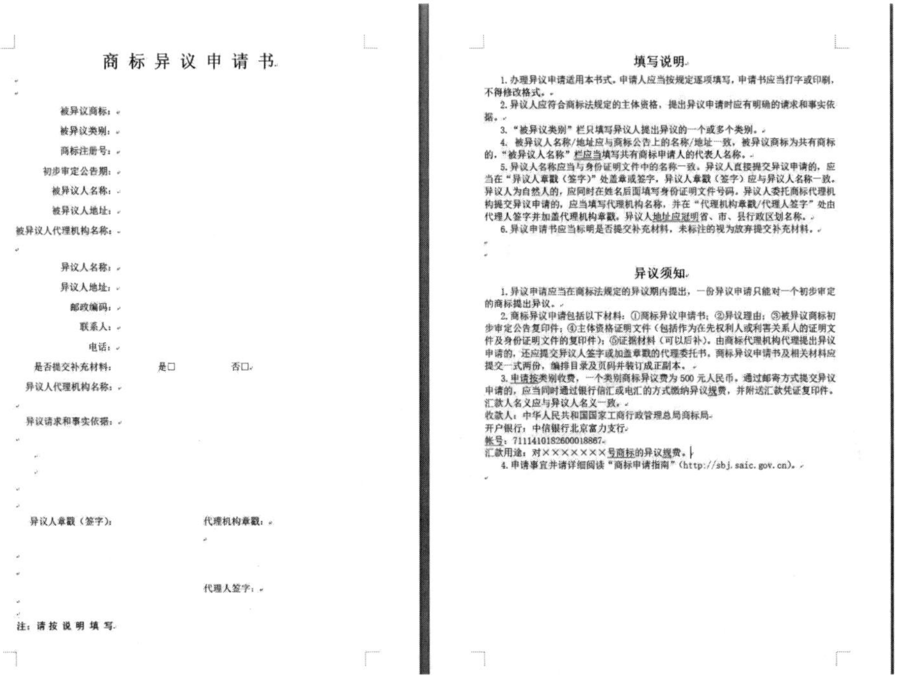

商标异议申请书

被异议商标：

被异议类别：

商标注册号：

初步审定公告期：

被异议人名称：

被异议人地址：

被异议人代理机构名称：

异议人名称：

异议人地址：

邮政编码：

联系人：

电话：

是否提交补充材料： 是□ 否□

异议人代理机构名称：

异议请求和事实依据：

异议人章戳（签字）： 代理机构章戳：

代理人签字：

注：请按说明填写

填写说明

1. 办理异议申请适用本书式。申请人应当按规定逐项填写，申请书应当打字或印刷，不得修改格式。

2. 异议人应符合商标法规定的主体资格，提出异议申请时应有明确的请求和事实依据。

3. "被异议类别"栏只填写异议人提出异议的一个或多个类别。

4. 被异议人名称/地址应与商标公告上的名称/地址一致，被异议商标为共有商标的，"被异议人名称"栏应当填写共有商标申请人的代表人名称。

5. 异议人名称应当与身份证明文件中的名称一致。异议人直接提交异议申请的，应当在"异议人章戳（签字）"处盖章或签字，异议人章戳（签字）应与异议人名称一致。异议人为自然人的，应同时在姓名后面填写身份证明文件号码。异议人委托商标代理机构提交异议申请的，应当填写代理机构名称，并在"代理机构章戳/代理人签字"处由代理人签字并加盖代理机构章戳。异议人地址应冠明省、市、县行政区划名称。

6. 异议申请书应当标明是否提交补充材料，未标注的视为放弃提交补充材料。

异议须知

1. 异议申请应当在商标法规定的异议期内提出，一份异议申请只能对一个初步审定的商标提出异议。

2. 商标异议申请包括以下材料：①商标异议申请书；②异议理由；③被异议商标初步审定公告复印件；④主体资格证明文件（包括作为在先权利人或利害关系人的证明文件及身份证明文件的复印件）；⑤证据材料（可以后补）。由商标代理机构代理提出异议申请的，还应提交异议人签字或加盖章戳的代理委托书。商标异议申请书及相关材料应提交一式两份，编排目录及页码并装订成正副本。

3. 申请按类别收费，一个类别商标异议费为 500 元人民币。通过邮寄方式提交异议申请的，应当同时通过银行信汇或电汇的方式缴纳异议规费，并附送汇款凭证复印件。汇款人名义应与异议人名义一致。
收款人：中华人民共和国国家工商行政管理总局商标局
开户银行：中信银行北京富力支行
帐号：7111410182600018867
汇款用途：对×××××××号商标的异议规费。

4. 申请事宜并请详细阅读"商标申请指南"（http://sbj.saic.gov.cn）。

图 2-3-15 商标异议申请书范本

二、被异议商标

被异议商标，是指经商标局审查部门审查后初步审定并刊登于商标公告上的商标。

被异议商标类别、初步审定号、初步审定公告期均应严格按照商标公告中发布的信息填写。

需要注意的是：

对于未刊登于商标公告和已刊登但公告期限超过 3 个月的商标，均不得提出异议。如对此类商标提出异议，商标局会发出不予受理通知书。

三、商标异议的相关主体

（一）被异议人

被异议人指被异议商标的申请人。

被异议人的名称和地址均应严格按照商标公告中发布的商标申请人的名

称和地址填写。被异议商标为共有商标的，被异议人的名称和地址应填写共有商标申请人的代表人的名称和地址。

需要注意的是：

被异议人有可能发生变化。在商标异议程序中，由于被异议商标属于正在申请过程中的商标，按照现行的《商标法实施条例》第 17 条第 2 款的规定，申请转让其商标注册申请的，应当向商标局办理转让手续。因此，在商标异议程序中，如果被异议商标被转让给其他人，被异议人也就发生变化，其在商标异议程序的所有权利和义务，由被异议商标的受让人，即该商标新的申请权利人承担。被异议商标发生了转让的，最好向商标局附送转让商标申请书的复印件。（需要强调的是：在商标异议程序中，当事人地址等影响法律文件送达的事项发生变更的，当事人应当及时向商标局提交相应的书面说明及证据材料。否则，由此造成的不利后果由当事人自己承担。）

（二）被异议人代理机构

如果被异议商标是通过商标代理机构提交注册申请的，必须按照商标公告中发布的商标注册申请的代理机构的名称填写。如果被异议商标是商标申请人自己提交申请的，被异议人代理机构名称一栏就不必填写。

需要注意的是：

同一商标代理机构不能在同一异议案件中同时代理异议人和被异议人。

（三）异议人

异议人，是指对于商标局经初步审定并刊登于商标公告上的商标提出反对注册意见的自然人、法人或其他组织。异议人也有可能发生变更。

1. 异议人变更

异议人变更，是指异议人的在先权利在异议申请提交后至异议决定作出前，转移至案外第三人，由第三人承继异议人主体地位，参加后续异议程序并承担相应后果。

在先权利的转移应当合法、有效、完整，并导致异议人失去适格的主体资格，第三人获得适格的主体资格。在先权利的转移包括异议人和第三人之间自愿的转让，也包括因合并、继承、判决等事由导致的转移。

异议人变更应由第三人在异议程序中向商标局提出书面申请，并一次性完整地提交以下材料:(1)异议人变更申请书(无固定格式)。(2)身份证明。(3)在先权利转移证明。(4)原异议申请人同意变更的书面文件。

异议人变更申请书应当有第三人承受异议人主体地位,参加后续异议程序,并承担相应后果的明确意思表示。在先权利转移证明,应当包含在先权利转移的双方主体、转移时间、权利范围和法律效力等内容。

第三人参加异议程序委托代理机构的,应当重新提交代理委托书,未提交的视为自行办理。准予变更异议申请人的,后续的异议发文均送达新异议人(原第三人),并在异议决定书中说明该变更情况,不再单独作出变更决定。不予变更异议申请人的,继续进行原程序。

商标局准予异议申请变更后,第三人参加后续程序。但不能再次启动已经完成的程序。第三人在法定补充证据期限内可以提交证据材料,在期满后生成或者当事人有其他正当理由未能在期满前提交的证据,在期满后提交的,商标局将证据交对方当事人并质证后可以采信。原准予申请人已发表的意见、已提交的证据继续有效,第三人不得撤回或否认。

不予变更的情形包括:(1)在先权利转移前异议申请依法应当不予受理的;(2)异议申请人变更申请材料不齐备或有重大瑕疵的;(3)其他不予变更的情形。

2. 在先权利人、利害关系人

2013 年《商标法》对异议人主体资格进行了限制。

根据《商标法实施条例》第 26 条第 2 项的规定,商标异议申请人主体资格、异议理由不符合《商标法》第 33 条规定的,商标局不予受理,书面通知申请人并说明理由。

因此,异议人以相对理由提出异议申请,不仅要提交作为在先权利人或利害关系人的证明,而且该证明文件应当能初步证明异议人具备在先权利或利害关系。

在先权利人、利害关系人提出商标异议的理由:被异议商标违反《商标法》第 13 条第 2 款和第 3 款、第 15 条、第 16 条第 1 款、第 30 条、第 31 条或第 32 条的规定。

在先权利人,是指在先权利的所有者,包括但不限于以下各种类型的权利人:(1)在先使用商标所有人;(2)在先申请商标所有人;(3)在先经初步审定的商标所有人;(4)在先注册商标专用权人;(5)企业字号已有一定知名度的在先字号权人;(6)著作权人;(7)外观设计专利权人;(8)姓名权人;(9)肖像权人;(10)商品化权人;(11)驰名商标所有人;(12)地理标志的权利人。

利害关系人,是指其利益会因为在先权利被损害或被削弱而直接受到影响的自然人或法人,一般包括以下各种类型的权利人:(1)在先商标权及其他在先权利的被许可使用人;(2)在先商标权及其他在先权利的合法继受人;(3)在先商标权的质权人;(4)在先商标权及其他在先权利人的控股股东;(5)就相关人身权提交了特别授权文件的被授权人;(6)其他有证据证明与在先商标权及其他在先权利有利害关系的主体。

北京市高级人民法院《商标授权确权行政案件审理指南》在主体资格的确定中规定如下:经纪人提交了模特、演员等就相关人身权出具的特别授权文件的,属于"利害关系人"。仅因系争商标的申请注册而受到影响,但与在先权利不具有直接利害关系的主体,不宜认定为"利害关系人"。

判断申请人是否为利害关系人,原则上以提出异议申请时为准。申请时不具备利害关系但在案件审理时已具备利害关系的应当认定为利害关系人。

3. 任何人

任何人提出商标异议的理由:被异议商标可能违反《商标法》第 10 条、第 11 条或第 12 条的规定。

任何人包括自然人、法人或其他组织。

4. 关于多个异议人共同申请的情况

多数商标异议申请都是一个异议人对一件商标或多件商标提出异议申请。有部分商标异议申请是多个异议人对同一件商标共同提出异议申请。商标异议共同申请,是指两个或者两个以上申请人基于相同的事实和理由及异议请求,通过共同提交一份商标异议申请书的方式提出的商标异议申请。

商标异议共同申请的特点:(1)商标异议共同申请人可以是两个或两个以上的自然人,也可以是两个或两个以上的企事业单位,也可以由自然人和企事业单位一起提出。(2)共同申请人有相同的事实和理由,以及异议请求是共同申请的基础。在商标异议共同申请中,各申请人不能各执一词。否则,就不能提交共同申请。(3)商标异议共同申请只能有一份商标异议申请书及其副本。商标局将共同申请视为一个主体。申请人不必按照异议申请人数提交商标异议申请书份数。(4)共同申请人中有人要求变更异议申请书中事项或者撤回商标异议申请时,应当与其他共同申请人进行协商,取得共同申请人一致同意,形成书面意见并向商标局提交。各申请人在不损害其他异议申请人利益的前提下可以退出异议申请。(5)补充证据材料是共同申请人的权利,共同申请人中有人补充证据材料是维护所有共同申请人利益的行为。除通过代表人提交外,无须征得其他共同申请人的同意,但事后需将补充材料情况向其他申请人说明。

5. 多个异议人对同一件商标分别提出异议申请

这种类型的异议申请,每个异议人分别以各自独立的身份提出异议申请,分别提出商标异议申请书及证据材料。异议理由可能相同,也可能不同。每个异议人在商标异议程序中的权利和义务独自承担。商标局收文时分别编收文号,虽然使用不同的卷号,但作为同一商标的异议案件。在审查时作为同一案件,一并审查和裁定。

(四)异议人代理机构

如果商标异议申请是通过商标代理机构提交的,必须填写代理机构的名称。如果商标异议申请是异议人自己提交申请的,被异议人代理机构名称一栏就不必填写。

四、异议补充材料

1. 在是否提交补充材料一栏选择“是”,就可以在提交商标异议申请书之日起 3 个月内提交补充证据材料;选择“否”就视为放弃补充有关的证据材料。

2. 商标异议补充材料应符合以下要件:

(1)异议申请补充材料应在提交商标异议申请书之日起 3 个月内递交;

(2)异议申请补充材料需提交正、副本一式两份;

(3)异议人或其代理机构应当加盖章戳,章戳应与异议申请加盖章戳一致。

五、异议请求和事实依据(详见本章第三节)

异议申请书第一页可以简单叙述异议请求和事实依据。例如,被异议商标与异议人在先申请(或者在先注册)的第××××××号“YYY”商标,第××××××号“ZZZ”商标构成类似商品(或者服务)上的近似商标。被异议商标是对异议人在先申请(或者在先注册)的"YYY"和"ZZZ"商标的恶意抄袭和摹仿,该商标的注册将损害异议人和消费者的合法权益,并造成不良社会影响。因此,依据《商标法》第7条、第10条第1款第7~8项、第30条、第31条的规定,被异议商标不予核准注册。

商标局对商标异议案件的裁定是依据当事人陈述的事实与理由,并根据相关的法律条款作出的。因此,当事人在阐述异议理由或答辩理由时,应当把握核心和关键的问题,提供能够证明相关问题的证据材料,做到有的放矢,才能有助于实现异议申请目的。

要阻止被异议商标的注册,取决于被异议商标是否违反了相关的法律法规。所以,异议理由应当围绕被异议商标具体违反了《商标法》哪些规定展开。这方面我们将在本章第三节中逐一论述,供异议人参考。

第三节 商标异议申请的理由

一、论述异议理由时应注意的重点问题和策略

论述异议理由时应注意以下重点问题和策略:

1. 有些异议申请的核心问题仅是被异议商标与异议人在先申请或已注册的商标近似,异议人本应通过比对双方商标,重点论述双方商标中所包含的那些具体构成要素近似的问题,但是异议申请书却脱离重点,主要有下列情形:(1)一些小企业用很大篇幅去介绍企业如何成功、如何有实力,对企业从创办到发展壮大做重点介绍,反而淡化了核心问题;(2)异议人商标知名度不高,却用很大篇幅去论述其商标如何知名或者是驰名,却提供不出能够证明知名度的证据,或者提供的证据完全不能证明其商标具有知名度;(3)异议人提出被异议商标违反《商标法》第10条和第11条的规定,却没有任何证据予以证明;(4)异议人提出被异议商标违反《商标法》第4条和第7条的规定,却没有任何证据予以证明;(5)异议人提出被异议商标违反《商标法》第32条的规定,却没有任何证据予以证明。

2. 有些被异议人将异议人在先使用的商标在类似的商品和服务上申请

注册。

对于在先使用的商标，异议人必须证明其在先使用的商标已有一定的知名度，或者双方曾经有合作关系，或者双方当事人在同一地区而引证商标为异议人长期使用，并为这一地区的相关消费者熟知。

如果异议人是外国企业或外国人，其在外国注册和使用的商标被他人在中国注册，如果其商标具有较高的知名度，一般会在异议程序中获得成功。另外，2019 年《商标法》修改后第 4 条增加了“不以使用为目的的恶意商标注册申请，应当予以驳回”，异议人可以通过商标局“商标查询系统”检索被异议人是否存在大量抄袭和摹仿其他人的商标的情况，或者大量注册“名人、知名地名、知名企业商号、知名作品名称、知名作品中的虚拟角色名称”等，如果存在上述情况，就是非常有利的证据。

3. 有些被异议人将异议人在先注册的商标在非类似的商品或服务上申请注册。

对于在非类似的商品和服务上申请注册的商标提出异议申请，就要证明被异议商标指定使用的商品或服务与异议人在先注册的商标核定使用的商品或服务有一定的关联，如有相同的消费对象、相同的销售场所、相同的原料等，而且异议人商标在所属行业有一定的知名度。

如果异议人商标在所属行业有一定的知名度，达不到驰名的程度，双方商标指定使用的商品又不具有关联性，异议人能采取的最有效的手段是异议人通过商标局“商标查询系统”检索被异议人是否存在大量抄袭和摹仿其他人的商标的情况，如果存在这种情况，就是非常有利的证据。

4. 异议人发现有侵权行为时一定要及时收集和保全证据，必要时通过公证机构对需要公证的证据进行公证。因为证据材料对异议案件的结果有着重大影响，异议人一定要高度重视收集和提供证据材料的工作。证据材料必须是真实有效的，必须与异议理由或需要证明的事实具有相关性。外文书证还应当附送中文译本。

证据材料一般是一式两份（正副本），对于涉及异议人商业秘密的部分，异议人可以只在正本中提交，或者单独提交并在异议理由中说明。

5. 在先使用商标的证据应当具备 3 个要素：

首先，要有商标的使用情况，即能证明商标的使用符合《商标法》第 48 条的定义,将商标标识用于商品、商品包装或者容器以及商品交易文书上,或者将商标用于广告宣传、展览以及其他商业活动中,用于识别商品的来源。

其次,要能体现商标的使用人,即能证明异议人是商标使用人或者与被使用的商标存在利害关系。

最后,要有商标的使用时间,即能证明商标的使用时间早于被异议商标的申请时间。

二、任何人均可以向商标局提出异议的理由

(一)违反《商标法》第4条的规定

《商标法》第4条规定:自然人、法人或者其他组织在生产经营活动中,对其商品或者服务需要取得商标专用权的,应当向商标局申请商标注册。不以使用为目的的恶意商标注册申请,应当予以驳回。

北京市高级人民法院《商标授权确权行政案件审理指南》在第二部分的相关实体问题中规定如下:商标申请人明显缺乏真实使用意图,且具有下列情形之一的,可以认定违反《商标法》第4条的规定:(1)申请注册与不同主体具有一定知名度或者较强显著特征的商标相同或者近似的商标,且情节严重的;(2)申请注册与同一主体具有一定知名度或者较强显著特征的商标相同或者近似的商标,且情节严重的;(3)申请注册与他人除商标外的其他商业标识相同或者近似的商标,且情节严重的;(4)申请注册与具有一定知名度的地名、景点名称、建筑物名称等相同或者近似的商标,且情节严重的;(5)大量申请注册商标,且缺乏正当理由的。

前述商标申请人主张具有真实使用意图,但未提交证据证明的,不予支持。

"申请注册与他人除商标外的其他商业标识相同或者近似的商标"具体包括:大量申请注册与他人企业字号、企业名称的简称、电商名称及简称、域名、有一定影响的商品名称、包装、装潢等商业标识相同或者近似的标志。

"大量申请注册商标"有以下情形的,也违反了《商标法》第4条的规定:(1)大量申请注册与知名人物姓名、知名作品或者知名角色名称等公共文化资源相同或者近似标志的;(2)大量申请注册指定商品或服务上的通用名称、行业术语,直接表示商品或服务的特征等缺乏显著性的标志;(3)大量提交商标注册申请,并大量转让商标;(4)申请由以谋取不正当利益为目的,大量售

卖，向商标在先使用人或者他人索要高额转让费、许可使用费或者侵权赔偿金等行为的。

典型案例 2-3-1　杭州某日用品有限公司申请注册“BENLIEBE 及图”商标案

（2020）商标异字第 0000017019 号

案件事实

被异议商标 Benliebe　引证商标 **Bemliese**

被异议人杭州某日用品有限公司在第 24 类的“婴儿用睡袋；家庭日用纺织品；纺织品洗脸巾；被子；床单和枕套；毛毯；棉织品；蚊帐；婴儿更换尿布用布单；纺织品毛巾”等商品上申请注册“BENLIEBE 及图”商标。

异议人旭化成株式会社享有注册商标“BEMLIESE”专用权，其核定使用的商品属于《区分表》第 24 类的“编织织物；针织织物；非编织织物；毛巾；床单；枕套；毯子；手绢（纺织品）；卸妆布巾；薄纱”。

异议人认为，被异议商标与引证商标构成混淆性近似，注册使用在相同或类似商品上必然会造成消费者误认。异议人提交的国家企业信用信息公示系统证明，被异议人已于 2018 年 8 月 10 日被注销，注销原因是“协议解散”。

异议决定书认为

被异议商标“BENLIEBE 及图”指定使用于第 24 类“婴儿用睡袋；家庭日用纺织品；纺织品洗脸巾”等商品上。异议人引证在先注册的第 4456012 号“BEMLIESE”商标核定使用在第 24 类“编织织物；针织织物；非编织织物”等商品上。被异议商标指定使用商品与异议人引证商标核定使用商品的功能用途、销售渠道、消费对象均相近，属于类似商品。双方商标在字母构成及整体外观上较为相近，已构成类似商品上的近似商标，共同使用易造成相关公众混淆误认。此外，异议人提交的国家企业信用信息公示系统证明可以证明，被异议人已于 2018 年 8 月 10 日被注销。我国《商标法》第 4 条规定：“自然人、法人或者其他组织在生产经营活动中，对其商品或者服务需要取得商标专用权的，应当向商标局申请商标注册。”因此，商标专用权作为一种民事权利，应当由具有民事主体资格的主体来享有和行使。本案中，被异议人主体资格已经丧失，被异议人亦未对此作出答辩，无证据显示被异议人在注销前办理了商标申请人变更手续，因此，被异议商标在丧失申请主体的情况下，无法使用在指定商品上，进而不能起到识别商品来源的作用，不应予以核准注册。

评析

商标应当由具有民事主体资格的主体来享有和行使，在商标申请人主体资格已经丧失的情况下，申请注册的商标违反《商标法》第4条的规定。

典型案例2-3-2 长沙市某电子商务有限公司大量申请注册商标案

(2021)商标异字第0000013969号

案件事实

被异议人长沙市某电子商务有限公司在第25类的“鞋(脚上的穿着物)；服装带(衣服)；睡袍；手套(服装)；婴儿全套衣；面纱(服装)；头带(服装)；化装舞会用服装；睡眠用眼罩；女式连身泳衣；服装；裤袜”等商品上申请注册“连信”商标。

异议人简信(上海)科技有限公司认为被异议人申请大量商标，且恶意申请多个与异议人及其他市场主体在先使用和注册并具有较高知名度的商标高度近似的商标，如“抖音”“哔哩哔哩”“狼人杀”“作业帮”“连信”等共165件商标，涉及16个类别。被异议人对前述商标的申请行为都是对目前互联网行业中热门网站、应用平台的知名商标的抢注。这表明被异议人本身对品牌关注度就很高，其一系列的商标申请行为本身具有极强的主观恶意。被异议人的商标申请行为缺乏真实使用商标的正当理由，扰乱了正常的商业注册管理秩序，应不予核准注册。根据北京市高级人民法院《商标授权确权行政案件审理指南》，被异议商标申请明显缺乏真实使用意图，可以认为违反《商标法》第4条的规定。

异议决定书认为

异议人提供的证据及核实的情况表明，除本案被异议商标外，被异议人还申请注册了多件与异议人及他人已在先实际使用且具有一定独创性的商标文字相同或相近的商标，如“抖音”“DOUYIN”“狼人杀”“作业帮”等，被异议人对其上述商标创意未能予以合理解释。因此，被异议人的上述商标申请注册行为缺乏真实使用目的，扰乱了正常的商标注册管理秩序。

评析

我国《商标法》第4条规定:自然人、法人或者其他组织在生产经营活动中,对其商品或者服务需要取得商标专用权的,应当向商标局申请商标注册。不以使用为目的的恶意商标注册申请,应当予以驳回。鉴于近年来在非类似商品上大量抄袭、模仿他人有一定知名度的商标用于谋取利益的情况愈演愈烈,为了遏制通过不正当的手段牟利,2019年《商标法》修订后增加了“不以使用为目的的恶意商标注册申请,应当予以驳回”的规定。根据企业申请注册商标的数量,是否抄袭、模仿他人商标以及该企业交易商标的证据,包括已生效的行政决定或者裁定、司法判决认定企业曾从事商标恶意注册行为、侵犯他人注册商标专用权行为的情况,商标局会综合考虑企业是否违反《商标法》第4条的规定。本案企业涉及将他人有较强独创性的注册商标大量申请注册在非类似商品上,且已有几十件申请商标在初审公告期间被提起异议,已经审结的案件基本都是裁定异议成立。

(二)违反《商标法》第10条的规定

根据《商标法》第10条的规定,下列标志不得作为商标使用:(1)同中华人民共和国的国家名称、国旗、国徽、国歌、军旗、军徽、军歌、勋章等相同或者近似的,以及同中央国家机关的名称、标志、所在地特定地点的名称或者标志性建筑物的名称、图形相同的;(2)同外国的国家名称、国旗、国徽、军旗等相同或者近似的,但经该国政府同意的除外;(3)同政府间国际组织的名称、旗帜、徽记等相同或者近似的,但经该组织同意或者不易误导公众的除外;(4)与表明实施控制、予以保证的官方标志、检验印记相同或者近似的,但经授权的除外;(5)同“红十字”“红新月”的名称、标志相同或者近似的;(6)带有民族歧视性的;(7)带有欺骗性,容易使公众对商品的质量等特点或者产地产生误认的;(8)有害于社会主义道德风尚或者有其他不良影响的。

县级以上行政区划的地名或者公众知晓的外国地名,不得作为商标。但是,地名具有其他含义或者作为集体商标、证明商标组成部分的除外;已经注册的使用地名的商标继续有效。

典型案例2－3－3　北京某高科科技有限公司申请注册含"CHINA"的商标案

(2016)商标异字第0000028434号

被异议商标

案件事实

异议人中国华电集团公司享有注册商标第3670031号"华电"专用权,其核定使用的商品属于《区分表》第9类的"电力蓄电池;电镀设备;电焊设备;计算机;衡量器具;量具;自动指示牌;光学品;灭火设备;工业用放射设备;个人用防事故装置;眼镜;电动开门器;电熨斗"。

被异议人北京某高科科技有限公司在第9类的"电测量仪器;变压器;逆变器(电);配电箱(电);配电控制台(电);互感器;工业遥控操作用电气设备;电池箱;电池充电器;蓄电池"等商品上申请注册"华电高科 CHINA POWER TECHNOLOGY及图"商标。

异议人认为,被异议商标是对异议人知名字号的复制和模仿,违反《商标法》第32条的规定;被异议商标与异议人在先已注册的第3670031号"华电"商标构成类似商品上的近似商标;被异议商标的注册行为是不正当竞争行为,具有不良影响;被异议商标包含"CHINA",为《商标法》第10条所禁止,综上所述,被异议商标不应核准注册。

异议决定书认为

被异议商标"华电高科 CHINA POWER TECHNOLOGY及图"指定使用商品为第9类"电测量仪器;工业遥控操作用电气设备"等。异议人引证在先已注册的第3670031号"华电"商标核定使用商品为第9类"电力蓄电池;电镀设备"等。双方商标指定使用的商品均有其各自不同的生产领域及消费对象,不属于类似商品,因此,异议人引证的商标与被异议商标未构成使用于类似商品上的近似商标,两者并存使用一般不会造成消费者的混淆误认。异议人称被异议人侵犯其知名字号权、是不正当竞争行为、具有不良影响等证据不足。异议人称被异议商标包含"CHINA",为中国的英文译名,违反了《商标法》第10条第1款第1项的规定,依法不应予以注册。

评析

我国《商标法》第10条第1款第1项规定了不得作为商标使用的标志:同

中华人民共和国的国家名称、国旗、国徽、国歌、军旗、军徽、军歌、勋章等相同或者近似的，以及同中央国家机关的名称、标志、所在地特定地点的名称或者标志性建筑物的名称、图形相同的。本案被异议商标包含的“CHINA”为中国的英文名称，违反了前述规定。“国家名称”包括全称、简称和缩写，我国国家名称的中文全称是“中华人民共和国”，简称为“中国”“中华”，英文全称是“THE PEOPLE’S REPUBLIC OF CHINA”，简称或者缩写为“CHN”“P. R. C”“CHINA”“P. R. CHINA”“PR OF CHINA”。另外，“CHINE”为中国的法文译名，这类包含中国国家名称或者与国家名称近似的标志既不能作为商标使用，更不能作为商标注册。“中央国家机关的名称、标志、所在地特定地点的名称或者标志性建筑物的名称”包括“全国人民代表大会”“国务院”“中南海”“钓鱼台”“天安门”“新华门”“紫光阁”“怀仁堂”“人民大会堂”等。

包含国家名称可以注册的情况如下：

第一种情况，标志中含有与我国国家名称相同或近似的文字，但其描述的是客观存在的事物，一般不适用该项禁止性规定，如“中华龙鸟”。

第二种情况，标志中含有与我国国家名称相同或近似的文字，但其整体是报纸、期刊、杂志名称，且与申请人名义一致，如申请人能证明其合法出版发行资格，则指定使用于报纸、期刊、杂志（期刊）、新闻刊物等特定商品上，一般可以核准注册，如中国消费者报社在第16类的“报纸”上申请的“中国消费者报”。

第三种情况，标志中含有与我国国家名称相同或近似的文字，但其整体是企事业单位简称，如果具备以下条件，则可以核准注册：申请人主体资格应当是经国务院或其授权的机关批准设立的；申请人名称应经名称登记机关依法登记；申请标志与申请人名称的简称一致，简称经国务院或其授权机关批准；该标志经过申请人在实际中长期广泛使用，在相关公众的认知中，与申请人形成了唯一对应关系。例如，中国电信集团有限公司在第16类的“电话业务”上申请的“中国电信”。

典型案例2-3-4　某科技（天津）有限公司申请注册“ADOLPHO BELGIUM”商标案

（2020）商标异字第0000008323号

被异议商标 Adolpho Belgium　　引证商标 Adolphe Sax

案件事实

被异议人某科技(天津)有限公司在第15类的“单簧管;短号(乐器);笛;双簧管;鼓(乐器);长号;萨克斯管;打击乐器;乐器;铜管乐器”等商品上申请注册“ADOLPHO BELGIUM”商标。

异议人巴黎亨利萨尔曼有限公司在第15类的“乐器”商品上已注册“ADOLPHE SAX”商标。被异议商标与异议人引证在先经国际注册并领土延伸至中国受保护的第899684号“ADOLPHE SAX”商标已构成使用于类似商品上的近似商标。另外,“BELGIUM”译为“比利时”,系国家名称,根据我国《商标法》的相关规定,国家名称不得作为商标注册。

异议决定书认为

被异议商标“ADOLPHO BELGIUM”指定使用于第15类“单簧管;短号(乐器);笛;双簧管”等商品上。异议人引证在先经国际注册并领土延伸至中国受保护的第899684号“ADOLPHE SAX”商标核定使用于第15类“乐器”商品上。被异议商标指定使用商品与异议人引证商标核定使用商品的功能、用途、销售渠道、销售场所等相近,属于类似商品。被异议商标中“ADOLPHO”与异议人引证商标显著部分文字“ADOLPHE”字母组合、呼叫相近,双方商标已构成使用于类似商品上的近似商标,被异议商标的注册使用易导致消费者的混淆。被异议商标中“BELGIUM”译为“比利时”,系国家名称,未经该国政府同意不得作为商标使用。被异议商标的注册申请违反《商标法》第10条第1款第2项和第30条的规定。

评析

异议申请书中提及被异议商标与异议人引证商标构成使用于类似商品上的近似商标,被异议商标中含有国家名称,异议在审查时均予以支持。

典型案例2-3-5　深圳市某科技有限公司申请注册“复旦申花”商标案

(2020)商标异字第0000002432号

案件事实

被异议人深圳市某科技有限公司在第21类的“水瓶;酒瓶吊牌;家庭用陶瓷制品;滤茶球;个人用除臭装置;电动梳子;牙刷盒;化妆用具;非电冷酒器;簸箕;水晶(玻璃制品);除蚊器”等商品上申请注册“复旦申花”商标。

异议人复旦大学在先注册的第1463982号“复旦”商标核定使用服务为第41类“学校(教育);教育”等。被异议商标属于抄袭模仿异议人引证商标,不应核准注册。

异议决定书认为

被异议商标“复旦申花”指定使用商品为第21类“水瓶;酒瓶吊牌;家庭用陶瓷制品”等。异议人引证在先注册的第1463982号“复旦”商标核定使用服务为第41类“学校(教育);教育”等。双方商标指定使用商品或服务不类似,因此,双方商标未构成使用在类似商品或服务上的近似商标。但“复旦”是我国著名高等学府“复旦大学”的简称。被异议商标完整包含“复旦”文字,易误导公众认为被异议人与复旦大学存在某种关联,进而导致对商品来源产生混淆误认。违反《商标法》第10条第1款第7项的规定。

评析

被异议商标与异议人引证商标指定使用商品或服务不类似,未构成使用在类似商品或服务上的近似商标。但如果异议人引证商标知名度较高,使相关公众或消费者误认为被异议人与异议人存在某种关联,易导致消费者对商品或服务来源产生混淆误认,会依据《商标法》第10条第1款第7项驳回被异议商标的注册申请。

典型案例2-3-6 上海某实业有限公司申请注册“大甲妈”商标案

(2015)商标异字第0000000321号

案件事实

被异议人上海某实业有限公司在第29类的“肉松;海参(非活);罐装水果;加工过的槟榔;朝鲜泡菜;皮蛋(松花蛋);牛奶饮料(以牛奶为主的);食用油脂;食用果冻;加工过的瓜子”等商品上申请注册“大甲妈”商标。

异议人财团法人台湾省台中县大甲镇澜宫是台湾地区规模最大的妈祖庙之一,所供奉的妈祖即称为“大甲妈祖”或“大甲妈”,其每年农历三月举办的“大甲妈祖文化节”参与人数众多、规模盛大。

异议决定书认为

“妈祖”是我国沿海地区历代船工、海员、旅客、商人和渔民共同信奉的神祇。异议人“大甲镇澜宫”俗称“大甲妈祖庙”,作为我国台湾地区规模最大的妈祖庙之一,所供奉的妈祖即称为“大甲妈祖”或“大甲妈”,其每年农历三月举办的“大甲妈祖文化节”参与人数众多、规模盛大,已成为世界三大宗教盛事之一。被异议商标“大甲妈”注册并使用在其指定服务上,普通消费者易将其与异议人产生联系,导致对商品来源的混淆误认,从而产生不良的社会影响。依据《商标法》第10条第1款第8项的规定,第9718292号“大甲妈”商标不予注册。

评析

我国《商标法》第10条第1款第8项规定了不得作为商标使用的标志:有害于社会主义道德风尚或者有其他不良影响的。宗教偶像和宗教信仰所用的有特别含义的词语如果注册为商标使用,容易造成对宗教信仰不尊重,会伤害宗教信徒的感情,一般不予以注册。

典型案例2-3-7　上海某塑胶有限公司申请注册“米兰”商标案

(2015)商标异字第0000000218号

案件事实

被异议人上海某塑胶有限公司在第19类的“非金属管道;非金属水管;非金属硬管(建筑用);非金属排泄管;非金属排水管;非金属引水管道;非金属水渠管;通风和空调设备用非金属管;建筑用塑料管;铝塑复合管”等商品上申请注册“米兰”商标。

异议人刘某红享有注册商标第6753561号“米兰花”专用权,其核定使用的商品属于《区分表》第19类的“非金属管道;非金属水管;非金属硬管(建筑用);非金属排泄管;非金属排水管;非金属引水管道;非金属水渠管;通风和空调设备用非金属管;建筑用塑料管;铝塑复合管”。

异议决定书认为

被异议商标“米兰”指定使用商品为第19类的“非金属管道;非金属水管”等,异议人引证已经我局初步审定并公告的第6753561号“米兰花”商标虽然指定使用商品亦为第19类的“非金属管道;非金属水管”等,与被异议商标使用商品构成类似,但该引证商标已被商标复审委员会在异议复审程序中作出了不予注册的裁定,该裁定现已产生法律效力,故其不构成对被异议商标的在先权利障碍。但是,“米兰”是意大利的一座城市名,为公众知晓的外国地名,被异议商标的申请注册违反了《商标法》第10条第2款的有关规定。

评析

《商标法》第10条第2款规定:县级以上行政区划的地名或者公众知晓的外国地名,不得作为商标。本案涉及两个商标“米兰”和“米兰花”,中国转播外国足球联赛最早的是意甲联赛,从20世纪80年代后期录播,到90年代中期开始直播,那时候意甲联赛被称为“小世界杯”,中国有很多意大利球迷,AC米兰和国际米兰球队的知名度非常高,所以“米兰”这个城市早已为中国公众熟知。

异议人引证商标“米兰花”被商标复审委员会在异议复审程序中作出了不予注册的裁定。文字商标中含有“县级以上行政区划的地名或者公众知晓的外国地名”的,如果这类文字组合商标已形成新的固定含义,就符合“地名具有其他含义可以注册”的例外规定。但是商标复审委员会认为“米兰花”并未形成新的含义,所以裁定该商标不予以核准注册。

(三)违反《商标法》第11条的规定

根据《商标法》第11条的规定,下列标志不得作为商标注册:(1)仅有本商品的通用名称、图形、型号的;(2)仅直接表示商品的质量、主要原料、功能、用途、重量、数量及其他特点的;(3)其他缺乏显著特征的。

前款所列标志经过使用取得显著特征,并便于识别的,可以作为商标注册。

商标的显著特征是指商标应当具备的足以使相关公众区分商品或服务来源的特征。

典型案例2-3-8　淮阳县某化工有限责任公司申请注册“授粉精华液LANTIAN及图形”商标案

(2016)商标异字第0000038615号

被异议商标

案件事实

被异议人在第1类的“氮肥、农业用肥、肥料制剂、植物生长调节剂、植物肥料、植物用微量元素制剂、化学肥料”等商品上申请注册“授粉精华液LANTIAN及图形”商标。

异议人北京泰和恒丰科贸有限公司认为被异议商标中的汉字部分是产品通用名称,违反了《商标法》第11条的规定,不能作为商标注册。如果被异议商标注册成功，将会给同行业的其他从业者使用"授粉精华液"这个产品名称带来不利影响，不应当核准注册。被异议商标通过呼叫传播时带有欺骗性，会造成消费者的误解。

异议决定书认为

异议人提供的被异议人网站上对"授粉精华液"产品的相关介绍打印件等证据材料，可以证明"授粉精华液"是农资行业内对可替代昆虫对农作物授粉的农业药物产品的通用名称。被异议商标的显著识别部分为"授粉精华液"，指定使用在"农业用肥、肥料制剂、植物生长调节剂"等商品上，缺乏显著特征，不具备商标的识别作用。被异议商标的申请注册违反了《商标法》第 11 条第 1 款第 1 项的规定。

评析

《商标法》第 11 条第 1 款第 1 项规定：仅有本商品的通用名称、图形、型号的标志不得作为商标注册。"授粉精华液"属植物内源素，喷施到作物上后，通过叶面吸收，可以向茎、根各个部位传送，促进营养生长与生殖生长协调发展。商品名称作为商标缺乏显著特征，不具备商标的识别作用。申请注册商标中虽然有其他构成要素，但是依据识别和记忆习惯，汉字总是处于最重要的地位，相关公众会将汉字作为记忆和认知商标的首选符号，其他构成要素处于从属地位。如果缺乏显著特征的汉字在组合商标中处于显著识别部分的位置，这个组合商标会以整体缺乏显著特征被驳回。

不予注册复审

被异议人不服异议决定书，向商标局商标复审部门提起不予注册复审。

案件事实

申请人复审的主要理由：申请人知晓被异议商标中汉字部分"授粉精华液"是产品通用名称，是农资行业内对可代替昆虫对农作物授粉的农业药物产品的通用名称，故在申请被异议商标时就已声明放弃该部分文字的专用权。被异议商标显著识别部分应为"Lantian 及图"，并未违反《商标法》相关规定。被异议商标经申请人使用已具有较高知名度和美誉度，已具有一定的商标识别作用。综上，申请人请求对被异议商标予以维持。

申请人向商标复审部门提交了以下主要证据：(1)申请人获得的荣誉；(2)代理合同、收据；(3)参展合同；(4)产品图片等。

不予注册复审决定

本案中,申请人及原异议人均认可"授粉精华液"为农资行业内对可代替昆虫对农作物授粉的农业药物产品的通用名称。被异议商标由中文"授粉精华液"和"Lantian 及图"左右排列组成,其中"授粉精华液"居于主要识别部分。虽然被异议商标放弃了该中文的专用权,但考虑到其在被异议商标中居于主要识别部分,依然易被相关公众作为商标的重要组成部分识别,鉴于"授粉精华液"为相关农资行业的约定俗成的通用名称,故被异议商标用于指定使用的农业用肥等商品上,直接表示了上述商品的通用名称,整体缺乏作为商标识别应有的显著特征,已构成《商标法》第 11 条第 1 款第 1 项所指不予注册的情形。

评析

商标复审部门也支持了异议决定书中的观点,这说明,如果商标的主要识别部分是缺乏显著特征的汉字,在异议和不予注册复审程序中会以整体缺乏作为商标识别应有的显著特征被驳回。

(四)违反《商标法》第 12 条的规定

根据《商标法》第 12 条的规定,以三维标志申请注册商标的,仅由商品自身的性质产生的形状、为获得技术效果而需有的商品形状或者使商品具有实质性价值的形状,不得注册。

符合《商标法》第 12 条所描述的商标,基本在审查程序中就会被驳回,因为以三维标志申请注册商标的,"仅由商品自身的性质产生的形状、为获得技术效果而需有的商品形状或者使商品具有实质性价值的形状",相对比较容易判断,这类商标在审查阶段就会予以驳回。

(五)违反《商标法》第 19 条第 4 款的规定

《商标法》第 19 条第 4 款规定:商标代理机构除对其代理服务申请商标注册外,不得申请注册其他商标。

典型案例 2-3-9　常熟某知识产权事务所有限公司申请注册"六佰度 LIUBAIDU"商标案

(2015)商标异字第 0000047055 号

案件事实

被异议人常熟某知识产权事务所有限公司在第 25 类的"服装绶带;服装;

婴儿全套衣”等商品上申请注册“六佰度 LIUBAIDU”商标。

异议人百度在线网络技术(北京)有限公司。

异议决定书认为

被异议商标为“六佰度 LIUBAIDU”,指定于第 25 类“服装”等商品上。异议人引证的第 5034255 号“百度”、第 4305792 号“佰度 PLAITO”、第 10231615 号“九佰度 NONABOTO”商标已在第 25 类商品上获准注册,核定使用商品包括“舞衣”“婴儿全套衣”“防水服”等。双方商标文字构成不同,整体具有一定差异,因而未构成近似商标,如予并存使用在类似商品上,一般不会造成消费者的混淆误认。但被异议人为代理机构,其申请注册商标所指定商品并不在其经营范围内,如予注册易产生不良影响,因此,代理机构除对其代理服务申请商标注册外,不得申请注册其他商标。

评析

商标代理机构只能申请注册《区分表》第 45 类中的“知识产权咨询;诉讼服务;知识产权代理服务”等与法律服务相关的服务项目,在其他商品和服务项目上申请注册是不予允许的。

三、只能由在先权利人、利害关系人提出的异议理由

(一)违反《商标法》第 13 条第 2 款和第 3 款的规定

《商标法》第 13 条第 2~3 款规定,就相同或者类似商品申请注册的商标是复制、摹仿或者翻译他人未在中国注册的驰名商标,容易导致混淆的,不予注册并禁止使用。就不相同或者不相类似商品申请注册的商标是复制、摹仿或者翻译他人已经在中国注册的驰名商标,误导公众,致使该驰名商标注册人的利益可能受到损害的,不予注册并禁止使用。

典型案例 2-3-10　郑某芳申请注册“欧莱雅 OULAIYA”商标案

(2015)商标异字第 0000016150 号

案件事实

被异议人郑某芳在第 29 类的“鱼(非活的);水产罐头;以水果为主的零食小吃;菜干;蛋;牛奶;食用油;食用果冻;精制坚果仁”等商品上申请注册“欧莱

雅 OULAIYA”商标。

异议人欧莱雅公司享有注册商标第 1600291 号“欧莱雅”专用权，其核定使用的商品属于《区分表》第 3 类的“化妆品；护肤用雪花膏；护肤用洗剂；护肤用凝胶；护肤用粉末；防晒制剂；头发清洁制剂；头发护理制剂；染发剂”。

异议决定书认为

异议人用于“化妆品”等商品上的“欧莱雅”商标具有一定独创性，且经长期宣传使用在我国已具有较高知名度，并曾被我局认定为驰名商标。被异议商标“欧莱雅 OULAIYA”与异议人商标文字相同，已构成对他人驰名商标的复制，核准被异议商标注册使用在其指定商品上容易误导公众，致使异议人的利益受到损害。依据《商标法》第 13 条第 3 款、第 35 条的规定，第 10942582 号“欧莱雅 OULAIYA”商标不予注册。

评析

《商标法》第 13 条第 2 款规定：“就不相同或者不相类似商品申请注册的商标是复制摹仿或者翻译他人已经在中国注册的驰名商标，误导公众，致使该驰名商标注册人的利益可能受到损害的。不予注册并禁止使用。”就异议案件而言，适用该款的条件为：(1)被异议商标指定使用商品与异议人商标实际使用商品不相同也不类似；(2)被异议商标是对异议人商标的复制、摹仿或者翻译；(3)异议人商标已在我国注册；(4)异议人商标驰名；(5)被异议商标的注册和使用误导公众，致使该驰名商标注册人的利益可能受到损害。

国家知识产权局商标局、商标局商标复审部门以及地方市场监督管理部门在保护驰名商标时，会考虑该商标的独创性和驰名程度。商标的独创性和驰名程度越高，保护的范围就越大，对于诸如“欧莱雅”“海尔”这类具有较高独创性的驰名商标，保护的范围可能是《区分表》涉及的所有商品和服务项目。

(二)违反《商标法》第 15 条的规定

《商标法》第 15 条规定，未经授权，代理人或者代表人以自己的名义将被代理人或者被代表人的商标进行注册，被代理人或者被代表人提出异议的，不予注册并禁止使用。就同一种商品或者类似商品申请注册的商标与他人在先使用的未注册商标相同或者近似，申请人与该他人具有前款规定以外的合同、业务往来关系或者其他关系而明知该他人商标存在，该他人提出异议的，不予注册。

典型案例2-3-11 深圳市某实业有限公司申请注册“MORASUPER”商标案

(2016)商标异字第0000001266号

案件事实

被异议人深圳市某实业有限公司在“医疗器械箱;医疗器械和仪器;血压计;医用诊断设备;电疗器械;放射医疗设备;医用电极;理疗设备;医疗用超声器械;医用测试仪”上申请注册“MORASUPER”商标。

异议人斯凯瑞博国际医疗科技(北京)有限公司在异议申请书中提出被异议人曾是麦德特瑞克公司系列产品在中国的代理商,其在未经被代理人授权许可的情况下,擅自以自己的名义申请被异议商标,违反了《商标法》第15条的规定,不应核准注册。被异议商标是对异议人在先使用并获得一定知名度和影响力的商标的恶意抢注,违反了《商标法》第32条的相关规定。被异议商标与异议人在先使用并具有一定知名度的商标几乎完全相同,虽然麦德特瑞克公司已经与被异议人终止了代理经销关系,但被异议人在实际宣传中仍然宣称其为德国生物共振治疗仪在中国的总代理商。被异议人显然是在知晓商标真实所有人的情况下,在没有得到被代理人授权的情况下,恶意抢注了被异议商标。被异议商标的注册和使用将导致消费者的混淆,为对异议人构成不正当竞争,进而产生不良社会影响。被异议人的行为违反了诚实信用原则,根据《商标法》第7条、第10条第1款第8项、第44条的规定,不应核准注册。

异议人提供了以下证据:(1)麦德特瑞克公司与异议人签署的独家代理经销合同及其摘译及公司签署的授权异议人为独家代理经销商的授权书及其翻译;(2)麦德特瑞克公司授权异议人对系列商标进行注册的授权书复印件及其翻译。

异议决定书认为

被异议商标为“MORASUPER”,指定使用于第10类“血压计;理疗设备”等商品上。本案中,异议人提供的麦德特瑞克公司与异议人签署的独家代理经销合同及摘译、麦德特瑞克公司签署授权异议人为独家代理经销商的授权书及翻译、麦德特瑞克公司授权异议人对MORA系列商标进行注册的授权书及翻译、麦德特瑞克公司与被异议人进行商业交易的发票等证据可以证明被异议人与异议人的利害关系人麦德特瑞克公司(MED-TRONIK GMBH)存在合作关系,被异议人在明知“MORA”商标的情况下,未经异议人及其利害关系人麦德特瑞克公司的许可,擅自将与“MORA”商标构成近似的被异议商标“MORASUPER”申请注册在“血压计;理疗设备”等商品上,违反了我国《商标法》第15条第1款的规定,因此,第12102818号“MORASUPER”商标不予注册。

评析

本案被异议人曾是麦德特瑞克公司系列产品在中国的产品代理商,其在未经被代理人授权许可的情况下,擅自以自己的名义申请与麦德特瑞克公司商标近似的商标,违反了《商标法》第15条第1款的规定。

典型案例2-3-12 陈某茶申请注册“贵妃”商标案

(2017)商标异字第0000018331号

案件事实

被异议人陈某茶在“洗衣用晾衣架;衣服撑架;衣夹;毛巾架和毛巾挂环;洗涤桶;卫生纸架”等商品上申请注册“贵妃”商标。

异议人胡某萍自2003年起就开始经营“贵妃”牌晾衣架,经过十几年的奋斗,该品牌产品家喻户晓,并销往其他省市,在晾衣架行业有一定知名度。被异议人与异议人的经营地址都是安徽省芜湖市,双方地址近在咫尺。2010年前被异议人还在异议人处批发晾衣杆回去经营,最后一次在异议人处拿货是在2013年。被异议人对异议人“贵妃”品牌非常熟悉,被区域利益驱使,其违反诚信原则,恶意抢注了异议人多年使用的“贵妃”品牌,侵犯了异议人的合法权益。异议人非常重视“贵妃”品牌的推广宣传,自2009年至2014年,连续多年参加在国际会展中心举办的国际城市建设及建筑装饰材料博览交易会等展会。

异议人提交了以下证据:(1)销售“贵妃”晾衣架的销售发票;(2)物流托运单;(3)安装合同以及其公司参展第六届中国芜湖国际城市建设及建筑装饰材料博览交易会等证据材料;(4)异议人还提交了异议双方经营地点处于同一城市同一条街道等证明材料。

异议决定书认为

被异议商标“贵妃”指定使用在第21类“洗衣用晾衣架;衣服撑架”等商品上。本案中,异议人提交了其在先销售“贵妃”晾衣架的销售发票、物流托运单、安装合同以及其公司参展第六届中国芜湖国际城市建设及建筑装饰材料博览交易会等证据材料。此外,异议人还提交了异议双方经营地点处于同一城市同一条街道等证明材料,被异议人对于上述证明材料未予答辩否认。上述证据可以证明:在被异议商标申请注册前,异议人已在晾衣架等商品上实际使用"贵妃"商标。被异议人与异议人同处一地,且经营产品相同,因此,被异议人对异议人商标理应明确知晓。被异议人在明知异议人及其"贵妃"品牌的情况下,未经异议人许可,擅自将"贵妃"商标在"洗衣用晾衣架;衣服撑架"等商品上申请注册,违反了我国《商标法》第15条第2款的相关规定。

评析

异议人提交了其在先使用的若干证据,另外提交了异议双方经营地点处于同一城市同一条街道等证明材料,上述证据材料可以证明异议双方同处一地,双方是同一行业经营者,被异议人明知该他人商标存在却抢先注册,违反了我国《商标法》第15条第2款的相关规定。

(三)违反《商标法》第16条第1款的规定

《商标法》第16条第1款规定,商标中有商品的地理标志,而该商品并非来源于该标志所标示的地区,误导公众的,不予注册并禁止使用;但是,已经善意取得注册的继续有效。

适用要件:(1)被异议商标中含有符合地理标志定义的内容。(2)被异议商标所标示的商品并非来源于该地理标志所标示的地区,一般只需证明被异议人并非该地区的生产经营者。(3)被异议商标的使用会误导公众。

典型案例2-3-13　温州某酒业有限公司申请注册"金章玛歌"商标案

(2017)商标异字第0000018931号

案件事实

被异议人温州某酒业有限公司在"果酒(含酒精);含水果酒精饮料;开胃酒;葡萄酒"等商品上申请注册"金章玛歌"商标。

异议人法国国家原产地名称局称"玛歌"是法国葡萄酒产品的原产地名称(地理标志)。被异议商标完整包含了该原产地名称"玛歌",其注册使用在其指定的商品上易引发混淆误认。根据《商标法》第16条有关规定,被异议商标依法应当不予注册并禁止使用。“玛歌”是公众知晓的法国地名，不得作为商标注册。被异议商标完整包含了法国原产地名称，“玛歌”如果注册在葡萄酒类商品上，消费者很容易认为被异议商标所指示的商品是来自法国的“玛歌”地区，或与“玛歌”地区有某种关联。被异议人申请注册被异议商标的行为明显出于恶意，“玛歌”位于法国波尔多左岸美度区内，是左岸美度的四大名村之一，其酒田面积有3000多公顷，“玛歌”拥有最多的列级名庄而闻名，其中最著名的是“玛歌庄”。商标局和商评委在很多裁定中支持了异议人的主张，裁定包含“玛歌”的商标不予核准注册。

异议人提供了以下证据：(1)法兰西共和国官方公报2011年11月17日关于“玛歌”原产地管制命名的2011-1587号法令及由中国对外翻译出版公司翻译的中文复印件；(2)关于玛格的裁定书复印件；(3)国家图书馆第2012-NFC-JSCM-706号检索报告；(4)互联网上介绍“玛歌”的相关内容；(5)国内出版的《葡萄酒鉴》、《法国波尔多顶级佳酿》、《葡萄酒品鉴大全》及《法国波尔多红酒品鉴与投资》对“玛歌”的介绍；(6)《中华人民共和国国内贸易行业标准SB/T 11122—2015进口葡萄酒相关术语翻译规范》相关专业复印件；(7)互联网上关于玛歌酒庄的介绍内容；(8)《地理标志法律保护制度研究》中对法国国家原产地名称局的介绍。

异议决定书认为

被异议商标为“金章玛歌”，指定使用于第33类“果酒(含酒精)；含水果酒精饮料；开胃酒”等商品上。异议人提供的证据可以证明：“MARGAUX”是法国葡萄酒产品的原产地名称，位于法国波尔多左岸美度区内，该地区的葡萄酒产品具有特殊品质。“MARGAUX”在中国一般翻译为“玛歌”，在相关消费者中已建立起对应关系并具有一定知名度。被异议商标“金章玛歌”中完整包含了“玛歌”，而被异议人并非来源于该标志所标示的地区，故该商标如予注册易误导公众。被异议商标因违反《商标法》第16条第1款的规定而不予注册。

评析

异议人提交了若干关于证据，证明“MARGAUX”(玛歌)是法国葡萄酒产品的原产地名称，位于法国波尔多左岸美度区内，该地区的葡萄酒产品具有特殊品质。被异议商标如果是地理标志或包含地理标志，其指定使用的商品并非来源于该标志所标识的地区，会误导公众。

（四）违反《商标法》第 30 条的规定

《商标法》第 30 条规定，申请注册的商标，凡不符合本法有关规定或者同他人在同一种商品或者类似商品上已经注册的或者初步审定的商标相同或者近似的，由商标局驳回申请，不予公告。近似商标判定标准：明显具有恶意的从严。类似商品标准可适度放宽。

典型案例 2－3－14　某国际股份有限公司申请注册"奢华心机"商标案

（2017）商标异字第 0000000008 号

案件事实

被异议人某国际股份有限公司在"麝香（香料）；香精油；化妆品；化妆洗液；美容面膜；皮肤增白霜；染发剂；梳妆用品"等商品上申请注册"奢华心机"商标。

异议人株式会社资生堂引证在先注册的第 6892276 号"心机"商标核定使用在第 3 类"香皂、香波"等商品上。异议人是日本最大的化妆品公司，也是世界著名的化妆品公司之一，名下有许多化妆品品牌，如"资生堂""欧泊莱""肌肤之钥""心机"等早已为中国公众所熟知。"心机"是异议人于 2005 年 8 月推出的全新彩妆品牌。2009 年开始在中国正式销售。并进行了大量的广告宣传。在被异议商标申请注册日期之前，异议人使用在化妆品等商品上的心机商标已在相关公众中具有很高的知名度和很大的影响力。被异议商标完全包含了异议人在第 3 类已注册的"心机"商标。仅在异议人注册商标前加上常用的修饰性文字"奢华"。两商标文字构成及含义无明显区别，已构成近似商标。考虑到异议人心机商标的强显著性和高知名度，根据相关司法解释的规定，双标也因被认定为近似商标。同时，双方商标指定商品相同或类似。因此，双方商标构成相同或类似商品上的近似商标。被商标应不予核准注册。被异议商标无疑是对异议人商标的摹仿，利用异议人商标的知名度获得非法利益。被异议人的申请注册行为违反了诚实信用原则，误导相关公众，扰乱正常的市场经济持续，也会助长傍名牌的不良风气损害公众利益，从而造成不良影响。

异议决定书认为

被异议商标"奢华心机"指定使用在第 3 类"麝香（香料）、香精油"等商品上。异议人引证在先注册的第 6892276 号"心机"商标核定使用在第 3 类"香皂、香波"等商品上。被异议商标完全包含异议人引证商标，且未形成明显有别的其他含义,故双方商标构成近似商标。双方商标指定使用商品为相同或类似商品。因此,双方商标已构成使用于相同或类似商品上的近似商标,并存使用易造成消费者的混淆误认。

评析

判断商标是否构成相同或类似商品上的相同或近似商标有两个关键点:一是异议双方指定使用的商品是否相同或类似;二是异议双方商标是否相同或近似。被异议商标中"奢华"是形容词,作用是修饰"心机",所以该商标的主要识别部分是"心机"。因此,被异议商标与异议人引证在先注册的第6892276号"心机"商标构成近似,违反《商标法》第30条的规定,不应予以注册。

(五)违反《商标法》第31条的规定

《商标法》第31条规定,两个或者两个以上的商标注册申请人,在同一种商品或者类似商品上,以相同或者近似的商标申请注册的,初步审定并公告申请在先的商标;同一天申请的,初步审定并公告使用在先的商标,驳回其他人的申请,不予公告。

典型案例2-3-15 浙江省某食品进出口股份有限公司申请注册"达利DALI"商标案

(2017)商标异字第0000000949号

案件事实

被异议人浙江省某食品进出口股份有限公司在"无酒精果汁;果汁;水(饮料);豆类饮料;植物饮料;乳酸饮料(果制品,非奶);果昔;可乐;无酒精饮料;汽水"等商品上申请注册"达利DALI"商标。

异议人福建达利食品集团有限公司认为被异议商标与异议人已注册的第29类的第9192765号和第13727550号"达利"商标、第32类的第13974811号"达利"商标构成类似商品上的近似商标。被异议商标的注册和使用极易造成消费者的混淆误认,从而无法区分商品的不同来源。被异议商标不应核准注册。

异议决定书认为

被异议商标"达利DALI"指定使用商品为第32类的"无酒精果汁;可乐"等。异议人引证在先申请的第13974811号"达利"商标指定使用商品为第32类的"啤酒;饮料制作配料"等。双方商标指定使用商品在功能、用途上接近,属于类似商品,且被异议商标与异议人引证商标汉字完全相同,因而已构成使用于类似商品上的近似商标。异议人称被异议人侵犯其在先商号权证据不足。

评析

异议人引证已注册的第29类的第9192765号和第13727550号“达利”商标与被异议商标指定使用商品不类似,被异议商标与这两件商标未构成类似商品上的近似商标。但是异议人引证已注册的第32类的第13974811号“达利”商标与被异议商标指定使用商品类似,双方商标汉字相同,已构成类似商品上的近似商标。

(六)违反《商标法》第32条的规定

《商标法》第32条规定,申请商标注册不得损害他人现有的在先权利,也不得以不正当手段抢先注册他人已经使用并有一定影响的商标。

1. 在先权利

(1)字号权。

字号权适用要件如下:①在系争商标申请注册之前他人已在先登记或使用其字号;②该字号在中国相关公众中具有一定的知名度;③系争商标的注册与使用容易导致相关公众产生混淆,致使在先字号权人的利益可能受到损害。

(2)著作权。

著作权法所称作品:指文学、艺术和科学领域内具有独创性并能以某种有形形式复制的智力成果。

著作权法所称的作者:创作作品的公民是作者。由法人或者其他组织主持,代表法人或者其他组织意志创作,并由法人或者其他组织承担责任的作品,法人或者其他组织视为作者。

著作权的产生:自作品创作完成之日起即产生。

著作权的归属:著作权一般由创作作品的作者享有,有合同约定的除外。受委托创作的作品,著作权的归属由委托人和受托人通过合同约定。合同未作明确约定或者没有订立合同的,著作权属于受托人。

著作权的保护期限:作者的署名权、修改权、保护作品完整权的保护期不受限制。发表权以及其他财产权利的保护期为作者终生及其死亡后50年,截止于作者死亡后第五十年的12月31日;如果是合作作品,截止于最后死亡的作者死亡后第五十年的12月31日。法人或者其他组织的作品、著作权(署名权除外)由法人或者其他组织享有的职务作品,其发表权及其他财产权利的保护期为50年,截止于作品首次发表后第五十年的12月31日。

国外的著作权的保护期限:《伯尔尼公约》第5条规定:根据本公约得到保护作品的作者,在除作品起源国外的本联盟各成员国,就其作品享受各该国法律现今给予或今后将给予其国民的权利,以及本公约特别授予的权利。(我国于1992年10月加入该公约)

侵权适用要件:①在系争商标申请注册之前他人已在先享有著作权;②系争商标与他人在先享有著作权的作品相同或者实质性相似;③系争商标注册申请人接触过或者有可能接触到他人享有著作权的作品;④系争商标注册申请人未经著作权人的许可;⑤系争商标注册申请人未能提供其独立创作或合法移转权利的证明。

(3)姓名权。

姓名权适用要件如下:①在相关公众的认知中,系争商标文字指向该姓名权人;②系争商标的注册给他人姓名权可能造成损害。

(4)肖像权。

肖像权适用要件如下:①在相关公众的认知中,系争商标图像指向该肖像权人;②系争商标的注册给他人肖像权可能造成损害。

(5)外观设计专利权(外观设计专利保护期:申请之日起10年)。

外观设计专利权适用要件如下:①在系争商标申请注册之前他人已在先享有外观设计专利权;②系争商标的注册与使用容易导致相关公众产生混淆,致使在先专利权人的利益可能受到损害。

2. 其他在先权益

(1)知名商品/服务特有名称、包装、装潢。①在系争商标申请注册之前他人已在先使用知名商品/服务特有名称、包装、装潢;②他人知名商品/服务特有名称、包装、装潢未获准注册为商标;③系争商标与他人知名商品/服务特有名称、包装、装潢相同或者近似;④系争商标的注册与使用容易导致相关公众产生混淆或误认,致使在先知名商品/服务特有名称、包装、装潢权益人的利益可能受到损害。

(2)其他应予保护的合法在先权益(具有独创性的作品名称和角色名称等)。

最高人民法院《关于审理商标授权确权行政案件若干问题的规定》(2020年修正)第22条第2款规定,对于著作权保护期限内的作品,如果作品名称、作品中的角色名称等具有较高知名度,将其作为商标使用在相关商品上容易导致相关公众误认为其经过权利人的许可或者与权利人存在特定联系,当事人以此主张构成在先权益的,人民法院予以支持。

3. 抢注他人已经使用并有一定影响商标:《商标法》第32条后半段

抢注他人已经使用并有一定影响的商标适用要件如下:①他人商标在系争商标申请日之前已经在先使用并有一定影响;②系争商标与他人商标相同或者近似;③系争商标所指定的商品/服务与他人商标所使用的商品/服务原则上相同或者类似;④系争商标申请人采取了不正当手段。

典型案例2-3-16　汤某勇申请注册"QT及图"商标案

(2017)商标异字第0000000352号

案件事实

被异议商标　与异议人享有著作权的作品

被异议人汤某勇在"牙刷;电动牙刷;制刷原料;刷制品;梳;鞋刷;牙签;牙线;化妆用具;纸或塑料杯"等商品上申请注册"QT及图"商标。

异议人比利斯福圣塔尼国际有限公司是美术作品的著作权人,该作品于2004年1月2日创作完成,2011年5月5日在中国版权局登记。马克波登受异议人委托,于2004年1月2日于印度尼西亚雅加达创作完成,根据作者签署的权利归属声明,该美术作品的一切权利及利益均由异议人享有,作为在先权利人,异议人有权利对被异议商标提起异议申请。被异议商标与异议人享有著作权的图形几乎完全相同,侵犯了异议人的在先著作权,根据《商标法》第32条的规定,被异议商标不应予以注册。异议人是全球知名的牙具生产商和销售商,其牙具产品包括牙刷、电动牙刷、牙线、牙膏等,异议人因其产品极高的质量获得了全球消费者的认可和好评。异议人于2004年4月1日正式将美术作品投入市场使用,并经过长期广泛的宣传和使用,在被异议商标申请日之前就获得了一定的知名度和影响力。被异议商标是对异议人已经使用并有一定知名度的商标的抢注。根据《商标法》第32条的规定,被异议商标不应予以注册。被异议商标完全是对异议人美术作品商标的复制和抄袭,毫无自己独创的显著性和设计理念。被异议商标申请日为2014年4月28日远远晚于异议人美术作品完成日期。被异议人及其关联公司将异议人享有著作权的美术作品使用在与异议人商标指定使用商品相同或类似商品上,并抄袭和模仿异议人产品的外包装。被异议人的行为不仅侵犯了异议人的在先权利,而且会误导消费者。被异议人存在谋取不正当利益的主观恶意。

异议人向商标局提供了以下证据(复印件):(1)“OT及图”的作品说明及创意介绍。(2)马克博登出具的权利归属声明及翻译。(3)中华人民共和国国家版权局出具的欧体及图的著作权登记证书公证件。(4)异议人产品自2003年至2012年获得各种奖项、证书及翻译。(5)印度尼西亚杂志队员使用异议人及其品牌“OT及图”的相关报道,检验及其翻译。(6)异议人提供的“OT及图”产品在各大电视台的广告投入及资金量集收视率统计。(7)异议人商标“OT及图”产品销售合同账单及翻译。(8)异议人在印尼注册的“OT及图”商标注册证、商标续展证明及翻译。(9)相关在先权利。(10)异议人与奥拓普力马阿巴迪公司签订的“OT及图”商标的许可使用协议。(11)被许可使用人奥拓普力马阿巴迪公司在中国使用“OT及图”的商标的证据。

被异议人答辩称其在21类商品上申请的被异议商标符合《商标法》及《商标法实施条例》的相关规定。被异议商标并不构成对异议人在先著作权的侵犯。异议人美术作品商标并没有在中国大陆进行广泛使用和宣传,没有任何知名度可言。答辩人绝不构成对异议人迄今使用并有一定知名度的商标的抢注,未违反《商标法》第32条规定。答辩人遵循诚实信用商业原则,其注册行为正当合法,不会损害异议人及消费者的任何权益,更不会引发社会不良影响。

异议决定书认为

被异议商标“QT及图”指定使用商品为第21类“牙刷、梳、牙线”等。异议人称被异议商标的注册侵犯其在先著作权,并提供了其主体资格证明文件复印件、经公证的《OT标志》美术作品著作权登记证书复印件、创作人声明及译文、异议人获奖证书复印件、含有被异议商标的异议人宣传报道情况和销售合同、发票复印件等证据材料,上述证据材料可以证明:在被异议商标申请注册前,异议人已将美术作品《OT标志》公开发表并使用,异议人享有该美术作品的著作权,其在中国登记的编号为2011-F-030331。被异议商标与异议人上述美术作品在文字、图形构成、造型特征、整体视觉效果等方面差异细微,已构成实质性相似,故被异议商标已构成对异议人在先著作权的侵害。

评析

因被异议商标与异议人享有在先权利的美术作品已构成实质性相似,故被异议商标已构成对异议人在先著作权的侵害。《商标法》所称的在先权利是除商标权以外的其他在先权利,包括著作权、姓名权等。

被异议人不服商标局的异议决定,提起不予注册复审

(2017)商评字第00000121031号

被异议人在不予注册复审申请中称被异议商标并不构成对异议人在先著作权的侵犯。被异议人1998年就对被异议商标公开发表,其对被异议商标拥有著作权。被异议人的注册行为正当合法,不会损害异议人及消费者的任何权益,更不会引发社会不良影响。

不予注册复审决定书认为

经审理查明:

1. 被异议商标由申请人于2014年4月28日向商标局提出注册申请,指定使用在第21类"牙刷;电动牙刷;制刷原料;刷制品;梳;鞋刷;牙签;牙线;化妆用具;纸或塑料杯"商品上。

2. "OT及图"标志由原异议人委托设计师Mark Budden(马克·波登)设计而成,该作品的著作权由原异议人享有。

3. 中华人民共和国国家版权局第2011-F-030331号《著作权登记证书》显示:"OT标志"美术作品的登记时间为2011年5月5日,创作完成时间为2004年1月2日,首次发表时间为2004年4月1日,作者:Mark Budden,著作权人:BLISSFUL CENTANY INTERNATIONAL LIMITED。

4. 原异议人的"OT及图"商标于2005年在印度尼西亚共和国进行了商标注册。上述商标所涉及图形与原异议人提交的著作权登记证书中所涉及作品图形一致。

5. 2005~2008年,印度尼西亚的*Cita Cinta*、*SWA*、*Femina*杂志对原异议人的"OT及图"商标进行了宣传。

以上事实由商标档案及原异议人提交的在案证据予以佐证。

本案焦点问题在于:其一,被异议商标的申请注册是否违反《商标法》第32

条关于不得损害他人现有的在先权利中的著作权的规定。其二,被异议商标的申请注册是否违反《商标法》第32条不得以不正当手段抢先注册他人已经使用并有一定影响的商标的规定。

关于焦点问题一,《商标法》第32条“不得损害他人现有的在先权利”中所指的“在先权利”是指除商标权以外的其他权利,包括著作权。本案涉及的“OT图形”美术作品由两个实心的圆圈组合构成,在两个圆圈内分别包含一个老人头形象和两个相互连接的英文字母O和T。该作品整体设计新颖具有较强的独创性,属于我国《著作权法》所保护的美术作品。根据我委查明的事实3可知,原异议人对上述作品进行著作权登记的时间为2011年5月5日,早于被异议商标申请注册日,该证书上显示的作品创作完成时间为2004年,结合我委查明的事实2、4、5可知,“OT及图”标志由原异议人委托Mark Budden设计而成,该作品的著作权由原异议人享有,并且原异议人已于被异议商标申请日之前通过商标注册、杂志宣传等方式公开使用了该作品,故可以认定原异议人对上述作品享有在先著作权。被异议商标与原异议人的上述美术作品在表现形式上基本相同,在文字构成、图形组合、造型特征、整体视觉效果等方面差异细微,二者已构成实质性相近。因此,在未得到著作权人许可的情况下,申请人将原异议人享有著作权的作品作为被异议商标进行申请注册的行为损害了原异议人的在先著作权,违反了《商标法》第32条的规定。

关于焦点问题二,我委认为,《商标法》第32条对于在先使用商标的保护是以该商标在系争商标的注册申请日之前已经在与系争商标使用的商品或服务相同或与之相类似的商品或服务上使用,并在相关公众中具有一定知名度为基本事实依据。本案中,综合原异议人提交的在案证据不足以证明通过宣传、使用,原异议人的“OT及图”商标在中国相关公众中,在与“牙刷;电动牙刷”等商品相同或相类似的商品上已具有一定知名度。因此,原异议人关于被异议商标系以不正当手段抢先注册他人已经使用并有一定影响的商标的主张缺乏事实依据,我委不予支持。

被异议商标并非有害于社会主义道德风尚或者有其他不良影响的标志,尚无证据证明被异议商标的注册与使用易产生不良的社会影响,原异议人关于被异议商标违反《商标法》第10条第1款第8项的主张,缺乏事实依据,我委不予支持。

原异议人提供的在案证据不足以证明申请人在申请注册被异议商标时采取了欺骗手段或其他不正当手段。因此,原异议人关于被异议商标的申请注册违反《商标法》第44条第1款的主张,缺乏事实依据,我委不予支持。

依照《商标法》第32条、第35条第3款、第36条的规定,被异议商标不予核准注册。

典型案例2-3-17　刘某玲申请注册"新乐敦"商标案

(2017)商标异字第0000000709号

案件事实

被异议人刘某玲在"医疗器械和仪器;牙科设备;电热敷布(外科);急救用热敷布(袋);医用垫;腹部护垫;无菌罩布(外科用);避孕套;奶瓶;矫形用物品"等商品上申请注册"新乐敦"商标。

异议人乐敦制药株式会社引证其在先注册的第3353559号"乐敦"商标核定使用商品为第10类"眼科手术器械和仪器;线(外科用);缝合材料"等。

异议决定书认为

被异议商标"新乐敦"指定使用于第10类"牙科设备;电热敷布(外科)"等商品上。异议人引证在先注册的第3353559号"乐敦"商标核定使用商品为第10类"眼科手术器械和仪器;线(外科用);缝合材料"等。异议人在本案中提交了企业营业执照、商标注册证复印件、荣誉证书、杂志上的宣传等证据材料,上述证据可以证明:异议人为医药企业,"乐敦"是异议人已实际使用的企业商号简称,其企业商号在被异议商标申请注册之前已在我国医药及医疗器械领域具有较高的影响力,并为相关公众所知晓。被异议人申请注册的被异议商标与异议人商号简称"乐敦"主体相同,指定商品与异议人产品亦具有较高关联性。因此,被异议商标的注册和使用易导致相关公众对产品的产源混淆误认,从而侵犯了异议人的商号权。

评析

侵犯异议人商号权的条件:

第一,被异议商标"新乐敦"与异议人引证商标及企业商号高度近似;

第二,被异议商标指定使用的产品属于异议人经营领域的产品,异议人商号在医疗器械领域有较高影响力(异议人在我国医药及医疗器械领域具有较高的影响力，并为相关公众所知晓，说明异议人商号也具有较高的知名度）。

典型案例 2-3-18　连某洲申请注册“图形”商标案（涉及抢注他人已经使用并有一定影响的商标）

（2015）商标异字第 0000000594 号

案件事实

引证商标　与被异议商标

被异议人连某洲在“广告；组织商业或广告交易会；特许经营的商业管理；进出口代理；替他人推销；替他人采购（替其他企业购买商品或服务）；人员招收；商业场所搬迁；办公室用机器和设备的租赁；寻找赞助”等服务上申请注册“图形”商标。

异议人北京中搜网络技术股份有限公司称其为国内领先的搜索引擎服务及技术应用的提供商。异议人早在被异议商标申请注册前即 2005 年开始使用“中搜及图”商标，该商标图形部分由一条风格化的龙和箭头构成，具有一定的独创性。异议人多次参加各种全国性展会、博览会，而且还通过公交、巴士等车载媒体、网络媒体以及杂志等平面媒体多种方式合并宣传使用“中搜及图”商标。“中搜及图”商标已被广大消费者所知晓，已在“搜索引擎、云计算服务、电子商务”等互联网相关服务方面具有较高知名度。被异议商标“图形”与异议人在先使用的“图形”商标在图形构思、设计风格上基本相同，其指定使用的“替他人推销”等服务与异议人商标使用的服务在方式、对象上较为接近，属于类似服务，已构成以不正当手段抢先注册他人已经使用并有一定影响的商标的行为。

异议决定书认为

异议人是国内领先的搜索引擎服务及技术应用的提供商。其提供的证据可证实：异议人早在被异议商标申请注册前即 2005 年开始使用“中搜及图”商标。该商标图形部分由一条风格化的龙和箭头构成，具有一定的独创性。异议人多次参加各种全国性展会、博览会，而且还通过公交、巴士等车载媒体、网站等网络媒体以及杂志等平面媒体多种方式合并宣传使用“中搜及图”商标。另外，其还对多个省、市、地区的消费者和经销商进行了调研，结果显示“中搜及图”商标已被广大消费者所知晓，已在“搜索引擎、云计算服务、电子商务”等互联网相关服务方面具有较高知名度。被异议商标“图形”与异议人在先使用的

"图形"商标在图形构思、设计风格上基本相同,其指定使用的"替他人推销"等服务与异议人商标使用的服务在方式、对象上较为接近,属于类似服务,已构成以不正当手段抢先注册他人已经使用并有一定影响的商标的行为,被异议商标如予注册,易使消费者发生混淆误认。

评析

如果异议人在先使用的商标具有一定的独创性和知名度,被异议人无法提供独立创作被异议商标的证据,且被异议商标指定使用的商品或服务与异议人在先使用的商标指定使用的商品或服务类似时,应判定以不正当手段抢先注册他人已经使用并有一定影响的商标的行为。

第四节　商标异议的答辩

商标异议的答辩是被异议人申诉自己权利和理由的途径。但被异议人是否答辩由其自己决定。无论被异议人是否答辩,商标局都将依法予以裁定。

一、商标异议的答辩格式

商标异议答辩没有规定的书式,对答辩的格式也没有固定的要求。但是在异议答辩书中必须注意:写明被异议商标的名称、初步审定号和答辩人名称,针对异议理由逐条进行反驳,并提供相关的证据。被异议人如是企业或其他组织,要在答辩书上加盖本企业或组织公章。如果是个人,要本人签字或盖章。被异议人委托商标代理组织代理答辩的,要有代理委托书并有代理组织的公章。

二、商标异议的答辩期限

依据《商标法实施条例》第 27 条第 1 款的规定,商标局应当将商标异议材料副本及时送交被异议人,限其自收到商标异议材料副本之日起 30 日内答辩。被异议人不答辩的,不影响商标局作出决定。

被异议人应当自收到商标异议书副本之日起 30 日内提交异议答辩材料,一并交回商标异议答辩通知书。

被异议人在提交答辩通知书时，还应当提交相应的收到答辩通知书的日期，从而证明其在规定期限内答辩。例如，商标局邮寄书及答辩通知书的信封即可证明上述日期。

被异议人超过规定期限答辩的，视为未按规定答辩。

被异议人应在收到商标局发出的异议答辩通知后开始答辩。未收到异议通知提前答辩和异议答辩期满之后才答辩的，都属于未按规定答辩。

三、商标异议答辩材料

商标异议答辩材料如下：

1. 被异议人应当自收到商标异议书副本之日起 30 日内提交异议答辩材料，一并交回商标异议答辩通知书。

2. 答辩人应于被商标申请人一致。答辩人名义发生变更，但未在商标局办理商标注册申请人名义变更手续的，在答辩过程中可以在提供企业登记机关出具的变更证明的情况下，以变更后的名义进行答辩。

3. 答辩人直接递交答辩材料的，答辩书应当加盖答辩人章戳或签字。

4. 委托代理机构进行答辩的，应附送商标代理委托书，答辩书尾页应当加盖代理机构章戳。委托书应当填写委托事项及委托日期，委托人是法人或者其他组织的，应当加盖章戳。委托人是自然人的，应当签字。

5. 被异议人是我国香港、澳门、台湾地区或者外国的，应当委托依法设立的商标代理机构进行答辩。

四、商标异议答辩材料的补充

商标异议答辩材料的补充应注意以下问题：

1. 依据《商标法实施条例》第 27 条第 2 款的规定，当事人需要在提出异议申请或者答辩后补充有关证据材料的，应当在商标异议申请书或者答辩书中声明，并自提交商标异议申请书或者答辩书之日起 3 个月内提交；期满未提交的，视为当事人放弃补充有关证据材料。但是，在期满后生成或者当事人有其他正当理由未能在期满前提交的证据，在期满后提交的，商标局将证据交对方当事人并质证后可以采信。

2. 商标异议补充材料应符合以下要件：(1) 异议答辩补充材料应在提交商

标异议申请书之日起3个月内递交;(2)异议答辩补充材料需提交正、副本一式两份;(3)被异议人或其代理机构应当加盖章戳,章戳应与异议答辩书加盖的章戳一致。

如果被异议人没有在答辩期满前作出答辩,在期满后提出递交补充材料的,属于未按规定答辩。答辩材料补充的前提是被异议人必须作答辩,未作答辩则不存在答辩材料补充的依据。

五、被异议人在进行商标异议答辩时应注意的问题

被异议人在进行商标异议答辩时应注意以下问题:

1. 对于异议人引证已注册的商标,如果双方商标确有差异,文字可以从音、形、义等方面阐述差异性,图形可以阐述构图思路和设计风格等方面的差异,从而得出不构成近似的结论。

2. 对于异议人引证商标使用、申请或注册时间在被异议商标使用或申请之后的,要明确指出其时间晚于被异议商标使用或申请时间,从而不构成在先权利障碍。

3. 被异议商标虽然与异议人引证商标相同,双方商标指定使用商品或服务不同或差异较大,或者异议人引证商标不具有较高知名度和独创性等,都是被异议人合理抗辩的理由。

4. 对于异议人提出的要求保护商号权的理由,如果该商号不具有较高知名度,则是被异议人合理抗辩的理由。

5. 对于著作权人提出的要求保护著作权的理由,如果被异议人能够提供被异议商标为其自行创作的证据,则是被异议人合理抗辩的理由。

6. 对于异议理由中无任何证据的部分,异议人要逐条指出其因缺乏证据而不成立。

六、商标异议程序中变更代理人

商标异议申请代理委托书签订时间不应早于该异议案件中被异议商标初审公告的日期,也不应晚于该代理委托书递交至商标局的日期。

1. 异议人变更商标异议申请代理人的,应符合下列条件:(1)提交新的商标代理委托书,即提交委托书变更后的代理人代理商标异议申请事宜的委托书。

(2)由委托人签署的解除原代理人委托关系的声明。(3)原异议申请代理人不再是该异议案件决定书的主送者,该决定书将主送给变更后的代理人。(4)变更材料可以作为补充材料提交。

2. 被异议人变更商标申请代理人的,应符合下列要求:(1)按《商标法》相关规定,正式向商标局提出办理变更商标申请代理人的手续,并向异议裁定处提交相应的说明和变更代理人申请书的复印件。(2)如果被异议人在该异议案件中未按规定答辩,则该异议案件决定书将主送给变更后的商标申请代理人。如果被异议人在该异议案件中已按规定答辩,则该异议案件决定书的主送者将视异议答辩的委托代理情况而定。

3. 被异议人变更商标异议答辩代理人的,应当符合以下要求:(1)提交变更商标异议答辩代理人的申请书,该申请书须有被异议人签字或盖章,以及变更后的代理人签字和盖章。(2)提交新的商标代理委托书,即提交委托变更后的代理人代理商标异议答辩事宜的委托书。(3)原异议答辩代理人不再是该异议案件决定书的主送者,该决定书将主送给变更后的代理人。

4. 在商标异议程序中,当事人终止其与代理人之间代理关系的,应当及时向商标局提交相应的材料,以便有关法律文件的送达。

5. 同一商标代理机构在同一异议案件中不得同时担任双方当事人代理人。

第五节　商标异议案件的结案与相关公告

一、异议案件的结案

在异议程序中,被异议人撤回商标注册申请和异议人撤回商标异议申请的,以结案的方式处理。当事人应当向商标局提交正式的《撤回商标注册申请书》或《撤回商标异议申请书》。商标局在收到当事人的申请后办理结案。结案通知一经发出,即具有法律效力,不存在当事人不服申请复审问题。

(一)撤回商标异议申请的要件

撤回商标异议申请应符合以下要件:

撤回商标异议申请的申请人应当与原异议人名义一致。

异议人直接提交撤回异议申请的,应加盖异议人章戳或签字,并与异议申请书所盖章戳或签字一致。委托代理机构提交的,应加盖代理机构章戳,并由代理人签字。

委托代理机构提交撤回申请的,应当附送商标代理委托书,委托书应当加盖委托人章戳;载明代理权限、代理事项及授权日期;代理事项应为撤回异议申请。

应当提交加盖申请章戳的身份证明复印件,证件与章戳应与提交异议申请时的证件与章戳一致。

被异议人代理机构不能代理异议人撤回商标异议申请。被异议商标以核准转让给异议人的除外。

(二)撤回商标异议申请的结果

撤回商标异议申请符合规定的,商标局发出《撤回商标异议申请核准通知书》或《异议结案通知书》。《异议结案通知书》送达双方当事人。异议申请尚未受理的,向异议人发出《异议申请不予受理通知书》。

撤回异议申请需补正的,书面通知申请人在指定期限内补正,补正后符合规定的核准撤回或结案。补正后仍然不符合规定的,不予核准撤回异议申请。

异议人提交书面材料明确表示未递交撤回商标异议申请的,该撤回异议申请不予核准。

异议申请代理机构与撤回申请代理机构不同的,通知书抄送给原异议申请代理机构。

被异议商标已核准撤回的,相关异议案件予以结案,商标局书面通知当事人。

(三)异议申请的驳回

已受理的异议申请,发现不符合受理条件或出现了不符合受理条件的新情况时,予以驳回并通知当事人。

二、与异议程序有关的公告

(一)异议公告

商标局定期在商标公告上刊登商标异议公告,告知社会公众某商标属于被异议商标。依照《商标法》相关规定,被异议商标在异议裁定生效前已经刊发注册公告的,撤销原注册公告。因此,社会公众通过异议公告可以知晓被异议商标并未获得注册,不享有注册商标专用权。

(二)异议送达公告

商标局发送有关通知,因当事人地址变更等原因被退回的,商标局将在商标公告上刊发相应的送达公告,如答辩通知书送达公告、异议决定书送达公告。

(三)异议裁定公告

《商标法》相关规定经审查异议不能成立的,予以核准注册,发给商标注册证并予公告。经审查异议成立的,不予核准注册。因此,异议决定书生效后,商标局在商标公告上刊登异议决定公告,便于社会公众了解异议审查的结果,进而知晓被异议商标的注册情况。予以注册的被异议商标专用期限仍从原注册公告之日起计算。

第六节　商标异议程序中的证据

一、证据的种类

异议案件中的证据是用于证明异议主张的具体材料。对于认定异议理由的真实有效性以及异议理由的成立与否均起着至关重要的决定作用。商标异议案件通常为双方当事人之间的民事权利纠纷,证据原则上适用《民事诉讼法》的有关证据种类的规定,即书证、物证、证人证言、当事人陈述、视听资料、鉴定结论和勘验笔录。当事人提供证据应当以原件为主。不能提供原件的,应当提交经公证的复印件或者提交经商标局核实的复印件。商标局可应当事人要求,在结案后将原件证据退还当事人。

二、有关证据的几点基本要求

为保证案件审理的公平公正,有效地提高办公效率。当事人在提供证据时,应当尽量做到以下几点:

所有证据须按内容顺序装订成册,并在证据前附证据目录。

所有证据内容必须清晰、明确、完整。

证据材料内容必须与前述异议理由或答辩理由一一对应。以相同理由针对同一被异议人的不同商标提出异议申请时，同一时间提交的异议申请或异议答辩，可提供一份证据。但不同商标分别属于不同被异议人的，则可以提交异议证据正本一份，但必须按照被异议人的数量提交相应数量的副本。同时，必须说明其证据材料同时适用于第×××××号被异议商标的异议或者答辩。当事人在不同时间以相同证据材料提出异议申请或异议答辩的，仍应重新提交证据材料。

三、关于外文证据

依据《商标法实施条例》第6条第2款的规定，依照《商标法》和本条例规定提交的各种证件、证明文件和证据材料是外文的，应当附送中文译文，未附送的，视为未提交该证件、证明文件或者证据材料。具体要求如下：(1)国外商标注册证需翻译国家、类别、商品、注册时间；(2)与商标有关的协议、信函需全文翻译；(3)广告宣传材料需翻译与商标相关段落；(4)发票收据等需翻译发货人、收货人、商品、日期等；(5)其他异议人认为重要的文字需全文翻译。

四、证据的收集与提供

针对不同异议理由的案件，应提供不同的证据材料，具体如下：(1)以相同或近似为由提出的异议，需提供与该案相关的己方商标注册证复印件。(2)以其他在先权利为由提出的异议，需提供该项权利的权属证明和实际使用情况，包括使用时间、地点、方式等。(3)以抢注为由提出异议的，需提供己方商标的实际使用情况，包括最早使用时间、标有该商标的商品覆盖范围或服务区域，该商标知名度的相关证据，足以证明对方当事人对己方商标明知的证据等。(4)以代理人或代表人抢注为由提出异议的，须提供证明双方存在代理或代表关系的证据。(5)以非类似商品上抄袭复制他人已在我国注册的驰名商标为由提出的异议，需提供引证商标在我国的注册证复印件、该商标在我国驰名的证据等。(6)以采取其他不正当手段申请注册商标为由提出的异议，需提供足以证明商标申请有不正当企图或已实施了某种不正当手段的证据。

第四章　商标复审程序及复审理由解析

第一节　商标复审程序概述

一、商标复审的概念

商标复审是当事人(不予注册复审中仅指被异议人)对国家知识产权局商标局在商标审查、商标异议、无效宣告、撤销程序中的决定不服,或者认为已经注册的商标有合法的理由应予以宣告无效的,向国家知识产权局商标局商标复审部门申请就相关决定再次进行审查或者宣告无效注册商标的法律程序。

二、商标复审案件的类型

根据《商标法》相关规定,[①]商标复审案件分为五种类型:驳回复审、不予注册复审、无效宣告复审、撤销复审、无效宣告。

三、商标复审程序

(一)形式审查

形式审查的内容包括:主体资格审查、法定期限审查、复审范围审查、复审申请书件审查、复审费用审查、复审答辩审查、复审补充材料审查、撤回复审申请审查、变更及解除复审代理审查。

---

① 参见《商标法》第4~5条、第8条、第18~19条、第34~35条、第44~45条、第54条;《商标法实施条例》第5~6条、第8~12条、第14~16条、第49条、第51条、第53条、第57~59条、第61~62条、第83~84条、第86条、第96条。

1. 启动

商标复审申请经形式审查符合要求的,予以受理,并通知申请人。商标局复审部门收到商标复审申请并进行形式审查后,认为该申请中存在主体不适格、超过法定时限、不属于商标复审范围以及未缴纳复审费用的任一情形,作出不予受理决定,并通知申请人。

2. 答辩

复审申请有被申请人的,商标局复审部门受理后,应当及时将申请书副本及有关证据材料送达被申请人并通知被申请人进行答辩。被申请人应当自收到答辩通知之日起 30 日内提交答辩材料;未在规定期限内答辩的,不影响审理。

3. 证据交换

商标局复审部门收到商标复审答辩材料并进行形式审查,符合要求的,应当及时将答辩材料副本送达申请人并通知申请人进行质证。申请人应当自收到证据交换通知之日起 30 日内提交质证意见;未在规定期限内提交质证意见的,不影响审理。

4. 补正

商标局复审部门收到商标复审材料经形式审查后,认为有相关需要补正的情形的,通知当事人进行补正。当事人应当自收到补正通知之日起 30 日内,按照通知要求的内容进行补正。

经补正仍不符合规定的复审申请,不予受理,书面通知申请人并说明理由;期满未补正的,视为撤回申请,商标局复审部门应当书面通知申请人。经补正仍不符合规定的复审答辩,或者未在法定期限内补正的,视为未答辩,不影响审理。

5. 结案

(1)商标复审案件在形式审查期间,有以下情形的,商标局复审部门经审查认为可以结案的,终止复审,予以结案并通知当事人:

①申请人死亡或者终止后无继承人或继承人放弃复审权利,有相应书面材料说明或提供相应证明的;

②申请人提交书面材料表示自愿撤回复审申请的;

③当事人自行或者经调解达成和解,申请人提交书面材料或和解协议等请

求撤回复审申请的；

④有其他应当终止复审的情形，有相应书面材料说明或申请人提交终止复审申请的。

(2)撤回复审申请。

①请求撤回复审申请的，需提交撤回复审申请书及主体资格证明材料，如委托商标代理机构的，需提交代理委托书。

②当事人应当准确填写撤回复审申请书的相关信息，并就撤回原因予以说明。当事人提交的主体资格证明材料应与申请人名义一致，并签字或盖章。当事人委托商标代理机构撤回复审申请的，应当提交代理委托书并注明代理权限为撤回复审申请或放弃复审申请。

③视为申请人撤回。申请人未在规定期限内按照补正通知要求进行补正的，视为撤回复审申请，商标局商标复审部门作出视为撤回通知。

6. 形式审查驳回

在形式审查期间，发现已经受理的商标复审申请，不符合受理条件或出现了不符合受理条件的新情况，商标注册部门经审查后，予以驳回并通知当事人。

(二)实质审查

商标复审人员对于经过形式审查予以受理的案件，就当事人提出的复审请求、事实理由及相应的证据材料进行审查，在查明事实的基础上依法作出裁决的过程。

实质审查的形式有书面审理和口头审理两种方式。

1. 书面审理是审理商标复审案件的主要方式

所谓书面审理，是指当事人参加商标复审活动，都以书面形式办理，商标局商标复审部门针对当事人提交的书面材料，对商标复审案件进行审理、裁决。

2. 口头审理是审理商标复审案件的辅助审理方式

口头审理是在商标局商标复审部门的主持下，由案件当事人对相关证据当场进行质证，以确定证据效力，便于查明案件事实，尤其是查明案情比较复杂的案件事实，保障复审案件的公正审理。

口头审理适用的条件为“对案件有关证据存在疑问，认为应当进行当场质证的”。

商标局于 2017 年 5 月制定并发布《商标复审案件口头审理办法》。口头审理规定的出台,规范了案件审理程序,保障了当事人的合法权利。

《商标复审案件口头审理办法》颁布后,商标局复审部门对一些案情较复杂、社会关注度高、影响力较大、有典型意义的案件进行口头审理,以便查明案件事实和作出判断。

依据申请人的请求和案件审理的需要,商标局商标复审部门先后分别对"高麗紅蔘"商标驳回复审案,对"BOLIMO""搏力谋""SINCO 及图""塔拉雷 Vitatalalay"商标作出无效宣告,以及对"好药师"撤销复审等案件进行口头审理,案件当事人围绕证据的真实性、关联性和合法性,对证据证明力有无及大小进行质证,有效地保障了商标当事人知情、辩论、质证等权利。

第二节　商标复审申请相关问题详述

一、复审申请的主体

不予注册复审、无效宣告复审、撤销复审案件均为复审案件,此类案件的申请人应为原审程序的当事人。

无效宣告案件中,依照《商标法》第 44 条第 1 款的规定提出无效宣告请求的申请人可以是任何组织和个人;依照《商标法》第 45 条第 1 款的规定提出无效宣告请求的,申请应当是在先权利人或利害关系人。前述任何组织和个人,是指国内外的自然人、法人或其他组织。在先权利人,是指在先权利的所有人,包括但不限于在先商标权、字号权、著作权、外观设计专利权、姓名权和肖像权等。利害关系人,是指系争商标的注册可能直接损害其利益的相关主体,包括但不限于在先权商标权的被许可使用人、在先商标权及其他在先权利的继承人、在先商标权的质权人等。

二、商标复审申请的条件

(一)申请人须有合法的主体资格

1. 原审程序当事人

申请人应当提交身份证明文件,身份证明文件与复审申请书首页载明的申请人名义应当一致。申请人应当提交原审程序裁决定原件或复印件,复审申请书首页载明的申请人名义应与原审裁决定的当事人对应。相关商标发生转让、移转、变更,已向商标局提出申请但尚未核准公告的,申请人应当释明,方便审查员核实相关信息;尚未向商标局提出申请,以在后当事人名义参与商标复审的,应提交相应的资料供审查人员审核。共同申请人或共有商标的所有人参与商标复审的,应当在申请书指定一个代表人;没有指定代表人的,以复审书件中顺序排列的第一人为代表人。

2. 在先权利人

申请人应对其援引的在先权利的类型作出说明并提供相应证明。基于在先申请注册的商标权应在申请书首页列明商标注册号;基于在先使用的商标权应列明其在先使用商标标识及商品;基于在先字号权应提交载有申请人字号信息的营业执照等证件;基于在先著作权应提交著作权登记证书等相关证明;基于在先外观设计专利权应提交专利权登记证书等相关证明;基于姓名权应提交载有姓名的证件或证明笔名、艺名等与特定人形成对应关系的相关证明;基于肖像权应提交载有肖像的相关证据材料;主张基于代理代表关系或其他关系抢注的,应提交与该主张相应的证据材料;主张其他在先权利的,应提交与该在先权利对应的证据材料。

申请人应当提交符合规定的身份证明文件,并与前述权属证明文件载明的权利人名义一致。

3. 利害关系人

申请人非在先权利人但认为系争商标的注册侵害其权益的,应对利害关系作出说明。基于在先商标权利益受损应在申请书首页列明商标注册号、商标标识、商品,说明与在先商标权利人的关系;基于其他在先权利利益受损,应作出相应的说明。

(二)在法定期限内提出

当事人应在法律规定的期限内提出商标复审申请或参与商标复审程序。

1. 复审类案件,申请人应当自收到原审程序决定之日起 15 日内向商标局商标复审部门申请复审。原审决定尚未发出,申请人不得提出复审。

2. 依照《商标法》第 44 条第 1 款提出申请的无效宣告案件,不受时限限制;依照本条申请宣告国际注册商标无效的,应当自系争商标国际注册申请的驳回期限届满后提出。

3. 依照《商标法》第45条第1款提出申请的无效宣告案件，自系争商标注册之日起5年内；依照本条申请宣告国际注册商标无效的，应当自系争商标国际注册申请的驳回期限届满之日起5年内提出；若驳回期限届满时系争商标仍处在驳回复审或者异议程序中，应当自驳回复审决定/准予注册决定生效之日起5年内提出申请；对恶意注册的，驰名商标所有人不受5年的时间限制。

4. 对经异议程序或不予注册复审程序核准注册的商标提出无效宣告请求的，需在该商标重新刊登注册公告后提出。

5. 国际注册商标的驳回复审申请，应自国际局向申请人转发商标局通知之日起30日内提出。

(三)属于复审的受案范围

复审的受案范围如下：

1. 对商标局作出的驳回商标注册申请的决定不服提起复审，属于驳回复审案件的复审范围。

2. 对商标局作出的对初步审定的商标不予注册的决定不服提起复审，属于不予注册复审案件的复审范围。

3. 对商标局作出的对注册商标撤销或不予撤销的决定不服提起复审，属于撤销复审案件的复审范围。

4. 对商标局作出的对注册商标宣告无效的决定不服提起复审，属于无效宣告复审案件的复审范围。对已经注册的商标请求予以无效宣告的，属于无效宣告案件的复审范围。

申请人撤回复审申请后，不得以相同的事实和理由再次提出复审申请。

已经作出复审裁决定的，任何人不得以相同的事实和理由再次提出复审申请；经不予注册复审程序予以核准注册后提起宣告注册商标无效的除外。

(四)提交合格的申请书和相关的证据材料

1. 复审申请书

(1)符合规定的申请书及有关材料：

提出商标复审申请必须以纸件形式或数据电文形式提交书面申请材料。

书面申请材料包括首页、正文、主体资格证明。

如委托商标代理机构,应提交代理委托书。

如提交证据,应制作相应的证据目录。

复审类案件还应提交原审程序的决定书及送达证明。

书面申请材料应当制作、下载或者参照填写对应案件类型的复审文书。

以纸质方式提出的,应当打字或者印刷。

以数据电文方式提出的,应当符合商标网上服务系统要求的数据格式。

(2)申请书首页内容包括:

申请商标/系争商标、注册号、类别、申请人名称和通信地址、是否委托商标代理机构,在委托商标代理机构的情况下,该商标代理机构的名称、联系方式等信息。是否需要提交补充证据材料需在首页勾选。申请人应当准确填写申请书首页所载的申请商标/系争商标名称、注册号、类别、商标局发文号、申请人名称、通信地址、组织机构代码证号等内容。

申请人是自然人的,应当在首页签字;申请人是法人或者其他组织的,应当在首页加盖章戳。申请人委托商标代理机构的,商标代理机构应当在首页加盖章戳。以数据电文方式提交申请的,以商标网上服务系统实时生成的经用户预览确认的首页信息为准。

2. 申请人的身份证明文件

当事人参与商标复审,应提交身份证明文件。自然人的身份证明文件包括但不限于身份证、护照。法人及其他组织的身份证明文件是指其依法成立的证明文件,包括但不限于营业执照、事业单位法人证书、社会团体法人登记证书、民办非企业单位登记证书、基金会法人登记证书、律师事务所执业许可证。外国人或外国企业还应提交与其身份证明文件对应的中文翻译件。

(五)明确的复审请求与法律依据、事实与理由

首页内容包括:复审请求与法律依据、事实与理由。

正文内容包括:商标复审申请应当有明确的复审请求,申请人应当罗列其复审请求所依据的商标法律条款,并详细陈述相应的事实与理由。

提交证据时应注意的问题:申请人应制作相应的证据目录,申请人或商标代理机构应当在证据目录上签字或盖章;应当对证据材料进行编码,且该编码与证据目录一致;如提交的是外文证据,应当对外文证据进行翻译;证据材料为正副本的,正副本应当一致,如不一致,应当在证据目录的正、副本中逐一备注说明。

（六）委托商标代理机构的：应当提交代理委托书

委托商标代理机构应注意以下问题：

1. 代理委托书应当注明委托事项和代理权限。外国人或者外国企业的代理委托书还应当载明委托人的国籍。申请人是自然人的，应当在代理委托书上签字；申请人是法人或者其他组织的，应当在代理委托书上加盖章戳。同一家商标代理机构不能在不予注册复审、撤销复审、无效宣告案件中同时代理双方当事人。

2. 代理权限发生变更、代理关系解除或者变更代理人的，应当及时书面告知商标局。

当事人变更或解除与商标代理机构的委托关系，需提交相应的变更代理材料或解除代理材料。经审查认为材料符合要求的，予以变更或解除代理关系。

当事人委托同一家商标代理机构但赋予该代理的权限发生变更的，应当提交变更代理权限的说明书及含有变更后代理事项或代理权限的商标代理委托书，并签字或盖章。当事人重新委托商标代理机构的，应当提交主体资格证明材料，与原商标代理机构解除委托关系的声明及新的代理委托书，并签字或盖章。当事人解除与商标代理机构的委托关系的，应当提交主体资格证明材料及解除委托关系的声明，并签字或盖章。

（七）补充有关证据材料

当事人需要在提出复审申请或者提交复审答辩后补充有关证据材料的，应当在申请书或答辩书中声明，并自提交申请书或答辩书之日起 3 个月内一次性提交；未在申请书或答辩书中声明或者期满未提交的，视为放弃补充证据材料。

（八）法定期限内缴纳复审费用

申请人或代理机构应自收到缴费通知书之日起 15 日内，向商标注册部门缴纳费用。期满未缴纳或者未缴足的，其申请不予受理。

商标复审申请需缴纳费用，按类别收取，每个类别费用为 750 元。对提交网上申请并接受电子发文的商标复审业务，按现行标准的 90% 收费。

三、复审文书的送达

（一）商标复审文书的送达方式

商标复审文书的送达方式共有三种，即邮寄、电子、公告。

商标局以中国邮政的挂号信完成邮寄送达，当事人应当按照邮政规定的方式签收查看。挂号信无人签收、无法送达产生退信后，进行公告送达。以数据电文方式送达的，当事人应当按照商标网上服务系统用户注册协议规定的方式注册、接收、查看。

申请人委托商标代理机构的，邮寄送达至该商标代理机构的备案地址，数据电文送达至该商标代理机构在商标网上服务系统上的账户。

（二）商标复审文书的送达对象

商标复审文书的送达对象是复审案件的申请人和被申请人。

1. 复审程序中产生的受理通知书、补正通知书、不予受理通知书、裁决定等需送达复审案件申请人。采用邮寄方式的，送达地址为申请书首页载明的通信地址。采用数据电文方式的，送达至商标网上服务系统上的用户账户。

2. 复审程序中产生的答辩通知书（提交意见通知书）、补正通知书、裁决定等需送达至复审案件被申请人。

若被申请人为该商标注册人，答辩通知邮寄至系争商标注册登记簿中的地址。若被申请人非该商标注册人，答辩通知邮寄至原审程序中的通信地址。

被申请人提交复审答辩材料：后续复审文书采用邮寄方式的，送达地址为答辩书载明的通信地址。采用数据电文方式的，送达至商标网上服务系统上的用户账户。

被申请人未提交答辩材料，后续复审文书的送达参照答辩通知的送达。

四、复审案件的期限

（一）期限的计算

《商标法》及其实施条例规定的各种期限开始的当日不计算在期限内。确定送达日后，该日的第二天为期限起算日，加上法定时限，即为期限的届满日。

期限以年或者月计算的，以期限最后一月的相应日为期限届满日；该月无相应日的，以该月最后一日为期限届满日；

期限届满日是节假日的，以节假日后的第一个工作日为期限届满日。

复审材料的递交日应当在期限届满日之前，最迟在届满日同一天。

（二）送达日

送达日，是指复审文书以及原审程序文书的送达时间。

以邮寄方式送达的,当事人应当提供送达证据。

以公告方式送达的,自公告发布之日起满30日视为送达。当事人在公告期间内领取的,实际领取之日为送达日。公告期满后领取的,仍以公告发布之日起满30日视为送达,当事人实际领取材料的时间不影响公告送达期间的计算。

以数据电文方式送达的,自文件发出之日起满15日视为送达。文件发出之日以商标注册部门网上服务系统载明的日期为准。

(三)递交日

递交日,是指当事人向商标注册部门提交复审材料的时间。

以邮寄方式提交的,以当事人寄出的邮戳日为准。以快递方式递交的,以快递企业收寄日为准。

当事人主张实际递交日与邮政挂号信邮戳、邮政邮路信息不一致的,可以提交县级以上邮政部门出具的加盖红色公章的证明,该证明应注明实际递交日期及邮政部门的联系人、联系电话等,由商标局审查核实后,确定实际递交日。

以数据电文方式提交的,以商标局收到商标数据电文申请文件的时间为准。当事人的数据电文材料未能被正常接收的,视为未提交。

五、复审案件的被申请人答辩时应注意的问题

复审案件的被申请人答辩时应注意:

1. 被申请人应当提交身份证明文件,身份证明文件与复审答辩通知书载明的被申请人名义一致。若被申请人名义与答辩通知载明的不一致,被申请人应当提交与其名义一致的身份证明文件并就其答辩动机作出说明。

2. 被申请人应当自收到答辩通知及申请书副本之日起30日内答辩。

3. 被申请人应当针对申请人的理由进行答辩,并声明是否提交补充材料。

4. 被申请人可以以纸件形式或电子形式提交书面答辩材料。书面答辩材料应当按照规定的格式和要求填写。以纸质方式答辩的,应当打字或者印刷。以数据电文方式答辩的,应当符合商标局网上申请系统要求的数据格式。答辩材料应当包括商标局发出的答辩通知书及相应的送达证明。被申请人委托商标代理机构进行答辩的,应当提交代理委托书。复审答辩时提交证据材料的,应制作相应的证据目录。

5. 原异议人参与不予注册复审案件,提交意见书的审查事项参照上述答辩审查事项。

第三节 重点复审理由的案例解析

法律设计复审程序,是为了给商标注册人一个救济的途径。因为每一件商标复审理由不一样,商标的使用情况不一样,所以,审理商标复审案件会尽可能考虑该案中的特殊情形,让审理结果符合实际情况。在商标确权过程中有可能经历多个行政审查程序,甚至经历司法程序,每个程序中的涉案要素有可能不同,即审理过程中可能会提交新的证据。每个审理程序依据不同的涉案要素可能会得出不同的结论,所以,当事人在商业活动中要尽量留存相关的证据,为将来可能产生的商标权争议做好准备工作。

本节对常见的商标驳回复审、撤销3年不使用复审和无效宣告案件进行归纳总结,将涉案要点一一列出,以便当事人在参与类似案件时参考。因不予注册复审案件已放在异议案例中一并予以分析,故本节不再列举相关案例。

典型案例2-4-1 中山市某某力天实业投资有限公司申请注册“秋凡”商标案

商评字(2021)第0000147535号

案件事实

申请人中山市某某力天实业投资有限公司申请注册第48201743号“秋凡”商标,商标局认为与引证商标第37598708号“秋帆”商标构成类似商品上的近似商标,驳回注册申请,不予注册。

申请人复审的主要理由:(1)申请商标与驳回决定中引证的第37598708号“秋帆”商标(以下称引证商标)在文字构成、呼叫发音等方面存在显著区别,未构成使用在同一种或类似商品上的近似商标。(2)申请商标经过宣传使用已具有一定知名度和显著性,足以与引证商标相区分。综上,申请商标应当予以初步审定。

驳回复审决定书认为

申请商标由汉字“秋凡”构成,其与引证商标“秋帆”在文字构成、呼叫、整体外观及视觉印象等方面相近,已构成近似商标。两商标指定使用在家具等同一种或类似商品上,易导致相关公众对商品来源产生混淆和误认。因此,申请商标与引证商标已构成使用在同一种或类似商品上的近似商标。本案无证据证明申请商标在指定使用商品上经过使用已具有一定知名度,进而足以与引证商标相区分。申请商标在复审商品上的注册申请予以驳回。

评析

认定申请商标与引证商标构成类似商品上的近似商标的前提条件是双方商标指定使用的商品构成类似商品;本案另一个焦点是双方商标是否构成近似,虽然构成要素中的汉字“凡”与“帆”不完全相同,但是双方商标在呼叫、整体外观及视觉印象等方面相近,所以双方商标已构成近似商标。

虽然申请人提出申请商标经过宣传使用已具有一定知名度和显著性,足以与引证商标相区分,但是申请人并未提交任何证据予以证明,所以商标复审部门未予以采信。

典型案例 2-4-2　江苏某某泰医药生物科技有限公司申请注册“BTMMED”商标案

商评字(2021)第 0000149729 号

案件事实

申请人江苏某某泰医药生物科技有限公司申请注册第 47964603 号“BTMMED”商标,商标局认为与引证商标第 26879852 号“BGMMED”商标构成类似服务项目上的近似商标,驳回注册申请,不予注册。

申请人复审的主要理由:申请商标与驳回决定中引证的第 26879852 号“BGMMED”商标(以下简称引证商标)在构成内容、整体外观、呼叫等方面存在差异,不构成近似商标。申请人列举与在先注册商标信息,根据审查一致性原则,申请商标也应核准注册。综上,申请人请求初步审定申请商标的注册申请。

驳回复审决定书认为

申请商标显著标识性字母“BTMMED”与引证商标显著标识性字母“BGMMED”在字母构成上仅个别字母不同,相关公众施以一般注意力不易区分,已构成近似标识。申请商标指定使用的“广告策划;为零售目的在通信媒体上展示商品;组织商业或广告展览及活动;样品散发;电视广告;为商品和服务的买卖双方提供在线市场;户外广告;广告宣传;医疗用品零售或批发服务;药用制剂零售或批发服务”复审服务与引证商标指定使用的“为零售目的在通讯媒体上展示商品;为商品和服务的买卖双方提供在线市场;特许经营的商业管理;药用、兽医用、卫生用制剂和医疗用品的零售或批发服务”等服务属于同一种或类似服务。若申请商标与引证商标在上述复审服务上共存,容易造成相关公众的混淆、误认。故申请商标与引证商标在上述复审服务上已构成使用在同一种或类似服务上的近似商标。

商标复审案件遵循个案审查原则,申请人所列举的在先商标注册情况与本案情形不同,不具可比性,不能成为本案申请商标获准注册的当然依据。

评析

申请商标与引证商标指定使用的服务项目属于同一种或类似服务;本案另一个焦点是双方商标是否构成近似,虽然构成要素中的英文字母“BTMMED”与“BGMMED”不完全相同,但是双方商标仅一个字母不同,在双方商标隔离状态下分别观察两商标的整体双方商标的整体外观及视觉印象等方面相近,所以双方商标已构成近似商标。

典型案例 2-4-3 成都某某泉贸易有限公司申请注册“心满意竹 HEART SATISFYING BAMBOO”商标案

商评字(2015)第 0000000476 号

案件事实

申请人成都某某泉贸易有限公司申请注册第 15063832 号“心满意竹 HEART SATISFYING BAMBOO”商标,商标局认为申请商标“心满意竹”是对成语“心满意足”的不规范使用,用作商标注册,易产生不良社会影响,以违反《商标法》第 10 条第 1 款第 8 项等规定为由驳回其注册申请。

驳回复审决定书认为

申请商标“心满意竹 HEART SATISFYING BAMBOO”中的“心满意竹”是对成语“心满意足”的不规范使用,作为商标使用在指定的浴巾等商品上,不仅扰乱规范汉语的使用秩序,且极易误导青少年对规范成语的认知,从而产生不良社会影响。申请商标已构成《商标法》第 10 条第 1 款第 8 项规定之情形,故对申请商标在复审商品上的注册申请予以驳回。

评析

《商标法》第10条第1款第8项规定,有害于社会主义道德风尚或者有其他不良影响的标志不得作为商标使用。其中,“其他不良影响”是指除了有害于社会主义道德风尚以外的情况,一般是指商标的文字、图形或者构成要素对我国政治、经济、文化、宗教、民族等社会公共利益和公共秩序产生消极的、负面的影响。具有其他不良影响应考虑社会背景、政治背景、历史背景、文化传统、民族风俗、宗教政治等因素,并应考虑商标的构成及其指定使用的商品和服务。因为本条是用于规范禁止使用的标志,故当事人基于善意注册、有效使用并获得知名度等情况,并不能成为该标志不具有“其他不良影响”的合法抗辩事由。对于将汉字或者常见词汇不规范使用,容易误导公众特别是未成年人认知的,一般认为构成了“其他不良影响”。商标注册申请人在设计商标时应注意避免这种设计思路,以免被驳回,影响其后续商业行为。

典型案例2-4-4　第6257372号“Cava”商标无效宣告案

商评字(2015)第0000097805号

案件事实

被申请人某某洋食品有限公司申请的第6257372号“Cava”商标于2010年1月21日获准注册,核定使用在第33类“酒(饮料)”等商品上。2015年4月21日,该商标被卡瓦管理委员会(本案申请人)提出无效宣告请求。申请人称:“CAVA”是一种产自西班牙特定产区的气泡酒的名称,属于酒类商品的通用名称,且易使消费者误认为核定使用来源于西班牙,故依据《商标法》第10条第1款第7项、第11条第1款第1项等规定,应撤销争议商标注册。被申请人在规定期限内未予答辩。

无效宣告裁定书认为

由于“CAVA”在多份刊物上记载,且市场上有菲斯奈特、伯爵绿等多个品牌的西班牙产起泡酒(CAVA)销售等情况可知,相关公众普遍认为“CAVA”能够指代西班牙产的气泡酒这一类商品,故可以认定“CAVA”为其通用名称。争议商标由外文“Cava”构成,核定使用在“酒(饮料)”等商品上,易使相关公众将其作为商品的通用名称来进行识别,缺乏商标应有的显著特征,已构成修改前《商标法》第11条第1款第1项所指情形。综上,无效宣告理由成立,裁定争议商标予以无效宣告。

评析

《商标法》第11条第1款第1项规定,仅有本商品的通用名称的标志不得作为商标注册。考虑到通用名称作为商标注册不具有显著性,从同业生产经营者利益出发,通用名称是不得作为商标注册的。判断争议商标是否为通用名称,应当审查其是否属于法定的或约定俗成的商品名称。如果在案证据可以证明争议商标在指定使用商品上已被同行业或相关公众较为广泛使用,相关公众普遍认为其能够指代一类商品,那么可以认定争议商标构成了约定俗成的通用名称。

典型案例2-4-5 第5323791号奥迪商标无效宣告案

商评字(2015)第0000047746号

案件事实

被申请人吴某生于2009年7月28日获准注册第5323791号“奥迪”商标(以下简称争议商标),核定使用在第19类“非金属门”等商品上。2014年6月27日,该商标被奥迪股份公司(本案申请人)提出无效宣告请求。申请人称:申请人的“奥迪”“AUDI”和图形商标为中国公众广泛熟知,已构成驰名商标。争议商标的注册和使用将损害申请人作为驰名商标所有人的合法权益,依据《商标法》第13条第3款等规定,请求对争议商标予以无效宣告。

被申请人答辩称:被申请人通过多种方式大量使用争议商标,“奥迪”木门等产品获得了一系列荣誉,在非金属门行业具有了很高的知名度及美誉度。同时,在争议商标申请日前,申请人的奥迪商标未构成驰名商标,申请人商标所指定使用的第12类“陆地运载器(汽车)”等商品与争议商标核定使用的“非金属门”等商品从商品的功能、用途、销售渠道、销售场所、消费对象等方面相距甚远,没有关联,双方商标并存不会导致消费者对商品的来源产生混淆误认。综上,双方商标并存不会导致消费者对商品来源产生混淆误认。

无效宣告裁定书认为

依据申请人提供的相关宣传及使用证据可以证明,申请人的国际注册第737443号“奥迪”商标(以下简称引证商标)在争议商标申请注册前,在机动车辆和零部件等商品上经过申请人长期、广泛的使用与宣传,已经在中国大陆具有了较高知名度及广泛影响力,为相关消费者所普遍知晓,达到了驰名商标的知名程度,根据《商标法》第14条的规定可以认定为驰名商标。本案中,争议商标与引证商标中文文字构成相同,仅字体有所不同,已构成对引证商标的复制。争议商标指定使用的非金属门等商品与引证商标核定使用的机动车辆和零部件等商品虽不属于同一种或类似商品,但鉴于引证商标具有较强的显著性和极高的知名度,若双方商标共存于市场,足以使相关公众认为争议商标与引证商标具有相当程度的联系,从而减弱引证商标的显著性。争议商标可能会不正当利用引证商标的市场声誉,进而误导公众,致使申请人的合法利益受到损害。因此,争议商标的注册已构成《商标法》第13条第3款所指的情形,无效宣告理由成立,对争议商标予以无效宣告。

评析

近年来,一些投机者试图借助驰名商标的声誉"打擦边球","傍名牌"的行为较为常见。由于相关公众已经在驰名商标与其使用的商品或服务之间建立了强烈的联系,若允许他人在其他类别的商品或服务上注册、使用与驰名商标相同或近似的商标,则会淡化、稀释这种联系,即破坏了该驰名商标的显著性,甚至会贬损驰名商标的声誉。在目前的复审和司法实践中,对于驰名商标的跨类保护已不限于混淆要求,而是有限引入了反淡化保护。足以使相关公众认为系争商标与驰名商标具有相当程度的联系,而减弱驰名商标的显著性、贬损驰名商标的市场声誉,或者不正当利用驰名商标的市场声誉的,属于《商标法》第13条第3款所指"误导公众,致使该驰名商标注册人的利益可能受到损害"的情形。

典型案例2-4-6 第11679374号"灵隐"商标无效宣告案

商评字(2015)第0000101202号

案件事实

被申请人石家庄某某科技有限公司于2014年4月7日获准注册第11679374号"灵隐"商标,核定使用在第43类住所(旅馆、供膳寄宿处)等服务上。2015年1月12日,杭州灵隐寺(本案申请人)对争议商标提出无效宣告申请。申请人称:"灵隐"是相关公众对申请人的简称,与申请人形成了唯一对应关系。除本案争议商标外,被申请人还抢注了大量知名商标或景点名称,从而获得不当利益，其注册行为扰乱正常社会秩序，违反了诚实信用原则。因此，依据《商标法》第44条第1款等规定，请求对争议商标予以无效宣告。

被申请人答辩称："灵隐"并非申请人独创，与申请人未形成对应关系，被申请人的注册行为并无恶意，请求维持争议商标的注册。

无效宣告裁定书认为

灵隐寺是浙江省杭州市一座历史悠久的佛教寺院，在佛教界享有较高知名度，普通公众一般易将"灵隐"视为该寺庙的简称。"灵隐"一词含义独特，具有较强的独创性，被申请人将"灵隐"二字作为商标进行注册和商业使用，容易使普通消费者误认为争议商标标示服务与申请人之间存有某种特定联系，有损灵隐寺的对外形象、声誉，伤害宗教感情。且除争议商标外，被申请人还在第6类、第16类、第25类、第30类、第35类、第42类等多个类别的商品或服务上申请注册了"苏堤春晓、南屏晚钟、雷峰夕照、断桥残雪、六巡江南、月上柳梢头、人约黄昏后、姚启圣"等上千件商标，多涉及景点名称、古诗古词等，考虑到灵隐寺的知名度以及被申请人对其申请注册大量商标的情况并无合理解释，可以认定被申请人的注册行为违反了诚实信用原则，不仅会导致相关消费者对商品或服务来源产生误认，更扰乱了正常的商标注册管理秩序，并有损于公平竞争的市场秩序，被申请人申请注册争议商标的行为已构成《商标法》第44条第1款规定的情形，故争议商标依法予以无效宣告。

评析

《商标法》第44条第1款中的"其他不正当手段"，是指属于欺骗手段以外的扰乱商标注册秩序、损害公共利益、不正当占用公共资源或者以其他方式牟取不正当利益的手段。商标复审实践和司法实践均认为，不以使用为目的，大量或多次抢注商标的行为应认定为扰乱商标注册秩序的行为，被申请人注册大量知名商标、名人姓名或景点名称等的行为，应适用《商标法》第44条第1款来进行规制。

典型案例2-4-7 第13196240号"黄鹤楼及图"商标无效宣告案

商评字(2016)第0000028173号

案件事实

被申请人晋江某某楼餐饮管理有限公司于2015年4月7日在第35类服务

上获准注册“黄鹤楼及图”商标。2015 年 7 月 10 日,该商标被武汉市黄鹤楼公园管理处(本案申请人)提出无效宣告请求。申请人称:申请人对“黄鹤楼 YELLOW CRANE TOWER 及图”美术作品享有在先著作权,争议商标的注册损害了申请人的在先著作权。请求依据《商标法》第 32 条等规定对争议商标予以无效宣告。被申请人在规定期限内未予答辩。

无效宣告裁定书认为

从申请人提交的黄鹤楼公园景区 VI 形象设计的项目合同书、发票、手册照片、著作权登记证书及该美术作品在《长江日报》上公开征集市民和游客意见等证据可知,申请人对图样为“黄鹤楼 YELLOW CRANE TOWER 及图”的黄鹤楼公园景区标志美术作品享有在先著作权,且该作品在争议商标申请注册日前已公开发表,被申请人应有接触该作品的可能性。同时,争议商标所包含的图形部分与申请人主张享有著作权的美术作品图形部分在设计手法、构图特征等方面基本相同,已构成实质性相似,而被申请人并未就其图形的设计提供合理出处。据此,争议商标的注册已构成《商标法》第 32 条所指的损害他人在先著作权的情形,故争议商标予以无效宣告。

评析

在先著作权与商标权冲突,是涉及《商标法》第 32 条所指在先权利的案件中比较常见的案件类型之一。未经著作权人的许可,将他人享有著作权的作品申请注册商标,应认定为侵害他人在先著作权的行为。该种情形的适用要件为:(1)在系争商标申请注册之前他人已在先享有著作权;(2)系争商标与他人在先享有著作权的作品相同或者实质性相似;(3)系争商标注册申请人接触过或者有可能接触到他人享有著作权的作品;(4)系争商标注册申请人未经著作权人的许可。

如果系争商标注册申请人可以提供其独立创作系争商标的证据,则不构成对他人在先著作权的侵犯。

在先享有著作权的事实可用下列证据材料加以证明:著作权登记证书,在先公开发表该作品的证据材料,在先创作完成该作品的证据材料,在先通过继承、转让等方式取得著作权的证据材料等。对生效裁判文书中确认的当事人在先享有著作权的事实,在没有充分相反证据的情况下,可以予以认可。

典型案例2-4-8 第11033155号“屠呦呦”商标无效宣告案

商评字(2016)第0000099101号

案件事实

被申请人宿州市某某眼镜有限公司于2014年4月7日在第9类商品上获准注册第11033155号“屠呦呦”商标。2016年4月20日，该商标被屠呦呦(本案申请人)提出无效宣告请求。申请人称：申请人姓名具有很强的独创性，其在世界范围内已经具有很高的知名度，是广为知晓的公众人物。被申请人未经申请人允许，擅自将申请人姓名“屠呦呦”申请注册为争议商标，侵害了申请人的在先姓名权。依据《商标法》第32条等规定，请求对争议商标予以无效宣告。被申请人在规定期限内未予答辩。

无效宣告裁定书认为

申请人“屠呦呦”为药学家，在争议商标申请日之前，经过广泛宣传报道，其已在中国相关公众中具有一定知名度，争议商标与申请人已形成了特定联系。被申请人在未经申请人授权的情况下，以自己的名义将与申请人姓名完全相同的文字“屠呦呦”作为争议商标进行注册，有可能使相关公众认为该商标指定使用的“眼镜”等商品来源于申请人，或源于申请人授权的其他主体，故争议商标的注册已构成对申请人姓名的冒用，损害了申请人的姓名权，违反了《商标法》第32条所指的“不得损害他人现有的在先权利”之规定，故争议商标应予以无效宣告。

评析

《商标法》第32条规定，申请商标注册不得损害他人现有的在先权利。其中“在先权利”是指在系争商标申请注册日之前已经取得的，除商标权以外的其他权利，包括姓名权、著作权、外观设计专利权等。而损害他人姓名权的适用要件有两个：一是在相关公众的认知中，系争商标文字指向该姓名权人；二是系争商标的注册给他人姓名权可能造成损害。在具体审理实践中，未经许可使用公众人物的姓名申请注册商标的，或者明知为他人的姓名，却基于损害他人利益的目的申请注册商标的，应当认定为对他人姓名权的损害。

姓名权是公民依法享有的决定、使用、变更自己的姓名并要求他人尊重自己姓名的一种人格权利。姓名权保护的客体是权利人的姓名。姓名并不限于公民在户籍机关正式登记的本名。笔名、网名等可以作为姓名权保护的客体。

典型案例2-4-9　第12818301号“嘉宇斯世家”商标无效宣告案

商评字(2016)第0000098745号

案件事实

被申请人上海某鞋业有限公司于2014年10月28日在第9类商品上获准注册第12818301号“嘉宇斯世家”商标。2016年3月14日,该商标被南通市嘉宇斯纺织集团有限公司(本案申请人)提出无效宣告请求。申请人称:争议商标“嘉宇斯”是申请人的企业字号,在家纺行业中已具有一定的知名度。争议商标的注册损害了申请人在先商号权,请求依据《商标法》第32条等规定对争议商标予以无效宣告。被申请人在规定期限内未予答辩。

无效宣告裁定书认为

申请人提交了营业执照、《布艺世界》杂志刊登的广告、《中国画报》对申请人家纺进行的报道,并于2009~2011年在河南、河北、山东、黑龙江、安徽等省开设加盟店,申请人被评为2010年度江苏省质量信用等级A级企业,其在纺织服装商品上的“JIAYUSI”品牌获得2011~2013年度江苏省重点培育和发展的国际知名品牌。综合考虑申请人向我委提交的在案证据,可以认定申请人于2003年6月登记成立,其“嘉宇斯”商号于争议商标申请日前在家用纺织品相关行业已具有较高的知名度。被申请人作为与申请人相邻地区的相关行业经营者,对申请人在先使用商号理应知晓。故被申请人在“纺织品毛巾”等商品上注册使用与申请人“嘉宇斯”商号构成近似的争议商标,容易导致相关公众产生混淆,损害了申请人的在先商号权。据此,争议商标的注册已构成《商标法》第32条所指的“损害他人在先商号权”之情形,故争议商标予以无效宣告。

评析

对于字号而言,只有其在先登记、使用并具有一定知名度,且他人将与该字号相同或者近似的文字申请注册为商标,容易导致中国相关公众混淆,致使在先字号权人的利益可能受到损害的情况下,才应当予以保护。对在先字号权的保护原则上应当以与字号权人实际经营的商品/服务相同或者类似的商品/服务为限,但在个案中应根据在先字号的独创性、知名度,以及双方商品/服务的关联程度,具体确定该在先字号的保护范围。

考虑到现代企业多元化经营发展的社会现实，一些实力较强的企业往往跨领域、跨行业经营，若在先字号知名度较强、系争商标与在先字号高度近似且其申请人主观恶意明显，则对在先字号权的保护可适当扩大范围至关联性较强、易使相关公众产生混淆进而损害字号权人利益的商品或服务。

典型案例2-4-10　第9369681号“ARTE COLL及图”商标撤销复审案

商评字(2017)第0000044012号

案件事实

广州某某芙化妆品有限公司(以下称被申请人)的第9369681号“ARTE COLL及图”商标(以下简称复审商标)于2012年5月7日获准注册，指定使用在第3类“洗发液、化妆品”等商品上。爱贝芙医疗投资有限公司(申请人)于2015年6月23日以复审商标连续3年停止使用为由向商标局提出撤销申请，商标局于2016年4月26日作出维持复审商标注册的决定。申请人不服商标局的决定，于2016年5月23日向商标复审委员会提出撤销复审申请。

撤销复审决定书认为

被申请人虽提交了同广州市白云区绿诗草化妆品厂签订的合作协议、与太原太初商贸有限公司签订的产品购销合同及销售单、与广州雅迪印业有限公司签订的印刷合同、与广州市白云区三元里澳利大胶袋经营部签订的印刷合同，以及广州市白云区绿诗草化妆品厂出具的发票、13张销售发票等证据，但仅可证明复审商标一直使用在“面膜”商品上，而非本案复审商标所核定使用的“化妆品”等商品。被申请人提供的产品照片、宣传单、被申请人与广州某某睿信息技术有限公司签订的微信三网合一平台搭建合同均未体现时间信息。微信公众号信息、微信截图、一号店信息、产品检验报告在无其他证据予以佐证的情形下，不能单独作为复审商标的使用证据予以采信。因此，上述证据均不能证明被申请人在复审期间内将复审商标使用在“化妆品”等复审商品上。复审商标应予撤销注册。

评析

根据《商标法》第49条第2款的规定，注册商标没有正当理由连续3年不使用的，任何单位或者个人可以向商标局申请撤销该注册商标。依据《商标法》第56条的规定，商标注册人应当在核定使用的商品上使用注册商标。商标注册人在核定使用的商品上使用注册商标的,在与该商品相类似的商品上的注册可予以维持。商标注册人在核定使用商品之外的类似商品上使用其注册商标,不能视为对其注册商标的使用。本案中,被申请人实际使用的“面膜”商品虽与复审商标核定使用的“化妆品、口红、指甲油”商品属于类似商品,但该“面膜”商品并非复审商标所核定使用的商品,故商标复审委员会认定复审商标未在“化妆品、口红、指甲油”等商品上进行有效的商业使用。

典型案例2-4-11　第8815851号“DISCOVERUW MEN'S UNDERWEAR及图”商标撤销复审案

商评字(2017)第0000037692号

案件事实

北京某某九州科技有限公司(本案被申请人)以无正当理由连续3年不使用为由,于2015年12月15日对福莱服饰有限公司(本案申请人)注册的第8815851号“DISCOVERUW MEN'S UNDERWEAR及图”商标(以下简称复审商标)向商标局提出撤销申请,请求撤销复审商标在第25类“内衣、防汗内衣、内裤、鞋、帽、袜”等全部核定商品上的注册。商标局经审查认为申请人提供的商标使用证据无效,复审商标予以撤销。申请人不服,依法向商标复审委员会提出复审。

撤销复审决定书认为

复审商标被许可使用人温州探索进出口有限公司于2012年12月15日至2015年12月14日对复审商标于中国在“男士内裤”商品上已实际投入生产经营(证据5显示,温州探索进出口有限公司委托中山市小榄镇新浪潮时装厂在指定期间内生产复审商标品牌男士内裤,其中的发票证据可以印证合同的实际履行,结合考虑申请人所提交证据6的产品价格表及产品实物照片等,该组证据已可形成完整的证据链证明温州探索进出口有限公司被授权公司在指定期间内已经对复审商标品牌男士内裤产品进行了实际生产),虽然该行为系贴牌加工,商品未在中国大陆市场流通,但是企业的实际生产经营行为发生在中国大陆,这种行为实质上是在积极使用商标,符合《商标法》旨在鼓励和促使商标权人使用商标,避免商标资源闲置、浪费,保障商标制度良好运转的立法目的。故对复审商标在与“男士内裤”相同或类似的“内衣、防汗内衣、内裤”商品上的注册予以维持,在其余商品上的注册予以撤销。

评析

本案的关键问题是贴牌加工的生产行为是否属于《商标法》所称商标的“使用”。商标复审部门认为,注册商标连续3年停止使用撤销制度的立法目的旨在鼓励和促使商标权人使用商标,避免商标资源闲置和浪费。虽然贴牌加工的商品并未在中国大陆市场流通,但是商品的生产加工行为发生在中国大陆,生产者将商标附着于商品的行为具有使之区分商品来源的真实意图,这种行为本身是对商标进行积极使用的体现,对这种行为持鼓励态度符合《商标法》立法目的。若不认定贴牌加工使用行为的效力而撤销商标注册,则易使生产者的正常经营活动因对外贸易、海关政策而受阻,不利于企业生产秩序的运行和延续,也不利于商标注册制度的有序运转。故本案中,商标复审部门认为申请人提交的使用证据有效,复审商标在相应商品及类似商品上予以维持注册。

第三编

PART 3

我国商标权的保护

第一章　商标权的民事保护

第一节　商标权的保护范围

《商标法》第56条规定:注册商标的专用权,以核准注册的商标和核定使用的商品为限。核准注册的商标和核定使用的商品,是确定注册商标专用权保护范围的两个具体标准。从广义上来说,商标权的保护范围还包括商标权保护的时间范围和地域范围。

一、以核准注册的商标为限

"核准注册的商标",是指登记在商标注册簿上的商标,即商标局注册在案的组成商标的文字、图形、字母、数字、三维标志、颜色组合和声音,以及上述要素的组合。商标注册,是指商标使用人为了取得商标专用权,向商标行政主管机关提出申请,商标行政主管机关经过审核登记备案的制度。对申请人而言,申请主体和申请文件有具体要求。申请主体必须符合《商标法》第4条的规定:(1)商标注册申请人必须是自然人、法人或者其他组织;(2)申请人从事生产经营活动。递交商标局审查的申请文件包括《商标注册申请书》、商品图样、相关证明文件,如申请人主体资格证明文件复印件1份、《商标代理委托书》、经办人身份证明复印件。

二、以核定使用的商品为限

"核定使用的商品",是指注册时核准使用的指定商品类别中的具体商品。首先,是经过"使用"该商标的商品或服务。如果选定的商标未经使用,那么纳入商标权的保护范围没有实际意义,理由是:第一,该商标不具备识别商品或服务来源的功能;第二,经营者也无法利用商标建立起自己的商业信誉。[①] 其次,必须是核定使用的“商品”。商标的本质功能在于识别商品或服务来源。消费者能通过商标识别出特定商品或服务提供者,实现“认牌购物”,避免对商品或服务来源产生混淆。[②] 如果他人未经许可在同一种商品上使用与注册商标相同的商标,一般情况下会导致相关公众误认为该商品来源于商标注册人,因此构成商标侵权。

商标权人必须按照商标注册证上登载的商标信息规范使用其注册商标,不能随意拆分商标、改变注册商标。所谓自行改变注册商标,是指商标注册人或者被许可使用人,在实际使用注册商标时,擅自改变商标的文字、图形、字母、数字、立体形状、颜色组合、声音等,导致原注册商标的主要部分和显著特征发生变化。改变后的标志与原注册商标相比,容易被认为不具有同一性,不能受到商标权的保护。例如,在下列图示标志中,商标局认为只有“采乐”字样的使用构成注册商标的改变。

对于商标权的注册人名义、地址或者其他注册事项进行变更,应当严格遵守商标权变更手续,提交变更申请书,由商标局进行核准,发给商标注册人相应证明,予以公告。不予核准的,应当书面通知申请人并说明理由。变更注册商标的人名义或者地址的,商标注册人应当将其全部注册商标一并变更,未进行一并变更的,由商标局通知其限期改正。期满未予改正的视为放弃变更申请,商标局应当书面通知申请人。

三、时间范围

根据《商标法》第 39 条和第 40 条的规定,注册商标的有效期为 10 年,自核

---

① 王迁:《知识产权法教程》,中国人民大学出版社 2016 年版,第 11 ~ 90 页。

② 刘春田主编:《知识产权法》,高等教育出版社 2019 年版,第 100 ~ 236 页。

准注册之日起算。注册商标有效期满,继续需要使用的,应当在期满前12个月内办理续展手续;在此期间未能办理的,可以予以6个月的宽展期。

《商标法》第49条第2款规定,注册商标没有正当理由连续3年不使用将产生商标权被撤销的后果。3年的计算方式为自撤销申请之日起向前推算3年。商标注册人应当承担对系争商标不存在连续3年停止使用情形的举证责任。北京市高级人民法院《关于审理商标民事纠纷案件若干问题的解答》在第4个问题中回答道,仅实施转让注册商标的行为没有发挥商标的区分不同商品来源的功能,不属于商标使用行为。

四、地域范围

商标权具有严格的地域性,在某单个国家取得的商标权利只能在该国内部获得保护,非注册国没有保护的义务。在我国注册的商标要在其他国家获得商标专用权并受到法律保护,就必须分别在这些国家进行注册。因此,在我国,如果是用于出口商品的商标,无论是否在本国取得注册,首先应该及早地将商标在商品的销售国或地区申请注册。

典型案例3-1-1　顺耐有限公司与天津世纪华仁汽车用品有限公司商标侵权纠纷案

(2017)津02民初624号

案件事实

原告顺耐公司享有"SO－NAX"注册商标专用权,其核定使用的商品为"汽车保养用品;洗涤用品清洁及保蜡用液体和糊状的产品;上光蜡;香波;清洗车辆设备用洗涤物南蒸汽喷射器械及高压清洁器具用清母及准备清洗用液体及粉状物质;不清洗车辆设备的水容易洗出的物质;挡风玻璃窗清洗设备用去锈及退锈用添加剂及制品;有沥青用制品;清洗塑料材料用制品;清洗玻璃用制品;马达清洁及保养用制品"。

被告名达华仁中心经营范围包括汽车装饰品、汽车配件、汽车装俱批发兼零售;汽车修理与维护。被告世纪华仁公司经营范围包括汽车配件、汽车装俱、建筑材料、五金交电、办公设备、文具用品、化工、日用品批发兼零售等。被告SONAX北京公司经营范围为汽车配件、汽车用品、电子产品、日用品的批发;汽车装饰等。

三位被告世纪华仁公司、SONAX北京公司、名达华仁中心认为，其在金属亮光剂、轮胎上光、汽车用蜡、雨刷精等汽车保养用品上使用涉案商标，权利源于SONAX北京公司在众多商品和服务类别上注册的“SONAX及卡通人头”“索奈克斯”“索奈克斯SONAX”以及“索奈克斯SONAX及卡通人头”商标，并认为该使用行为并不构成侵权。但SONAX北京公司的注册商标均由“卡通人头”或“索奈克斯”与英文“SONAX”组合而构成，而三被告在被控侵权商品上使用商标时，对SONAX北京公司的注册商标进行了拆分，仅仅使用与被控侵权商标相同的“SONAX”标识，这一使用行为改变了原有商标的显著特征，超出了法律赋予的注册商标专用权的权利边界。另外，三被告在被告SONAX北京公司备案的域名www.sonax-china.com网站上、经营的门店门头、店内装饰、企业和产品宣传册中使用“SONAX”标识的同时标注德国品质、德国国旗并推广销售汽车养护用品。

法院裁判

1. 被告世纪华仁公司、SONAX北京公司、名达华仁中心于本判决生效之日起，立即停止制造、销售侵害原告顺耐有限责任公司“SONAX”注册商标商品的行为；

2. 被告SONAX北京公司于本判决生效之日起15日内变更含有“SONAX”的企业名称和域名；

3. 被告世纪华仁公司、SONAX北京公司、名达华仁中心于本判决生效之日起立即停止造成消费者误认的虚假宣传行为；

4. 被告世纪华仁公司、SONAX北京公司、名达华仁中心于本判决生效之日起10日内共同赔偿原告顺耐公司经济损失及为制止侵权行为支付的合理开支共计人民币55万元；

5. 驳回原告顺耐公司其他诉讼请求。

宣判后，当事人没有上诉，一审判决已经生效。

评析

我国《商标法》第56条规定：“注册商标的专用权，以核准注册的商标和核定使用的商品为限。”商标权人的专有使用权的权利范围十分明确，仅限于在核定使用的商品上使用核准注册的商标。商标权人必须严格按照商标注册证上登载的商标信息规范使用其注册商标,不能超越权利边界。根据最高人民法院《关于审理商标授权确权行政案件若干问题的规定》第 26 条第 2 款的规定,商标使用行为可以合理限度内对注册商标进行细微的、未改变其显著特征的使用行为。但并不意味着商标使用人可以自行变动注册商标。本案中,随意组合使用商标,或对商标进行拆分,单独使用注册商标中的某一标识,则超出了法律赋予的权利范围,不应受到《商标法》的保护,构成对他人商标侵权的,应承担相应的法律责任。

第二节　商标侵权行为的认定

一、商标侵权行为的含义和特点

商标侵权行为,是指未经商标所有人同意,擅自使用与注册商标相同或近似的标志,或者妨碍商标所有人使用注册商标,并可能造成消费者产生混淆的行为。

根据一般侵权行为的构成要件,认定侵权行为必须具备以下要件:(1)行为具有违法性;(2)存在损害事实;(3)侵权行为和损害事实之间存在因果关系;(4)侵权行为人主观上有过错。商标侵权行为也符合一般侵权行为的构成要件,但在“损害事实”和“因果关系”方面存在区别。根据《商标法》第 65 条的规定,“商标注册人或者利害关系人有证据证明他人正在实施或者即将实施侵犯其注册商标专用权的行为,如不及时制止将会使其合法权益受到难以弥补的损害的,可以依法在起诉前向人民法院申请采取责令停止有关行为和财产保全的措施”。商标权人可以申请“诉前禁令”,即在尚无损害事实发生的情况下,禁止即将发生的侵害商标权的行为,故损害事实不再是所有商标侵权行为必备的构成要件。针对即将发生的侵害商标权的行为,由于损害事实不是必备构成要件,故因果关系也不是商标侵权行为构成的必备要件。

二、商标侵权行为认定的法律依据

认定某一行为构成商标侵权行为所适用的法律依据,主要涉及《商标法》第

57 条、《商标法实施条例》第 75 ~ 76 条以及最高人民法院《关于审理商标民事纠纷案件适用法律若干问题的解释》第 1 条。《商标法》第 57 条明确列出了以下 6 种商标侵权行为：

1. 未经商标注册人的许可，在同一种商品上使用与其注册商标相同的商标的行为。这种行为是比较典型的侵犯注册商标专用权的行为，也就是通常所说的"假冒"行为。根据《商标侵权判断标准》第 22 条第 1 款、第 23 条第 1 款的规定，在同一种商品或服务上，"自行改变注册商标或者将多件注册商标组合使用"或"突出使用企业名称中的字号"与他人注册商标相同的，也属于"假冒"行为。

2. 未经商标注册人的许可，在同一种商品上使用与其注册商标近似的商标，或者在类似商品上使用与其注册商标相同或者近似的商标，容易导致混淆的行为。根据《商标法实施条例》第 76 条的规定，"作为商品名称或商品装潢使用，误导公众的"属第 2 项的范畴。根据《商标侵权判断标准》第 22 条第 2 款、第 23 条第 2 款、第 24 条第 1 款的规定，在同一种或类似商品或服务上，"自行改变注册商标或者将多件注册商标组合使用""突出使用企业名称中的字号""以攀附为目的着颜色"与他人商标近似、容易导致混淆的，也属于第 2 项的范畴。

3. 销售侵犯注册商标专用权的商品的行为。这是一种较为常见的商标侵权行为，通常发生在流通环节。根据《商标侵权判断标准》第 25 条、第 26 条的规定，包工包料的承揽人使用商标侵权的商品、经营者销售商品时附赠商标侵权的商品，都属于第 3 项范畴。

4. 伪造、擅自制造他人注册商标标识或者销售伪造、擅自制造的注册商标标识的行为。这属于间接侵权。"伪造"，是指没有经过他人同意或者许可，模仿他人注册商标的图样或者实物，制作出与他人注册商标标识相同的商标标识。"擅自制造"，是指没有经过他人同意或者许可，制作他人注册商标标识。"销售伪造、擅自制造"的注册商标标识的行为，是指采用零售、批发、内部销售等方式，出售伪造或者擅自制造的他人注册商标标识。这类行为直接侵犯了商标注册人的商标专用权。

5. 未经商标注册人同意，更换其注册商标并将该更换商标的商品又投入市场的行为。这类行为又称为"反向假冒"，即在商品销售活动中，消除商品上的他人商标,然后换上自己的商标,冒充自己的商品进行销售。

6. 故意为侵犯他人商标专用权行为提供便利条件,帮助他人实施侵犯商标专用权行为的。这是 2013 年《商标法》修改时新增的一项,属于间接侵权。根据《商标法实施条例》第 75 条的规定,“提供便利条件”是指提供仓储、运输、邮寄、印制、隐匿、经营场所、网络商品交易平台的条件,从而帮助他人完成实施侵犯商标专用权的行为。根据《商标侵权判断标准》第 30 条的规定,市场主办方、展会主办方、柜台出租人、电子商务平台等经营者负有制止商标侵权行为的义务,如果明知商标侵权行为存在而不采取必要措施制止,也属于提供便利条件、帮助商标侵权的行为。

此外,《商标法》第 57 条第 7 项“给他人的注册商标专用权造成其他损害的行为”,是一项兜底性规定,是指上述 6 类行为以外的其他侵犯注册商标专用权的行为。根据《商标侵权判断标准》第 31 条的规定,在电子商务领域,域名与他人注册商标相同或近似,容易导致误认的,属于第 7 项兜底条款的范畴。

三、商标侵权行为的主要类型

根据《商标法》第 57 条的规定,商标侵权行为可以分为以下几种类型[①]:

(一)使用侵权

根据《商标法》第 57 条第 1 ~ 2 项的规定,使用侵权是指未经商标注册人的许可,在同一种或者类似的商品或服务上使用与注册商标相同或近似的商标。使用侵权行为分为四种情形:(1)在同一种商品上使用相同商标;(2)在同一种商品上使用近似商标;(3)在类似商品上使用相同商标;(4)在类似商品上使用近似商标。第一种行为与被使用商标的注册内容完全相同,构成假冒注册商标行为,是一种最为严重的商标侵权行为。

(二)销售侵权

根据《商标法》第 57 条第 3 项的规定,销售侵权是销售侵犯注册商标专用权的商品。一般是商品经销商为了谋取利益在商品流通环节所实施的、损害商标识别功能的行为。换言之,如果经销商的销售行为与商标无关,则不可能导致商标所标识的商品来源产生混淆并被认定为侵权。另外,销售明知是假冒注

---

① 刘春田主编:《知识产权法》,高等教育出版社 2019 年版,第 120 ~ 240 页。

册商标的商品,在符合法律规定的情形下,还可能构成“销售假冒注册商标的商品罪”。

(三)标识侵权

根据《商标法》第57条第4项的规定,标识侵权,是指伪造、擅自制造他人注册商标标识或者销售伪造、擅自制造的他人注册商标标识。行为人一般为从事商标印刷的企业和个体工商户,其实施的行为专为制假售假提供条件。具体包括三种情况:(1)未经商标权人授权和委托而制造其商标标识;(2)虽有商标权人的授权或委托,但超出授权或委托的范围,制造其注册商标标识;(3)销售他人注册商标标识。

(四)更换商标

根据《商标法》第57条第5项的规定,更换商标,是指未经商标注册人同意,将其注册商标撤下后换上自己或第三人的商标,并将该更换商标的商品又投入市场的行为。更换商标又称“反向假冒”“产品替代”。使用侵权、销售侵权和标识侵权均属复制他人注册商标并用于自己的产品、服务或广告中;更换商标则恰恰相反,未经权利人同意,在商品流通过程中抛下原商标换上自己或他人的商标。

认定反向假冒侵权行为应当注意的是:第一,行为人未经商标所有人同意而擅自更换商标。应予排除的是自愿为他人提供产品的情况。第二,发生时间应是商品流通过程中,尚未到达消费者。如果带有原商标的商品已经到达消费者手中,商标已实现其目的,商标权亦即告终。

多年前发生在北京的“枫叶”诉“鳄鱼”就是一起典型的反向假冒纠纷案。“鳄鱼”服装的经销商购进的北京服装厂制作的“枫叶”牌服装,撕去“枫叶”商标标识,更换上“鳄鱼”商标,再行加价出售。北京服装厂因此起诉了“鳄鱼”服装经销商。这种更换商标的行为是对商标权的侵害。

(五)提供便利、帮助侵权

根据《商标法》第57条第6项的规定,行为人为商标侵权行为提供便利,帮助他人实施商标侵权行为,属于间接侵权,与他人构成共同侵权,应承担共同侵权的法律责任。

(六)其他侵权行为

根据《商标法》第57条第7项以及相关行政法规、司法解释,主要包括:第一,将企业名称作为商标使用。将与他人注册商标相同或者相近似的文字作为企业的字号在相同或者类似商品上突出使用,容易使相关公众产生误认的。[①] 第二,淡化驰名商标。复制、摹仿、翻译他人注册的驰名商标或其主要部分在不相同或者不相类似商品上作为商标使用,误导公众,致使该驰名商标注册人的利益可能受到损害的。[②] 第三,域名侵权。将与他人注册商标相同或者相近似的文字注册为域名,并且通过该域名进行相关商品交易的电子商务,容易使相关公众产生误认的。[③]

典型案例3-1-2 王某芳诉泰山石膏股份有限公司等侵害商标权及不正当竞争纠纷案

(2014)民申字第543号

案件事实

本案原告泰山石膏公司是第1063238号"泰山及图"商标的权利人。河津市泰山纸面石膏板厂系由王某芳作为唯一投资人的个人独资企业,"泰山仙子"商标由王某芳于2006年5月31日向商标局提出注册申请,申请号为5387887,指定使用商品为第19类"石膏、熟石膏、石膏板、非金属砖瓦、石棉水泥瓦、非金属屋顶覆盖物、非金属板条、非金属天花板、镁氧水泥"。该商标经初步审定公告后,在法定异议期内,泰山石膏公司向商标局提出商标异议申请。商标局于2011年6月15日作出(2011)商标异字第16884号异议裁定,认定异议理由不成立,"泰山仙子"商标予以核准注册。泰山石膏公司不服该裁定,向商标复审委员会提出复审请求。2013年3月4日,商标复审委员会作出(2013)第6072号商标异议复审裁定书,认定"泰山仙子"商标与第1063238号"泰山及图"等引证商标构成类似商品上的近似商标,"泰山仙子"商标不予核准注册。

法院裁判

王某芳不服该裁定,向北京市第一中级人民法院提起诉讼。王某芳不服一审判决,向北京市高级人民法院提起上诉。北京市高级人民法院维持一审原判,认为"泰山仙子"商标与三引证商标均包含"泰山"文字,虽然"泰山"系知名

---

① 最高人民法院《关于审理商标民事纠纷案件适用法律若干问题的解释》第1条第1项。
② 最高人民法院《关于审理商标民事纠纷案件适用法律若干问题的解释》第1条第2项。
③ 最高人民法院《关于审理商标民事纠纷案件适用法律若干问题的解释》第1条第3项。

山脉名称和固有词汇,但在案证据能够表明,经过泰山石膏公司的长期使用和宣传,包含文字“泰山”的引证商标在石膏板等商品上已经与泰山石膏公司建立了较为紧密的联系,并形成了一定的知名度,“泰山仙子”商标使用在石膏、石膏板等相同或类似商品上,容易使相关公众误认为其与引证商标为系列商标或存在某种特定联系,从而对产品来源产生误认。一审法院认定“泰山仙子”商标与引证商标构成使用在同一种或类似商品上的近似商标是恰当的。

再审法院最高人民法院认为,本案的争议焦点问题是:第一,王某芳在其生产、销售的商品上使用“泰山仙子”标识的行为,是否构成对泰山石膏公司商标专用权的侵犯;第二,王某芳在其企业名称中使用“泰山”作为字号的行为,是否构成对泰山石膏公司的不正当竞争行为。针对争议焦点二,最高人民法院认为,在泰山石膏公司已经通过实际使用行为使“泰山及图”商标及“泰山”文字具有了较高知名度和较强指代性的情况下,河津市泰山纸面石膏板厂将“泰山”作为企业名称中的字号进行注册和使用,客观上会造成通过攀附泰山石膏公司的商品声誉而谋取竞争优势的结果,违反了诚实信用原则和公认的商业道德,构成不正当竞争行为。一审、二审法院对此认定正确,法院予以支持。

评析

企业名称应予以法律保护,若将他人注册商标作为企业名称注册,客观上容易使他人认为该企业与注册商标权利人有所关联的,则可能构成不正当竞争行为。

典型案例 3-1-3 贵阳南明老干妈风味食品有限责任公司诉贵州永红食品有限公司商标侵权及不正当竞争纠纷案

(2017)京民终 28 号

案件事实

北京欧尚公司销售了贵州永红公司生产的牛肉棒商品(以下简称涉案商品),该商品包装正面上部标有贵州永红公司所拥有的“牛头牌及图”商标,中部印有“老干妈味”字样,包装背面标有涉案商品品名为“老干妈味牛肉棒”。贵阳老干妈公司主张该公司注册在第 30 类“豆豉、辣椒酱(调味)、炸辣椒油”等商品上的第 2021191 号“老干妈”商标(以下简称涉案商标)为驰名商标,贵州永红公司在涉案商品上使用涉案商标的行为损害了贵阳老干妈公司的注册商标专用权并构成不正当竞争,北京欧尚公司的销售行为亦构成侵权。

法院裁判

一审法院认为,“老干妈”商标应当被认定为驰名商标。贵州永红公司将涉案商标作为涉案商品的系列名称,会使消费者误以为涉案商品与贵阳老干妈公司具有某种联系,进而减弱涉案商标的显著性。贵阳老干妈公司和贵州永红公司不具有市场竞争关系,不能适用《反不正当竞争法》的相关规定,贵州永红公司的涉案行为未构成不正当竞争行为。故判决贵州永红公司立即停止在其生产、销售的牛肉棒商品上使用“老干妈味”字样,北京欧尚公司停止销售上述印有“老干妈味”字样的牛肉棒;贵州永红公司赔偿贵阳老干妈公司经济损失及合理支出共计426,500元。

贵州永红公司不服一审判决,提起上诉。二审法院认为,贵州永红公司将“老干妈”作为涉案商品的口味名称,并标注于涉案商品包装正面,属于对涉案商标的复制、摹仿,其能够起到识别商品来源的作用。贵州永红公司在涉案商品包装正面使用“老干妈”字样,并将“老干妈味”作为与“原味”“麻辣”等并列的口味名称的行为,足以使相关公众在看到涉案商品时直接联想到涉案商标,进而破坏该商标与贵阳老干妈公司所生产的豆豉、辣椒酱(调味)、炸辣椒油商品之间的密切联系和对应关系,减弱该商标作为驰名商标的显著性,并不正当利用了驰名商标的市场声誉,构成《商标法》第13条第3款所指“误导公众,致使该驰名商标注册人的利益可能受到损害的”的情形。故判决驳回上诉,维持原判。

评析

经营者在其商品包装显著位置上将他人驰名商标作为描述商品特征的名称使用,即使用了驰名商标核定使用的商品作为原料,如果该驰名商标核定使用商品并未成为行业常用原料、该驰名商标并未成为行业常用商品特征名称,则对驰名商标的上述使用方式不具备正当性;且该使用行为会弱化该驰名商标告知消费者特定商品来源的能力,从而减弱驰名商标的显著性,构成《商标法》第13条第3款所指的损害驰名商标注册人正当权益的情形。

第三节 商标侵权行为的主要抗辩

一、合理使用

对于非商业性的使用他人注册商标,是一种合理使用。对于在商业活动中以善意合理的方式对他人注册商标进行叙述性或者指示性使用的,不视为商标侵权行为,构成商标的合理使用。合理使用主要包括两种,即叙述性使用和指示性使用。

叙述性的使用又称为法定合理使用,是指基于法律的明文规定按照法律规定的条件使用他人商标的权利。叙述性使用源于这些说明性词汇本身不具有显著性特征,是一种公有财产,是在原始意义或者"第一含义"上的使用,这种使用并不会导致消费者在商品来源上发生混淆。根据《商标法》第 59 条第 1 ~ 2 款的规定,注册商标中含有的本商品的通用名称、图形、型号,或者直接表示商品的质量、主要原料、功能、用途、重量、数量及其他特点,或者含有的地名,注册商标专用权人无权禁止他人正当使用。三维标志注册商标中含有的商品自身的性质产生的形状、为获得技术效果而需有的商品形状或者使商品具有实质性价值的形状,注册商标专用权人无权禁止他人正当使用。

指示性合理使用是一种使用他人注册商标描述商标权人的产品或者服务的行为。指示性合理使用适应于被告使用原告的商标来描述原告而非被告的商品或服务。"欧共体 1 号指令"中"为说明商品或服务尤其是零配件的特定用途而必须的使用"就是典型的指示性合理使用。创立指示性使用原则的主要目的是从顾及一般公众了解与产品有关的真实信息的角度对商标权进行限制。指示性合理使用应当符合 3 个条件:(1)若不使用该商标将无法表示;(2)在合理必要的限度内使用;(3)被告的使用不得暗示其与原告存在赞助或者许可关系。

二、权利穷竭

商标权穷竭又称商标权用尽,是指对于经商标权人许可或以其他方式合法投放市场的商品,他人在购买之后无须经过商标权人许可,就可将该带有商标的商品再次售出或以其他方式提供给公众。商标权穷竭是各国普遍认可的商标侵权抗辩事由，但一般只认可商标权在一国内的权利穷竭，并不导致其在其他国家的穷竭，商标权人对商品的跨国流通拥有控制权，未经许可的进出口行为仍可构成商标侵权。

三、先用权

为了实现公平的商业竞争，商标法的立法目的之一是防止他人无偿利用注册商标所体现的商誉牟取不当利益。如果在一个商标获得注册之前他人就已经善意地在相同或类似商品上使用了与注册商标相同或近似的商标，就不属于无偿利用商标的"搭便车"行为。对他人在原有范围内继续使用其商标的行为，《商标法》应当予以容忍，否则就会剥夺在先使用人通过诚实经营所积累的商誉，对于在先使用人是不公平的。

所谓"先用权"，又称"在先使用"。根据《商标法》第 59 条第 3 款的规定，商标注册人申请商标注册前，他人已经在同一种商品或者类似商品上先于商标注册人使用与注册商标相同或者近似并有一定影响的商标的，注册商标专用权人无权禁止该使用人在原使用范围内继续使用该商标，但可以要求其附加适当区别标识。

四、其他抗辩

(一)善意销售

根据《商标法》第 64 条第 2 款的规定，善意销售是指销售不知道是侵犯注册商标专用权的商品，能证明该商品是自己合法取得并说明提供者的，不承担赔偿责任的一种抗辩事由。需要注意两点：一是这种抗辩只能针对损害赔偿的侵权主张提起，而不能针对停止侵害的侵权主张而提起。即便是符合该款规定的抗辩理由，被指控侵权的人也只能免于损害赔偿责任，而不能免于停止侵权的责任，被指控侵权人要停止继续销售侵犯商标权的商品。二是这种抗辩的条件是销售者必须证明该商品是自己合法取得且能说明提供者，"自己合法取得"，是指销售者能提供其所获得的侵犯商标专用权商品的购买发票、付款凭证以及其他证据；"说明提供者"，是指能够提供进货商品提供者的线索并能查证属实的。在实践中，判断是否属于善意销售还应考虑销售者的审慎的注意义务。

(二)时效抗辩

根据《民法典》第188条、第192条的规定,商标侵权的诉讼时效是自知道或者应当知道商标侵权之日起3年。如果经过3年未行使权利,对方获得诉讼时效抗辩权,即以诉讼案件超过诉讼时效,提出抗辩理由。

(三)未使用抗辩

根据《商标法》第64条第1款的规定,未使用抗辩,是指在商标侵权制度中允许在后商标使用人以在先注册商标连续3年不使用抗辩,不承担损害赔偿责任的一种抗辩事由。对于连续3年不使用的注册商标,商标注册机关可以依职权或者他人申请予以撤销。

(四)权利滥用抗辩

权利滥用抗辩是最高人民法院在"歌力思"案中确立的规则:当事人违反诚实信用原则,损害他人合法权益,扰乱市场正当竞争秩序,恶意取得、行使商标权并主张他人侵权的,人民法院应当以构成权利滥用为由,对其诉讼请求不予支持。

在"歌力思"案中,杭州市中级人民法院一审判决认定歌力思公司及杭州银泰公司构成侵权,判决其承担停止侵权行为、赔偿王某永经济损失及合理费用共计10万元及消除影响。歌力思公司不服,提起上诉。浙江省高级人民法院二审判决驳回上诉、维持原判。歌力思公司及王某永均不服,向最高人民法院申请再审。最高人民法院判决认为,歌力思公司拥有合法的在先权利基础,其使用方式和行为性质均具有正当性,王某永以非善意取得的商标权对歌力思公司的正当使用行为提起的侵权之诉,构成权利滥用,由此,撤销一审、二审判决,驳回王某永的全部诉讼请求。

典型案例3-1-4　泸州老窖股份有限公司与乐陵市斐升副食超市侵害商标权纠纷案

(2020)鲁14民初335号

案件事实

原告泸州老窖股份有限公司于2014年6月21日注册取得第1719182号、第6767472号、第11982878号商标专用权,核定使用在"果酒(含酒精);烧酒;蒸馏饮料;葡萄酒;烈酒(饮料);酒精饮料浓缩汁;酒精饮料(啤酒除外);含水果酒精饮料;米酒;黄酒"第33类商品上。被告乐陵市斐升副食超市在其拼多多店铺出售“百年老窖1921浓香型国产白酒52度500ml 6整箱特价”，整箱外包装、瓶装外包装盒、酒瓶瓶身、瓶装内置收藏证书上均有第1719182号、第6767472号、第11982878号(图标替换)近似标识。被控侵权商品并非原告公司或原告授权的厂商生产。被告认为自己的行为符合《商标法》第60条第2款规定的合理来源抗辩,不构成商标侵权。

法院裁判

《商标法》第64条第2款需满足以下几个条件:(1)该商品是销售者合法取得的;(2)销售者通过供货合同、销货单、进货发票等能够说明提供者;(3)销售者在尽到审慎的注意义务的情况下,仍不知道销售的是侵犯注册商标专用权的商品。本案中,乐陵市斐升副食超市提交的视频及截图仅能证明其曾经在惠直购平台上购买过案涉被控侵权商品,从购买数量、时间来看,不能证明被控侵权商品均是从该惠直购平台购买取得。刘某升转售盈利的是被控侵权商品,且明显低于市场上同类产品的价格,刘某升作为销售者,不同于普通消费者,其应当有更高的注意、审查义务,也应该有更高的辨别能力,以保护消费者的合法权益。故乐陵市斐升副食超市主张其销售的白酒有合法来源的抗辩,本院不予支持。最终,法院认定被告的行为属于《商标法》第57条第3项规定的销售侵权行为,并判处赔偿原告经济损失和合理支付。

评析

根据《商标法》第64条第2款的规定,销售者善意且商品拥有合法来源是可以作为商标侵权的抗辩事由。本案中,法院以销售者的注意义务来考察主观是否善意。同一市场条件下,销售者对于商品的辨认能力要高于一般消费者,负有更高的注意义务,因此对“善意”的要求也会更高。法院在认定善意销售时,应结合市场地位、价格、销售数量等因素综合考虑。

第四节　确认不侵权诉讼

一、概述

确认不侵权诉讼,一般是指利益受到特定知识产权影响的行为人,以该知识产权权利人为被告提起的，请求确认其有关行为不侵犯该知识产权的诉讼。确认不侵权诉讼可以分为确认不侵害专利纠纷、确认不侵害商标纠纷、确认不侵害著作权纠纷。确认不侵害商标权诉讼，是指商标使用人收到商标权人或利害关系人以警告信或者律师函等方式发出的商标侵权警告时，在认为自身商标使用行为不构成商标侵权的情况下，请求法院确认其行为不构成商标侵权的诉讼。

确认不侵权纠纷首次出现在《关于苏州龙宝生物工程实业公司与苏州朗力福保健品有限公司请求确认不侵犯专利权纠纷案的批复(2001)民三他字第4号》中，最高人民法院以“请求确认不侵犯专利权纠纷”作为案由予以批复。根据2020年12月14日最新修改的《民事案件案由规定》，其中的第169个案由确定为确认不侵害知识产权纠纷。

通过大数据检索①，对比“确认不侵害商标权纠纷”(见图3－1－1)和“侵害商标权纠纷”(见图3－1－2)的案件分布情况：从2017年至2021年，确认不侵害商标权诉讼案件数量较少，说明这类案件并不常见。

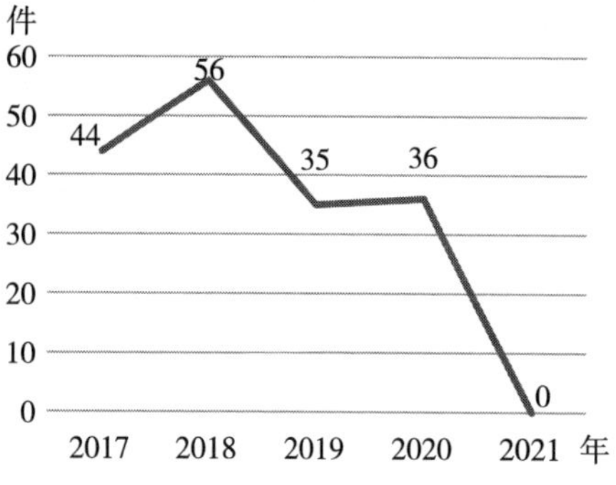

图3－1－1　确认不侵害商标权纠纷

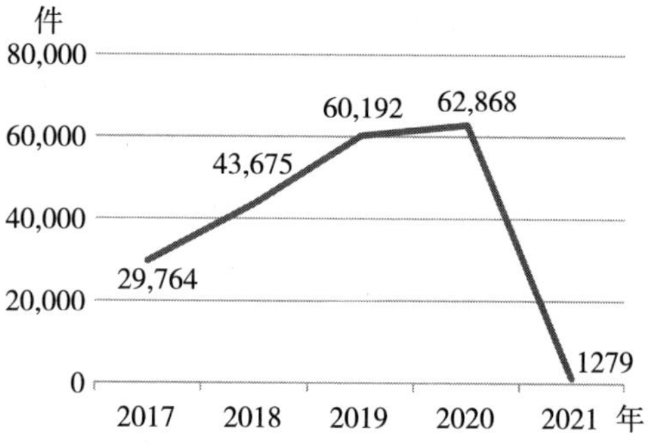

图3－1－2　侵害商标权纠纷

二、确认不侵权诉讼条件

确认不侵害商标权之诉本质上属于侵权之诉，判断提起诉讼是否具备法定条件，应根据《商标法》及《民事诉讼法》关于起诉条件及侵权诉讼的相关规定进行认定。目前，只有在最高人民法院《关于审理侵犯专利权纠纷案件应用法

① 数据来源：“威科先行”法律信息库。检索案由分别是“确认不侵害商标权纠纷”“侵害商标权纠纷”。

律若干问题的解释》规定了确认不侵犯专利权纠纷的受理条件,因此,确认不侵害商标权诉讼的法定条件需参照该司法解释第 18 条的规定予以明确。因此,确认不侵害商标之诉应当符合三个条件:(1)商标权利人已向被诉侵权人或利害关系人做出侵权警告,被警告人不认为自身行为构成侵权;(2)商标权利人不及时撤回警告或起诉,怠于行权;(3)商标权利人的此种延迟行为可能对被诉侵权人的权益造成损害。

最高人民法院《关于当前经济形势下知识产权审判服务大局若干问题的意见》(法发〔2009〕23 号)第 13 条提出"知识产权权利人针对特定主体发出侵权警告且未在合理期限内依法提起诉讼,被警告人可以提起确认不侵权诉讼",该条"未在合理期限内依法起诉"的表述反映确认不侵权诉讼"权利人怠于行使诉权"的实质要件。因此,第 18 条规定的"书面催告程序"实质上仅为判断权利人是否构成怠于行权,导致当事人之间存在不稳定的法律关系提供了一种较为典型的程序性的"准入条件"。在确认不侵害商标权案件中,需要结合具体个案,理解和适用第 18 条中的"书面催告程序"。司法实践中是否以"书面催告程序"来判断权利人是否怠于行使诉权,可以分为一般情况和特殊情况进行讨论:

表 3-1-1 权利人行使诉权的情况

分类	表现	具体案例	结论
一般情况	商标权利人直接向商标使用人发出侵权警告	(2015)高民(知)终字第 1038 号	以"书面催告程序"来判断权利人是否怠于行权
特殊情况	权利人未直接向其发起侵权警告	(2016)粤民终 240 号	须结合权利人的警告方式、权利人的后续维权行动、不安状态的持续时间、对被警告人正常经营的影响等因素综合判断权利人是否怠于行使诉权

典型案例 3-1-5 拜耳消费者关爱控股有限责任公司等诉李某等确认不侵权纠纷案

(2017)浙 0110 民初 18624 号

案件事实

2011 年,拜耳关爱公司聘请设计公司创作"太阳、彩虹和波浪"及"男孩和冲浪板"两作品,并分别使用在"确美同超防护"和"确美同儿童"两款产品上。

李某以不正当手段恶意抢注两涉案商标后,未实际使用涉案商标,却利用两商标权对在淘宝平台销售的 Coppertone 涉案产品发动大规模投诉。自 2016 年 9 月开始,李某在阿里巴巴知识产权保护平台重复投诉"Coppertone"("确美同")品牌经销商、分销商及大量中小淘宝商家,声称"Coppertone UltraGuard"("确美同超防护")及"Coppertone Kids"("确美同儿童")产品分别侵犯其第 16886091 号、第 16890535 号商标专用权,导致被投诉商家受到降级、扣分等处分,无法开展正常经营活动。

法院裁判

本案的争议焦点是:第一,两原告是否具备提起确认不侵权之诉的条件。一般而言,当知识产权权利人向利害关系人发出了侵权警告,而又未在合理期限内依法启动纠纷解决程序时,使利害关系人是否存在侵权行为处于不明确状态,利害关系人就可与提出确认不侵权之诉。本案中,被告李某的投诉警告不仅影响了涉案产品销售商的权益,也必然影响生产商的正常经营活动,同时,被告李某未采取诉讼等方式启动纠纷解决程序,故被告李某的投诉行为使两原告是否存在侵权行为处于不明确的状态,两原告有权提起确认不侵权之诉。第二,两原告的不侵权主张能否成立。原告拜耳关爱公司对涉案产品中使用的涉案图案享有在先著作权,且其并非作为商标使用,不会造成混淆,故两原告在"确美同儿童"产品和"确美同超防护"产品上使用涉案图案,不侵犯被告李某的商标权。第三,如果确认不侵权主张成立,其相应的赔偿诉请及其他诉请能否得到支持。关于赔偿诉请,两原告就李某的行为是否构成侵权另行提起了不正当竞争之诉并主张了因被告李某的投诉所造成的损失,故在本案中对该费用本院不予支持。关于停止侵权投诉与侵权警告,因本案为确认不侵权之诉并非侵权赔偿之诉,李某的投诉行为本身是否侵权需在另案中作出认定,故在本案的确认不侵权之诉中,两原告的上述诉请缺乏依据,本院不予支持。法院最终判决:两原告不侵犯被告李某第 16890535 号和第 16886091 号商标的商标权,并驳回原告的其他诉讼请求。

评析

本案争议焦点主要集中在确认不侵权之诉的主体条件以及赔偿诉讼请求是否能得到支持。(1)关于"利害关系人"的理解。参照最高人民法院《关于审理侵犯专利权纠纷案件应用法律若干问题的解释》第 18 条的规定,确认不侵害商标权纠纷的前提条件是被警告人或利害关系人收到侵权警告。本案中,拜耳关爱公司系涉案产品注明的生产商,拜耳护理公司系涉案产品标注的商标的商标权人,二者同属于拜耳集团。李某的投诉警告不仅影响了涉案产品销售商的权益,也必然影响生产商的正常经营活动,故两原告作为涉案产品的生产商与本案具有直接利害关系。由此可知,即使没有收到侵权警告,隶属于同一集团且有生产、销售关系的主体可以被认定为利害关系人,作为原告参与确认不侵权之诉。(2)确认不侵权之诉中赔偿诉讼请求是否能得到支持。确认不侵权之诉属于确认之诉,是对法律关系的确认,目前大部分法院不支持这一诉讼请求。

第五节　商标权其他民事纠纷的法律保护

一、商标权权属纠纷

商标权权属纠纷,是指当事人之间因商标权的归属而产生的纠纷。商标权权属纠纷往往涉及商标权转让或商标权的许可使用情形。在(北京)红牛维他命公司诉(泰国)天丝保健公司"红牛"商标权属纠纷案中,红牛维他命公司一审请求确认"红牛"商标权属并索赔 37.53 亿元(诉讼费 1880.68 万元)。2019 年 11 月,北京市高级人民法院一审驳回红牛维他命公司的诉讼请求。2020 年 12 月 21 日,最高人民法院终审判决维持原判,确认红牛公司对"红牛"系列商标的使用基于天丝公司的授权许可,"红牛"系列商标权归属于天丝公司。在实践中,商标权权属纠纷主要产生于以下情形中:

1. 商标权登记在前管理人或者前股东名下。在公司成立前将商标注册在公司管理人或者控股股东个人名下,但公司成立后未及时将商标权转移给公司。一旦管理人离开公司或者股东撤资,公司与个人容易就商标权归属问题产生纠纷。对于此类案件,虽然注册商标的实际使用人是公司,但由于其商标权属于前管理人或者前股东,并且公司对其商标权的权属现状长期未提出异议而多会面临败诉的结果。

2. 高级管理人员违规无偿转让公司注册商标。实践中,一旦公司高级管理人员违规将公司注册商标无偿转让给他人,作为商标权主体的公司获悉后一般会提起两个关联诉讼:一是公司董事损害公司利益纠纷,主要依据《公司法》要求确认公司高级管理人员行为侵害公司利益;二是商标权属纠纷,请求法院认定转让行为无效,判决确认商标权仍归公司所有。此类商标权权属纠纷案件的审理难点在于判断商标转让行为中的受让人是否构成善意第三人,进而认定该转让行为的效力。

3. 股权改制过程中因商标权属约定不明或者没有约定。由于改制企业与关联公司之间存在历史承继关系以及业务往来,此类案件具有一定的沟通和信任基础,因此多以和解撤诉结案。

4. 代理商将其代理的国外品牌标识作为商标注册在自己名下。在一些国际分销协议中,通常约定代理商在代理期间所产生的知识产权归国外被代理人所有。一旦代理商将相关代销商品上的标识注册在自己名下,可能导致国外被代理人提起商标权权属诉讼。对于此类案件,法院通常会认定代理商主观上具有抢注的恶意,从而判决其败诉,确认商标权归属于被代理人。

此外,对于具有较高市场价值的商标权,在商标权人濒临破产可能产生因商标权属纠纷涉及债权人等多方利益的情形。例如,在"IPAD"商标权属纠纷案中,iPad 的商标权人是唯冠科技(深圳)有限公司,苹果公司通过 IP 申请发展有限公司与唯冠集团旗下一家子公司——台湾唯冠公司达成协议,约定将 iPad 商标以 3.5 万英镑价格转让给苹果公司。在深圳唯冠公司濒临破产的情形下,涉及债权人多达数百人,最大的财产估值集中在 iPad 商标上。苹果公司、IP 公司起诉要求判令"IPAD"商标权归其所有。人民法院最终促成双方以调解结案的方式,彻底解决双方在美国、中国香港以及中国内地的一系列纷争,实现了商标价值的最大化,同时保护了债权人的利益,并有效平衡了各方利益。

典型案例 3-1-6 德阳市振兴国有资本投资运营有限公司诉德阳市德阳牌酱油酿造有限公司、四川省德阳市酱油酿造厂商标权权属、侵权纠纷案

(2018)川 06 民初 93 号

案件事实

被告四川省德阳市酱油酿造厂改制前系全民所有制企业,属于国有企业,注册号为第 112485 号"德阳"文字及图形注册商标登记在酱油厂名下。以 250

万元一次性买断评估的国有资产的方式，酱油厂实现改制，成为股份合作制的民营企业，根据德阳市小型企业产权制度改革领导小组的相关批复，改制后的酱油厂仍可以对未进行评估作价的无形资产包括工业专有技术、商标等留给改制后的企业继续使用。

2008 年 12 月，德阳富乐房地产开发有限责任公司（法定代表人为杨某文）与酱油厂签订企业重组协议，以股权转让的形式整体收购酱油厂。2009 年 7 月 28 日，市国资委同意酱油厂将“德阳”文字及图形商标授权给杨某文、杨某婷、杨某敏拟设立的酱油公司使用，二被告也签订了转让涉案商标的协议。

2018 年 8 月 23 日，德阳市国有资产监督管理委员会决定由原告振兴公司对涉案商标进行确权，涉案商标专用权归振兴公司所有并登记至振兴公司名下。原告振兴公司将酱油厂和酱油公司诉至法院，请求确认“德阳”商标的权利归属。

法院裁判

四川省德阳市中级人民法院认为，此案有四个主要焦点：第一，商标权权属纠纷是否属于人民法院管辖范围。法院认为商标权是一项民事财产权，未将权属的确认权授予行政机关，故二被告“无权通过民事诉讼确定商标的所有权”的抗辩不成立。第二，原告振兴公司是否为本案适格主体。法院认为，德阳市国有资产监督管理委员会将涉案商标交原告振兴公司确权，故原告振兴公司作为涉案商标的实际权利人，有权以自己的名义提起诉讼。第三，涉案商标权属性质如何认定。法院认为，在改制时并未对涉案商标作评估作价，不属于买断的资产，仍属于国家所有，相关批文符合法律规范，可以作为商标权利归属的法律依据，故涉案商标归属于原告。第四，二被告转让涉案商标的行为是否有效。法院认为，将涉案商标由酱油厂转让给酱油公司，属恶意串通，损害国家利益，应为无效的民事行为。

评析

关于商标权权属纠纷的司法管辖与行政管辖。本案中，被告酱油公司答辩意见中指出，确认商标权的归属是行政权力的范畴，原告无权通过民事诉讼确定商标的所有权，因此，本案不属于司法管辖范围内。我国商标权的保护包括行政保护与司法保护两种方式。行政保护具体分为商标确权和商标维权，商标确权是由国家知识产权局商标局对商品进行商标审查和商标评议的具体行政行为。商标维权是由地方市场监督管理机关查出商标违法案件的具体行政行为。司法保护包括行政诉讼、民事诉讼和刑事诉讼。根据最高人民法院《关于审理商标案件有关管辖和法律适用范围问题的解释》第1条的规定,人民法院受理的商标案件包括"商标权权属纠纷",因此,从字面来看,行政保护和司法保护均涉及对权利的确认,但从本质上看,二者有差异,主要体现在发生时间和涉及主体两方面:行政保护中的"商标确权"主要发生在商标注册阶段,涉及与商标注册相关的公权力主体,国家知识产权局等。司法保护中的"商标权权属纠纷"主要发生在商标注册完成之后,涉及私主体,自然人、法人和非法人组织。本案中,"德阳"商标已注册完成,其争议的本质是关于商标权归属,不涉及与商标注册相关的公权力主体,故本案属于人民法院管辖范围。

关于商标权属的认定。本案中,两被告辩称,涉案商标是酱油厂依据《商标法》的规定申请注册,相关批复及文件不能作为涉案商标属于原告的法律依据。但考虑全民所有制企业的特殊性、企业改制重组的复杂性,涉案商标未作评估作价,不属于买断的资产,仍属于国家所有,而相关批文符合法律规范,可以作为商标权利归属的法律依据,故涉案商标归属于原告。由此可知,判断商标权的归属,一般情况下,以申请并经国家商标局登记注册的主体为准;特殊情况下,还需要考虑商标所有人的经营变动情况。

二、商标权合同纠纷

商标合同条款是当事人双方意思表示一致的产物。如果双方按合同的约定履行了各自的义务就不存在违约,如果当事人一方或双方没有按合同约定的条款履行自己的义务,则会构成违约,就需要按合同的规定承担违约责任。在合同条款对违约责任没有约定或约定不明的情况下,就要依据商标法律、法规或者有关惯例来确认。

(一)商标转让合同纠纷

商标权转让合同纠纷,是指商标所有人与受让人就商标权的转让所订立的合同而发生的纠纷。商标转让合同纠纷适用《商标法》和《民法典》合同编的法律规范,可以采用调解、仲裁或诉讼的解决方式。

根据《商标法》第42条的规定,商标转让合同的生效条件有两个:(1)订立转让合同;(2)经国家知识产权局商标局核准并公告。为了保证商标识别功能的实现,转让注册商标时应当一并转让其在同一种商品上注册的近似的商标或者在类似商品上注册的相同或者近似的商标。如果应当一并转让而未一并转让的,根据《商标法实施条例》第31条的规定,先由商标局通知其限期改正;期满不改正的,视为放弃转让该注册商标的申请,商标局应书面通知申请人。转让注册商标经核准后,予以公告。受让人自公告之日起享有商标专用权。

(二)商标使用许可合同纠纷

商标使用许可合同纠纷,是指商标所有人与被许可人就商标的许可使用所订立的合同而发生的纠纷。

根据《商标法》第43条第1款、第3款的规定,商标注册人可以通过签订商标使用许可合同,许可他人使用其注册商标。许可他人使用其注册商标的,许可人应当将其商标使用许可报商标局备案,由商标局公告。商标使用许可未经备案不得对抗善意第三人。商标使用许可合同包括独占使用许可合同、排他使用许可合同、普通使用许可合同。[①] 相关内容如表3-1-2所示。

表3-1-2　商标使用许可合同分类

类型	概念	受让权利	许可方能否使用	被许可人的诉讼地位*
独占使用许可	是指商标注册人在约定的期间、地域和以约定的方式,将该注册商标仅许可一个被许可人使用,商标注册人依约定不得使用该注册商标	独占使用权	否	被许可人可以单独起诉侵犯商标的行为
排他使用许可	是指商标注册人在约定的期间、地域和以约定的方式,将该注册商标仅许可一个被许可人使用,商标注册人依约定可以使用该注册商标但不得另行许可他人使用该注册商标	排他使用权	能	在商标注册人不起诉的情况下,可以代为起诉,也可以共同起诉
普通使用许可	是指商标注册人在约定的期间、地域和以约定的方式,许可他人使用其注册商标,并可自行使用该注册商标和许可他人使用其注册商标	使用权	能	一般不享有起诉权。经商标注册权人明确授权,可以提起诉讼

* 最高人民法院《关于审理商标民事纠纷案件适用法律若干问题的解释》第4条。

(三)商标代理合同纠纷

《商标法实施条例》第83条规定:"商标法所称商标代理,是指接受委托人

① 最高人民法院《关于审理商标民事纠纷案件适用法律若干问题的解释》第3条。

的委托，以委托人的名义办理商标注册申请、商标评审或者其他有关商标事宜。”商标代理合同纠纷，是指商标所有人与商标代理人就办理商标注册申请及其他有关商标事宜所订立的合同而发生的纠纷。是否需要委托商标代理机构办理相关事宜，针对申请主体的国籍不同，有不同规定，依据《商标法》第 18 条之规定，国内企业申请商标注册或者办理其他商标事宜，可以自行办理，也可以委托依法设立的商标代理机构办理；外国人或者外国企业在中国申请商标注册和办理其他商标事宜的，应当委托依法设立的商标代理机构办理。

如何理解“商标代理机构”？可以通过以下一个具体案例进一步阐明。雅力公司将自己申请注册的商标转让给原告米德儿顿公司，被告国家知识产权局认为雅力公司属于商标代理机构，不得申请除代理服务申请商标注册以外的其他商标，故驳回原告的商标申请。原告米德儿顿公司不服评审决定，诉至北京知识产权法院。北京知识产权法院认为，原申请人雅力公司营业执照中经营范围包含“知识产权代理”服务，是“经工商行政管理部门登记从事商标代理业务的服务机构”，属于2014 年《商标法》第 19 条第 4 款所规定的“商标代理机构”。诉争商标后续转让给米德尔顿公司的事实，不影响诉争商标申请注册时原申请人雅力公司属于商标代理机构的认定，故驳回米德尔顿公司的诉讼请求。原告米德尔顿公司不服一审判决，上诉至北京市高级人民法院。北京市高级人民法院认为，原申请人雅力公司在申请诉争商标时，经营范围包括“知识产权代理”，属于经工商行政管理部门登记从事商标代理业务的服务机构，雅力公司是否实际从事商标代理业务以及诉争商标转让给米德尔顿公司的情况，不影响其商标代理机构的主体性质。符合《商标法》第 19 条第 4 款的规定，故国家知识产权局和原审法院对此认定正确，判决驳回上诉，维持原判。根据本案的判决可知，关于“商标代理机构”的认定，以工商行政管理部门登记为准，是否实际从事登记的事项以及如何实行，不改变商标代理机关的性质。

根据《商标法》第 19 条的规定，商标代理机构应遵守的义务如下：(1)遵循诚实信用原则，遵守法律、行政法规。(2)按照被代理人的委托办理商标注册申请或者其他商标事宜。(3)保密义务。对在代理过程中知悉的被代理人的商业秘密，负有保密义务。(4)告知义务。申请注册的商标可能存在本法规定不得注册的情形的，商标代理机构应当明确告知委托人。(5)业务禁止。义务商标代理机构知道或者应当知道委托人申请注册的商标属于本法第 4 条、第 15 条和第 32 条规定情形的，不得接受其委托。(6)不得自行申请注册商标义务。商标代理机构除对其代理服务申请商标注册外，不得申请注册其他商标。

三、商标侵权责任与违约责任竞合

商标侵权责任与违约责任竞合，是指行为人的一个违法行为，同时具备侵权行为和违约行为的双重属性，产生了商标侵权责任和违约责任两种法律责任。典型的情况是在商标许可使用合同中，被许可人超出商标使用许可合同约定的时间、地区、商品种类使用注册商标，从合同的角度来讲，被许可人的行为是违约行为；从商标专用权角度来讲，被许可人未经商标权人的同意，擅自扩大商标权的使用范围，从而侵犯了许可人的商标权。出现侵权责任与违约责任的竞合情形，合同中已作了明确约定的，按约定处理。合同未约定或约定不明的，权利人可以选择是按违约责任还是按侵权责任来处理。根据《民法典》第 186 条的规定，受损方有权选择一种责任请求行为人承担。换言之，在侵权责任与违约责任竞合情况下，受损一方可以结合两种责任方式的特点和具体情况，提起侵权之诉或违约之诉(见表 3－1－3)。

表 3－1－3　商标侵权责任与违约责任竞合的具体情况

情形	侵权责任	违约责任
受理条件	只要有利害关系人起诉，且具有明确的被告即可受理	经济损失＋精神损害赔偿
适用法律	《侵权责任法》 《商标法》	《民法典》 《商标法》
举证责任	侵权行为人通常不负举证责任，受害人必须就其主张举证。在特殊侵权中，“举证责任倒置”	受害人不负举证责任，违约方必须证明违约是由法定事由引起
承担责任的法律后果及方式	1. 财产责任，如赔偿损失； 2. 非财产责任，如消除影响、恢复名誉、赔礼道歉	主要是财产责任，如继续履行、采取补救措施、赔偿损失、定金罚则、支付违约金等方式
诉讼管辖	侵权行为地或者被告住所地法院管辖	1. 协议管辖：可以选择被告住所地、合同履行地、合同签订地、原告住所地、标的物所在地人民法院管辖； 2. 法定管辖：被告住所地或者合同履行地人民法院管辖

第六节　商标权民事诉讼的相关规定

一、主体

(一)原告

依据最高人民法院《关于审理商标民事纠纷案件适用法律若干问题的解释》第3条、第4条的规定,商标侵权诉讼的原告主要是商标注册人或者利害关系人。

1. 商标注册权人

(1)商标注册人,对于共有商标,其代表人和共有人应作为共同原告提起诉讼;

(2)商标受让人,在转让注册商标公告之日起其可作为原告起诉;

(3)商标继承人。

2. 利害关系人

(1)独占使用许可人。独占使用的被许可人可以单独对使用许可期限和地域内的商标侵权行为提起诉讼,无须商标注册人同意。

(2)排他使用许可人。排他使用许可合同的被许可人可以和商标注册人共同起诉,也可以在商标注册人不起诉的情况下,自行提起诉讼。

(3)普通使用许可人。普通使用许可合同的被许可人经商标注册人书面明确授权,可以作为原告提起诉讼。

(二)被告

提起民事诉讼之一就是必须有明确的被告。实践中,因涉及商标侵权的行为方不止一个,商标侵权案件的被告可能为多个,如侵权产品的生产厂家、侵权产品的销售商等。诉讼实践中通常列为共同被告,要求被告承担连带责任。

二、管辖

(一)级别管辖

商标民事纠纷一审案件,由中级以上人民法院及最高人民法院指定的基层人民法院管辖，实践中按照案件标的额确定管辖法院。中级人民法院管辖第一审民事案件的诉讼标的额上限原则上为 50 亿元（人民币）；高级人民法院管辖诉讼标的额 50 亿元（人民币）以上（含本数）或者其他在本辖区有重大影响的第一审民事案件。① 根据北京市高级人民法院《关于调整本市法院知识产权民事案件管辖的规定》，商标（涉驰名商标认定除外）类案件，诉讼标的额在 1 亿元以下且当事人住所地均在本市，或者诉讼标的额 5000 万元以下，且当事人一方住所地不在本市或者涉外、涉我国港澳台的案件，均由基层人民法院管辖。

一般而言，涉及对驰名商标保护的民事案件，由省、自治区人民政府所在地市、计划单列市、直辖市辖区中级人民法院及最高人民法院指定的其他中级人民法院管辖。北京知识产权法院和上海知识产权法院管辖所在市辖区内涉及驰名商标认定的第一审民事案件；广州知识产权法院管辖广东省内的涉及驰名商标认定的第一审民事案件。②

（二）地域管辖

商标民事纠纷诉讼的管辖地域包括：③

1. 被告住所地法院。

2. 侵权行为实施地法院，包括：（1）侵权商品生产地。（2）侵权商品销售地。（3）侵权商品展览、展销地。（4）侵权商品广告发布地。对涉及不同侵权行为实施地的多个被告提起的共同诉讼，原告可以选择其中一个被告的侵权行为实施地人民法院管辖；仅对其中某一被告提起的诉讼，该被告侵权行为实施地的人民法院有管辖权。

3. 侵权商品的储藏地，指大量或者经常性储存、隐匿侵权商品所在地。

4. 查封扣押地，指海关、市场监督管理机关等行政机关依法查封、扣押侵权商品所在地。

三、时效

2020 年最高人民法院修改《关于审理商标民事纠纷案件适用法律若干问题

---

① 最高人民法院《关于调整高级人民法院和中级人民法院管辖第一审民事案件标准的通知》第 2 条。

② 最高人民法院《关于北京、上海、广州知识产权法院案件管辖的规定》第 1 条第 3 款。

③ 最高人民法院《关于审理商标民事纠纷案件适用法律若干问题的解释》第 6 条、第 7 条。

的解释》,将第 18 条诉讼时效由 2 年改为 3 年,这一修改符合基本法理。《民法典》第 188 条第 1 款规定“向人民法院请求保护民事权利的诉讼时效期间为三年。法律另有规定的,依照其规定”,而原 2002 年最高人民法院《关于审理商标民事纠纷案件适用法律若干问题的解释》第 18 条的规定商标侵权的诉讼时效为 2 年。理论上,司法解释应当与法律规范一致,即适用《民法典》3 年诉讼时效。

首先,不存在“法律另有规定”的情形。《商标法》是由全国人民代表大会常务委员会制定的,属于“法律”范畴。最高人民法院《关于审理商标民事纠纷案件适用法律若干问题的解释》是由最高人民法院制定并发布的,属于“司法解释”范畴。《民法典》第 188 条第 1 款中“法律另有规定的,依照其规定”,必须是法律中规定了特殊的诉讼时效才可以适用。然而,《商标法》中并无有关诉讼时效的规定,其诉讼时效的规定是出现在上述最高人民法院的司法解释中,因此不应适用 2 年的诉讼时效。其次,根据上位法优于下位法的原则,在《民法典》对一般民事纠纷案件诉讼时效有了新的规定之后,当然应当遵循《民法典》的相关规定,即侵害商标权纠纷案件的诉讼时效应当调整为 3 年。

四、证据

(一)证据准备

在提起诉讼前,需要准备好相关证据,包括权属证据、侵权证据、有关损害赔偿的证据。

1. 权属证据

权属证据是证明商标权利有效的证据,证明原告是商标的合法权利人或其利害关系人,具备起诉资格。主要包括:(1)商标注册证、核准转让证明及续展核准证明等。(2)驰名商标认定行政裁定或法院判决书。(3)其他证明商标知名度及荣誉的证据。

2. 侵权证据

侵权证据是表明商标权被侵害的证据,证明被告实施了或正在实施被控使用原告注册商标的恶意侵权行为,主要包括:

(1)侵权人身份证明文件,包括企业营业执照、工商登记档案、人数、经营范围等资料;

(2)侵权商品宣传材料,包括网站介绍、展览、展销及广告宣传手册等;

(3)侵权商品样品或照片;

(4)侵权商品销售合同、销售发票;

(5)市场监督管理部门立案材料、财务查扣清单及行政处罚决定书等处罚材料;

(6)其他证明商标使用侵权行为的证据。

3. 有关损害赔偿的证据

(1)原告损失证据,即原告因侵权行为所受损失的证据。包括:权利人因侵权所造成商品销售减少量的证据;注册商标合法商品或服务单位利润的证据制止侵权合理费用的证据。这里的合理费用包括:为制止侵权的调查费,证据保全费,律师费,差旅费等。

(2)被告获利证据,被告因侵权行为获利的证据主要包括:侵权人的账簿,资料,财务审计报告,侵权人侵权期间销售额的证据,侵权人单位产品利润的证据。

(3)商标许可使用费的相关证据,即被告与他人的商标许可使用合同或其他能证明许可使用费用的证据。

(二)诉前证据的保全

1. 诉前侵权证据的公证保全

证据保全分为公证保全和法院保全。在正式启动诉讼前,建议对有关证据申请公证机关进行证据保全。对于经过公证证明的法律行为、法律事实和文书,法院则确认其效力。根据保全的证据对象不同,公证保全主要分为以下几类:

第一,侵权方经营办公场所及侵权信息公证。如果在调查中发现,侵权方有实际经营办公场所,可以申请公证处进行现场证,主要是公证相关侵权信息及材料,包括办公场所门牌以及侵权信息的录音像、宣传资料、名片等,出具公证书。

第二,侵权物品的购买公证。如果在调查中发现,侵权方在销售场所、展会、网站上销售侵权物品,可以申请公证处进行现场公证,主要是公证购买侵权物品的整个购买记录(包括发票、侵权方信息现场情况、侵权物品信息)及其他有关侵权线索,查封买到的侵权货物,出具公证书。

第三,侵权网站的公证。实践中,很多侵权方恶意注册包含商标权利人商标的域名,并建立网站,展示或销售侵权商品,或者在其他网络平台展示侵权物品和信息,误导消费者以牟取非法利益。对于此类网站或网页,可申请公证处进行证据保全,公证员将按照操作流程浏览侵权人的网站,并对浏览步骤进行记录,打印浏览页面,出具公证书。

2. 法院保全

根据《商标法》第66条的规定,为制止侵权行为,在以下情况下,商标注册人或者利害关系人可以在依法起诉前向人民法院申请保全证据:一是证据可能灭失;二是证据以后难以取得。

根据本条的规定以及相关司法解释,诉前申请人民法院保全证据,具体内容从以下几个方面展开:

第一,申请人必须是“商标注册人”或者“利害关系人”。“利害关系人”包括商标使用许可合同的被许可人、注册商标财产权利的合法继承人。注册商标使用许可合同被许可人中,独占使用许可合同的被许可人可以单独向人民法院提出申请;排他使用许可合同的被许可人在商标注册人不申请的情况下,可以提出申请。①

第二,管辖法院。诉前证据保全申请,应向证据所在地、被申请人住所地或者对案件有管辖权的人民法院提出。②

第三,证据保全申请书。当事人根据《民事诉讼法》第81条第1款的规定申请证据保全的,应当在举证期限届满前向人民法院提出。③ 当事人或利害关系人应书面申请证据保全,其中应当载明需要保全的证据的基本情况、申请保全的理由以及采取何种保全措施等内容。④ 人民法院应结合下列因素对于当事人或者利害关系人的证据保全申请进行审查:(1)申请人是否已就其主张提供初步证据;(2)证据是否可以由申请人自行收集;(3)证据灭失或者以后难以取得的可能性及其对证明待证事实的影响;(4)可能采取的保全措施对证据持有

---

① 最高人民法院《关于审理商标民事纠纷案件适用法律若干问题的解释》第4条。

② 《民事诉讼法》第81条第2款。

③ 最高人民法院《关于民事诉讼证据的若干规定》第25条第2款。

④ 最高人民法院《关于民事诉讼证据的若干规定》第25条第1款。

人的影响。[①]

第四,证据保全的措施及担保。法院进行证据保全时,根据当事人的申请和具体情况,采取查封、扣押、录音、录像、复制、鉴定、勘验等方法进行证据保全,并制作笔录。[②] 例如,景田(深圳)食品饮料集团有限公司、玉田县玉田镇玉川水站侵害商标权纠纷一案中,原告景田公司向法院提出证据保全的申请,请求法院:(1)对被控侵权产品"景润山泉饮用天然泉水"的库存、生产情况进行拍照、录像;(2)对财务账册进行拍照、录像或复印;(3)封存并带回一个被控侵权产品"景润山泉饮用天然泉水"实物。其中,被侵权产品即瓶装水可以封存、携带,因此,法院也支持了第三条证据保全措施。[③]

可以要求当事人或者诉讼代理人到场,必要时可以根据当事人的申请通知有专门知识的人到场,也可以指派技术调查官参与证据保全。证据为案外人持有的,人民法院可以对其持有的证据采取保全措施。[④] 申请人申请诉前保全证据可能涉及被申请人财产损失的,人民法院可以责令申请人提供相应的担保。[⑤] 担保方式或者数额由人民法院根据保全措施对证据持有人的影响、保全标的物的价值、当事人或者利害关系人争议的诉讼标的金额等因素综合确定。[⑥]

第五,保全裁定。人民法院受理商标的诉前证据保全适用裁定。[⑦] 法院在接受申请内 48 小时内作出裁定。[⑧]

第七节　商标权民事保护的措施

依据《民法典》第 179 条、《商标法》第 60 条的规定以及案件具体情况,商标

---

① 最高人民法院《关于知识产权民事诉讼证据的若干规定》第 11 条。

② 最高人民法院《关于民事诉讼证据的若干规定》第 27 条第 2 款。

③ 景田(深圳)食品饮料集团有限公司、玉田县玉田镇玉川水站侵害商标权纠纷,天津市第一中级人民法院(2020)津 01 民初 900 号民事裁定书。

④ 最高人民法院《关于知识产权民事诉讼证据的若干规定》第 15 条。

⑤ 《民事诉讼法》第 81 条第 2 款、最高人民法院《关于民事诉讼证据的若干规定》第 26 条第 1 款。

⑥ 最高人民法院《关于民事诉讼证据的若干规定》第 26 条第 2 款。

⑦ 《民事诉讼法》第 154 条。

⑧ 《民事诉讼法》第 101 条第 2 款。

侵权的被告承担的民事责任包括停止侵害、排除妨碍、消除危险、赔偿损失、消除影响。人民法院还可以作出罚款,收缴侵权商品、伪造的商标标识和主要用于生产侵权商品的材料、工具、设备等财物的民事制裁决定。

一、停止侵权

停止侵权,是指受害人为了保护自己的合法权益而要求侵害人停止实施某种侵害行为。诉前禁令和判决停止侵害,都是实现停止侵权的方式。

《商标法》第 65 条规定了临时保护措施,即诉前禁令。商标注册人或者利害关系人有证据证明他人正在实施或者即将实施侵犯其注册商标专用权的行为,如不及时制止将会使其合法权益受到难以弥补的损害的,可以依法在起诉前向人民法院申请采取责令停止有关行为和财产保全的措施。永久禁令,是指在案件经过实质审理,对争议问题进行充分调查之后,法庭认定被告侵权,作出判决时给予胜诉方的一种救济,可以确保被告永远不再危害原告的利益。这是针对专利权的剩余保护期下达的,以禁止被告再次侵权的一种判决。

停止侵害强调预防性,在知识产权侵权诉讼中更为重要,因为权利人提起知识产权诉讼的目的,并非重在获得损害赔偿,而是强调制止侵权行为,以其保障对相关知识产权的独占性权利。停止侵权适用于侵权行为仍在继续进行的情形,但侵权行为已经停止但将来可能继续的情形并不适用。

二、损害赔偿

侵权赔偿的数额,主要依据《商标法》第 63 条来确定:(1)按照权利人因被侵权所受到的实际损失确定。(2)实际损失难以确定的,可以按照侵权人因侵权所获得的利益确定。(3)权利人的损失或者侵权人获得的利益难以确定的,参照该商标许可使用费的倍数合理确定。对恶意侵犯商标专用权,情节严重的,可以在按照上述方法确定数额的 1 倍以上 5 倍以下确定赔偿数额。赔偿数额应当包括权利人为制止侵权行为所支付的合理开支。(4)权利人因被侵权所受到的实际损失、侵权人因侵权所获得的利益、注册商标许可使用费难以确定的,由人民法院根据侵权行为的情节判决给予 500 万元以下的赔偿。

在实践中,“实际损失”包括因销售流失而损失的利润、因侵权行为腐蚀的利润、未来必将损失的销售利润甚至商誉损失。通过以下方式,计算侵权赔偿的数额:第一,根据侵权人侵权期间所获得的利益计算。可以根据侵权商品销售量与该商品单位利润乘积计算;该商品单位利润无法查明的,按照注册商标商品的单位利润计算。[①] 第二,根据被侵权人侵权期间因被侵权所受到的损失计算,包括被侵权人为制止侵权行为所支付的合理开支。可以根据权利人因侵权所造成商品销售减少量或者侵权商品销售量与该注册商标商品的单位利润乘积计算。合理开支包括权利人或者委托代理人对侵权行为进行调查、取证的合理费用。

根据《商标法》第 64 条的规定,被控侵权人在以下两种情况下可以免除赔偿责任:1. 商标注册人 3 年内未实际使用注册商标且无其他损失的。如果注册商标专用权人不能证明此前 3 年内实际使用过该注册商标,也不能证明因侵权行为受到其他损失的,被控侵权人不承担赔偿责任。2. 销售者无侵权故意且证明合法取得并说明提供者,即"善意销售"。

最高人民法院 2021 年 3 月 2 日发布的《关于审理侵害知识产权民事案件适用惩罚性赔偿的解释》对知识产权民事案件中惩罚性赔偿作出了具体规定,旨在通过明晰裁判标准,指导各级法院准确适用惩罚性赔偿,惩处严重侵害知识产权行为。根据该司法解释,原告主张被告故意侵害其依法享有的知识产权且情节严重,请求判令被告承担惩罚性赔偿责任的,人民法院应当依法审查处理。所谓故意,包括《商标法》第 63 条第 1 款和《反不正当竞争法》第 17 条第 3 款规定的恶意。

原告请求惩罚性赔偿的,应当在起诉时明确赔偿数额、计算方式以及所依据的事实和理由。原告在一审法庭辩论终结前增加惩罚性赔偿请求的,人民法院应当准许;在二审中增加惩罚性赔偿请求的,人民法院可以根据当事人自愿的原则进行调解,调解不成的,告知当事人另行起诉。

对于侵害知识产权的故意的认定,人民法院应当综合考虑被侵害知识产权客体类型、权利状态和相关产品知名度、被告与原告或者利害关系人之间的关系等因素。对于下列情形,人民法院可以初步认定被告具有侵害知识产权的故意:(1)被告经原告或者利害关系人通知、警告后,仍继续实施侵权行为的;(2)被告或其法定代表人、管理人是原告或者利害关系人的法定代表人、管理

---

① 最高人民法院《关于审理商标民事纠纷案件适用法律若干问题的解释》第 14 条。

人、实际控制人的;(3)被告与原告或者利害关系人之间存在劳动、劳务、合作、许可、经销、代理、代表等关系,且接触过被侵害的知识产权的;(4)被告与原告或者利害关系人之间有业务往来或者为达成合同等进行过磋商,且接触过被侵害的知识产权的;(5)被告实施盗版、假冒注册商标行为的;(6)其他可以认定为故意的情形。

对于侵害知识产权情节严重的认定,人民法院应当综合考虑侵权手段、次数,侵权行为的持续时间、地域范围、规模、后果,侵权人在诉讼中的行为等因素。被告有下列情形的,人民法院可以认定为情节严重:(1)因侵权被行政处罚或者法院裁判承担责任后,再次实施相同或者类似侵权行为;(2)以侵害知识产权为业;(3)伪造、毁坏或者隐匿侵权证据;(4)拒不履行保全裁定;(5)侵权获利或者权利人受损巨大;(6)侵权行为可能危害国家安全、公共利益或者人身健康;(7)其他可以认定为情节严重的情形。

根据上述司法解释,人民法院确定惩罚性赔偿数额时,应当分别依照相关法律,以原告实际损失数额、被告违法所得数额或者因侵权所获得的利益作为计算基数。该基数不包括原告为制止侵权所支付的合理开支;法律另有规定的,依照其规定。当实际损失数额、违法所得数额、因侵权所获得的利益均难以计算的,人民法院依法参照该权利许可使用费的倍数合理确定,并以此作为惩罚性赔偿数额的计算基数。

人民法院依法责令被告提供其掌握的与侵权行为相关的账簿、资料,被告无正当理由拒不提供或者提供虚假账簿、资料的,人民法院可以参考原告的主张和证据确定惩罚性赔偿数额的计算基数。构成《民事诉讼法》第 111 条规定情形的,依法追究法律责任。

人民法院依法确定惩罚性赔偿的倍数时,应当综合考虑被告主观过错程度、侵权行为的情节严重程度等因素。

因同一侵权行为已经被处以行政罚款或者刑事罚金且执行完毕,被告主张减免惩罚性赔偿责任的,人民法院不予支持,但在确定惩罚性赔偿的倍数时可以综合考虑。

三、民事制裁

除了判决承担民事责任,法院还可以作出罚款,收缴侵权商品、伪造的商标标识和专门用于生产侵权商品的材料、工具、设备等财物的民事制裁决定。[1] 市场监督管理部门对同一侵犯注册商标专用权行为已经给予行政处罚的，人民法院不再予以民事制裁。

根据《商标法》第 60 条第 2 款的规定，行政处罚包括责令：(1) 立即停止侵权行为，没收、销毁侵权商品和主要用于制造侵权商品、伪造注册商标标识的工具。(2) 罚款。违法经营额 5 万元以上的，可以处违法经营额 5 倍以下的罚款，没有违法经营额或者违法经营额不足 5 万元的，可以处 25 万元以下的罚款。对 5 年内实施两次以上商标侵权行为或者有其他严重情节的，应当从重处罚。(3) 善意销售的，责令停止销售。

四、赔礼道歉与消除影响

根据《民法典》第 179 条的规定，消除影响与赔礼道歉是民事责任承担的方式。加害人的行为侵害公民或法人的人格权，在一定范围内造成不良影响或者给受害人的人格权造成损害，有损于受害人名誉的，受害人得请求消除影响或赔礼道歉。一般认为"名誉"是指社会对某一特定主体的评价。只要某一行为对于其公民的社会评价起到贬低效果，即使受害人本人未感受到，也构成对名誉权的侵害。消除影响和赔礼道歉的最大区别在于是要求公开：消除影响是消除在不特定的社会公众中所造成的影响，因此其所采取的措施当然是公开的，如登报声明；赔礼道歉只涉及被侵权人的自我评价，自我感到的人格屈辱，故赔礼道歉不要求公开进行。

典型案例 3-1-7　巴洛克木业公司诉浙江巴洛克公司等侵害商标权及不正当竞争纠纷案

(2017) 苏民终 1297 号

案件事实

原告巴洛克木业公司享有第 7771146 号(图略)、第 1600860 号(图略)、第 4777126 号(图略)、第 4276865 号(图略)等注册商标权及"巴洛克生活家"的商号权，且具有极高知名度。被告浙江巴洛克公司作为原告巴洛克木业公司地板

---

[1] 最高人民法院《关于审理商标民事纠纷案件适用法律若干问题的解释》第 21 条第 1 款。

产品的 OEM 代工商,在双方代工关系终止之后,大量生产、销售与巴洛克木业公司商业标识和产品包装相同或相近似的产品,并在全国大规模开设经销门店,在门头上突出使用巴洛克木业公司的商业标识和企业字号。巴洛克木业公司先后向浙江巴洛克公司发送《告知函》和《催告函》,都要求浙江巴洛克公司变更企业名称,停止商标侵权及不正当竞争行为。

被告太仓门迪尼商行和被告福建世象公司作为被告浙江巴洛克公司的经销商销售涉案被控侵权地板。被告福建世象公司的法定代表人在微信里发布了大量标注有涉案商标的图片用于被控侵权产品的招商和宣传。原告请求法院判令被告停止侵权行为并赔偿经济损失及制止侵权所支出的合理费用 1000 万元,并承担案件诉讼费用。

法院裁判

一审法院认为巴洛克木业公司实际损失由以下四个部分构成:

1. 因销售流失而损失的利润,是指侵权行为导致巴洛克木业公司未能实现其原本能够实现的销售业务而损失的利润。计算公式为:损失的利润 = 损失的销售额 × 被侵权产品的净利润率。本案中,参照同行业的销售额,原告巴洛克木业公司在 2015 年至 2016 年因浙江巴洛克公司被诉侵权行为所受到的因销售量减少而损失的利润至少为 868.708 万元。

2. 因价格侵蚀而损失的利润,是指侵权产品的竞争迫使巴洛克木业公司降低价格或者无法实现较高的价格而导致销售利润的损失。计算公式为:因价格侵蚀而损失的利润 = 销售面积(万平方米) × 降价幅度。如果仅按照巴洛克木业公司降低通知中所列的降幅最小的 5 元/平方米来计算,因价格侵蚀而损失的利润 =232 万平方米 ×5 元/平方米 =1160 万元,已超过 1000 万元。

3. 未来损失的销售利润,是指未来销售流失和未来价格侵蚀导致的利润。通常可以从权利人原有的商业关系中得到证明。本案中,自浙江巴洛克公司销售被诉侵权产品之后,长期保持供销关系的三家经销商中断了与巴洛克木业公司的合作,转而从浙江巴洛克公司处购买价格更低的被诉侵权产品。虽然原告未就未来利润进行举证,但法院认为这一损失确系存在。

4. 商誉的损害。源于该企业的名誉与顾客的联系以及使顾客的联系得以保持的条件。由于被告产品质量问题,消费者的投诉与举报对巴洛克木业公司品牌形象和商业信誉造成重大影响造成损害。关于商誉损害的赔偿额,可以考虑从消除影响所需费用、侵权行为的程度、发生范围及产生的损害后果等多方面因素进行确定。

同时,本案属恶意侵权且情节严重,应适用加倍赔偿。鉴于巴洛克木业公司在本案中主张包含合理支出在内总计1000万元的损害赔偿金额,全部支持巴洛克木业公司1000万元赔偿的主张。二审法院认可一审法院关于赔偿额的认定。

评析

本案中,法院全面分析了权利人因销售量流失而损失的利润、因价格侵蚀而损失的利润、未来损失的销售利润以及商誉损失等,最终综合考虑侵权人的主观恶意程度以及权利人的损失,全额支持了权利人主张1000万元赔偿额的请求,本案判决对于精细化裁判标准的运用以及高额赔偿的计算等均具有借鉴意义。本案涉及两个重要问题:一是"实际损失"如何确定;二是惩罚性赔偿的适用条件。

首先,"实际损失"的确定。《商标法》第63条第1款规定,商标侵权应按照实际损失来确定赔偿数额。本案中,法院认为因销售流失而损失的利润、因侵权行为被迫采取降价措施而损失的利润、未来必将损失的销售利润以及商誉损失都属于"实际损失"范畴。因此,在商标侵权案件中,原告可主张以上损失,并证明其产品销量严重受损主要系因行为人实施侵权行为所致的情况。

其次,罚性赔偿的适用条件。根据《商标法》第63条第1款的规定,恶意侵犯商标专用权,情节严重的,可以适用惩罚性赔偿。本案中,"恶意"体现在:被告浙江巴洛克在收到侵权警告、经销商受到行政处罚、一审法院下达禁令后仍继续实施侵权行为。可见其侵权恶意极其严重。"侵权情节严重"体现在被告巴洛克公司的巨大的销售侵权规模。由此可知,在权利人发函警告、行政部门作出行政处罚,甚至法院作出诉中禁令裁定后仍未停止侵权的,属于《商标法》规定的恶意侵权、情节严重,可以适用惩罚性赔偿。

第二章　商标权的行政保护

第一节　商标权行政保护概述

一、商标权行政保护的历史发展

中华人民共和国成立后，我国制定了《商标注册暂行条例》《商标注册暂行条例实施细则》《商标管理条例》《商标管理条例实施细则》，1982 年 8 月 23 日第五届全国人民代表大会常务委员会第二十四次会议通过《商标法》，并进行了四次修订，1983 年制定《商标法实施细则》，2002 年《商标法实施细则》更名为《商标法实施条例》，前后进行了五次修改。通过制定商标法律，加强商标管理，保护商标专用权，促使生产和经营者保证商品或者服务的质量，维护商标的信誉，保障消费者和生产、经营者的合法权益，促进社会主义市场经济的发展。我国商标权行政保护的法律制度是在改革开放之后由 1982 年《商标法》所确立的，而之前的相关法律制度对我国商标权行政保护制度确立提供了很好的实践基础。自此，我国商标权行政保护制度取得长足的进步，并且其显示的优越性也越来越被社会大众认同和接受。

特别是改革开放以来，中国特色社会主义市场经济的确立和发展，我国加入《保护工业产权巴黎公约》和《与贸易有关的知识产权协议》，国内外形势的变化，促使我国商标管理法律制度日益完善，保持与国际公约的原则相一致，同时也使我国商标权的行政保护法律制度进一步发展，不断加强对商标权的行政保护措施，加大对商标侵权行为的处罚力度，从而有力地推动我国商标权行政保护制度的完善，为我国社会主义市场经济发展服务，有力地促进我国国民经济的发展。

二、商标权行政保护的优势

根据我国《商标法》的规定，市场监督管理部门是商标行政执法机关，市场监督管理部门在查处商标侵权假冒案件中与司法机关相比，具有以下优势：

（一）行政保护成本低且行动高效

根据我国的基本国情建立起来的市场监督管理部门执法网络健全、费用趋于零、程序相对简便，行动迅速，执法效率高，市场监督管理部门可以根据投诉人的举报立即采取行动，对于有证据表明的涉嫌商标侵权假冒的物品可以采取行政强制措施对其进行扣押，根据北京市工商局《关于印发行政处罚程序实施办法的通知》第58条的规定，适用一般程序处理的案件，应当遵照下列期限予以办结：（1）自立案之日起90日内作出处理决定；（2）案情复杂，不能在规定期限内作出处理决定的，经主管局长批准，可以延长30日；（3）案情特别复杂，经延期仍不能作出处理决定的，应当由市场监督管理行政机关案件审定委员会或局长办公会等会议集体讨论决定是否继续延期。案件处理过程中听证、公告和鉴定等时间不计入前款所指的案件办理期限。以上市场监督管理部门结案所需时间较短，从而能及时有效制止商标侵权假冒行为。

典型案例3－2－1　企业侵犯注册商标权

京工商密处字（2019）第921号

案件事实

密云区市场监督管理局于2019年6月3日立案调查，6月13日对当事人进行了调查询问，并调取了相关证据材料，6月14日，调查终结。

经核查，北京康高特仪器设备有限公司自2019年3月至5月，在未经昆山汉吉龙测控技术有限公司允许的情况下，擅自在百度及360搜索平台等推广平台上和计算机网络渠道上使用“LEAKSHOOTER”商标，情况属实，依据《商标法》第57条第1项的规定，北京康高特仪器设备有限公司存在侵犯注册商标权的违法行为。

处理决定

2019年6月17日，执法人员向当事人送达了《行政处罚告知书》，在规定期限内当事人未提出陈述、申辩意见。6月21日，向当事人送达《行政处罚决定书》。6月25日,案件执行完毕,已将处理结果告知举报人。

评析

从该案看出,行政保护在短短的1个月时间内,对商标侵权违法行为进行了查处,相对司法保护更为快捷便利,节省被侵权的成本。

(二)行政保护手段多样

市场监督管理部门在对商标侵权行为的查处过程中调查取证方面的调查手段多样,而对商标侵权行为进行行政处罚方面的处罚方式全面。在调查取证方面,根据《商标法》第62条的规定,市场监督管理部门在查处涉嫌商标侵权假冒行为时,可以行使下列职权:(1)询问有关当事人,调查与侵犯他人注册商标专用权有关的情况。(2)查阅、复制当事人与侵权活动有关的合同、发票、账簿以及其他有关资料。(3)对当事人涉嫌从事侵犯他人注册商标专用权活动的场所实施现场检查。(4)检查与侵权活动有关的物品;对有证据证明是侵犯他人注册商标专用权的物品,可以查封或者扣押。在对商标侵权案件的行政处罚方面,根据《商标法》第60条和《商标法实施条例》的相关规定,市场监督管理部门可以责令侵权人立即停止商标侵权假冒行为、没收并销毁侵权商品和专门用于制造侵权商品、伪造注册商标标识的工具,处以罚款,并可根据当事人的请求,就侵犯商标专用权的赔偿数额进行调解。

(三)行政保护主动灵活

根据《商标法》的规定,查处商标侵权案件是市场监督管理部门管理的法定职责,而且任何人都可以向市场监督管理部门投诉举报,市场监督管理部门可以根据投诉举报依法对商标侵权案件进行处理。由此可见,市场监督管理部门实行"依职权主动查处"与"依投诉被动保护"相结合的原则对商标权进行行政保护。市场监督管理部门查处商标侵权案件的来源主要有:自然人、法人、其他组织等相关利害关系人的投诉,日常检查中发现,上级交办,其他部门的移交等。因此,市场监督管理部门对于商标权行政保护的方式更加主动灵活,这与大多数国家实行商标权司法被动保护形成鲜明的对比,体现出我国保护商标权的制度体系的完善性。

(四)行政保护层级更多、更接地气

我国对商标管理制度实行统一注册和分级管理。地方各级市场监督管理部门负责本行政区划内的商标行政执法工作,对查处商标侵权假冒行为实行以属地管理为基本管辖原则,商标权利人或者利害关系人或者其他人如果发现商标侵权假冒行为,都可以依照法定程序向侵权行为发生地的县级以上市场监督管理部门投诉请求处理,而上级市场监督管理部门可以对下级市场监督管理部门的案件查处进行指导、监督和协调,中央与地方各层级市场监督管理部门各司其职,从而对商标权形成一个较为完整的保护体系。

第二节　商标权行政保护的程序

一、商标权行政保护的法律依据及保护范围

(一)商标权行政保护的法律依据

根据《商标法》第 61 条的规定,对侵犯注册商标专用权的行为,工商行政管理部门有权依法查处;涉嫌犯罪的,应当及时移送司法机关依法处理。第 62 条规定,县级以上工商行政管理部门根据已经取得的违法嫌疑证据或者举报,对涉嫌侵犯他人注册商标专用权的行为进行查处时,可以行使下列职权:(1)询问有关当事人,调查与侵犯他人注册商标专用权有关的情况。(2)查阅、复制当事人与侵权活动有关的合同、发票、账簿以及其他有关资料。(3)对当事人涉嫌从事侵犯他人注册商标专用权活动的场所实施现场检查。(4)检查与侵权活动有关的物品;对有证据证明是侵犯他人注册商标专用权的物品,可以查封或者扣押。

工商行政管理部门依法行使上述职权时,当事人应当予以协助、配合,不得拒绝、阻挠。

在查处商标侵权案件过程中,对商标权属存在争议或者权利人同时向人民法院提起商标侵权诉讼的,工商行政管理部门可以中止案件的查处。中止原因消除后,应当恢复或者终结案件查处程序。

(二)商标权的行政保护范围

我国市场监督管理行政部门对下列侵权行为依法予以惩处,实现保护商标权的目的:

1. 商标侵权

判断是否构成商标侵权,一般需要判断涉嫌侵权行为是否构成商标法意义上的商标的使用。商标的使用,是指将商标用于商品、商品包装、容器、服务场所以及交易文书上,或者将商标用于广告宣传、展览以及其他商业活动中,用以识别商品或者服务来源的行为。

根据《商标法》的有关规定,使用他人的注册商标,必须经过商标权人的同意或者许可,并且签订注册商标使用许可合同。如果未经商标权人的同意,擅自使用他人注册商标,就会构成对他人商标权的侵犯。与商标使用侵权行为密不可分的还有商标淡化,这是商标使用侵权的另一种表现形式。例如,一些企业或者个人在未取得商标权人许可,将他人具有一定知名度的商标当作某类商品或者服务的通用名称使用,或者当作厂商名称、域名使用,使该商标无法区别于该类商品或服务的通用名称、厂商名称、域名,从而损害了他人商标的显著性,使他人商标淡化。商标淡化直接侵害的对象是商标,间接侵害的对象是商标权人的商誉。

典型案例 3-2-2　查处侵犯“2018 WORLD CUP”注册商标专用权案

(2018)京工商东处字第 902 号

案件事实

2018 年 4 月,北京市工商局东城分局接到投诉举报,对北京花生游信息技术有限公司进行检查。

经查:该公司未经国际足球联合会授权,擅自在自设网站突出使用“2018 WORLD CUP”“Russia 2018 俄罗斯世界杯”“大力神杯”等图文标识,用以宣传推广其门票代订服务和观赛旅游服务。上述标识与国际足球联合会的注册商标构成近似,容易导致公众混淆,侵犯了国际足球联合会注册商标专用权。

处理决定

该公司的上述行为,违反了《商标法》第 57 条第 2 项的规定。依据《商标法》第 60 条第 2 款的规定,北京市工商局东城分局责令该公司停止侵权行为,作出罚款 10 万元的行政处罚。

评析

近年来,我国企业侵犯国外商标权的情况时有发生,相关市场监督管理部门加大了对侵犯国外商标权的处罚力度,将国内、国外市场主体一视同仁,进行平等保护。

典型案例3-2-3 查处侵犯“海贼王”商标专用权案

(2019)京73民终2360号

案件事实

2014年7月1日,北京市工商局海淀分局接到北京随手互动信息技术有限公司投诉书,称北京乐汇天下科技有限公司开发的两款手机游戏“口袋海贼王”和“街机海贼王”侵犯其“海贼王”注册商标专用权。

投诉人北京随手互动信息技术有限公司于2010年8月7日取得第6240022号商标注册证,注册商标为海贼王图文组合商标,核定使用服务项目为第42类。2010年3月21日,随手互动公司在第9类上取得第6240023号商标注册证,注册有效期为2010年3月21日至2020年3月20日。

经查:2013年6月至2014年7月底,北京乐汇天下科技有限公司在多家手机软件运营平台上,分别使用“口袋海贼王”和“街机海贼王”作为游戏软件名称并提供下载安装使用。在两款游戏界面及宣传页面中使用了“口袋海贼王”和“街机海贼王”图标。消费者通过下载软件客户端可在手机上在线使用上述两款游戏,并可通过购买虚拟货币充值消费。北京乐汇天下科技有限公司共计收取游戏分成款2937万元。

处理决定

当事人北京乐汇天下科技有限公司的上述行为违反了《商标法实施条例》第76条之规定,属于《商标法》第57条第2项规定的侵犯注册商标专用权的行为。依据《商标法》第60条第2款的规定,北京市工商局海淀分局2017年6月16日责令北京乐汇天下科技有限公司立即停止侵权行为,并作出罚款2937万元的行政处罚。

评析

近年来,传统行业对商标的保护已经深入人心,非传统行业对商标的保护也逐步深入,本案被侵权人作为新兴行业,对自有的游戏品牌通过注册商标加以保护,并在发现被侵权后及时寻求市场监督管理部门加以保护,体现了全民知识产权保护意识的提高。

2. 销售商标侵权商品

经销商是商品生产者和消费者之间的媒介，负有向消费者提供质量合格的商品的义务。如果经销商向消费者提供侵犯他人注册商标专用权的商品，就相当于在帮助商标侵权人实现其非法牟利的目的，有损商标权人及广大消费者的合法权益。《商标法》将销售侵犯注册商标专用权的商品的行为规定为商标侵权行为，主要的意义在于在流通环节设置一道法律障碍，使商标侵权人的非法牟利目的难以得逞，从而减少商标侵权行为对社会造成的危害。

典型案例3－2－4　查处侵犯"Tiger"注册商标专用权案①

指导案例2号

案件事实

2017年12月，北京市工商局丰台分局在全市开展的红盾利剑打假溯源专项行动中，根据投诉举报线索，对北京宏源利得商贸有限公司进行立案调查。

该公司作为供货商，其经营销售的运动鞋所使用的标识与株式会社爱世克私的"Tiger"等注册商标构成近似，易使消费者对商品来源产生混淆误认。执法人员依法对侵权商品予以扣押。经调查，违法经营额高达1115万余元。

处理决定

该公司的上述行为，违反了《商标法》第57条第3项的规定。依据《商标法》第60条第2款的规定，北京市工商局丰台分局责令该公司停止侵权行为，没收侵权鞋6687双，并作出罚款5587万余元的行政处罚决定。

评析

这是近二十年来北京工商部门查处的最大一起商标侵权案件，体现了市场监督管理部门惩治侵犯商标权行为的决心。

典型案例3－2－5　查处侵犯"MERCEDES-BENZ""Audi"商标专用权案②

案件事实

2017年3月，北京市工商局丰台分局接到戴姆勒股份公司和奥迪股份公司

---

① 国家知识产权局发布的第一批知识产权行政执法指导案例2号(2020年)。

② 北京市工商局公布的2017年打击侵犯知识产权和制售假冒伪劣商品的"双打"十大案例之六(2017年)。

的举报，称北京南平顺泰科技有限公司在其经营场所内销售侵犯其注册商标专用权的汽车制动片，请求查处。执法人员在该销售场所发现大量带有奔驰图形标识和“MERCEDES-BENZ”英文字母标识的汽车制动片，带有奥迪图形标识和“Audi”英文字母标识的汽车制动片。经商标权利人鉴定为假冒注册商标专用权的商品。当事人北京南平顺泰科技有限公司未能提供上述汽车制动片的合法进货票据等凭证，也无法说明合法进货渠道。

处理决定

当事人北京南平顺泰科技有限公司的上述行为，属于《商标法》第57条销售侵犯注册商标专用权的商品的行为，依据《商标法》第60条第2款的规定，北京市工商局丰台分局责令当事人立即停止侵权行为，并作出没收侵权商品及罚款29.5万元的行政处罚。

评析

销售侵犯注册商标专用权的商品亦属于侵犯注册商标专用权的行为，市场监督管理部门有权予以查处，通过对流通环节的侵权商品进行打击，以防止商标侵权行为的扩散。

3. 反向假冒侵权

反向假冒侵权，是指未经商标权人同意，更换其注册商标并将该更换注册商标的商品重新投入市场进行销售牟利的行为。反向假冒之所以构成商标侵权，是因为商标和它所标示的商品之间存在一种不可分割的内在联系，这种联系是随着商标声誉、商品声誉的扩展而不断加深的。而商标的功能，在于维护这种联系的稳定与发展。破坏这种联系的行为，影响了商标功能的正常发挥，也损害了他人的商标权。在反向假冒侵权中，商标侵权人并非商品的最终使用者，该商标侵权人却人为地割裂了商标与商品之间应有的联系，剥夺了他人的注册商标通过进一步流通来扩展声誉的机会，影响了消费者对商标权人的认知程度，导致商标注册人的经济利益不能完全实现，损害了商标权人对其注册商标专用权的正常行使，实属商标侵权。

4. 商标标识侵权

商标标识侵权，是指伪造、擅自制造他人注册商标标识或者销售伪造、擅自制造的注册商标标识的行为。商标标识，一般是指带有注册商标图样的物质实体,包括文字商标、图形商标、文字图形、立体商标、颜色组合商标、声音商标。伪造、擅自制造他人注册商标标识及销售伪造、擅自制造的注册商标标识,都会使消费者对商品的来源发生混淆而误认,损害他人注册商标的声誉,因此,《商标法》将其规定为商标侵权行为。

典型案例3-2-6 北京中润嘉禾科技有限公司侵犯苏泊尔"精铸铁锅"注册商标专用权案①

案件事实

经北京市市场监管局查实,当事人北京中润嘉禾科技有限公司2018年12月至2019年6月,未经浙江苏泊尔股份有限公司商标权利人许可("苏泊尔"为中国驰名商标),擅自使用苏泊尔"精铸铁锅"商标标识在网上积分商城销售商品。

处理决定

当事人行为违反了《商标法》第57条第1款第1项、第3项、第4项之规定。依据《商标法》第60条第2款的规定,北京市市场监管局对当事人作出立即停止侵权行为、没收侵权商品及伪造注册商标标识的工具、罚款20万元的行政处罚。

评析

根据《商标法》第11条第1款第2项的规定,"精铸铁锅"仅直接表示商品的质量、直接原料等缺乏显著性特征,不可以作为商标注册。但该标志经过使用取得显著特征并便于识别的,可以作为商标注册。

商标标识侵权并非严格意义上的商标使用行为,但商标与它所标示的商品间有一种不可割裂的内在联系,同时,这类行为往往是商标侵权的"前奏",通常是为其他商标侵权行为提供帮助和便利条件,不加以禁止就不能够有效地维护商标权人的合法权益。不过,商标标识侵权行为对商标权的侵害毕竟不是具有直接性的,而是具有间接性的,即它对商标权的损害只体现为一种威胁,而非破坏。从这个角度来看,商标标识侵权行为是一种间接侵权行为,而非直接侵权行为。

---

① 北京市市场监管部门查处的侵权假冒十大典型案件之三(2019年)。

5. 其他商标侵权

其他商标侵权，是指除了商标使用侵权、销售商标侵权商品、反向假冒侵权和商标标识侵权之外的给他人注册商标权造成损害的行为。根据《商标法实施条例》的有关规定，给他人的注册商标专用权造成其他损害的行为主要包括以下两种：一是在相同或者类似商品上，将与他人注册商标相同或者近似的标志作为商品名称或者商品装潢来使用，误导公众的行为；二是故意为侵犯他人注册商标专用权行为提供仓储、运输、邮寄、隐匿等便利条件的行为。

此外，根据最高人民法院《关于审理商标民事纠纷案件适用法律若干问题的解释》第1条的规定，下列行为属于《商标法》第57条第7项规定的给他人注册商标专用权造成其他损害的行为：

第一，将与他人注册商标相同或者相近似的文字作为企业的字号在相同或者类似商品上突出使用，容易使相关公众产生误认的。

第二，复制、摹仿、翻译他人注册的驰名商标或其主要部分在不相同或者不相类似商品上作为商标使用，误导公众，致使该驰名商标注册人的利益可能受到损害的。

第三，将与他人注册商标相同或者相近似的文字注册为域名，并且通过该域名进行相关商品交易的电子商务，容易使相关公众产生误认的。

另外，商标侵权行为在违法所得数额较大或者情节严重的情况下，触犯的不仅仅是《商标法》和有关民商事法律，更触犯了刑事法律，构成假冒注册商标犯罪，包括假冒注册商标罪、销售假冒注册商标的商品罪、非法制造注册商标标识罪、销售非法制造的注册商标标识罪四个罪名，应依法将追究其刑事责任。

典型案例3-2-7　海南英皇娱乐有限公司侵犯英皇管理服务有限公司注册商标专用权案

(2015)美行初字第64号

案件事实

海南英皇娱乐有限公司于2008年10月27日登记设立，而“英皇”商标分别于1997年4月7日和1997年6月28日由英皇管理服务有限公司英皇管理公司在国家工商总局注册，注册类别分别是41类和42类。商标是“任何能够将自然人、法人或者其他组织的商品与他人的商品区别开的标志，包括文字、图形、字母、数字、三位标志、颜色组合和声音等”,可见,商标的必备条件是能够与其他商品区别开来,不发生混淆。海南英皇公司的企业名称海南英皇娱乐有限公司,其使用了英皇管理服务有限公司在先注册的“英皇”商标,并作为其企业名称的显著部分。海南英皇公司在其经营场所金银岛大酒店四层、五层使用了“英皇会所”字样,在金银岛大酒店电梯里的宣传牌上使用了“金银岛英皇会所”,并在网站、报纸上使用其企业名称进行宣传和人事招聘。“英皇”作为文娱活动等行业的注册商标有一定的知名度,其专用权在注册国范围内受到保护,而海南英皇公司的经营范围主要也是娱乐行业,属于相同或者类似的商品,海南英皇公司的上述行为容易使公众产生误认。最高人民法院《关于审理商标民事纠纷案件适用法律若干问题的解释》第1条规定:“下列行为属于商标法第五十二条第(五)项规定的给他人注册商标专用权造成其他损害的行为:(一)将与他人注册商标相同或者相近似的文字作为企业的字号在相同或者类似商品上突出使用,容易使相关公众产生误认的……”《商标法》第57条规定:“有下列行为之一的,均属侵犯注册商标专用权:……(七)给他人的注册商标专用权造成其他损害的。”可见,侵犯注册商标专用权不以侵权人具有主观恶意为前提,海南英皇公司的企业名称及宣传方式客观上已经侵犯了英皇管理服务有限公司的注册商标专用权。

处理决定

《商标法》第61条规定:“对侵犯注册商标专用权的行为,工商行政管理部门有权依法查处;涉嫌犯罪的,应当及时移送司法机关依法处理。”市工商局认为,在调查中未发现海南英皇公司恶意使用和主观故意的证据,认定为其善意使用,没有对海南英皇公司进行行政处罚,依据《商标法》第58条,《企业名称登记管理规定》第5条、第9条第2项及《企业名称登记管理实施办法》第41条的规定,对海南英皇公司作出《变更企业名称决定书》,责令其在指定期限内办理企业名称变更登记。

评析

将他人的注册商标登记为公司名称,这种“搭便车”的侵权行为,严重混淆了公众认知,损害了商标专用权人的合法权益,该决定书认定事实清楚、证据确凿,适用法律、法规、规章正确,程序合法。

(三)行政处罚的类型

根据《行政处罚法》的规定,行政机关应当依法行使下列职权,对违法行为进行处罚。根据《行政处罚法》第9条的规定,行政处罚的种类有:(1)警告、通报批评;(2)罚款、没收违法所得、没收非法财物;(3)暂扣许可证件、降低资质等级、吊销许可证件;(4)限制开展生产经营活动、责令停产停业、责令关闭、限制从业;(5)行政拘留;(6)法律、行政法规规定的其他行政处罚。

根据《商标法》第60条的规定,有本法第57条所列侵犯注册商标专用权行为之一,引起纠纷的,由当事人协商解决;不愿协商或者协商不成的,商标注册人或者利害关系人可以向人民法院起诉,也可以请求工商行政管理部门处理。工商行政管理部门处理时,认定侵权行为成立的,责令立即停止侵权行为,没收、销毁侵权商品和主要用于制造侵权商品、伪造注册商标标识的工具,违法经营额5万元以上的,可以处违法经营额五倍以下的罚款,没有违法经营额或者违法经营额不足5万元的,可以处25万元以下的罚款。对5年内实施两次以上商标侵权行为或者有其他严重情节的,应当从重处罚。销售不知道是侵犯注册商标专用权的商品,能证明该商品是自己合法取得并说明提供者的,由工商行政管理部门责令停止销售。对侵犯商标专用权的赔偿数额的争议,当事人可以请求进行处理的工商行政管理部门调解,也可以依照《民事诉讼法》向人民法院起诉。经工商行政管理部门调解,当事人未达成协议或者调解书生效后不履行的,当事人可以依照《民事诉讼法》向人民法院起诉。

工商行政管理部门应当依据上述法律规定行使罚款、没收违法所得,没收非法财产、责令停产停业等行政处罚权。

(四)商标权行政保护主体

商标权的原始主体,是指商标注册人;继受主体,是指依法通过注册商标的转让或者移转取得商标权的自然人、法人或者其他组织。商标权主体的种类包括:(1)各企业、社会团体、个体工商户及个人合伙;(2)商标权的传来取得人及其他权利承受者;(3)享有商标权的外国人。

(五)行政投诉、举报及查处

1. 行政举报

单位或个人发现违法行为向本市市场监督管理部门投诉、申诉或者举报,可以用书面或者口头方式提出。接受口头投诉、申诉或者举报的工作人员应当如实记录。

对于涉外商标投诉案件,应当委托国家认可的具有商标代理资格的组织代理。

单位或个人请求市场监督管理部门处理时,应向违法行为发生地的县级以上含县级市场监督管理部门投诉、举报,并提交下列资料:(1)行政投诉书,包括投诉人姓名或名称、地址、联系方式,被投诉人姓名或名称、地址,侵权事实及相关情况,投诉的法律依据和要求,投诉日期等;(2)主体资格证明,包括有效营业执照复印件或身份证明,商标权属证明等;(3)侵权证据,包括侵权的实物、商标标识、有关票据、照片等。

2. 行政查处

商标权违法行为的行政查处,是指商标权行政主管机关依据法定职权强制要求违法行为人履行义务或对商标权违法行为予以制裁的活动。商标权违法行为的行政查处是商标权行政主管机关依职权主动采取的一种手段,以及时有效地打击损害公共利益的违法行为。行政查处具有查处行为主动性、查处主体广泛性、查处手段强制性和查处对象违法性等特点。通常包括“查”和“处”两个方面:“查”是指商标行政主管机关对违法行为进行检查、调查和取证的过程;“处”是指商标行政主管机关对违法行为做出行政处罚决定或者强制其履行法定义务的过程。具体而言有以下三种:

第一种,行政检查,是指商标权行政主管机关对商标权的实施、利用、许可等过程是否遵守法律和履行相关法律义务进行单方面的强制了解。对于商标权的拥有者或使用者来说,行政检查通常产生的法律后果有:一是促成授益性行政行为(如商标权奖励和资助);二是导致侵益性行政行为(如商标权行政处罚和行政强制);三是只是了解情况,对商标权的拥有或使用不产生影响,本研究涉及的行政检查主要是指会导致侵益性行政行为的情况。在实际工作中,知识产权行政主管机关的行政检查权一般发生在调查取证的过程中。

第二种,行政处罚,是指市场监督管理部门为了维护公共利益和社会秩序,依法对违反法律规范但尚未构成犯罪的行为,给予人身、财产、名誉或者其他形式的法律制裁的行政行为。行政处罚的种类一般包括行为罚、申诫罚、人身罚、财产罚。商标权违法行为的行政处罚除了要遵循相关商标权单行法律法规的规定外,还须遵循《行政处罚法》的规定。

第三种,行政强制,是指为实现行政管理目的或者当违法者不履行知识产权法上的义务时,商标权行政管理机关针对违法者或侵权者的人身、财产或者行为所采取的单方面强制行为。能够作出行政强制行为的主体只能是相关行政主体,但实施行政强制行为的主体则不仅包括相关行政主体,还包括人民法院。

行政检查是行政主体正确作出行政处罚和行政强制的前提,行政处罚是行政查处的核心内容,行政强制是行政处罚得以实现的保障。三者共同构成对商标权违法行为的行政查处。

(六)商标权行政保护管辖

行政保护的管辖分为级别管辖和地域管辖,与商标权相关的行政保护做出的行政处罚由违法行为发生地的市场监督管理部门管辖。市局、专业分局、区县分局依职权管辖本辖区内发生的案件,对当事人的同一违法行为,两个以上市场监督管理部门都有管辖权的,由最先立案的市场监督管理部门管辖。

指定管辖,两个以上分局因管辖权发生争议的,应当协商解决,协商不成的,报请市市场监督管理局相关业务处指定管辖,应当以市市场监督管理局的名义作出。

移送管辖,市市场监督管理局、专业分局、区县分局发现查处的案件不属于自己管辖时,应当将案件移送有管辖权的市场监督管理部门管辖。本市受移送的分局对管辖权有异议的,应当报请市市场监督管理局指定管辖。

提级管辖,市市场监督管理局认为必要时可以直接查处分局管辖的案件,也可以将自己管辖的案件交分局管辖。分局认为应当由其管辖的案件属重大、复杂、疑难案件,或者由于特殊原因难以办理的,可以报请市市场监督管理局管辖。

市场监督管理部门发现违法行为涉嫌犯罪的,应当依照有关规定将案件移送司法机关。

二、商标权行政处罚普通程序

商标权行政处罚的一般程序分为立案、调查取证、案件调查终结、核审、行政处罚告知与听证、决定。具体如图3-2-1所示:

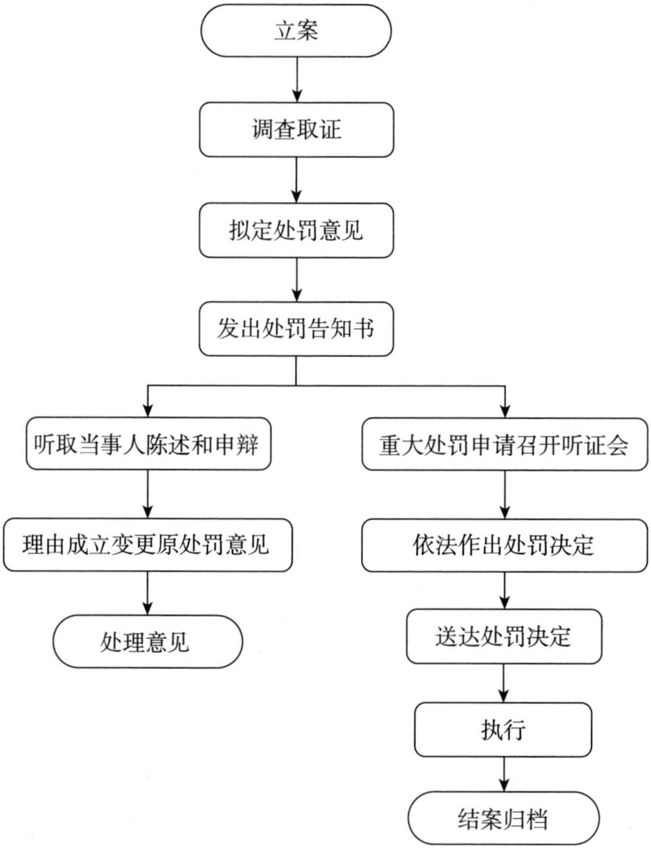

图 3-2-1 商标权行政处罚普通程序

(一)立案

市场监督管理机关应当自收到投诉、申诉、举报、其他机关移送、上级机关交办的材料之日起7个工作日内予以核查,并决定是否立案;特殊情况下,可以延长至15个工作日内决定是否立案。立案应填写立案审批表,并附相关材料(举报材料、申诉材料、控告材料、上级机关交办的或者有关部门移送的材料、当事人提供的材料、监督检查记录等),以局名义查处的案件,由局长(包括副局长,下同)或局长授权的处、科、所、队长批准立案,同时指定2名以上办案人员调查处理。

经过调查,不构成违法行为的,应当填写销案审批表,由局长批准后予以销案。承办人员应当将销案审批表及相关材料组卷归档备查。

对于具名投诉、举报、申诉不予立案的，经工商行政管理机关负责人批准后，在15个工作日内由办案机构将结果告知具名的投诉人、申诉人、举报人，并制作笔录或工作记录，具名的投诉人、申诉人、举报人要求书面告知的，应以书面形式告知。

办案人员是当事人的近亲属或者与当事人有其他利害关系，可能影响案件公正处理的，应当回避。

当事人对办案人员提出回避申请的，是否回避应当由办案机构负责人决定。办案人员是办案机构负责人的，由局长决定。

在作出回避决定前，办案人员不停止对案件的调查。

（二）调查取证

立案后，办案人员应当及时进行调查，收集、调取证据，并可以依照法律、法规的规定进行检查。首次向案件当事人收集、调取证据的，应当向当事人送达《首次询问告知书》。办案人员调查案件，不得少于2人。办案人员调查取证时，一般应当着制服，并出示《中华人民共和国工商行政管理行政执法证》。

证据包括：（1）书证；（2）物证；（3）证人证言；（4）视听资料、计算机数据；（5）当事人陈述；（6）鉴定结论；（7）勘验笔录、现场笔录。

办案人员可以询问当事人及证明人。询问应当个别进行。

办案人员在查处违法行为过程中，在证据可能灭失或者以后难以取得的情况下，可以采取先行登记保存措施。

办案人员在查处违法行为过程中，依照法律、法规规定扣留（暂扣）、封存等行政强制措施的，办案机关可以根据具体情况实施。

采取扣留（暂扣）、封存等行政强制措施，或者解除行政强制措施的，应当经局长批准。

紧急情况下采取上述行政措施的，应当在3日内补办批准手续。

行政复议、诉讼期间，不停止行政强制措施的执行。

对当事人的财物采取先行登记保存或扣留（暂扣）、封存等行政强制措施的，办案人员应当当场清点，开具清单，由当事人和办案人员签字或者盖章，交当事人一份，并送达当事人先行登记保存证据通知书或扣留（封存）财物通知书。

当事人不在现场或查扣期间逃匿的，办案人员应当记明情况并按规定送达文书。

为查明案情,需要对案件中专门事项进行鉴定的,工商行政管理机关应当出具载明委托鉴定事项及相关材料的委托鉴定书,委托具有法定鉴定资格的鉴定机构进行鉴定;没有法定鉴定机构的,可以委托其他具备鉴定条件的机构进行鉴定。鉴定结论应由鉴定人员签名或者盖章,加盖鉴定机构公章。

扣留当事人托运的物品,应当填写协助扣留通知书,通知有关运输部门协助办理,并书面通知当事人。

对于先行登记保存的证据及扣押、查封的财物,应当妥善保管,严禁动用、调换或者损毁。

法律、法规规定查封、扣押等行政强制措施的,可以根据具体情况实施。采取行政强制措施的,应当告知当事人有申请行政复议和提起行政诉讼的权利。

采取查封、扣押等行政强制措施,或者解除行政强制措施,应当经工商行政管理机关主管局长批准。

(三)案件调查终结

案件调查终结后,或者办案机构认为应当终止调查的,按照下列方式处理:

1. 认为违法事实成立,应当予以行政处罚的,写出调查终结报告,草拟行政处罚决定建议书,符合案件核审范围的连同案卷交由核审机构核审。调查终结报告应当包括案件调查的起止时间、案件的来源、当事人的基本情况、违法事实、相关证据及其证明事项、案件性质、自由裁量理由、处罚依据、处罚建议等。

2. 认为违法事实不成立,应当予以销案的;或者违法行为轻微,没有造成危害后果,不予行政处罚的;或者案件不属于本机关管辖应当移交其他行政机关管辖的;或者涉嫌犯罪,应当移送司法机关的,写出调查终结报告,说明拟作处理的理由,报局长批准后根据不同情况分别处理。

(四)核审

案件核审有以下主要内容:(1)所办案件是否具有管辖权;(2)当事人的基本情况是否清楚;(3)案件事实是否清楚、证据是否有关联性及是否充分;(4)定性是否准确;(5)适用法律、法规、规章是否准确;(6)处罚是否恰当;(7)程序是否合法;(8)裁量权幅度是否适当。

法制机构对案件核审后,提出以下书面意见和建议:(1)对事实清楚、证据充分、定性准确、处理恰当、程序合法的案件，或是经过简单的补证后可以处罚的案件，同意办案机构的处罚意见或建议补充相应证据后实施处罚；(2)对定性准确、适用法律不当、处罚不当的案件，建议办案机构修改；(3)对定性不准、适用法律不当、处罚不当的案件，建议办案机构重新处理；(4)对事实不清、证据不足的案件，建议办案机构补正；(5)对程序不合法的案件，建议办案机构纠正；(6)对违法事实不成立或者已超过追责期限的案件，建议销案；(7)对违法事实轻微并及时纠正，没有造成危害后果的案件，建议不予行政处罚；(8)对超出管辖权的案件，建议办案机构按有关规定移送；(9)对涉嫌犯罪的案件，建议移送司法机关。

法制机构的核审意见应当为一级一次核审。

(五)行政处罚告知与听证

局长对行政处罚建议批准后，由办案机构以办案机关的名义，告知当事人拟作出行政处罚的事实、理由、依据、处罚内容，并告知当事人依法享有陈述、申辩权。拟作出的行政处罚属于听证范围的，应当告知当事人有要求举行听证的权利。

(六)决定

局长经对案件调查终结报告、核审意见或者听证报告，当事人的陈述、申辩意见，拟作出的行政处罚决定进行审查，根据不同情况分别作出给予行政处罚、销案、不予行政处罚、移送其他机关等处理决定。

三、行政处罚的简易程序

市市场监督管理局、专业分局、区县分局，对违法事实确凿，并有法定依据，对公民处以50元以下、对法人或其他组织处以1000元以下罚款或者警告的行政处罚的，可以当场作出处罚决定。

四、执行、期间、送达

(一)执行

行政处罚决定作出后，当事人应当在处罚决定书规定的期限内予以履行。

当事人逾期不履行行政处罚决定的，作出行政处罚决定的市场监督管理部门可以采取以下措施:(1)到期不缴纳罚款的,每日按罚款数额的3%加处罚款;(2)根据法律的规定,将查封、扣押的财产拍卖或者冻结的存款拨付抵交罚款;(3)在当事人的法定起诉期限届满之日起180日内申请人民法院执行。

当事人确有经济困难需要延期或者分期缴纳罚款的,应当写出书面申请提出具体可行的延期或分期缴纳罚款的计划,经局长批准可以延期或者分期缴纳,但延期或分期缴纳罚款的期限不得超过2年。

对依法解除先行登记保存、封存、扣押行政措施,需退还当事人财物的,应当区分下列情况进行处置:(1)对依法解除行政强制措施,需退还当事人财物的,办案机构应当通知当事人在3个月内领取;(2)当事人不明确的,应当采取公告方式通知当事人在6个月内认领财物;(3)通知或者公告的认领期限届满后,无人认领的,市场监督管理部门可以按照有关规定采取拍卖或者变卖等方式处理物品,变价款保存在市场监督管理部门专门账户上。自处理物品之日起1年内仍无人认领的,变价款扣除为保管、处理物品所支出的必要费用后上缴财政。法律、行政法规另有规定的,从其规定。

(二)期间

期间以时、日、月计算,期间开始之时或者日不计算在内。期间不包括在途时间,期间届满的最后一日为法定节、假日的,以节假日后的第一日为期间届满的日期。

(三)送达

办案机构送达行政处罚决定书,应当在宣告后当场交付当事人;当事人不在场的,应当在7日内按照下条规定确定原则办理。

办案机构送达行政处罚决定书、听证告知书应当填写送达回证,其他文书送达可以由当事人在相关文书上签收。除告知文书外的其他文书按照下列方式送达:

1. 直接送达当事人的,由当事人在送达回证上注明收到日期,并签名或盖章,当事人在送达回证上的签收日期为送达日期。

当事人是法人、经营单位或者其他组织的,交其收发部门签收。当事人是公民或者个体工商户的,交其本人签收,本人不在的,交其同住的成年家属或者所在单位签收。当事人指定代收人的,交代收人签收。当事人拒绝接受有关文书的，送达人应当邀请有关人员到场，说明情况，在送达回证上记明拒收的事由和日期，由送达人、见证人签名或者盖章，将文书留在当事人的收发部门或者住处，即视为送达。

2. 无法直接送达或直接送达有困难的，可以挂号邮寄送达，也可以委托当地市场监督管理部门代为送达。邮寄送达的，以回执上注明的收件日期为送达日期。

3. 无法采取上述几种方式送达的，可以公告送达。公告送达，可以在全国性或地市一级的报纸上予以公告，也可以在市场监督管理部门公示的公告栏张贴公告，并可以同时在市场监督管理部门对外的网站上公告。自公告发布之日起经过60日即视为送达。

公告送达的，应当在案卷中记明原因、文稿和经过以及公告形式，可以拍照或录像留取影视资料存档。

五、行政保护仍需完善之处

（一）完善启动行政保护的程序

启动行政保护程序时应增加商标侵权案件的投诉要件规定，约束行政保护被滥用行为。要求投诉人或者举报人在投诉时要提交以下资料：一是投诉人身份证明文件，如企业营业执照复印件或者身份证复印件；二是商标注册权属证明文件，包括商标注册人提交的商标注册证复印件，利害关系人提交的商标使用许可合同、在国家市场监督管理总局商标局备案的材料及商标注册证复印件；三是被投诉方实施商标侵权行为的证据，包括涉嫌侵权的商品实物或者照片，储藏地点的现场照片，运输过程的照片或者录像，侵权行为的公证文书或者侵权商品销售票据等；四是授权委托书，国内投诉人委托他人投诉的应提交由委托人签署的授权委托书，委托商标代理组织投诉的，该商标代理组织应出示其具有代理资格的有效证件，国外商标注册人投诉的，应委托国家认可的商标代理组织代理投诉，且授权委托书需要进行公证和认证。

（二）行政保护涉及查封当事人财产的，应建立财产保全与行为保全制度

现行《商标法》只规定人民法院可以要求当事人提供担保，进行行为保全与财产保全，而对商标行政执法并没有规定，因此，在商标行政执法中，若商标权

人要求查封对方当事人涉嫌侵权物品,应要求相关商标权人提供担保,以避免对方当事人损失,也防止执法机关陷于被动。

(三)完善行政保护中的鉴定制度,特别是鉴定主体及其法律责任与权利人出具的证据效力问题

商标注册人或者其委托鉴定人、商标许可使用人,可以对假冒注册商标进行鉴定;出具鉴定结论的机构或者个人,应当对其鉴定结论承担相应法律责任;同一案件多种鉴定结论不一致的,应当采信商标注册人或者其许可使用人提供的合法鉴定结论。明确商标侵权行为的鉴定机构以及权利人出具的证据效力问题对工商行政执法非常重要。因为商标侵权鉴定有其特殊性,是以权利人鉴定为准的。同时,对当事人提交证据及合法证明材料应设定失权制度,以督促权利人维护权利,也有利于及时、有效制止纷争。增加规定,对涉案当事人或商标权人提供合法证明材料应确定一定期限,超过期限未提供证据或证据无效的,市场监督管理机关不予立案。这一规定是因为证据的提交及其效力涉及鉴定与商标权行政保护的正常启动和有效运行。

第三章　商标权的刑事保护

第一节　商标权刑事保护概述

一、商标权犯罪概述

随着创新驱动发展和知识产权保护司法政策的实施，我国对知识产权的保护越发重视，仅凭民事、行政方面的保护，已不足以遏制错综复杂的知识产权侵权行为，必须加强刑事制裁，形成民事、行政、刑事三合一保护体系，才能使知识产权保护系统化、专业化。侵犯商标权犯罪是知识产权刑事案件中较为突出与重要的一个部分。根据《刑法》的相关规定，侵犯商标权犯罪，是指违反《商标法》及相关法律法规，侵犯他人注册商标专用权，破坏商标管理制度，危害社会主义市场经济秩序，情节严重的行为。根据《商标法》与《刑法》等法律相关规定，侵犯商标权犯罪包括假冒注册商标罪，销售假冒注册商标商品罪，与非法制造、销售非法制造的注册商标标识罪。上述犯罪行为严重侵犯了商标权权利主体的合法权益，应当依法对上述行为予以严厉打击。

二、商标权刑事保护的意义

随着知识产权在市场经济中的地位及作用越来越大，知识产权涉及的犯罪问题也越来越突出。已有数据显示，侵犯知识产权犯罪已经成为联合国规定的17类跨国犯罪中最为严重的犯罪之一，其中侵犯商标权的犯罪又在侵犯知识产权犯罪中占据着较高的比重。因此，加强对商标权犯罪的刑事保护，对维护公平竞争、诚信守法、创新发展的营商环境具有重大意义。而刑法作为最强有力的保护措施和制裁手段，在打击侵犯商标权犯罪中发挥着不可或缺的作用。

（一）商标权保护的最后屏障

商标是一个企业的显著标志，商标权对生产者、经营者的影响至关重要，尤其是一些知名企业，其商标的潜在价值是巨大的。社会上侵犯注册商标的行为无疑给商标权人造成极大的损失，因此，对商标权人的保护，不应仅停留在民事和行政保护上，还应当通过打击侵犯商标权的犯罪行为，为企业发展提供良性的竞争环境，保护商标权人的合法权益。

（二）严厉打击违法犯罪的应有之义

涉嫌商标权犯罪也是刑事犯罪的种类之一，加大对商标权犯罪的打击力度，也是打击刑事犯罪的应有之义。尤其是随着知识经济时代的到来，知识产权特别是商标权蕴藏着巨大的商业价值，侵犯商标权的犯罪已经愈演愈烈，如假冒注册商标的商品在市面上屡见不鲜，不仅破坏了正常的市场经济秩序，也造成犯罪滋生。加大对商标权犯罪的打击力度，已经刻不容缓。坚持刑法对商标权的强保护，对社会危害性大的侵犯商标权犯罪行为坚决依据刑法规定严厉打击，是震慑侵犯商标权犯罪、遏制犯罪高发态势的必要选择。

（三）为创新发展保驾护航

我国商标权的刑事司法保护经历了一个从无到有、从弱到强的过程。目前，在刑事立法和司法层面都已形成强保护的氛围，以刑法及司法解释的形式明确侵犯商标权犯罪的定罪量刑问题，在刑事诉讼程序中，借助《刑罚》手段，追究实施侵犯商标权犯罪的行为人的刑事责任，以发挥刑法惩治和预防侵犯商标权犯罪的功能，达到保护企业商标权、鼓励创新、推动经济社会蓬勃发展的目的。

第二节　商标权刑事保护的法律规定

一、商标权刑事保护的立法沿革

我国《刑法》对侵犯商标权的刑事保护正在日益完善。从 1997 年的《刑法》开始设立关于侵犯商标权的罪名，到 2004 年、2007 年、2020 年最高人民法院、最高人民检察院陆续发布 3 个《关于办理侵犯知识产权刑事案件具体应用法律的司法解释》，对假冒注册商标罪，销售假冒注册商标的商品罪、非法制造、销售非法制造的注册商标标识罪这三种侵犯商标权的犯罪作出了细化规定,显示出我国对知识产权犯罪,特别是对侵犯商标权犯罪的刑事打击力度和决心,也标志着我国对侵犯商标权犯罪法律规定的逐步完善。特别是2021年3月1日公布的《刑法修正案(十一)》,对侵犯知识产权罪一节刑法条文进行了大刀阔斧的修改,不仅降低了入罪标准、提高了量刑标准,还充实了刑法条文的表述方式,为刑事司法打击提供了极大便利。

1997年,第八届全国人民代表大会第五次会议通过现行《刑法》,在分则第三章第七节对侵犯商标权犯罪进行了专门统一的规定,规定了假冒注册商标罪,销售假冒注册商标的商品罪,非法制造、销售非法制造的注册商标标识罪这三个罪名。这是国家首次对商标权犯罪通过法律形式加以规定,具有划时代的意义,标志着我国对侵犯商标权行为的处罚从以民法为中心开始向以刑法为中心转变。

2021年3月1日生效的《刑法修正案(十一)》对侵犯商标权犯罪的3个罪名均进行了大幅修改。

1. 扩大了假冒注册商标罪的打击范围,将服务商标纳入刑法保护对象

我国《商标法》第8条规定,任何能够将自然人、法人或者其他组织的商品与他人的商品区别开的标志,包括文字、图形、字母、数字、三维标志、颜色组合和声音等,以及上述要素的组合,均可以作为商标申请注册。按照商标的使用范围划分,商标可以包括商品商标和服务商标,其中服务商标是指提供服务的经营者为将自己提供的服务与他人提供的服务相区别而使用的标识。

随着我国服务业占国内生产总值(GDP)的比重越来越高,服务商标的注册数量越来越多,服务商标所凝聚的商誉价值越来越巨大,侵犯服务商标的犯罪也越来越多,已不容忽视。在《刑法修正案(十一)》颁布之前,我国《刑法》没有将服务商标纳入刑事保护范围,侵犯服务商标的案件仅能通过民事或行政手段进行救济,这就极易造成服务商标保护缺失。

《刑法修正案(十一)》实施后,侵犯服务商标的行为被纳入刑法打击范围,为服务商标的刑事保护提供法律依据,既满足了司法实践需要,又有利于提高执法效率。

2. 提高了侵犯商标权犯罪的起刑标准

原《刑法》规定,假冒注册商标罪中情节严重的,处3年以下有期徒刑或拘

役;销售假冒注册商标的商品罪,销售金额数额较大的,处3年以下有期徒刑或者拘役;非法制造、销售非法制造的注册商标标识罪情节严重的,处3年以下有期徒刑、拘役或者管制。

《刑法修正案(十一)》将上述规定中的拘役、管制均予以删除,以后侵犯商标权犯罪的最低刑均为有期徒刑,加大了对假冒、侵害注册商标专用权行为的惩戒力度。

3. 提高了侵犯商标罪最高法定刑

《刑法修正案(十一)》全面上调侵犯知识产权罪一节的法定刑,将原来的情节特别严重的量刑范围3年以上7年以下有期徒刑,提高到3年以上10年以下有期徒刑,即侵犯商标权犯罪,最高可获10年有期徒刑。

这一方面是对中美第一阶段《中华人民共和国政府和美利坚合众国政府经济贸易协议》等文件的回应;另一方面,也表示出我国严厉打击侵犯知识产权犯罪特别是商标权犯罪的决心。

4. 假冒注册商标罪的认定标准由"销售金额"再度转为"违法所得",同时考虑"其他犯罪情节"

1997年《刑法》将假冒注册商标罪的既遂标准从"违法所得数额较大"变为"销售金额较大",是为了更好地打击销售假冒注册商品的行为,将销售假冒注册商标商品的销售收入及应收账款囊括进来。根据"两高"《关于办理侵犯知识产权刑事案件具体应用法律若干问题的解释》的规定,"销售金额"是指销售假冒注册商标的商品后所得和应得的全部违法收入。"违法所得"是指犯罪行为人实施违法行为所获得的利益。在此之前,行为人多以低价销售大量侵权产品,以违法所得认定犯罪数额难以达到追诉标准。

随着知识产权司法实践的推进,"违法所得"已然可以包含应得和已得收入。另外,后续司法解释的出台,"非法经营数额"成为侵犯注册商标权相关罪名的入罪标准之一。"非法经营数额"的外延已包含"销售金额"和"违法所得",且规定对已售出和未售出的侵权假冒物品分别包容评价。除了《刑法》第214条,侵犯知识产权一节其他条文,均未以"销售金额"认定。以"违法所得数额"作为入罪标准,更符合知识产权相关罪名的体系性。

司法实践中,"知假买假"的销售假冒注册商标商品模式较为普遍,销售金额的认定受标价、实际售出价格、市场价格等影响,准确认定"数额"成为一个难题。《刑法修正案(十一)》增加"其他严重情节",为销售假冒注册商标罪的评价标准提供更多维度的可能性。"其他严重情节"可以参照上下条文的司法解释、最高人民法院、最高人民检察院《关于办理侵犯知识产权刑事案件具体应用法律若干问题的解释(三)》予以适用,并留给法官适当裁量权,以解决未来可能遇到的新疑难复杂情形。未来,销售假冒注册商标罪除了以犯罪数额进行评价,侵权产品件数、实施犯罪行为的违法所得数额、非法经营数额、给权利人造成的损失数额、注册商标的种类及其他可以衡量社会危害性的因素都可以纳入考量范围。

新修正案的变化,将引起"两高"印发的《关于办理侵犯知识产权刑事案件适用法律若干问题的意见》《关于办理侵犯知识产权刑事案件具体应用法律若干问题的解释》中一部分条款的不适用,需要新的司法解释予以明确。除了概念的调整与适用问题,司法实践中,对于金额的认定标准及具体的计算数额争议较大。现行司法解释虽规定了"非法经营数额"的内涵、区分已销售和未销售,但具体金额的计算标准以实际售价、标价、市场中间价、平均价格或鉴定机构估价作为依据,缺乏统一标准。在具体的司法实践中,留给权力机关的空间过大,导致侵犯注册商标专用权刑事案件量刑不统一。案件"高开低走"普遍——尽管涉案金额高但最终认定入罪的金额较低。

二、商标权犯罪的司法解释

自 2001 年以来,针对侵犯知识产权犯罪,特别是侵犯商标权犯罪,最高人民法院、最高人民检察院、公安部相继颁布了多部司法解释,旨在对刑法规定的侵犯商标权犯罪的 3 个罪名进行细化规定。

1. 最高人民法院、最高人民检察院《关于办理侵犯知识产权刑事案件具体应用法律若干问题的解释》(2004 年 12 月 22 日实施,以下简称《解释一》)

为了促进科技创新,营造发展高新技术产业的良好环境,提高全社会对知识产权的保护意识,以及为了有效遏制侵犯商标权、专利权、著作权等犯罪行为。2004 年,国务院成立国家知识产权工作组,负责领导并统筹协调全国知识产权保护工作,督办重大案件。并于同年,发布了《解释一》。

《解释一》首次对 1997 年《刑法》中规定的关于商标权的 3 个罪名进行详细解释,首次对刑法上的"相同的商标"进行定义,并对"情节严重""情节特别严重”“数额较大”作出了具体的解释，但随着时代的变迁，新情况、新问题的不断出现，特别是《刑法修正案(十一)》的生效，《解释一》的很多规定已经被新的规定所替代。

2. 最高人民法院、最高人民检察院《关于办理侵犯知识产权刑事案件具体应用法律若干问题的解释(二)》(2007 年 4 月 5 日实施，以下简称《解释二》)

(1)增加了不得适用缓刑的情形，包括：①因侵犯知识产权被刑事处罚或者行政处罚后，再次侵犯知识产权构成犯罪的；②不具有悔罪表现的；③拒不交出违法所得的；④其他不宜适用缓刑的情形。

(2)确定了罚金的数额：对于侵犯知识产权犯罪的，人民法院应当综合考虑犯罪的违法所得、非法经营数额、给权利人造成的损失、社会危害性等情节，依法判处罚金。罚金数额一般在违法所得的 1 倍以上 5 倍以下，或者按照非法经营数额的 50% 以上 1 倍以下确定。

(3)规定了侵犯知识产权刑事案件诉讼模式：被害人有证据证明的侵犯知识产权刑事案件，直接向人民法院起诉的，人民法院应当依法受理；严重危害社会秩序和国家利益的侵犯知识产权刑事案件，由人民检察院依法提起公诉。

3. 最高人民法院、最高人民检察院、公安部《印发〈关于办理侵犯知识产权刑事案件适用法律若干问题的意见〉的通知》(2011 年 1 月 10 日实施)

对于该通知，应重点关注以下问题：

(1)关于侵犯知识产权犯罪案件的管辖问题。

侵犯知识产权犯罪案件由犯罪地公安机关立案侦查。必要时，可以由犯罪嫌疑人居住地公安机关立案侦查。侵犯知识产权犯罪案件的犯罪地，包括侵权产品制造地、储存地、运输地、销售地，传播侵权作品、销售侵权产品的网站服务器所在地、网络接入地、网站建立者或者管理者所在地，侵权作品上传者所在地，权利人受到实际侵害的犯罪结果发生地。对有多个侵犯知识产权犯罪地的，由最初受理的公安机关或者主要犯罪地公安机关管辖。多个侵犯知识产权犯罪地的公安机关对管辖有争议的，由共同的上级公安机关指定管辖，需要提请批准逮捕、移送审查起诉、提起公诉的，由该公安机关所在地的同级人民检察院、人民法院受理。

对于不同犯罪嫌疑人、犯罪团伙跨地区实施的涉及同一批侵权产品的制造、储存、运输、销售等侵犯知识产权犯罪的行为，符合并案处理要求的，有关公安机关可以一并立案侦查,需要提请批准逮捕、移送审查起诉、提起公诉的,由该公安机关所在地的同级人民检察院、人民法院受理。

(2)关于《刑法》第 213 条规定的“同一种商品”的认定问题。

名称相同的商品以及名称不同但指同一事物的商品,可以认定为“同一种商品”。“名称”,是指国家知识产权局商标局在商标注册工作中对商品使用的名称,通常即《商标注册用商品和服务国际分类》中规定的商品名称。“名称不同但指同一事物的商品”,是指在功能、用途、主要原料、消费对象、销售渠道等方面相同或者基本相同,相关公众一般认为是同一种事物的商品。

认定“同一种商品”,应当在权利人注册商标核定使用的商品和行为人实际生产销售的商品之间进行比较。

(3)关于《刑法》第 213 条规定的“与其注册商标相同的商标”的认定问题。

具有下列情形之一,可以认定为“与其注册商标相同的商标”:①改变注册商标的字体、字母大小写或者文字横竖排列,与注册商标之间仅有细微差别的;②改变注册商标的文字、字母、数字等之间的间距,不影响体现注册商标显著特征的;③改变注册商标颜色的;④其他与注册商标在视觉上基本无差别、足以对公众产生误导的商标。

(4)关于尚未附着或者尚未全部附着假冒注册商标标识的侵权产品价值是否计入非法经营数额的问题。

在计算制造、储存、运输和未销售的假冒注册商标侵权产品价值时,对于已经制作完成但尚未附着(含加贴)或者尚未全部附着(含加贴)假冒注册商标标识的产品,如果有确实、充分证据证明该产品将假冒他人注册商标,其价值计入非法经营数额。

(5)关于多次实施侵犯知识产权行为累计计算数额问题。

依照最高人民法院、最高人民检察院《关于办理侵犯知识产权刑事案件具体应用法律若干问题的解释》第 12 条第 2 款的规定,多次实施侵犯知识产权行为,未经行政处理或者刑事处罚的,非法经营数额、违法所得数额或者销售金额累计计算。

2 年内多次实施侵犯知识产权违法行为,未经行政处理,累计数额构成犯罪的,应当依法定罪处罚。实施侵犯知识产权犯罪行为的追诉期限,适用《刑法》的有关规定,不受前述 2 年的限制。

(6)关于为他人实施侵犯知识产权犯罪提供原材料、机械设备等行为的定性问题。

明知他人实施侵犯知识产权犯罪,而为其提供生产、制造侵权产品的主要原材料、辅助材料、半成品、包装材料、机械设备、标签标识、生产技术、配方等帮助,或者提供互联网接入、服务器托管、网络存储空间、通信传输通道、代收费、费用结算等服务的,以侵犯知识产权犯罪的共犯论处。

4. 最高人民法院、最高人民检察院《关于办理侵犯知识产权刑事案件具体应用法律若干问题的解释(三)》(2020 年 9 月 14 日实施,以下简称《解释三》)

2019 年 11 月,中共中央办公厅、国务院办公厅《关于强化知识产权保护的意见》进一步明确"加强刑事司法保护,推进刑事法律和司法解释的修订完善。加大刑事打击力度,研究降低侵犯知识产权犯罪入罪标准,提高量刑处罚力度,修改罪状表述,推动解决涉案侵权物品处置等问题"。结合当前侵犯知识产权犯罪案件特点和司法实践中反映的突出问题,最高人民法院、最高人民检察院出台了《解释三》,该解释依照《刑法》《刑事诉讼法》的规定,对假冒注册商标罪"相同商标"在之前司法解释和意见的基础上进行了调整和补充,强调既要严厉打击假冒注册商标行为,又要防止突破"相同商标"的标准,将"近似商标"纳入刑法规制范围。进一步明确标准,统一认识。

(1)规定了"与其注册商标相同的商标",主要包括:①改变注册商标的字体、字母大小写或者文字横竖排列,与注册商标之间基本无差别的;②改变注册商标的文字、字母、数字等之间的间距,与注册商标之间基本无差别的;③改变注册商标颜色,不影响体现注册商标显著特征的;④在注册商标上仅增加商品通用名称、型号等缺乏显著特征要素,不影响体现注册商标显著特征的;⑤与立体注册商标的三维标志及平面要素基本无差别的;⑥其他与注册商标基本无差别、足以对公众产生误导的商标。

(2)规定可以酌情从重处罚,一般不适用缓刑情形:①主要以侵犯知识产权为业的;②因侵犯知识产权被行政处罚后再次侵犯知识产权构成犯罪的;③在重大自然灾害、事故灾难、公共卫生事件期间,假冒抢险救灾、防疫物资等商品的注册商标的;④拒不交出违法所得的。

(3)规定可以酌情从轻处罚情形:①认罪认罚的;②取得权利人谅解的;③具有悔罪表现的;④以不正当手段获取权利人的商业秘密后尚未披露、使用或者允许他人使用的。

(4)对罚金数额的规定。

对于侵犯知识产权犯罪的,应当综合考虑犯罪违法所得数额、非法经营数额、给权利人造成的损失数额、侵权假冒物品数量及社会危害性等情节,依法判处罚金。

罚金数额一般在违法所得数额的1倍以上5倍以下确定。违法所得数额无法查清的,罚金数额一般按照非法经营数额的50%以上1倍以下确定。违法所得数额和非法经营数额均无法查清,判处3年以下有期徒刑、拘役、管制或者单处罚金的,一般在3万元以上100万元以下确定罚金数额;判处3年以上有期徒刑的,一般在15万元以上500万元以下确定罚金数额。

《解释三》确定了最高5倍违法所得的罚金数额以及最高500万元的罚金幅度标准,极大提升了刑法的威慑力,这同时与《商标法》新引入的最高5倍的惩罚性赔偿接轨。

以上内容的增加,对于完善注册商标专用权的刑事保护具有积极的意义,主要体现在:

①完善了追诉和定罪标准。增加了以违法所得数额作为追诉和定罪的标准,进一步完善了追诉和定罪标准,更加便于刑事侦查、起诉和审判。

②扩大了《刑法》对于商标犯罪的威慑面。《解释三》规定,为侵权人提供便利条件的,以侵犯知识产权罪的共犯论处。可以在各个环节遏制和打击侵犯注册商标专用权犯罪,无疑扩大了《刑法》的威慑面。

③增加了"种"的概念。解释增加了假冒两种以上注册商标或者伪造、擅自制造或销售伪造、擅自制造两种以上注册商标标识也属于刑法中的"情节严重"或"情节特别严重"的内容。

④扩大了刑事犯罪的"雷区"。《解释三》第8条规定:"刑法第二百一十三条规定的'相同商标',是指与被假冒的注册商标完全相同,或者与被假冒的注册商标在视觉上基本无差别、足以对公众产生误导的商标。"对《刑法》中的"相同商标"做了解释。解释亦有所不同,二者相比,后者更加全面清晰。而且后者解释的"相同的商标"与从前业内对这一术语的一般理解相比,已不限于"完全相同",扩大了"相同的商标"的含义,从而扩大了《刑法》的打击范围,扩大了假冒注册商标犯罪的"雷区"。

⑤对《刑法》中的关键性术语作了明确定义。《解释三》对《刑法》和该解释中的12个术语进行了解释和限定,量化了《刑法》中"情节严重""情节特别严重""数额较大""数额巨大"等概念。这实际上是对刑事保护中刑事侦查、检察起诉和司法审判中的自有裁量权进行的规范和限定。

第三节　商标权刑事、民事和行政的交叉保护

知识产权民事案件,是指涉及著作权、商标权、专利权、技术合同、商业秘密、植物新品种和集成电路布图设计等知识产权以及不正当竞争、垄断、特许经营合同的民事纠纷案件。

知识产权行政案件,是指当事人对行政机关就著作权、商标权、专利权等知识产权以及不正当竞争等所作出的行政行为不服,向人民法院提起的行政纠纷案件。

知识产权刑事案件,是指《刑法》分则第三章"破坏社会主义市场经济秩序罪"第七节规定的侵犯知识产权犯罪案件等。

在知识产权犯罪案件特别是侵犯商标权案件审理过程中,往往伴随刑、民、行交织现象。实务工作者基于自身所在不同部门的立场,对同一案件可能作出不同的判断。因此,有必要将涉及知识产权的民事和行政、刑事的相关内容结合起来,综合运用,以更有效地发挥公法和私法在知识产权保护中的作用,维护法律秩序的平衡和统一。

一、商标权法与行政法、刑法融合的必要性

(一)知识经济发展的需要

当前社会已经进入知识经济时代,企业的品牌价值越来越重要,企业的知识产权已经成为企业的重要资产。可以说,知识产权已经成为创新发展的核心要素,因而,对知识产权的保护也成为提升一个国家科技实力的重要制度保障。对知识产权的保护就是对市场经济的保护。但随着知识产权的地位越来越凸显,知识产权的价值越来越大,侵害知识产权的手段也越来越普遍,危害性也越来越突出。过去单纯通过民事法律手段来保护知识产权已经不能满足当前的

发展需要,必须综合运用民事、行政、刑事手段,形成完整体系,才能使知识产权得到切实有效的保护。

(二)知识产权政策调整的需要

长期以来,我国对知识产权的保护是以民事法律保护为主,而在刑事方面一般采取适度保护的原则。然而,随着知识产权政策的不断完善,我国对知识产权的保护力度也在进一步加强,相关的司法政策不断发展变化,对知识产权进行严格保护已经成为共识,刑法对知识产权的保护作用也日益凸显。因而,刑法应在一定程度上主动与知识产权法律相融合,以刑法本身所特有的威慑作用,为知识产权的保护提供法律保障。

(三)承担国际义务的需要

我国已经加入 TRIPs,对知识产权能否进行有效保护,关系到提高全社会创新创造的能力,关系到中国能不能完成从“中国制造”到“中国创造”的成功转型。同时,还影响中国作为一个负责任的国家在国际社会中的地位与形象。因此,综合运用民事、刑事、行政手段打击知识产权中的违法违规行为,加大打击力度,丰富打击手段,彰显中国保护知识产权的决心,是履行协议所赋予的国际义务的重要制度保障。

(四)知识产权保护司法实践的需要

在司法实践中,知识产权保护需要刑法与知识产权法律融合,不能以单纯的刑法思维来思考和判断知识产权侵权行为的法律性质,也不能简单地以知识产权的相关规则来对侵犯公共利益的犯罪行为进行评价。否则,既有可能因为处罚过轻而侵犯了权利人的利益,也有可能因为处罚过重而造成技术垄断,阻碍技术的创新与社会的发展。因此,需要将刑法与知识产权法律的相关规定有机结合,同时,还有必要统一相关概念的内涵和外延,保证司法协调一致。

二、知识产权“三合一”审判模式

由于知识产权案件其自身的复杂性和专业性使涉及知识产权的审理难度加大。按照常规的审判模式,对知识产权案件的审理,应当按照案件的性质分别在民事、行政和刑事审判庭分别进行审理。一方面,这样分开审理,既不符合知识产权案件的特殊性要求,也不利于统一知识产权案件的司法保护尺度,维护司法权威；另一方面，从各类知识产权案件数量上看，刑事、行政案件的数量远低于民事案件数量，这就导致多数刑事、行政案件审判的法官对涉及知识产权案件的专业知识掌握不够，对案件性质的认定、审理都存在一定障碍。

为了解决这一问题，1996 年，上海市浦东新区法院率先开展知识产权审判"三合一"改革试点，行政和刑事案件统归于知识产权庭集中审理。截至目前，全国法院共有 6 个高级法院、95 个中级法院和 104 个基层法院先后开展了知识产权"三合一"审判机制改革试点。

2016 年，最高人民法院制定了《关于在全国法院推进知识产权民事、行政和刑事案件审判"三合一"工作的意见》，明确知识产权民事、行政和刑事案件审判"三合一"是指由知识产权审判庭统一审理知识产权民事、行政和刑事案件，并指出推进"三合一"工作，是人民法院贯彻落实党的十八届四中全会关于司法体制改革任务的重要举措，是落实国家知识产权战略和创新驱动发展战略的重要措施。

推进"三合一"工作，有利于增强司法机关和行政机关执法合力，实现知识产权的全方位救济和司法公正；有利于统一司法标准，提高审判质量，完善知识产权司法保护制度；有利于合理调配审判力量，优化审判资源配置，提高知识产权司法保护的效益和效率；有利于知识产权专门审判队伍建设，提高知识产权审判队伍素质。

但值得注意的是，"三合一"审判模式并非一个审判业务庭内部民事、行政和刑事审判业务的简单叠加，而是一个能够兼顾法官正确审案和最大限度保护当事人权益的审理模式。虽然目前尚未有一个统一的审判机制，但该模式已经在全国落地生根，渐次开花。

第四节　侵犯商标注册罪的构成要件与具体罪名

一、侵犯注册商标罪的构成要件

据前述所言，侵犯注册商标罪包括假冒注册商标罪，销售假冒注册商标罪，以及非法制造、销售非法制造的注册商标标识罪。根据我国刑法的犯罪构成理论,侵犯注册商标罪的构成要件包括:第一,犯罪主体。侵犯注册商标罪的犯罪主体为自然人或单位,即任何人或企事业单位假冒他人注册商标,情节达到犯罪标准的即构成本罪。其中,针对单位侵犯他人注册商标构成犯罪情形,对该单位处以罚金,对单位直接负责的主管人员与直接责任人依法追究刑事责任。第二,犯罪客体。侵犯注册商标罪的犯罪客体为国家对商标的管理秩序与他人合法的注册商标专用权。第三,主观方面。侵犯注册商标罪的行为人主观方面必须是故意。如果行为人主观上是过失实施侵犯他人注册商标的行为,则其行为不构成侵犯注册商标罪,相关权利主体依法可向其主张民事或行政责任而非刑事责任。第四,客观方面。侵犯注册商标罪的客观方面为行为人实施了刑法所禁止行为且情节严重。其中,假冒注册商标罪的客观方面为行为人实施了刑法所禁止的假冒商标行为,且情节严重;销售假冒注册商标罪的客观方面必须具有经销假冒注册商标的商品,并且经销金额较大的行为。经销包括批发、零售、代销等形式。对于犯罪嫌疑人实施销售假冒注册商标时是否明知的认定,应当根据案件的客观事实认定,只要能证明其知道或应当知道销售的是仿冒品的,即可以认定为明知。非法制造、销售非法制造的注册商标标识罪在客观上表现为行为人实施了非法制造、销售非法制造的注册商标标识的行为。

二、侵犯商标注册罪的具体罪名

(一)假冒注册商标罪

假冒注册商标罪,是指未经注册商标所有人许可,在同一种商品或服务上使用与其注册商标相同的商标,情节严重的行为。在《刑法修正案(十一)》颁布之前,《刑法》第213条规定:“未经注册商标所有人许可,在同一种商品上使用与注册商标相同的商标,情节严重的,处三年以下有期徒刑或者拘役,并处或者单处罚金;情节特别严重的,处三年以上七年以下有期徒刑,并处罚金。”2020年12月26日,第十三届全国人民代表大会常务委员会第二十四次会议通过的《刑法修正案(十一)》,该修正案对原《刑法》第213条进行了修订,本次修订扩大了假冒注册商标罪定罪的范围,将在同一种“服务”上使用与注册商标所有人相同商标的行为纳入规制范围,与此同时,本次修订还加大了假冒注册商标行为的惩罚力度,“情节严重的,处三年以下有期徒刑或者拘役”中“拘役”删掉外,还将“情节特别严重的,处三年以上七年以下有期徒刑,并处罚金”修订为

“情节特别严重的,处三年以上十年以下有期徒刑,并处罚金”,规制范围的扩大与惩罚力度的加大有助于更好地保护商标所有人的合法权益。

典型案例3-3-1 黄某、李某假冒注册商标案

(2020)京0115刑初616号

案件事实

黄某伙同李某于2019年12月至2020年1月在北京市大兴区黄村镇某村一出租大院内,未经注册商标所有权人许可,非法制造带有“国窖1573”“五粮液”“五粮春”“梦之蓝”“剑南春”等注册商标的白酒,后于2020年1月3日被民警当场查获,现场查扣“泸州老窖”“五粮液”“国窖1573”等白酒600余瓶,共价值人民币50余万元。

法院裁判

大兴区人民法院经过审理后认为,被告人黄某、李某未经注册商标所有人许可,在同一种商品上使用与其注册商标相同的商标,情节特别严重,其行为均已构成假冒注册商标罪,依法均应予惩处,认定被告人黄某在共同犯罪中起主要作用,系主犯;被告人李某在共同犯罪中起次要、辅助作用,系从犯。鉴于被告人黄某认罪认罚,依法从轻处罚。鉴于被告人李某系从犯,且认罪认罚,依法减轻处罚。最终法院判决被告人黄某犯假冒注册商标罪,判处有期徒刑4年,并处罚金人民币30万元。被告人李某犯假冒注册商标罪,判处有期徒刑2年6个月,并处罚金人民币2万元。

评析

本案中,被告人未经注册商标所有人许可,在同一种商品上使用与其注册商标相同的商标,情节特别严重,其行为构成了假冒注册商标罪,因被告人李某系从犯,且认罪认罚,故依法减轻了处罚。

典型案例3-3-2 林某、沈某等假冒注册商标案

(2019)苏05刑终559号

案件事实

2017年下半年,林某、沈某娟预谋通过假冒“波司登”系列注册商标的羽绒服牟利,约定由林某出资并负责销售,由沈某娟负责加工生产。后沈某娟委托

沈某康具体负责加工事宜。此后,由沈某康提供面料、辅料,并委托任某军、李某泉、余某加工了假冒“波司登”系列注册商标的6个款式羽绒服,每款均为500件,共计3000件,非法经营数额达人民币1,115,000元。其中,余某在位于江苏省泰兴市黄桥镇的羽绒服加工作坊加工了其中三种款式的假冒“波司登”系列注册商标的羽绒服,每款500件,共计1500件,货值达人民币585,000元,收取加工费人民币160,000余元。

加工完成后,沈某康通过物流将上述2240件假冒“波司登”注册商标的羽绒服配送至林某的经营场所,并由林某对外进行销售,260件则由余某自行处理,另外494件由沈某康藏匿于常熟市衡山路明珠新村5幢车库内,剩余的则由沈某康处理。

2017年12月31日,公安机关在丹东市林某处查扣“波司登”品牌的羽绒服1115件;2018年3月7日,余某向公安机关提交了其加工生产的2件涉案“波司登”羽绒服;2018年3月26日,公安机关从沈某康租赁的、位于常熟市衡山路明珠新村5幢的车库内查获“波司登”品牌的羽绒服494件。经鉴定,上述羽绒服均为假冒注册商标的商品。另外,沈某娟于2017年下半年,在担任波司登国际服饰(中国)有限公司羽绒服产品中心总监期间,利用其管理下属部门样衣生产、加工、储存的职务便利,指使他人将该中心技术部的“波司登”羽绒服共135件,通过快递邮寄给位于辽宁省丹东市的被告人林某销售牟利,上述羽绒服的价值共计人民币202,365元。2019年2月28日,被告人沈某娟向被害人波司登国际服饰(中国)有限公司退赔因职务侵占所造成的经济损失202,365元。2019年3月1日,被告人沈某娟向被害人波司登国际服饰(中国)有限公司赔偿了因假冒注册商标所造成的损失。

法院裁判

法院经过审理后认为,被告人林某、沈某娟、沈某康、余某未经注册商标所有人许可,在同一种商品上使用与其注册商标相同的商标,非法经营数额达人民币1,115,000元,情节特别严重,其行为均构成假冒注册商标罪,均应依法予以惩处。沈某娟利用职务上的便利,将本单位的财物非法占为己有,数额较大,其行为构成职务侵占罪,沈某娟在判决宣告前犯数罪,依法应数罪并罚。以假冒注册商标罪判处被告人林某有期徒刑4年6个月,并处罚金人民币30万元;以假冒注册商标罪判处被告人沈某娟有期徒刑3年3个月,并处罚金人民币30

万元，以职务侵占罪判处沈某娟有期徒刑9个月，数罪并罚，决定执行有期徒刑3年9个月，并处罚金人民币30万元；以假冒注册商标罪判处被告人沈某康有期徒刑3年4个月，并处罚金人民币30万元；以假冒注册商标罪判处被告人余某有期徒刑2年6个月，并处罚金人民币30万元；后江苏省苏州市中级人民法院改判原审被告人余某犯假冒注册商标罪，判处有期徒刑2年6个月，并处罚金人民币20万元。

评析

两个案例中被告人均未经注册商标所有人许可，在同一种商品上使用与其注册商标相同的商标，情节特别严重，其行为均构成假冒注册商标罪，通过从严惩处两个案件被告人，打击侵犯企业知识产权的违法犯罪行为，维护公平有序的竞争秩序，体现了严格保护知识产权的鲜明态度和坚定决心。

（二）销售假冒注册商标的商品罪

销售假冒注册商标的商品罪，是指销售明知是假冒注册商标的商品，违法所得数额较大或者有其他严重情节的行为。根据《刑法》第214条的规定，销售明知是假冒注册商标的商品，违法所得数额较大或者有其他严重情节的，处3年以下有期徒刑，并处或者单处罚金；违法所得数额巨大或者有其他特别严重情节的，处3年以上10年以下有期徒刑，并处罚金。同样，《刑法修正案（十一）》对原《刑法》第214条也进行了修订。《刑法修正案（十一）》将"销售金额数额较大的"修订为"违法所得数额较大或者有其他严重情节的"，除了将刑罚"拘役"删除外，还将"销售金额数额巨大的，处三年以上七年以下有期徒刑"修订为"违法所得数额巨大或者有其他特别严重情节的，处三年以上十年以下有期徒刑，并处罚金"。刑期加重是显而易见的，另外要说的是，将入罪标准从"销售金额数"修改为"违法所得数额较大或者有其他严重情节"，那么销售金额和违法所得数额区别是什么呢？"销售金额"，指的是行为人销售侵权商品后所得和应得的全部违法收入。违法所得数额，指的是获利数额。司法适用过程中存在一定分歧，且本次也没有同步制定《刑法修正案（十一）》的司法解释，如何认定"违法所得数额较大或者有其他严重情节""违法所得数额巨大或有其他特别严重情节"，待出台相关司法解释予以明确。

另外，对于同时实施假冒注册商标、销售假冒注册商标商品且构成犯罪的行为,相关司法解释作了明确规定。根据最高人民法院、最高人民检察院《关于办理侵犯知识产权刑事案件具体应用法律若干问题的解释》第13条的规定,实施《刑法》第213条规定的假冒注册商标犯罪,又销售该假冒注册商标的商品,构成犯罪的,应当依照《刑法》第213条的规定,以假冒注册商标罪定罪处罚。实施《刑法》第213条规定的假冒注册商标犯罪,又销售明知是他人的假冒注册商标的商品,构成犯罪的,应当实行数罪并罚。

典型案例3-3-3 刘某销售假冒注册商标的商品案

(2021)苏0105刑初68号

案件事实

2018年6月至2019年12月,刘某明知是假冒"香奈儿""梵克雅宝""卡地亚"等注册商标的商品,仍通过微信向南京市建邺区等地销售,共计得款人民币6万余元。2019年12月24日,刘某被公安机关抓获归案,后如实供述了上述犯罪事实;查获上述假冒注册商标的"香奈儿"手表30个、胸针67个、耳钉107对,"梵克雅宝"手链3条、项链3条,"卡地亚"项链7条、手镯1个、戒指3个、手表30个(价值人民币4万余元)。在法院审理过程中,刘某退出部分违法所得人民币2万元。

法院裁判

法院认为,被告人刘某销售明知是假冒注册商标的商品,销售金额数额较大,其行为已构成销售假冒注册商标的商品罪。依照相关法律,判决刘某犯销售假冒注册商标的商品罪,判处有期徒刑9个月,缓刑1年,并处罚金人民币6万元。

评析

这里需要注意的是,销售明知是假冒他人注册商标的商品的销售金额必须达到较大,才构成犯罪。虽有销售假冒他人注册商标的商品的行为,但销售金额不属于数大,不构成本罪。没有销售金额或者虽有销售金额但数额不大,一般不能以犯罪论处,但这并非绝对不能按犯罪处理。如果犯罪情节恶劣,如屡教不改,或者一旦出售销售金额将特别巨大,危害严重的,则应以本罪未遂追究其刑事责任。

典型案例3-3-4　李某华销售假冒注册商标的商品案

(2014)资刑初字第357号

案件事实

2020年李某华从乌鲁木齐市月明楼购买假冒伊力小老窖时,从商品外包装箱看到"西域酒商"微信号码,2020年3月至10月案发,李某华以150元每箱的价格先后从"西域酒商"购买假冒注册商标的伊力牌老窖酒总计324箱,并以每箱300元至500元的价格向贾某均、范某、周某、李某1等人销售,销售金额达116,899元。

法院裁判

新疆维吾尔自治区精河县人民法院审理后认为,李某华为谋取非法利益,明知是假冒注册商标的伊力牌老窖白酒,仍然进行销售,销售数额较大,李某华销售的假冒注册商标的伊力牌老窖白酒系直接入口的食品,其行为不仅严重侵害了知名品牌的注册商标专用权,其从中牟取暴利的同时,也让众多消费者上当受骗,危害人民群众生命健康安全,影响恶劣,最终判决李某华犯销售假冒注册商标的商品罪,判处有期徒刑1年,并处罚金人民币60,000元。

评析

销售假冒注册商标的商品,虽然自己本身并没有生产假冒注册商标的商品,但其行为使假冒他人注册商标的商品直接流向消费者,危害了消费者的利益,同时又客观支持了假冒他人注册商标的犯罪分子,使犯罪链条最终完成建立。

典型案例3-3-5　廖某、周某勇销售假冒注册商标案①

(2018)苏03刑初22号

案件事实

2016年8月至11月,廖某、周某未经注册商标所有权人许可,经合谋,在深圳市宝安区某办公室,生产假冒日本MTG公司"ReFa"注册商标的瘦脸美容仪,通过微信销售给被告人林某、陈某、林某一、林某二、林某三、刘某等人,销售额共计人民币211万余元。被告人林某、陈某、林某一明知是假冒注册商标的

---

① 徐州市中级人民法院发布2019年度知识产权保护典型案例之九(2019年)。

“ReFa”牌瘦脸美容仪,通过淘宝网店对外进行销售,销售额共计人民币 95 万余元。林某二、林某三明知是假冒注册商标的“ReFa”牌瘦脸美容仪,通过微信和淘宝网店对外销售,销售额共计人民币 86 万余元。

法院裁判

法院审理后认为,廖某、周某未经注册商标所有人许可,在同一种商品上使用了与其注册商标相同的商标,情节特别严重,其行为触犯了《刑法》第 213 条的规定,犯罪事实清楚,证据确实充分,已经构成假冒注册商标罪。被告人林某、陈某、林某一、林某二、林某三销售明知是假冒注册商标的商品,销售金额数额巨大,其行为触犯了《刑法》第 214 条的规定,已经构成销售假冒注册商标的商品罪。后法院判决廖某犯假冒注册商标罪,判处有期徒刑 3 年 6 个月,并处罚金人民币 135 万元;周某犯假冒注册商标罪,判处有期徒刑 3 年 9 个月,并处罚金人民币 140 万元;林某犯销售假冒注册商标的商品罪,判处有期徒刑 3 年,缓刑 4 年,并处罚金人民币 50 万元;陈某犯销售假冒注册商标的商品罪,判处有期徒刑 3 年,缓刑 3 年,并处罚金人民币 48 万元;林某一犯销售假冒注册商标的商品罪,判处有期徒刑 2 年 6 个月,缓刑 3 年,并处罚金人民币 45 万元;林某二犯销售假冒注册商标的商品罪,判处有期徒刑 2 年,并处罚金人民币 44 万元;林某三犯销售假冒注册商标的商品罪,判处有期徒刑 3 年,缓刑 3 年,并处罚金人民币 48 万元。

评析

生产、销售注册商标的商品使大量伪劣产品流入市场,给正规产品和品牌造成冲击,令消费者难辨真伪、上当受骗,严重的还会给消费者的身体健康、生命安全造成威胁,严重地损害了消费者的合法利益,故国家会严厉惩处实施此类犯罪行为的罪犯。

典型案例 3-3-6　陈某、李某假冒注册商标案

(2020)检二部刑诉 741 号

案件事实

2018 年 2 月至 2019 年 12 月,陈某在未取得商标所有人许可的情况下,从他人处购进假冒“MCM”“LV”“GUCCI”等注册商标品牌的箱包存放于青岛市即墨区某某村某某公司对面板房内销售牟利。2019 年 12 月 11 日,被青岛市公

安局所查扣假冒上述注册商标的箱包 3686 个。经物价鉴定,被查获的侵权商品价值人民币 552,800 元。同时,陈某提供样品、原材料委托闫某加工假冒“MCM”品牌背包 590 个,经鉴定价值人民币 129,800 元。陈某雇用被告人李某为其运送假冒箱包原料及样品。

法院裁判

法院审理后认为,被告人陈某、李某未经注册商标所有人许可,在同一种商品上使用与注册商标相同的商标,情节严重,均构成假冒注册商标罪;被告人陈某销售明知是假冒注册商标的商品,销售金额巨大,其行为构成销售假冒注册商标的商品罪,判决陈某犯假冒注册商标罪,判处有期徒刑 1 年,并处罚金人民币 7 万元;犯销售假冒注册商标的商品罪,判处有期徒刑 2 年 6 个月,并处罚金人民币 28 万元,决定执行有期徒刑 3 年,缓刑 4 年,并处罚金人民币 35 万元;李某犯假冒注册商标罪,判处有期徒刑 8 个月,缓刑 1 年,并处罚金人民币 2 万元。

评析

最高人民法院、最高人民检察院《关于办理侵犯知识产权刑事案件具体应用法律若干问题的解释》第 13 条规定:实施《刑法》第 213 条规定的假冒注册商标犯罪,又销售该假冒注册商标的商品,构成犯罪的,应当依照《刑法》第 213 条的规定,以假冒注册商标罪定罪处罚。

实施《刑法》第 213 条规定的假冒注册商标犯罪,又销售明知是他人的假冒注册商标的商品,构成犯罪的,应当实行数罪并罚。

(三)非法制造、销售非法制造的注册商标标识罪

非法制造、销售非法制造的注册商标标识罪,是指伪造、擅自制造他人注册商标标识或者销售伪造、擅自制造的注册商标标识,情节严重的行为。根据《刑法》第 215 条的规定,伪造、擅自制造他人注册商标标识或者销售伪造、擅自制造的注册商标标识,情节严重的,处 3 年以下有期徒刑,并处或者单处罚金;情节特别严重的,处 3 年以上 10 年以下有期徒刑,并处罚金。《刑法修正案(十一)》对原《刑法》第 215 条进行了修订。通过对比可以明显看出,《刑法修正案(十一)》将“情节严重的,处三年以下有期徒刑拘役、或者管制”中“拘役或者管制”删掉外,还将“情节特别严重的,处三年以上七年以下有期徒刑,并处罚金”修订为“情节特别严重的,处三年以上十年以下有期徒刑,并处罚金”。加重了

对非法制造、销售非法制造的注册商标标识罪的惩罚力度,体现了加强对整个知识产权犯罪打击的决心。

典型案例3-3-7　罗某等人非法制造、销售非法制造的注册商标标识罪

(2020)黔03刑初115号

案件事实

2019年3月至4月,被告人罗某为牟取非法利益,将伪造的"贵州茅台酒专用酒瓶"以每个2.9元的价格销售了3万余个给被告人胡某明、程某秦。随后,程某秦、胡某明又以每个4.5元的价格销售了30,810个给陈某,销售金额人民币135,000元。2020年1月16日,公安民警从程某秦位于磨槽湾的库房内查获尚未销售出去的"贵州茅台酒专用酒瓶"4620个。经贵州茅台酒股份有限公司认定,查获的茅台酒专用酒瓶均不是该公司生产。

法院裁判

法院审理后认为,罗某向他人销售非法制造的贵州茅台酒专用酒瓶3万余个,情节严重,其行为已构成销售非法制造的注册商标标识罪;被告人胡某明与程某秦以非法牟利为目的,将从罗某处购买的假冒贵州茅台酒专用酒瓶销售给他人,销售金额达135,000元,情节严重,其行为已构成销售非法制造的注册商标标识罪,最终判决胡某明犯销售非法制造的注册商标标识罪,判处有期徒刑6个月,缓刑1年,并处罚金人民币8万元;罗某犯销售非法制造的注册商标标识罪,判处有期徒刑6个月,缓刑1年,并处罚金人民币6万元。

评析

本罪在主观方面只能是故意,过失不构成本罪。也即,明知是他人的注册商标标识而仍故意伪造,或明知是伪造的或擅自制造的他人注册商标标识,却仍故意销售。例如,某些印制单位被欺骗后按照要求伪造或擅自制造他人注册商标标识的,且不知是他人注册商标标识而印制的,并不构成本罪。

典型案例3-3-8　邵某、李某某非法制造、销售非法制造的注册商标标识案

(2021)辽0311刑初1号

案件事实

2019年3月至2020年6月,邵某、李某某从外地购买大量带有品牌标识的

包装贴纸后，在鞍山市千山区兴元加工部内雇用工人加工带有品牌标识的包装盒。案发当日，民警在现场发现带有"DIOR"品牌标识的包装盒1125个；带有"GUCCI"品牌标识的包装盒1498个；带有"LV"品牌标识的包装盒560个；带有"PRADA"品牌标识的包装盒230个。后经侦查，邵某、李某某经营的兴元加工部从2019年年初至案发一共销售带有品牌标识的包装盒73, 599个，总价值258, 264元。

2020年6月15日，上海贞观知识产权代理有限公司对涉案的带有"DIOR"标识的包装盒和包装贴作出鉴定，证实扣押的带有"DIOR"标识的包装盒和包装贴均是假冒"Christian Dior/Dior"注册商标的产品，不是真正的克里斯蒂昂·迪奥尔服装有限公司产品。

2020年6月16日，开云(中国)企业管理有限公司对涉案的带有"GUCCI"标识的包装盒和包装贴作出鉴定，证实扣押的带有"GUCCI"标识的包装盒和包装贴是侵犯古乔古希股份公司(GUCCIO GUCCISPA)注册商标专用权的产品。

2020年6月19日，路易·威登(法国)对涉案的带有"LOUIS VUITTON"标识的包装盒和包装贴作出鉴定，证实扣押的带有"LOUIS VUITTON"标识的包装盒和包装贴是未经商标权利人路易·威登(法国)授权或许可，擅自使用了权利人的注册商标，侵犯了权利人的注册商标专用权。

2020年6月18日，上海恒方知识产权咨询有限公司对涉案的带有"PRADA"(普拉达)标识的包装盒和包装贴作出鉴定，证实扣押的带有"PRADA"标识的包装盒和包装贴是假冒普拉达有限公司注册商标的侵权产品。

2020年6月20日，纪梵希有限公司对涉案的带有"GIVENCHY"(纪梵希)标识的包装贴作出鉴定，证实扣押的带有"GIVENCHY"标识的包装贴全部都是未经商标权利人纪梵希有限公司授权或许可，擅自使用了权利人的注册商标，侵犯了权利人的注册商标专用权。

法院裁判

法院审理后认为，邵某、李某某违反商标管理法规，未经注册商标所有人许可，擅自制造、销售他人注册的商标标识，情节特别严重，其行为构成非法制造、销售非法制造的注册商标标识罪，后判决邵某犯非法制造、销售非法制造的注册商标标识罪，判处有期徒刑3年，缓刑4年，并处罚金人民币20万元；李某某犯非法制造、销售非法制造的注册商标标识罪，判处有期徒刑2年6个月，缓刑3年，并处罚金人民币15万元。

评析

近年来，知识产权犯罪作为牟利型犯罪，其屡禁不止的原因就在于制假售假所带来的暴利，我国对知识产权的保护予以高度的重视，《刑法修正案（十一）》更是对知识产权相关的犯罪进行了8处改动，涉及假冒注册商标罪，销售假冒注册商标的商品罪，非法制造、销售非法制造的注册商标标识罪，假冒专利罪，侵犯著作权罪，销售侵权复制品罪，侵犯商业秘密罪，商业间谍罪等罪名，并且加大了刑罚和罚金的判罚力度，同时也彰显了严厉打击知产犯罪的决心及态度。

三、商标权犯罪的刑事辩护应当注意的问题

商标权犯罪的刑事辩护，应当注意以下问题：

首先，要审查代理案件是否构成立案标准。例如，假冒注册商标罪，根据最高人民法院、最高人民检察院《关于办理侵犯知识产权刑事案件具体应用法律若干问题的解释》，非法经营数额在5万元以上或者违法所得数额在3万元以上的或假冒两种以上注册商标，非法经营数额在3万元以上或者违法所得数额在2万元以上的，属于《刑法》第213条规定的"情节严重"，应当以假冒注册商标罪加以追诉。判断是否构成立案标准，是如何开展下一步工作的前提，与此同时，也需要审查被侵权的注册商标是否在国内注册、是否在注册商标的保护范围。

其次，上文已经提及，但是需要再次提醒辩护人注意，根据最高人民法院、最高人民检察院《关于办理侵犯知识产权刑事案件具体应用法律若干问题的解释》的规定，假冒注册商标犯罪，又销售该假冒注册商标的商品，以假冒注册商标罪定罪处罚。但是构成假冒注册商标犯罪，又销售明知是他人的假冒注册商标的商品，应当实行数罪并罚。

另外，犯罪数额也是特别重要的一点，因为直接会影响到定罪及量刑，所以无论是非法经营数额、违法所得数额，都需要辩护律师慎重审查，同时再结合既遂还是未遂、主犯还是从犯、是否退赔、认罪态度等为委托人更好的辩护。

第四章　与商标权相关的反不正当竞争法保护

第一节　概　　述

一、《商标法》与《反不正当竞争法》的关系

（一）二者的联系

《商标法》与《反不正当竞争法》同作为商业标识领域的保护法，二者之间有着千丝万缕的联系。

从历史来源来看，商标法最早来源于与反不正当竞争法有密切联系的仿冒欺诈侵权诉讼。在早期的知识产权法历史中，商标法并非作为一种无形财产的保护法诞生，英国在1842年的首例“Sykes”商标侵权案中依普通法上禁止欺诈和虚假陈述的规则而禁止被告使用与原告相同的商标。① 此后法院相继遵循这一先例，在普通法上确立了依欺诈原则保护商标使用的做法。而后美国应外来商人的要求保护商标的呼声，也引入了商标欺诈之诉，正如后来美国联邦法院所指出的，“商标和反不正当竞争的历史源于普通法中的欺骗和欺诈”②。两法相同的诞生背景也导致了其在商业标识保护上的目的一致性，即均是通过对商业标识仿冒的规制来保护持有标识人的合法竞争利益。

从保护客体来看，《商标法》的保护客体以注册商标为主，而《反不正当竞争法》第6条所保护的对象中均列明了“等”字，实际上为广义上商业标识。国际保护工业产权协会（AIPPI）规定的“识别性标记权”包括但不穷尽地列举了商

---

① Sykes v. Sykes, 107 Eng. Rep. 834 (K. B. 1824).

② J. Thomas McCarthy, *McCarthy on Trademarks and Unfair Competition*, Thomson/West, 2006. § 5: 2.

标、地理标志、商号(企业名称)、与不正当竞争相关的标识(如商品装潢、商品专用名称、作品名称等),德国的《商标与其他标识保护法》中,商标与其他商业标识是并列提出的。美国的《兰哈姆法》则将商标内涵扩充,其包含包装装潢在内的广义商业标识。一般也认为我国《反不正当竞争法》第6条规制的商业标识与注册商标内涵不同,但涵盖了未注册商标。[①] 由此可见,商业标识是商标的上位概念,商标作为广义商业标识的一种,自然也应受到反不正当竞争法的保护。

两者在保护客体上的联系导致在司法实践中,同一行为既可能构成商标侵权,又可能构成不正当竞争行为,对于同一行为就产生了法律适用上的竞合问题。早年,学术界为解决此时法律竞合的适用顺序问题,曾提出三种不同的两法关系学说。分别为:主张先《商标法》后《反不正当竞争法》的补充说、主张同时适用的并列说和主张法条竞合由当事人选择的竞合说。可以看出,对两法关系的理解直接影响了选择适用何种法律对侵权行为进行规制。但无论是何种学说,均同意法律不能对其提供双重保护。因此,厘清两法各自的适用范围,根据情形适用单一法律进行调整是法律保护的基本原则。

根据最高人民法院司法政策,在知识产权审判中要妥善处理知识产权专门法与反不正当竞争法在知识产权保护上的关系。对于符合上述两法的法律保护条件,我国法律并不强调应优先适用哪一部法律,由于每部法律均有其独特的法律责任体系,可以选择适用相应的法律予以保护。最高人民法院《关于充分发挥知识产权审判职能作用推动社会主义文化大发展大繁荣和促进经济自主协调发展若干问题意见》(法发〔2011〕18号)中规定:“妥善处理好知识产权专门法与反不正当竞争法的关系,在激励创新的同时,又要鼓励公平竞争。反不正当竞争法补充保护作用的发挥不得抵触知识产权专门法的立法政策,凡是知识产权专门法已作穷尽性规定的领域,反不正当竞争法原则上不再提供附加保护,允许自由利用和自由竞争,但在与知识产权专门法的立法政策相兼容的范围内,仍可以从制止不正当竞争的角度给予保护。”

除此之外,《反不正当竞争法》的修订也反映了两法间关系的厘清。在删除了有关商标侵权的内容后,司法界一般认为,《反不正当竞争法》与《商标法》在

---

① 王太平、袁振宗:《反不正当竞争法的商业标识保护制度之评析》,载《知识产权》2018年第5期。

商业标识的保护上形成了类似于各自独立又相互补充的关系。符合注册商标侵权规定的,依据特别优先一般原则,优先适用《商标法》。[①] 但《商标法》的保护是有限的,在《商标法》未规定的领域,如未注册知名商标的仿冒保护、注册商标的非商标性使用导致的仿冒侵权等,如符合《反不正当竞争法》的规定,则可以纳入《反不正当竞争法》的保护范围。

2019 年修订的《反不正当竞争法》删除了 1993 年颁布的《反不正当竞争法》第 5 条规定的“假冒他人的注册商标”的情形。所以,如果涉及侵犯他人注册商标的,应当按照《商标法》的相关规定处理。但如果涉及未注册商业标识,擅自使用与他人有一定影响的商品名称、包装、装潢等相同或者近似的标识;擅自使用有一定影响的企业名称(包括简称、字号等)、社会组织名称(包括简称等)、姓名(包括笔名、艺名、译名等);擅自使用他人有一定影响的域名主体部分、网站名称、网页等;以及其他足以引人误认为是他人商品或者与他人存在特定联系的混淆行为的情形,则应当适用 2019 年修订的《反不正当竞争法》第 6 条的规定。

但这是否意味着商标权就从《反不正当竞争法》的广义商业标识中排除,不再受到《反不正当竞争法》的保护呢?答案是否定的。2019 年修订的《商标法》第 58 条规定:“将他人注册商标、未注册的驰名商标作为企业名称中的字号使用,误导公众,构成不正当竞争行为的,依照《中华人民共和国反不正当竞争法》处理。”本条明确指出,不管是注册还是未注册的商标都可依照《反不正当竞争法》进行保护。虽然第 58 条只列明了作为企业名称使用一种情形,但《反不正当竞争法》第 6 条的第 1 项和兜底条款也为其他符合反不正当竞争法规定的情形,在无法被商标法规制时,留下了适用《反不正当竞争法》进行规制的空间。而这些情形具体是什么,则是下文讨论的重点。

(二)二者的区别

《反不正当竞争法》和《商标法》的双重保护为商标权人提供了更充分的司法救济,两法除了作为不同部门法的基本区别外,更重要的是,在商业标识保护上二者从法律定位、价值归属、侵权认定上的区别。

---

① 此说法并非代表两者间是一般法和特别法的关系,只是在适用顺序上呈现类似的特征。参见陶钧:《中国大陆反不正当竞争法修正对智慧财产权保护的影响》,载《智慧财产权》2019 年第 246 期。

法律定位上看,《商标法》体现更多私法属性;《反不正当竞争法》为经济竞争领域的规范法,更多体现“公私法兼顾”。从价值归属上看,《商标法》着重于商标权人的权利保护,侧重于商标权人的利益;《反不正当竞争法》则以竞争秩序为基础,更加注重对“竞争效果”的分析,突出对社会整体经济的“促进”作用,通过对竞争秩序和社会福利的有效关注,而不再将对其他经营者单一利益的保护作为被诉行为可责性的判断依归。从侵权认定上看,商标侵权主要使用的是客观标准,只需关注商标商品相似性和使用方式,无须关注被诉方的主观恶意;但构成不正当竞争则需证明侵权人的主观恶意,其侵权行为须是以不正当手段损害其他经营者的合法权益。

实务中,与商标侵权相关的案件常会同时提出《反不正当竞争法》上的诉求。但需要注意的是,两法的上述区别决定了诉讼时所需论证的事实要点、诉讼策略以及救济手段将有所不同。多重诉求有时并不代表多重保障,反而可能会加重诉讼负担导致重点不突出而增加诉讼风险。应当依据提出的诉求针对性进行举证论证,概括而言,《商标法》侧重于权利型论证,而《反不正当竞争法》则侧重于行为及其效果的论证。因此确定何种情况下应提出《反不正当竞争法》诉求,何种情况下又只提《商标法》诉求是此类实务关注的重点,亦是本章的讨论目的。

典型案例3-4-1　菏泽晨林公司与青岛一木公司等侵害商标权、不正当竞争纠纷案

(2013)鲁民三终字第294号

案件事实

2007年12月21日,青岛一木集团公司经核准取得第4337879号“一木金菱图”注册商标,核定使用商品为第20类“办公家具、家具非金属部件”等商品。2009年7月10日,上述注册商标注册人名义变更为青岛一木公司。青岛一木公司成立于1980年1月25日,其前身为青岛木器一厂。2006年,青岛一木公司的“金菱”商标被认定为“中华老字号”;2011年12月,青岛一木公司的金菱牌实木家具产品被认定为“山东名牌产品”;青岛一木公司分别于2006年、2011年被评为中国十八省市家具行业“诚信”企业。在百度搜索网站下,输入“青岛一木”进行搜索,页面显示:青岛一木橱柜、青岛一木家具、中国家具行业“中华

老字号企业”、青岛一木实木门官方旗舰网站等。点击青岛一木家具网站，页面显示：青岛一木商标、中华老字号等。进入青岛一木公司的网站，点击关于集团简介，页面显示：青岛一木公司始建于1953年，前身为青岛木器一厂。50多年来，企业获得多项荣誉，是中国家具行业享誉多年的龙头企业。改制后的青岛一木公司总部位于青岛四方区，旗下拥有多家全资和参股子公司等信息。2013年4月27日，青岛一木公司向原审法院提出证据保全的申请，原审法院依法作出裁定。2013年5月2日，原审法院依法到王某亮经营场所进行证据保全，发现其场所内存有被控侵权的“细木工板”商品，并通过拍照、取样方式加以固定。上述商品标有：“青岛一木”、“青岛一木及图”（TM）、菏泽晨林公司出品等字样。王某亮销售的被控侵权商品来源于菏泽晨林公司，菏泽晨林公司亦认可。一木公司将菏泽晨林公司、王某亮告上法庭，请求：（1）停止侵犯青岛一木公司的注册商标专用权，并销毁侵权产品标识；（2）停止不正当竞争行为，销毁带有“青岛一木”字样的标识；（3）赔偿青岛一木公司经济损失及合理开支共计50万元；（4）承担本案全部诉讼费用。

法院裁判

法院认为争议焦点有：（1）关于菏泽晨林公司在涉案被控侵权商品上使用“青岛一木及图”商标是否侵害了青岛一木公司的涉案“一木金菱及图”注册商标专用权问题。根据《商标法》第52条第1项的规定，未经商标注册人的许可，在同一种商品或者类似商品上使用与其注册商标相同或者近似的商标的，属于侵犯注册商标专用权的行为。本案中，菏泽晨林公司在其生产的“细木工板”商品上使用了“青岛一木及图”商标，要认定菏泽晨林公司的行为是否侵害了青岛一木公司的涉案注册商标专用权，应当审查涉案被控侵权商品与涉案注册商标核定使用商品是否构成类似商品以及涉案被控侵权商标与涉案注册商标是否构成近似商标。首先，根据最高人民法院《关于审理商标民事纠纷案件适用法律若干问题的解释》第11～12条的规定，类似商品，是指在功能、用途、生产部门、销售渠道、消费对象等方面相同，或者相关公众一般认为其存在特定联系、容易造成混淆的商品。认定商品是否类似，应当以相关公众对商品的一般认识综合判断。涉案被控侵权商品为“细木工板”，涉案注册商标核定使用商品为“家具、办公家具”等，“细木工板”是用于制作“家具、办公家具”的原材料，两商品的生产厂家、销售渠道、消费对象等方面均存在重合，具有较强的关联性，相关公众易认为两商品存在特定联系,故应认定两商品构成类似商品。其次,根据最高人民法院《关于审理商标民事纠纷案件适用法律若干问题的解释》第9条第2款、第10条的规定,菏泽晨林公司在涉案被控侵权商品上使用“青岛一木及图”商标容易使相关公众对商品来源产生混淆、误认,原审判决认定其侵犯了青岛一木公司的涉案注册商标专用权,并无不当。(2)关于菏泽晨林公司在涉案被控侵权商品上突出使用“青岛一木”字样是否侵害了青岛一木公司的企业名称权而构成不正当竞争问题。《反不正当竞争法》第5条第3项规定,经营者不得擅自使用他人的企业名称或者姓名,引人误认为是他人的商品的不正当手段从事市场交易,损害竞争对手。最高人民法院《关于审理不正当竞争民事案件应用法律若干问题的解释》第6条规定,具有一定的市场知名度、为相关公众所知悉的企业名称中的字号,可以认定为《反不正当竞争法》第5条第3项规定的“企业名称”。本案中,“一木”系青岛一木公司的企业字号,该词汇本身并无特定含义,青岛一木公司提交的相关证据证明,青岛一木公司2006年、2011年被评为中国十八省市家具行业“诚信”企业,其“金菱”商标被认定为“中华老字号”,金菱牌实木家具被认定为“山东名牌产品”,青岛一木公司在其公司网站、家具销售店面、广告及相关媒体的宣传报道中,一直使用“一木”或“青岛一木”字样,“一木”字号经过青岛一木公司多年持续不断在家具商品上的使用以及宣传,在相关公众中已经具有了一定的市场知名度,与青岛一木公司产生了稳定密切的联系。菏泽晨林公司的住所地位于菏泽,却在与青岛一木公司的家具商品相类似的“细木工板”商品上突出使用“青岛一木”字样,主观上存在“搭便车”的故意,容易使相关公众误认为该商品系青岛一木公司生产或与青岛一木公司有特定联系,损害了青岛一木公司的合法权益,原审判决认定菏泽晨林公司的行为构成不正当竞争,并无不当。综上所述,菏泽晨林公司在涉案被控侵权商品上使用“青岛一木及图”商标并突出“青岛一木”字样,其行为侵害了青岛一木公司的涉案注册商标专用权,并构成不正当竞争,依法应当承担停止侵权及赔偿损失的民事责任。对于赔偿数额,因青岛一木公司未能提交证据证明菏泽晨林公司因侵权所获得的利益或青岛一木公司因侵权所受到的损失,故综合考虑青岛一木公司的涉案注册商标及其企业字号的知名度、菏泽晨林公司侵权行为的性质、主观过错程度、经营规模、青岛一木公司主张赔偿责任的地域范围以及青岛一木公司为本案支出的合理费用等因素,原审法院酌定菏泽晨林公司赔偿青岛一木公司经济损失及合理费用共计26万元,符合相关法律规定。

据此,法院判决,菏泽晨林公司的上诉主张缺乏事实与法律依据,其上诉请求不能成立,驳回上诉,维持原判。

评析

若只适用《商标法》产生的效果是,被告不得在与家具相同或类似的产品上使用与"一木"相同或近似的标识,但被告仍然可以在企业名称中不突出地使用"一木"字样。因此,只适用《商标法》无法完全禁止被告菏泽晨林公司通过对"一木"字样的使用所造成的混淆,所以还需要适用《反不正当竞争法》来规制其侵权行为。在此情况下,法院同时适用了《商标法》与《反不正当竞争法》这两部法律。反映两法在各自领域对商标侵权及不正当竞争行为进行规制的并行模式。

至此可以总结,《商标法》和《反不正当竞争法》在与商标权有关的保护上形成了两法各自在领域内发挥作用的双轨互补保护体系。《商标法》有明确规定的,《反不正当竞争法》不提供额外保护;在《商标法》无法规制而符合《反不正当竞争法》规定时,《反不正当竞争法》可作为保护的依据。

二、不当竞争行为的概念

想要划清何种情形下可以适用《反不正当竞争法》对商标相关侵权行为进行规制,首先须理解《反不正当竞争法》所规制的不正当竞争行为的基本概念。

《反不正当竞争法》第2条规定:"经营者在生产经营活动中,应当遵循自愿、平等、公平、诚信的原则,遵守法律和商业道德。本法所称的不正当竞争行为,是指经营者在生产经营活动中,违反本法规定,扰乱市场竞争秩序,损害其他经营者或者消费者的合法权益的行为。本法所称的经营者,是指从事商品生产、经营或者提供服务(以下所称商品包括服务)的自然人、法人和非法人组织。"

《反不正当竞争法》规定的不正当竞争行为的规定有两类:第一类是《反不正当竞争法》第二章规定的具体7种不当竞争行为;第二类是本条所规定的不正当竞争行为的一般条款。相比于具体行为规定而言,一般性条款是判断竞争行为正当性的最基本范式,承载、体现和贯彻着反不正当竞争和认定不正当竞争行为的基本理念、思维方式和构成要素。因为一方面,所有具体条款均需满足一般条款的内涵内核,以与法律总体价值目标和保护手段保持一致;另一方面,一般条款又构成了基本行为构成要素。不仅是一种定义性规范,同时是可以援引开放性条款,法院可据以开放性认定未列举不正当竞争行为的条款。对于与商标权相关的不当竞争行为而言,其首先须满足一般条款的定义。其次,若其属于具体列举条款的内涵,则可直接援引具体条款进行规制;若其无法被具体条款所罗列,亦可根据行为是否符合一般条款的规定通过援引一般条款来补充规制。

具体而言,不正当竞争行为应有以下几方面内涵:

(一)竞争主体与竞争关系

不当竞争行为是发生在有竞争关系的主体之间,竞争主体指的是《反不正当竞争法》第 2 条规定的经营者,是市场经济的经营主体;而竞争主体之间的竞争关系是不正当竞争的判断逻辑起点,狭义的竞争关系可从从业领域、时间地域范围、产品替代关系角度分析。而广义的竞争关系是将经营活动中相互交叉、依存或关联的关系,包括不正当的损害了其他经营者的竞争优势,或者获取了本不应当属于你的竞争的优势和交易的机会等。从目前的司法判例可以发现,对于竞争关系而言,无论是行为说还是损害说或是消费者群体的交叉说等,都认可竞争关系的广义性。

(二)不当竞争行为

不当竞争行为的不当性,是对诚信原则和商业道德的违反,最直接的依据是违反相应的法律规定。同时,相较于侵权行为而言,不当竞争行为更关注行为人的主观意图。

(三)竞争利益的损害

竞争利益的损害包含但不限于多种利益受损。竞争法保护的是多重利益,其既要保护经营者的利益与消费者的私人利益,也要保护正常的竞争秩序,以维护社会利益的持续产出,增长社会福祉的公共利益。不当竞争行为不仅是对个体利益的损害,也包括了对竞争秩序的损害。

(四)非豁免性

竞争具有中立性,并非所有有损害的竞争行为都是不当竞争行为。竞争法更关注于社会利益的总体提升，因此，有些行为由于有利于社会总体利益的增长而可以获得竞争法的豁免，如技术创新、出于公益目的等。

三、不当竞争行为的判断标准

一般条款定义了不当竞争行为的基本概念，然而，具体判断一个行为是不是不当竞争行为，则需要联系竞争法的立法目的和具体条款的适用要件进行细致分析。

无论是依据一般条款还是具体条款判断竞争行为的不当性，都需要符合《反不正当竞争法》的立法目的。《反不正当竞争法》保护的是社会经济的正常竞争秩序，该种竞争秩序通常有利于社会总福利，而竞争行为的不当性主要体现在对其的经济分析上。不当竞争行为对竞争的损害大于对竞争促进，总量上看危害了社会福祉。理论上的判断思路大体可以依以下顺序进行：

（一）有值得保护的竞争利益

竞争利益是一个抽象概念，它与知识产权不同。与被法律固定权利边界的权利不同，对利益侵犯是一种无法确定边界的行为。因此，对利益的侵犯必须为法律所特定。对于具体不当竞争行为，《反不正当竞争法》的具体条款给出了确定的利益边界。对于一般条款，依照最高人民法院在"马某庆"不正当竞争案[①]中所确立的基本规则，适用一般条款要满足三个基本条件：一是被诉不正当竞争行为在《反不正当竞争法》第二章并未予以规定；二是被诉行为确实损害了其他经营者的合法权益；三是行为人的被诉行为违反了诚实信用原则以及公认的商业道德。这里的合法权益和违反诚实信用原则及公认商业道德的规定，均是在特定化利益的边界。

同时，竞争利益应该表现为合法获得的竞争优势。所谓合法获得，强调的是利益并非来自非法行为。例如，个人数据的搜集，如是依照非法方式搜集的，则不能被认为是一种合法的竞争利益。而竞争优势，则是相关利益的具体表现形式。传统的竞争优势，表现为降低生产成本、提高生产效率。而在互联网经济下，市场的稀缺资源转换为消费者的注意力。此时，竞争优势更多表现为吸引消费者注意力、获得更多流量、取得用户黏性等。例如，通过技术手段在他人

① 最高人民法院（2009）民申字第1065号民事裁定书。

网站上插入链接,使他人误以为是网站提供的服务而窃取他人用户,无疑是一种侵犯他人竞争优势利益的行为。

(二)存在竞争关系

早期,对于竞争关系,司法界仍处于比较狭义的理解阶段。将竞争者之间的竞争关系限定在产品替代关系上,实际上不当地限缩了竞争法的调整范围。随着对竞争法理解的加深,无论是学术界还是司法实践界,都意识到竞争法是市场行为的规范法,而不仅仅是规制侵权的行为法。狭义的竞争关系无法使竞争法对一些新型不当行为做出回应,使其与自身法律定位相悖离。同时,网络环境下的竞争关系也不断发生变化。如今的竞争不仅使发生在产品竞品的对手之间,而是结合各种纵向关系、横向关系,体现出多领域相互交织的特点。如今的司法实践界已经认可,竞争关系并不局限于产品替代市场,多层次多领域的广义竞争关系的存在就足以引发反法介入调整的必要。例如,商标潜在市场侵占、商誉的攀附行为,未必发生在同一市场,但同属侵犯经营者利益的行为需要竞争法规制。

但并不代表竞争关系在实务中就无须证明了。竞争关系的考量代表了《反不正当竞争法》对于竞争中立性的认可。一般而言,在不存在竞争关系的前提下,借鉴他人经营成果的行为并非一定损害市场秩序。只有在该行为危害了他人潜在市场、损害了某些原市场的经营利益的情况下,才具有不当性。竞争关系的证明恰恰实在证明这一点。

实务中,对竞争关系的证明不要求提供产品服务类别完全相同,但至少应说明"潜在经营利益的替代可能性"以及"用户群体的重合及替代程度"两个方面。对于经济实力雄厚的跨领域公司而言,由于潜在市场布局难度小和用户群体基数大,相对而言更易受到竞争关系的牵连,也意味着竞争手段更易被认为侵权。典型为大众点评诉百度一案,本案中,百度公司与大众点评并不处于传统上同一产品市场上,但法院依然认为双方存在广义竞争关系。①

(三)竞争行为的致损性

竞争行为的不当最直接来源于行为造成了损害,但这种损害不单单是消费

---

① 北京百度网讯科技有限公司与上海汉涛信息咨询有限公司不正当竞争纠纷,上海知识产权法院民事判决书,(2016)沪73民终242号。

者利益的损害。依据《反不正当竞争法》第 2 条一般条款的规定，损害的直接来源首先是对经营者利益的损害。其次才是损害了以消费者利益为代表的社会公共利益。行为的损害不仅需要存在，并且需要由原告举证。原告方一般可以从以下方面证明行为的致损性：

1. 营业利益的直接或间接损失

营业利益的损失是最直观也最有力的证据，相关市场的销售额、销售量的损失，非法获得营业利益，都可以直接证明损害。

2. 竞争优势的不当获取或不当损害

消费者注意力的获取、流量的增减变化，生产效率方面的变化等，竞争优势的这些变化可以间接证明损害的存在。

3. 与消费者相关的替代效应、淡化效应、破窗效应

网络环境下的市场理论认为，如一种竞争行为能够替代原产品提供或淡化原产品的效果，或者由于低成本可以被大量模仿，那么对于经营者的潜在市场利益而言将会是巨大的灾难。因此，消费者的调查报告、对行为的成本经济分析以及未来的预测，可以侧面证明损害的存在。

（四）被告的主观意图的过错

与传统侵权法一样，《反不正当竞争法》对不当行为同样要求主观过错。主观恶意的证明不要求对被告的实际主观想法进行证明，而是通过对行为的恶性的可预测程度、被告明知或应当明知的可能性等客观情况加以推断。

（五）对行为效果的利益衡量

竞争行为通常都具有破坏性，市场正是在这种破坏性的创新中得以不断发展、不断提升效率，因此，破坏性的竞争行为并不总是损害社会总福利，对一个具体行为的不当证明需要具体分析它所带来的不当后果和有利后果，并将之进行比较。

对行为效果的利益衡量涉及经营者利益、行业发展利益、消费者利益以及市场总效率等多种因素。司法实践中通常以两种方式对此进行考量：

其一，对于《反不正当竞争法》明文规定的 7 种不当竞争行为，均是在反不正当竞争法漫长的执法历史中，被市场和案例所明证的有损于社会整体福利的行为。对这些具体行为的利益衡量，原告并不需要深刻分析每种情况下的对市

场损害,而是只需证明行为存在,就推定行为具有危害效果,由被告证明这些行为不具有危害效果。这是法律对过往历史所证明的事实的一种确认,预设对市场有较大损害行为的危害性,从而提高司法效率、提升威慑力。

其二,对于不属于具体条款的一般条款适用情形,《反不正当竞争法》从诚信原则的违反和商业道德的违反两个角度对其利益进行衡量。诚信原则的内涵与《反不正当竞争法》修改前的诚实信用原则内涵一致,指的是拟定的商业伦理人的基本市场道德准则。而商业道德的判断侧重于客观事实,一方面,其最为直接的依据是法律、法规和规范性文件;另一方面,可用数据、行业惯例和商业活动的具体实例来明证。商业道德和诚信原则构成了《反不正当竞争法》利益衡量的标杆,对它们的违反通常损害了现有的竞争秩序,并且由于公认的不当性而具有确定的边界,越界行为当然具备可责性。

通过上述范式的指引,基本可以判断一个行为是不是不当竞争行为。

总结之,在司法实践中,通常可通过以下具体步骤判断不当竞争行为:

首先,判断一个行为的行为环境和行为主体,是判断不正当竞争行为前提。环境指的是行为来自生产经营活动。主体则要求行为人是经营主体,并且与原告间存在广义的竞争关系。

其次,对行为是否破坏了竞争秩序、损害了竞争利益进行认定。具体而言,要指出损害的存在、潜在利益的丧失、他人的非法获利、主观上的恶性意图以及消费者利益、社会总福利的损害。

再次,需要找到行为具体的法律依据,也就是行为不当性的可责性。援引具体条款只需证明行为存在,而援引一般条款则须要对诚信原则或商业道德为代表的社会总福利进行损害明证。

又次,看被诉方是否有可以援引的合法抗辩,如技术中立、技术创新、公共利益等,相关的抗辩必须是法律或司法解释规定的法定事由。但由于《反不正当竞争法》的条文修改没有涉及,而司法解释尚在陆续出台中,在下文有关商标权的不正当竞争行为分析中将给出具体的抗辩事由。

最后,根据行为的性质来决定被诉方要承担什么责任,提出相应的诉求。

第二节　与商标权有关的不正当竞争行为

一、与商标权有关的不正当竞争行为的认定因素

上述分析中已确定与商标权相关的不正当竞争行为主要依据《反不正当竞争法》第6条的规定进行认定。具体在司法实践中，对涉商标权的不当竞争行为的认定可依据以下认定因素进行递进式的分析：

（一）受到保护的商标属于商业标识

《反不正当竞争法》第6条保护对象中，多次使用了“等”字，究其原因是我国法律不存在商业标识的一般性规定，故采用“等”字，以开放列举方式给广义商业标识留下了足够的空间。修订前的《反不正当竞争法》仿冒条款在保护范围上限定于知名商品的特有包装装潢，不当限缩了保护范围。修改之后，对于商业标识的认定更加灵活与广泛。

一般而言，商业标识的特点在于：其一，其与商品或主体间存在标识指向的关系，并且由于与其他标识的不同，可以与其他来源相区别开来；其二，由于标识与产品服务的稳定联系，形成了以商誉为中心的市场价值，消费者通过标识识别即可对应背后所指向的商誉，降低交易成本；其三，具备足以特定的，可被消费者识别的显著性特征，而区别于产品的通用名称、通用特征等。

从这一点上看，商标无疑符合商业标识的定义。

（二）“有一定影响”的标准

《反不正当竞争法》第6条修改最大的一点不同就是将原有的知名商品统一修改表述为了“有一定影响”的商业标识。这一修改和早年《商标法》驰名商标的修改类似，主要是为了防止各地评选商标活动的异化。然而，从内涵上来说，“有一定影响”的标准与知名商品标准一样，均是要求受保护商业标识拥有相当程度的知名度，这代表了标识背后所凝结的商誉，这一竞争利益正是《反不正当竞争法》所重点保护的内容。

2020年修订的最高人民法院《关于审理不正当竞争民事案件应用法律若干问题的解释》第1条规定：“在中国境内具有一定的市场知名度，为相关公众所

知悉的商品,应当认定为反不正当竞争法第五条第二项规定的‘知名商品’。人民法院认定知名商品,应当考虑该商品的销售时间、销售区域、销售额和销售对象,进行任何宣传的持续时间、程度和地域范围,作为知名商品受保护的情况等因素,进行综合判断。原告应当对其商品的市场知名度负举证责任。”尽管本条解释的是1993年版《反不正当竞争法》中的“知名商品”概念,但就其思路而言,知名商品的判断要件实际上也是考察“有一定影响力”的判断要件。“有一定影响”反映的是某商品在市场上的知名度,知名度涉及两个因素:一是市场的地域因素;二是市场的相关公众因素。对于市场的地域因素,从实践中看,我国地域广阔,各地经济发展、消费水平、消费偏好等并不均衡,许多商品在本地范围内有一定影响,但在其他地域范围并非如此,或者在本地域内小有名气,在全国范围内则并不知名,如果以全国作为地域范围来认定“有一定影响”并不现实,以该商品所在地范围作为市场范围来认定则比较符合实际。另外,市场的相关公众因素应以相关公众的知悉程度来作为标准予以评判,实际上,市场环境千变万化,商品的知名度也必然随着时间、市场及消费者对商品的态度等情况的变化而变化。所以,“有一定影响”更加注重通过知名度范围的界定对被控主体实施涉案行为的正当性进行认定,这也是《反不正当竞争法》制止不当利用他人商誉进行“搭便车”行为的应有之义。

同时,最高人民法院《关于审理不正当竞争民事案件应用法律若干问题的解释》第2条第1~2款的规定:“具有区别商品来源的显著特征的商品的名称、包装、装潢,应当认定为反不正当竞争法第五条第(二)项规定的‘特有的名称、包装、装潢’。有下列情形之一的,人民法院不认定为知名商品特有的名称、包装、装潢:(一)商品的通用名称、图形、型号;(二)仅仅直接表示商品的质量、主要原料、功能、用途、重量、数量及其他特点的商品名称;(三)仅由商品自身的性质产生的形状,为获得技术效果而需有的商品形状以及使商品具有实质性价值的形状;(四)其他缺乏显著特征的商品名称、包装、装潢。前款第(一)、(二)、(四)项规定的情形经过使用取得显著特征的,可以认定为特有的名称、包装、装潢。”被要求保护的标识需要具有显著性,不过这是与商标这一基本概念的应有之义,因此不再赘述。

(三)“擅自使用”的界定

最高人民法院《关于审理不正当竞争民事案件应用法律若干问题的解释》

第7条规定："在中国境内进行商业使用，包括将知名商品特有的名称、包装、装潢或者企业名称、姓名用于商品、商品包装以及商品交易文书上，或者用于广告宣传、展览以及其他商业活动中，应当认定为1993年反不正当竞争法第五条第（二）项、第（三）项规定的'使用'。"

有观点据此解释认为《反不正当竞争法》第6条的"擅自使用"与《商标法》第57条的"使用"相类似，这种观点显然错误理解了《反不正当竞争法》的立法逻辑，不当限缩了《反不正当竞争法》的适用范围。

《商标法》第57条的使用仅限于商标性使用，规制的是商标侵权行为，而《反不正当竞争法》第2条的一般条款指出，不正当竞争行为的边界为"生产经营活动中"的行为，因为竞争法调整的不仅仅是产品上承载的权利边界，更要维护整体的竞争秩序和规范。因此《反不正当竞争法》的"擅自使用"不能像《商标法》的商标性使用一般限定在生产、制造环节上，而是应当覆盖到生产经营活动中方方面面。所有经济行为，理论上都可能出现损害竞争利益的后果，销售行为当然符合这一特征。退一步来说，就算《反不正当竞争法》第6条前三项的"擅自使用"不包括销售行为，也应该比商标性使用的概念外延要大，这是由两法不同的调整范围所决定的。也因此，无论是依据《反不正当竞争法》第6条第1项还是第4项的兜底条款，非商标性使用的侵权行为才得以被《反不正当竞争法》保护纳入其中，不至于出现法律不予以保护的"空白之地"。

无论相关争议结论最终为何，对于有一定影响的未注册商标而言，将其用于商品、商品包装以及商品交易文书上，或者用于广告宣传、展览以及其他商业活动中，都会被《反不正当竞争法》所规制，这是确定无疑的。

典型案例3-4-2 邹某与上海帕弗洛文化用品有限公司不正当竞争纠纷案

（2010）沪高民三（知）终字第3号

案件事实

帕弗洛公司于2003年6月22日成立，注册资本为500万元，经营范围包括"文化用品，办公设备，工艺礼品批发、零售，笔，服装，皮革制品加工、销售"等。帕弗洛公司于2004年1月2日申请了一项"笔盒（ⅰ）"的外观设计专利，该专利于同年9月1日被授权公告（专利号为200430019208.5），于2005年1月2日因未在期限内缴纳或缴足年费而被终止专利权。该专利权请求保护色彩，所附外观设计图片显示的笔盒与帕弗洛公司在诉讼中提供的笔盒外观基本一致。2004年至2012年,帕弗洛公司陆续与北京市、上海市、广州市、深圳市、厦门市、宜宾市、临沂市、威海市、烟台市、贵阳市、泉州市、杭州市、温州市、合肥市、武汉市、南京市、无锡市、苏州市、连云港市、辽宁省、河南省等全国各地经销商签订《经销合同》,授权各地经销商在指定的区域、渠道内(包括商场、大型超市、书城等零售店)经销注册商标为"毕加索"书写工具产品的指定系列。帕弗洛公司在上海市、厦门市、南通市、珠海市、徐州市、石家庄市、杭州市、天津市、沈阳市、广州市、太原市、深圳市、北京市、济南市等十几个城市专柜的部分柜台及产品展示区有"毕加索""法国毕加索"标识。上海市高级人民法院于2010年6月22日作出(2010)沪高民三(知)终字第3号民事判决,判决维持原判。在该判决中,上海市高级人民法院认定:帕弗洛公司的"毕加索"书写工具在相关公众中已经具有一定知名度,可以认定为知名商品。帕弗洛公司使用在涉案商品上的商品名称、装潢为其特有的名称、装潢。后艺想公司向最高人民法院申请再审,最高人民法院于2012年9月29日作出(2011)民申字第623号民事裁定,驳回艺想公司的再审申请。该民事裁定认定:帕弗洛公司的"毕加索"书写工具构成知名商品,"毕加索"构成帕弗洛公司书写工具商品的特有名称,帕弗洛公司产品包装使用的红、黄、黑色块组合图案构成其特有装潢。邹某标系成都市金牛区江南笔行业主,该笔行于1999年4月26日成立,经营范围为文化用品批零兼营。2012年5月14日,北京盈科(上海)律师事务所向邹某标发送律师函,函中称:帕弗洛公司生产的"毕加索"书写工具系制笔行业内的知名商品,"毕加索"系该系列书写工具的特有名称,"红、黄色块"图案是该系列书写工具特有的包装装潢;上海市高级人民法院和上海市第一中级人民法院均已判决艺想公司立即停止使用"毕加索"书写工具的特有名称、特有包装装潢,要求邹某标停止销售被诉侵权商品。邹某标未能停止销售行为。随后帕弗洛公司将邹某标告上法庭,认为邹某标的销售行为构成了不正当竞争。

法院裁判

二审本院认为,本案涉及的主要争议问题是:(1)帕弗洛公司的"毕加索"书写工具是否构成知名商品?(2)帕弗洛公司在包装上使用的红、黄、黑色块组合图案是否构成知名商品的特有装潢?(3)邹某标销售被诉侵权商品的行为是否构成不正当竞争?对于其中第三个争议焦点,法院认为:艺想公司生产的书写工具是否是行业内的知名商品不属于本案审理范围，艺想公司取得第8545301号注册商标的时间晚于帕弗洛公司使用红、黄、黑色块组合图案装潢的时间，艺想公司将红、黄、黑色块组合图案放大应用于整个商品的装潢，与帕弗洛公司的“毕加索”书写工具的特有装潢相近似，其仿冒帕弗洛公司特有装潢的主观恶意明显，违反了诚实信用原则，损害了帕弗洛公司的在先权利，不属于对商标的合法使用。邹某标销售的被诉侵权商品使用的商品名称、装潢与帕弗洛公司的“毕加索”书写工具极为近似，足以造成相关公众混淆与误认，一审判决认定邹某标销售被诉侵权商品的行为构成不正当竞争，并无不当。邹某标在收到帕弗洛公司的律师函后仍继续销售被诉侵权商品，具有明显的主观过错，对于邹某标提出其没有主观恶意的上诉理由，本院不予采纳。由于邹某标的行为已构成对帕弗洛公司的不正当竞争，在帕弗洛公司未能提供证据证明邹某标的侵权获利或帕弗洛公司因侵权所遭受的损失的情况下，一审法院综合考虑邹某标侵权行为的性质、情节以及帕弗洛公司为制止侵权行为支付合理费用等因素，酌情确定邹某标的赔偿金额为8万元，并无不当。综上，上诉人邹某标的上诉理由均不成立，一审判决认定事实清楚，适用法律正确，审判程序合法。判决驳回上诉维持原判。

评析

对于《反不正当竞争法》第6条的“使用”的认定，不局限于经营活动的特定阶段，反不正当竞争法中关于仿冒行为的规定，主要针对的是在经营活动中擅自使用他人商品名称、包装、装潢的经营者，但如果销售涉及上述情况的商品，也会损害他人合法权益，扰乱社会经济秩序，从而受到反不正当竞争法的规制。

（四）混淆行为的程度

最高人民法院《关于审理商标授权确权行政案件若干问题的规定》第20条第1款规定：“当事人主张诉争商标损害其姓名权，如果相关公众认为该商标标志指代了该自然人，容易认为标记有该商标的商品系经过该自然人许可或者与该自然人存在特定联系的，人民法院应当认定该商标损害了该自然人的姓名权。”该规定第21条第1款规定：“当事人主张的商号具有一定的市场知名度，他人未经许可申请注册与该商号相同或者近似的商标，容易导致相关公众对商品来源产生混淆，当事人以此主张构成在先权益的，人民法院予以支持。”

最高人民法院《关于审理不正当竞争民事案件应用法律若干问题的解释》第4条规定，足以使相关公众对商品的来源产生误认，包括误认为与知名商品的经营者具有许可使用、关联企业关系等特定联系的，应当认定为1993年《反不正当竞争法》第5条第2项规定的“造成和他人的知名商品相混淆，使购买者误认为是该知名商品”。在相同商品上使用相同或者视觉上基本无差别的商品名称、包装、装潢，应当视为足以造成和他人知名商品相混淆。认定与知名商品特有名称、包装、装潢相同或者近似，可以参照商标相同或者近似的判断原则和方法。

而《反不正竞争法》第6条第4项规定，该条规制行为是“足以引人误认为是他人商品或者与他人存在特定联系的混淆行为”。上述规定说明，《反不正当竞争法》混淆可能性的判断不完全与商标混淆相同，除了从商品来源角度的混淆外，还存在基于特定市场关联性的关联性混淆授权性的许可使用混淆，比商标混淆概念外延略大。同时，兜底条款的混淆程度只需达到“足以使人误认”的混淆可能性；援引其他条款的其他使用行为的混淆考量则根据实际情况进行考察。

上述判断要素可以基本判断一个与商标相关的仿冒行为是否受到《反不正当竞争法》的规制，实务上可以从以下7个方面对其进行举证：(1)被控侵权行为发生于市场经营活动中，侵犯对象为未注册商标、注册商标等用于标识商品的表征标识。(2)被控标识与主张标识之间的近似程度，从文字构成、含义、整体外观及表现形式上是否相同或近似。(3)产品、服务的类似程度，是否属于经营者的潜在市场或是直接竞争市场，相关消费者是否存在重合关系。(4)相关消费者的注意程度，消费者对特定领域标识所代表含义的注意力差别，混淆其背后意义的可能性。(5)商业标识知名度的证明，对使用范围、流行地域、销售和宣传的情况等进行举证，知名度也影响了对侵权者主观意图的恶性的推定。(6)侵权者的主观恶性，从被控侵权行为导致的市场经营效果和对经营者的损害结果，以及被控侵权行为的外观特征等可以推定被控侵权者的主观恶意，其不仅是对经营者的利益损害，而且是对消费者利益和总体竞争秩序。(7)混淆可能的其他辅助举证，以帮助综合判定足以引人误认。例如，市场调查报告、双盲实验等。

最后，即使满足上述要素，被控侵权行为也有可能存在合法抗辩事由，足以对其进行豁免。具体合法的抗辩事由包括：

1. 描述性使用

最高人民法院《关于审理不正当竞争民事案件应用法律若干问题的解释》第2条第3款规定："知名商品特有的名称、包装、装潢中含有本商品的通用名称、图形、型号，或者直接表示商品的质量、主要原料、功能、用途、重量、数量以及其他特点，或者含有地名，他人因客观叙述商品而正当使用的，不构成不正当竞争行为。"虽然规定的是1993年《反不正当竞争法》的内容，但对新法同样适用。

2. 指示性使用（理论上的抗辩事由）

指示性使用，指的是经营者不使用他人商业标识即无法向消费者说明其所经营产品或服务的内容，此时为说明功能的使用不构成侵权。在《商标法》上，指示性使用通常不被视为商标使用行为，因而不认为是侵权行为。但在《反不正当竞争法》上，如指示性程度使消费者误认提供者与商标持有人存在特定联系而导致混淆，应纳入《反不正当竞争法》第6条的规制范围。因此，指示性使用并不是《反不正当竞争法》上法定的抗辩事由。

3. 存在绝对禁止作为商业标识的事由

最高人民法院《关于审理不正当竞争民事案件应用法律若干问题的解释》第5条规定："商品的名称、包装、装潢属于商标法第十条第一款规定的不得作为商标使用的标志，当事人请求依照反不正当竞争法第五条第（二）项规定予以保护的，人民法院不予支持。"即便上述商业标识获得了一定的知名度而存在一定影响，《反不正当竞争法》也不保护这种"非法所得"。

4. 在后使用抗辩的例外

最高人民法院《关于审理不正当竞争民事案件应用法律若干问题的解释》第1条第2款规定："在不同地域范围内使用相同或者近似的知名商品特有的名称、包装、装潢，在后使用者能够证明其善意使用的，不构成反不正当竞争法第五条第（二）项规定的不正当竞争行为。因后来的经营活动进入相同地域范围而使其商品来源足以产生混淆，在先使用者请求责令在后使用者附加足以区别商品来源的其他标识的，人民法院应当予以支持。"

因为商业标识的地域性，善意的标识使用人未必能够知晓全国范围内的标识使用情况，也因《反不正当竞争法》对于受保护标识的知名度范围不要求是全国范围,所以对善意的使用人不能过多苛责。

二、与商标权有关的不正当竞争行为的主要表现

区别于一般商标侵权行为,与商标权相关的不正当竞争行为的主要表现为三类:其一,有一定影响的注册商标的非商标性使用不正当竞争行为;其二,有一定影响的未注册商标的仿冒不正当竞争行为;其三,其他涉及商标权的具体类型的不正当竞争行为(此类型仅是理论上的分类,实践中出现较少,将商标用于商业诋毁、虚假宣传等)。在实践中主要表现为三种类型。

(一)将商标或其类似标识作为企业字号

根据最高人民法院《关于审理商标民事纠纷案件适用法律若干问题的解释》第1条第1项的规定,"将与他人注册商标相同或者相近似的文字作为企业的字号在相同或者类似商品上突出使用,容易使相关公众产生误认的"属于《商标法》第57条第7项规定的给他人注册商标专用权造成其他损害的行为。与《商标法》第58条的规定相结合,解释规定的是商标性使用的侵权行为。如将注册商标相同或者近似文字作为企业的字号、名称,但不是突出使用而是非商标性使用的,则是违反《反不正当竞争法》的仿冒行为。

典型案例3-4-3 **苏州雪菲力食品有限公司与上海申美饮料食品有限公司、南通市港闸区好又多超市新园加盟店侵害商标权纠纷案**

(2019)苏民终142号

案件事实

申美公司成立于1987年2月6日,是商标"雪菲力"的持有人,1999年1月,上海市工商行政管理局向申美公司颁发了著名商标证书,认定申美公司在碳酸饮料、饮料主剂商品上的"雪菲力"商标为上海市著名商标。之后,上海市工商行政管理局又先后于2003年度、2006年度、2009年度、2012年度4个年度向申美公司颁发上海市著名商标证书,认定申美公司在碳酸饮料、饮料主剂商品上的"雪菲力"商标为上海市著名商标。上海市工商行政管理局还于2015年1月认定申美公司的第1299286号"雪菲力"注册商标、第1299285号"雪菲力"注册商标为上海市著名商标。申美公司经营的"雪菲力牌"饮料先后被上海市名牌产品推荐委员会评选为1999年度、2001年度、2002年度、2004年度"上海

名牌产品100强”，以及1999年度、2000年度、2007年度的“上海名牌产品”。申美公司为推广其品牌、产品，于2016年度、2017年度两个年度委托上海好事广告有限公司在“上海市著名商标展示廊”发布广告。雪菲力公司注册于2015年3月25日，注册资本1000万元，经营范围包括预包装食品的销售等。雪菲力公司经国家商标局核准，先后注册了两个商标：(1)第17327763号商标，初审公告日期为2016年6月6日，有效期为2016年9月7日起至2026年9月6日，核定使用商品类别为第32类的“大豆为主的饮料（非牛奶替代品）、豆浆、饮料制作配料、植物饮料、奶茶（非奶为主）、豆类饮料、啤酒、果汁、水（饮料）、无酒精饮料”；(2)第23411580号商标，初审公告日为2017年12月20日，有效期为2018年3月21日起至2028年3月20日，核定使用商品类别为第29类的“豆奶粉、乳酒（奶饮料）、牛奶饮料（以牛奶为主）、牛奶制品、白朊牛奶、蛋白质牛奶、豆奶、牛奶、酸奶、可可牛奶（以奶为主）”。好又多新园店由纪某霞于2010年2月10日申请注册，经营范围为“日用百货、烟、预包装食品、散装食品的零售”等。该店合法持有食品经营许可证，有效期至2022年6月18日。2017年3月24日，申美公司向江苏省南通市南通公证处（以下简称南通公证处）申请保全证据公证。当日，申美公司委托代理人褚某民在公证员沈某和公证人员吴某监督下，来到位于江苏省南通市港闸区棉机路上的好又多新园店，以185元的总价购买了加多宝、大富豪啤酒、幸福壹升枸杞蓝莓汁、幸福壹升芒果汁各一箱。2017年4月5日，南通公证处出具了(2017)通南证民内字第2361号公证书，对上述购买过程进行了证明。经当庭审核，上述公证购买所得幸福壹升枸杞蓝莓汁标注的生产日期为2017年1月17日，幸福壹升芒果汁标注的生产日期为2017年1月22日，两箱饮料规格均为1升6瓶装，除色彩、图案和商品品名有所不同外，其余包装、装饰、商业标注等均相同。具体而言：(1)外包装箱为正方体纸箱，箱顶左右两边均标注大字“雪菲力公司”，箱体前后两个正面右上角标注“雪菲力饮品”、底边标注“雪菲力公司荣誉出品”；同时，箱体上也多处标注了“鲜园坊+”，在厂商信息处，标明委托商为雪菲力公司，生产商为新阳光公司和江苏先锋食品股份有限公司。(2)饮料均为玻璃瓶装，其瓶盖和瓶颈处贴有“苏州雪菲力饮品”标签，其中“苏州”两字在瓶盖上，“雪菲力饮品”五字在瓶颈处。申美公司认为上述幸福壹升枸杞蓝莓汁、幸福壹升芒果汁多处突出使用了“雪菲力”字样，侵害了其涉案3个注册商标专用权。具体而言，被诉侵权产品与第1299286号商标核定使用商品为相同商品，与第878163号、第934061号商标核定使用商品为类似商品，均使用了与其注册商标相同的商标。将上述两主体告上法庭，要求停止商标侵权行为和不正当竞争行为。

法院裁判

二审法院认为：(1)雪菲力公司使用相关标识侵害了申美公司的注册商标专用权。本案中，申美公司提供充分证据足以证明其第1299286号商标有较高的知名度。该商标是对“雪菲力”文字的变形使用，明显可以识别出“雪菲力”文字，故该商标为文字商标，并非一审法院认定的图形商标。雪菲力公司在其生产的果汁饮品外包装盒等处标有“鲜园坊”图形及字样，但在其外包装盒及产品上醒目、突出标注与申美公司商标相同的雪菲力文字，易于造成消费者对其产品来源产生混淆与误认。雪菲力公司将“雪菲力”文字的汉语拼音“xuefeili”作为域名主体部分使用。即使在域名前加了“sz”字母，也不足以排除相关公众误认为该域名下的网站与申美公司商标及其权利人申美公司产生特定联系的可能性。其通过网站宣传和销售涉案商品，发生电子商务，客观上损害了申美公司的市场竞争利益。同样地，雪菲力公司在官网宣传和推广产品时，不仅使用申美公司商标，而且使用与该商标相同的“雪菲力”文字，推广的商品不仅有申美公司正品产品，也有雪菲力公司自己生产销售的产品，显然会造成相关公众对雪菲力公司产品来源的混淆。雪菲力公司从事上述行为，主观上具有攀附申美公司商标知名度和商业信誉的故意，客观上造成了相关公众的混淆与误认，侵害了申美公司的商标专用权，应当承担停止涉案侵权行为(包括停用官网域名)、赔偿损失等法律责任。(2)一审判令雪菲力公司使用企业名称构成不正当竞争正确。如上所述，申美公司“雪菲力”商标具有较高知名度，尤其在上海市及其毗邻地区苏州市为多数公众所知晓。雪菲力公司作为经营饮料的企业，将与该商标相同的“雪菲力”文字作为企业字号，使用该企业名称，生产、销售、宣传饮品，具有攀附商誉的故意，即便不突出使用该字号，也会造成相关公众误认为其生产的产品与申美公司的产品具有特定联系，对商品来源产生误认。故一审判决认定其构成不正当竞争并判令其变更企业名称是正确的。综上，法院最终判决，驳回上诉，维持原判。

评析

将他人注册商标用于企业名称的，如可能构成反不正当竞争行为，依据《商标法》第58条的指引依据，可以要求《反不正当竞争法》保护。由于指引条款的存在，此种情形是最容易被《反不正当竞争法》纳入保护的情况。本案中，一审法院对该情形的分析也是从《反不正当竞争法》的角度，着重论证行为的主观恶性，违反了诚实原则和商业道德，损害原告的市场竞争利益。

典型案例3-4-4　唯品会(中国)有限公司与瑝士(广州)化妆品有限公司不正当竞争纠纷案

(2020)粤0111民初3739号

案件事实

唯品会(中国)有限公司(以下简称唯品会公司)成立于2011年1月20日，其经营范围为批发业。在2011年4月13日通过受让取得第6923149号"唯品会"商标。该商标核定的服务项目为第35类包括商业信息代理、进出口代理、替他人采购等，注册有效期自2010年9月28日至2020年9月27日。现该商标仍合法有效。瑝士(广州)化妆品有限公司(曾用名广州唯品汇日用品有限公司)(简称瑝士公司，原唯品汇公司)成立于2019年7月10日，注册经营范围包括"商品批发贸易；化妆品及卫生用品批发；服装批发；日用杂品综合零售；药品零售"等多项与销售相关的服务。唯品会公司认为，在瑝士公司(原唯品汇公司)成立之前，"唯品会"商标已获得注册，且已成为驰名商标而该公司仍使用将与其第6923149号商标"唯品会"相近似的"唯品汇"登记为企业字号，会使他人误认其公司与原告存在特定关联，足以造成相关公众的混淆，明显具有攀附其商誉的主观故意。故，唯品会公司将瑝士公司起诉至法院，请求：(1)停止使用含有"唯品汇"文字的企业名称；(2)变更企业名称中的字号，变更后的字号不得含有与"唯品会"相同或近似的文字；(3)赔偿原告经济损失及其为维权所支出的合理费用共计100,000元等诉讼请求。唯品汇公司在诉讼过程中主动变更了企业名称。

法院裁判

法院认为，因瑝士公司在本案诉讼过程中已经将企业名称进行变更，变更后的企业名称中未包含与"唯品会"相同或近似的文字，故唯品会公司关于瑝士公司停止使用含有"唯品汇"文字的企业名称及变更字号的诉讼主张在本案诉讼过程中已经实现，故，对此不再予以判处。而关于赔偿金额，法院综合考虑瑝士公司经营规模较小、纠错态度较好、侵权事件较短等各因素，法院酌情确定瑝士公司应赔偿原告唯品会公司经济损失40,000元(含合理费用)。

评析

本案说明,将与他人注册商标近似的标识用于企业名称中可能构成不正当竞争,并将不正当竞争的直接依据定在了《反不正当竞争法》第6条的兜底条款上。商标权与企业名称的冲突近年来成为《反不正当竞争法》规制的重点,对其的分析同样绕不开《反不正当竞争法》第2条的基本范式,从诚实信用、维护公平竞争,以及混淆可能性角度进行。

(二)将商标作为域名使用

根据最高人民法院《关于审理商标民事纠纷案件适用法律若干问题的解释》第1条第3项的规定,“将与他人注册商标相同或者相近似的文字注册为域名,并且通过该域名进行相关商品交易的电子商务,容易使相关公众产生误认的”,属于《商标法》第57条第7项规定的给他人注册商标专用权造成其他损害的行为。同时,最高人民法院《关于审理涉及计算机网络域名民事纠纷案件适用法律若干问题的解释》第4条规定:“人民法院审理域名纠纷案件,对符合以下各项条件的,应当认定被告注册、使用域名等行为构成侵权或者不正当竞争:(一)原告请求保护的民事权益合法有效;(二)被告域名或其主要部分构成对原告驰名商标的复制、模仿、翻译或者音译;或者与原告的注册商标、域名等相同或者相似,足以造成相关公众的误认;(三)被告对该域名或者其主要部分不享有权益,也无注册、使用该域名的正当理由;(四)被告对该域名的注册、使用具有恶意。”

因此,将注册商标用于域名并进行商品交易的电子商务的,认定为是商标侵权行为。而未用于电子商务的非商标性使用行为,可能构成不正当竞争行为。未注册的商标用于域名的行为同样在符合不正当竞争行为构成要件时,被《反不正当竞争法》规制。

典型案例3-4-5　中国免税品(集团)有限责任公司与被告南京港中旅电子商务有限公司、南京鼎安投资发展有限公司侵害商标权及不正当竞争纠纷案

(2019)苏01民初3163号

案件事实

原告中国免税品公司系第1109161号、第4893918号、第6934281号、第

8929649号、第12389750号商标的权利人;其名称中含有“中国免税品”字样,“中免”是行业内及相关公众多年来对其称呼,“cdf”是其字号“中国免税品”的英文翻译首字母缩写,其享有企业名称(商号)权;其中文域名为cdfg.com.cn,其中“CDFG”既是其标识,也是其商号,其享有域名权;其商标、企业名称、域名经过多年经营积累了极高的商誉和知名度。被告南京港中旅公司在南京市玄武区南京南站四楼的中免德鸿洋超市该建筑外墙顶部标有“cdf”标识,系原告的标识。同一建筑墙体上可见“中免德”“www.51cdf.com”字样牌匾,其余部分脱落。外墙上贴有“升级装修中敬请期待”的告示,落款为“中免德鸿”“南京港中旅电子商务有限公司”“2019年8月5日”。被告鼎安公司经营南京南站四楼“中免德鸿洋超市”店铺,店铺外墙的广告牌上标明“中免德鸿洋超市官方海淘全球购”,高铁站内广告牌上有“中免德鸿进口超市”的文字广告。被告南京港中旅公司在“中免德鸿”微信公众号上进行线上进口商品推销和线下广告宣传、商品展示、特许经营等活动,大量突出使用“中免德鸿”“51cdf”等标识。原告中国免税品公司认为,被告与原告存在间接竞争关系,被告在实体门店中使用“中免德鸿”并使用同名公众号发布商品销售信息,使用“中免德鸿”为被告名称简称进行宣传,必然使相关公众误认与原告存在某种渊源或联系,属于“擅自使用他人有一定影响的企业名称”的不正当竞争行为;被告注册并使用51cdf.com域名,在实体店、网站及宣传材料中均以明显字体突出注明“cdf”字样,会使相关公众误认与原告存在某种渊源或联系,属于“擅自使用他人有一定影响的域名主体部分、网站名称、网页等”的不正当竞争行为;两被告及案外人江苏亭湖经济开发区华泰纸业南京有限公司(以下简称华泰纸业南京公司)的法定代表人为同一人,存在关联关系,华泰纸业南京公司“中免德鸿”等与“中免”相似的商标已被宣告无效,两被告仍继续突出使用与涉案商标近似的标识、原告企业名称简称,存在较严重的恶意。两被告共同实施了上述侵权行为,应当承担连带赔偿责任。因此,原告向法院起诉,请求:(1)判令被告立刻停止侵犯“CDFG”商标专用权的行为;(2)判令被告立刻停止不正当竞争行为,即停止使用原告企业字号“中免”及对应的英文企业字号简称“cdf”的不正当竞争行为;(3)判令被告立即停止使用51cdf.com域名并将其注销;(4)判令被告立即停止不正当竞争行为,即停止在广告宣传、产品介绍中使用“中免”“cdf”文字作引人误导的宣传;(5)判令被告在《中国工商报》、《南京日报》、被告经营的微信公众号及新浪、腾讯、网易网站连续7日登载经其或人民法院认可内容的道歉声明,消除侵权行为所引起的社会公众的混淆和误解;(6)判令被告共同赔偿其因被告侵权而遭受的经济损失300万元,包括其为制止侵权而支出的调查、取证、聘用律师等合理费用10万元;(7)判令被告承担本案全部诉讼费用。

法院裁判

法院认为,本案争议焦点为:(1)被告是否存在侵犯原告注册商标专用权的行为;(2)被告是否存在不正当竞争行为;(3)如被告构成侵权,是否应当承担停止侵权、消除影响和赔偿损失的责任。对于其中第一个争议焦点,南京市龙蟠中路88号的店铺由被告港中旅公司经营,建筑上悬挂标示"中免德鸿"的牌匾、告示;南京南站四楼销售进口食品的店铺由被告鼎安公司经营,悬挂"中免德鸿""中免德鸿洋超市"标识;被告港中旅公司以"中免德鸿"作为微信公众号、新浪微博名称,用于广告宣传及商品销售,并以其备案域名51cdf. com开设的网站作为商品销售平台。两被告的店铺、微信公众号、微博及网站销售平台均销售进口食品,与原告涉案商标核定服务项目构成类似服务。被告的"中免德鸿""中免德鸿洋超市"标识,与原告的第1109161号"中免"商标、第4893918号"中免集团"商标构成近似;被告港中旅公司网站51cdf. com的主要识别部分"51cdf"与原告的"CDFG"商标均构成近似。两被告未经原告许可,在类似服务项目上使用与原告注册商标近似的商标,足以导致服务对象对服务来源产生混淆,误认为两被告提供的服务与原告存在关联。两被告的行为侵犯了原告涉案注册商标的专用权。对于争议焦点二,法院认为被告使用的"中免德鸿"文字,与原告的企业名称构成近似;使用的51cdf. com域名,与原告企业名称简称的英文翻译缩写、域名构成近似。被告的行为同时构成不正当竞争。……综上判决:(1)被告南京港中旅电子商务有限公司、南京鼎安投资发展有限公司于本判决生效之日起立即停止侵犯原告商标专用权的行为;(2)被告南京港中旅电子商务有限公司、南京鼎安投资发展有限公司于本判决生效之日起立即停止使用"中免""cdf"的不正当竞争行为;(3)被告南京港中旅电子商务有限公司于本判决生效之日起30日内注销51cdf. com域名;(4)被告南京港中旅电子商务有限公司、南京鼎安投资发展有限公司于本判决生效之日10日内赔偿原告中国免税品(集团)有限责任公司经济损失及为制止侵权行为所支付的合理开支共80,000元;(5)驳回原告中国免税品(集团)有限责任公司的其他诉讼请求。

评析

本案中,将涉商标的域名使用行为界定为商标侵权及反不正当竞争行为,但根据最高人民法院《关于审理涉及计算机网络域名民事纠纷案件适用法律若干问题的解释》第 4 条的规定,涉商标权的域名纠纷案件构成侵权或者不正当竞争行为;最高人民法院《关于审理商标民事纠纷案件适用法律若干问题的解释》第 1 条的规定,涉商标的域名纠纷案件构成侵犯商标权的行为。因此,将他人商标用作域名受何种法律规制,关键要看行为人是否用域名从事电子商务或类似的活动,即是否构成了商标性使用,否则则适用《反不正当竞争法》的规定。

(三)作为商品名称、包装、装潢使用

最高人民法院《关于审理不正当竞争民事案件应用法律若干问题的解释》第 4 条第 2 款规定:"在相同商品上使用相同或者视觉上基本无差别的商品名称、包装、装潢,应当视为足以造成和他人知名商品相混淆。"商标与商品名称、包装、装潢相同,均为产品类标识,实践中,经常出现重合情形。此时可依据《反不正当竞争法》第 6 条第 1 款的规定,对相应不正当仿冒行为进行规制。

典型案例 3-4-6　上海故事丝绸发展有限公司、上海紫绮服饰有限公司与上海兵利服饰有限公司擅自使用知名商品特有名称纠纷案①

(2017)沪 73 民终 237 号

案件事实

紫绮公司于 2003 年创立"上海故事"品牌,专门从事以"上海故事"作为商品名称的围巾(包含丝巾、披肩)商品的生产与销售,经过十余年的经营,"上海故事"围巾商品的销售范围已覆盖全国,并在各地广泛开设"上海故事"品牌实体店。2016 年,上海故事公司、紫绮公司发现兵利公司在未经许可的情况下,使用"上海故事"作为商品与店铺名称,并在其开设的实体店铺以及手机微信店铺内,销售与上海故事公司、紫绮公司商品种类相同的产品;在其店铺装潢、产品包装如标签、吊牌、包装盒、包装袋上使用与"上海故事"完全相同的字样。兵利公司与上海故事公司、紫绮公司的经营地均在上海,实际主打商品均为围巾类

---

① 上海知识产权法院发布的 12 件不正当竞争典型案例(2015~2020 年)之六。

产品，两者具有同业竞争关系。兵利公司成立时间是2015年，远晚于上海故事公司、紫绮公司开始使用“上海故事”作为商品名称的时间。上海故事公司、紫绮公司诉称，兵利公司仿冒知名商品，给上海故事公司、紫绮公司的商誉造成损害，影响了正常的市场竞争秩序，请求法院判令兵利公司立即停止擅自使用“上海故事”的不正当竞争行为、刊登声明消除影响，赔偿经济损失和合理开支共计468,902元。

法院裁判

一审法院认为，鉴于上海故事公司、紫绮公司提供的证据尚不足以证明其生产销售的上海故事围巾系列商品为知名商品，兵利公司的行为不构成不正当竞争，故判决驳回上海故事公司和紫绮公司的全部诉讼请求。上海故事公司、紫绮公司不服一审判决，提起上诉。上海知识产权法院经审理认为，综合考虑商品的销售时间、销售区域，宣传的持续时间、程度和地域范围，“上海故事”品牌丝巾、围巾构成知名商品。在“上海故事”已经在上海市范围内具有一定知名度的情况下，作为同属上海的经营者，兵利公司明知上海故事公司、紫绮公司已经在丝巾、围巾等商品上使用“上海故事”，仍然在店招等使用“上海故事”，明显具有攀附“上海故事”知名商品特有名称所承载商誉的故意，且客观上会造成相关消费者混淆和误认，故兵利公司的行为构成擅自使用知名商品特有名称的不正当竞争行为，故判决兵利公司在《新民晚报》刊登声明，消除因不正当竞争行为给上海故事公司、紫绮公司造成的不良影响；赔偿上海故事公司包括合理费用在内的经济损失15万元。

评析

将他人未注册商标用于商品名称、包装、装潢可能构成不正当竞争行为。在认定商品的知名度时应当考虑被控不正当竞争行为发生的时间和地域，而且不应将知名商品和特有名称完全孤立，商品的知名度和商品名称的知名度具有互为表里、不可割裂的关系。知名商品特有的名称，是指知名商品独有的与通用名称有显著区别的商品名称。如果有证据证明商品名称具有知名度或者有一定影响，可以认定符合《反不正当竞争法》的保护条件。实务中，原告可以通过对商品的销售时间、销售区域、销售额和销售对象，进行任何宣传的持续时间、程度和地域范围、作为知名商品受保护的情况等因素进行举证，来证明符合“有一定影响”条件。

三、与商标权有关的不正当竞争行为产生的原因

不正当竞争行为的一般概念构成了与商标权有关不正当竞争行为的基础，而与商标权相关的不当竞争行为还有其特点。

当前司法形势下，与商标权纠缠的不正当竞争案件数量越来越多。上海知识产权法院发布的2015～2020年不正当竞争案件白皮书中统计，5年间，上海知产法院共收不正当竞争案件950件，占同期知识产权案件收案总量的6.2%，收案数年均增长21.2%，其中与商业标识有关的仿冒混淆案件占72%以上。而侵犯商标权与不正当竞争交织的案件数为363件，占案件收录的38%以上。高额的案件占比反映出该类型案件的普适性。然而，为何与商标权相关的不正当竞争案件如此之多，主要有以下几个方面的原因：

（一）《商标法》的单一法律保护的不足

其一，《商标法》保护商标权以注册商标制为基础。我国是典型的实行商标注册取得制的国家，权利的获取完全依赖于商标注册，对于注册商标，由于具备公示的对抗力，其侵权规范与边界都十分清晰完备。对于未注册的商标的，《商标法》的保护就比较有限。

《商标法》第13条第1～2款规定："为相关公众所熟知的商标，持有人认为其权利受到侵害时，可以依照本法规定请求驰名商标保护。就相同或者类似商品申请注册的商标是复制、摹仿或者翻译他人未在中国注册的驰名商标，容易导致混淆的，不予注册并禁止使用。"第15条规定："未经授权，代理人或者代表人以自己的名义将被代理人或者被代表人的商标进行注册，被代理人或者被代表人提出异议的，不予注册并禁止使用。就同一种商品或者类似商品申请注册的商标与他人在先使用的未注册商标相同或者近似，申请人与该他人具有前款规定以外的合同、业务往来关系或者其他关系而明知该他人商标存在，该他人提出异议的，不予注册。"第32条规定："申请商标注册不得损害他人现有的在先权利，也不得以不正当手段抢先注册他人已经使用并有一定影响的商标。"第59条第3款规定："商标注册人申请商标注册前，他人已经在同一种商品或者类似商品上先于商标注册人使用与注册商标相同或者近似并有一定影响的商标的，注册商标专用权人无权禁止该使用人在原使用范围内继续使用该商标，但可以要求其附加适当区别标识。"

上述法律规定对未注册商标的保护仅为:(1)对未注册驰名商标、有一定影响商标的禁止抢先注册;(2)未注册商标的商标先用权;(3)对有信赖关系的明知侵权人恶意抢注未注册商标的禁止。这些保护仅限于注册领域,而不涉及实体经营领域。对于那些企图攀附未注册的知名商标的商誉,仿冒未注册商标进行经营的"搭便车者"而言,单法保护显然不足以威慑他们。

其二,《商标法》对于注册商标的保护也是有限的,体现在商标侵权只针对注册商标的商标性使用行为,而对于非商标性使用则不认为是侵权。所谓商标使用,《商标法》第48条规定:"本法所称商标的使用,是指将商标用于商品、商品包装或者容器以及商品交易文书上,或者将商标用于广告宣传、展览以及其他商业活动中,用于识别商品来源的行为。"商标以使用获得价值,只有将商标使用商业活动中用于标识商品才属于《商标法》规范的使用行为。而对于仅将商标用于企业名称、字号、域名等中,没有用于商品交易,或者其他非商标性使用的行为,即便是注册商标,也无法获得《商标法》的保护。

实践中,使用他人商标并非全然用于商品交易,有时不直接使用商标,而是提及相应商标,仅是为了混淆消费者的认识,使消费者联想其于原商标的联系,这种相当于侵占他人商誉的行为同样无法得到《商标法》的规制。

综上所述,《商标法》的保护不足为《反不正当竞争法》介入调整提供了空间,也是两法相互独立存在、共同保护商业标识的应然之义。

(二)全国范围内的注册商标制与地域范围内的商业标识之间的矛盾

注册商标制为全国性的公示登记制度,而商业标识则具备地域性的特点。例如,企业名称、字号、相关商品的名称包装等,其知名度与可注册性均不能脱离地域范围予以分析。例如,在管理上,企业名称的登记由市场监督管理部门进行。区域性的管理部门决定了,只要名称不在该地域内存在冲突,正当命名的名称权当然可以成立。但在审核时,市场部门无法像商标注册程序一般,在全国范围内查找在先的商标以防止重复。即便有可能,商业标识的地域性也决定了其命名未必就会侵犯到原有商标权的利益,市场部门也不会对此事先审查。此时《反不正当竞争法》作为市场秩序的"最后"维护法,将从具体事实的分析中介入,看是否存在侵犯商标权益与竞争利益的可能,这是与商标权相关的不正当竞争纠纷产生的另一制度背景。

(三)作为保护客体的商标的双重属性

商标作为两法共同的保护对象,其本身具备双重法律属性。一方面,《商标法》上的商标功能上起到了区别商品来源、识别经营主体的标识性作用,其作为无形财产权的一种,具有浓厚的标示性权利属性;另一方面,商标又不仅用于识别的外在标识,其与产品、生产者长期以来所固定的联系导致了它还代表了生产者长期以来的经营声誉,凝结了消费者与产品间的信任关系。不仅是《反不正当竞争法》所保护的经营者的合法权益,也是代表着社会福祉的消费者利益实现的重要工具。因此,商标侵权通常都具有双重属性,既是对权利侵犯的越界行为,又是对损害经营权益、破坏竞争秩序的非法行为。

修改前的《反不正当竞争法》将商标侵权纳入其保护范围正是这一点的体现,随着修改后两法任务范围的厘清,两法将在各自领域分别发挥保护商标的作用。但这并不影响在出现重合情形时,两法依据各自的逻辑对行为进行单一规制或相互补充。

总之,与商标权有关的不正当竞争行为产生原因在于两法共同保护商标权的双轨模式。商标侵权广义上是不当竞争行为的特别形式,当符合《商标法》规定时以特别法优先规制。而两法重合或是《商标法》规定不足时,《反不正当竞争法》就依据自身的判断逻辑,提供补充性的一般保护。

四、与商标权有关的不正当竞争行为规制的法律依据

与商标权有关的不正当竞争行为的产生于两法互补合作的保护背景下,那么,《反不正当竞争法》对商标进行保护的法律依据是什么呢?以下分述之。

(一)《反不正当竞争法》第6条第1项及兜底条款

《反不正当竞争法》第6条规定:“经营者不得实施下列混淆行为,引人误认为是他人商品或者与他人存在特定联系:(一)擅自使用与他人有一定影响的商品名称、包装、装潢等相同或者近似的标识;(二)擅自使用他人有一定影响的企业名称(包括简称、字号等)、社会组织名称(包括简称等)、姓名(包括笔名、艺名、译名等);(三)擅自使用他人有一定影响的域名主体部分、网站名称、网页等;(四)其他足以引人误认为是他人商品或者与他人存在特定联系的混淆行为。”

一般认为,《反不正当竞争法》第6条是与商标相关的反不正当竞争保护的直接依据。本法前三项的商业标识涵盖了三类主要的商业标识,分别为产品类商业标识、商业主体类商业标识、商业活动类商业标识。其中第1款的产品类标识,如商品名称、包装、装潢等进行的规定,实质内涵相当于"未注册商标"。注册商标广义上也属于产品类商业标识,但在剔除出商标侵权的内容后,一般认为《反不正当竞争法》第6条第1项的商业标识更接近未注册商标。因此未注册商标的保护主要依据该项规定。

该项的兜底条款是对所有广义商业标识仿冒行为的一般性规定,其他足以引人误认是他人商品或存在特定联系的行为,可以适用兜底条款进行规制。具体而言主要有两类:一类是注册商标的非商标性使用侵权。对应于注册商标的商标使用侵权一般由《商标法》保护,而非商标使用侵权,则可以依据该兜底条款保护;另一类是其他的广义标识的侵权。对应于前三项中具体类型化的标识类型,如果出现新型标识也可以援引兜底条款进行规制。对于注册商标而言,即便认为其不再适用第6条第1项的内容,也可认为其最接近的依据是第6条的第4项,以在《商标法》失灵时,提供《反不正当竞争法》的兜底保护。

无论是第6条第1项还是第4项的兜底条款,其依据都与《商标法》的保护依据不同。《反不正当竞争法》第6条列出的请求权基础其要件包括以下几个方面:(1)保护对象是商业标识类型;(2)商业标识要达到"有一定影响"的知名程度,这意味《反不正当竞争法》不保护注册后从未使用的商标以及影响力较低的商标;(3)混淆行为是使用行为,但该处的使用并不是《商标法》意义上的商标使用,而是囊括了各种经营活动中的经济行为;(4)混淆的程度要达到足以使人误以为是原商品或存在联系的标准。下文中,会对这些标准具体分析。

(二)《商标法》第58条

除了《反不正当竞争法》第6条的规定,《商标法》第58条亦是依据《反不正当竞争法》保护商标的指引性规定。

《商标法》58条规定:"将他人注册商标、未注册的驰名商标作为企业名称中的字号使用,误导公众,构成不正当竞争行为的,依照《中华人民共和国反不正当竞争法》处理。"

首先,该条保护的对象是注册商标和未注册驰名商标,不包括未注册普通商标。其次,本条是指引性规定,指引的对象为《反不正当竞争法》第6条的规定,具体应适用第1项还是第4项的规定,则需要根据实际情况确定。

此外,结合2020年新修订的最高人民法院《关于审理商标民事纠纷案件适用法律若干问题的解释》第1条第1项的规定,"将与他人注册商标相同或者相近似的文字作为企业的字号在相同或者类似商品上突出使用,容易使相关公众产生误认的"属于《商标法》第57条第7项规定的给他人注册商标专用权造成其他损害的行为。第58条规制的实际上是注册商标的非商标性使用行为和未注册驰名商标的仿冒混淆行为。因为上述司法解释中已将"突出使用"的商标性使用行为纳入了商标侵权范畴,在上文对《反不正当竞争法》第6条及不正当竞争行为的分析中已有细化,在此不再赘述。

典型案例3-4-7 江西宝岛眼镜有限公司与晶华宝岛(北京)眼镜有限公司侵害商标权及不正当竞争纠纷案

(2013)高民终字第772号

案件事实

晶华宝岛公司享有第1394775号"宝岛"商标、第772859号"寶島及图"商标、第3110047号"寶島及图"商标的独占许可使用权,上述商标核定的服务项目均包括"眼镜行"。"宝岛"系列商标经过晶华宝岛公司及其关联公司的长期使用,在眼镜行服务享有较高的知名度。江西宝岛公司及江西宝岛朝阳分公司在提供相同服务时,使用"宝岛眼镜(连锁)"标识,江西宝岛公司在户外广告牌上使用"宝岛眼镜连锁加盟"标识,其中主要起识别作用的部分均为"宝岛",与晶华宝岛公司享有权利的商标相同或者近似,因此,晶华宝岛公司将江西宝岛公司及其分公司告上法院,要求停止侵权。

法院裁判

法院认为,涉案"宝岛"商标、"寶島及图"商标的注册时间均早于江西宝岛公司的成立时间。在案证据能够证明,在江西宝岛公司登记其企业名称前,上述注册商标经过使用均已具有了较高的知名度,并且2011年5月27日使用在第44类眼镜行服务上的"寶島及图"商标还被商标局认定为驰名商标。而中国眼镜协会出具的"证明"以及晶华宝岛公司提供的其他证据证明,晶华宝岛公司在国内拥有数量众多的直营、连营眼镜店,"2007年眼镜产品销售额为7.4亿元;2008年眼镜产品销售额为9亿元",成为"中国眼镜连锁重点骨干企业,无论是企业规模、销售额、纳税额还是企业知名度在全国眼镜连锁企业中名列前三”。故作为从事眼镜销售服务的同行业经营者,江西宝岛公司理应知晓上述具有较高知名度的注册商标,并对他人在先的合法权利予以尊重和避让。但在此种情形下,江西宝岛公司仍将与上述注册商标相近似的“宝岛”文字作为企业名称中的商号加以登记,并在其分支机构江西宝岛朝阳分公司的企业名称中使用,江西宝岛公司、江西宝岛朝阳分公司的上述行为本身即缺乏正当性,容易导致相关公众的混淆误认,对注册商标权利人的合法权利造成损害,江西宝岛公司、江西宝岛朝阳分公司应当停止在企业名称中使用含有“宝岛”二字的不正当竞争行为。

评析

作为同行业经营者,行为人在知晓他人注册商标的情形下,将其商标作为企业名称的字号予以登记和使用的,构成不正当竞争。值得注意的是,在《商标法》司法解释出台及《反不正当竞争法》修改之后,宝岛公司陆续提起了多起类似的维权诉讼,然而均不再提起《反不正当竞争法》的诉求,而是依据《商标法》要求商标侵权保护。这是因为将注册商标用于企业名称的通常都会“突出显示”用于商品交易,构成《商标法》上的商标性使用,同时也是由于竞争法的维权成本相对《商标法》要更高,需要证明的事实较商标侵权更多。

第三节　反不正当竞争法对商标权保护的途径和措施

《反不正当竞争法》对所有不当竞争行为均采行政和民事的双重规制,涉商标权的保护措施还规定了触犯第 6 条的特别保护措施。

一、行政保护

《反不正当竞争法》第 13 条规定:“监督检查部门调查涉嫌不正当竞争行为,可以采取下列措施:(一)进入涉嫌不正当竞争行为的经营场所进行检查;(二)询问被调查的经营者、利害关系人及其他有关单位、个人,要求其说明有关情况或者提供与被调查行为有关的其他资料;(三)查询、复制与涉嫌不正当竞争行为有关的协议、账簿、单据、文件、记录、业务函电和其他资料;(四)查封、扣押与涉嫌不正当竞争行为有关的财物;(五)查询涉嫌不正当竞争行为的经营者的银行账户。采取前款规定的措施,应当向监督检查部门主要负责人书面报告,并经批准。采取前款第四项、第五项规定的措施,应当向设区的市级以上人民政府监督检查部门主要负责人书面报告,并经批准。监督检查部门调查涉嫌不正当竞争行为,应当遵守《中华人民共和国行政强制法》和其他有关法律、行政法规的规定,并应当将查处结果及时向社会公开。"

除监督检查部门的主动监管外,任何单位和个人均可以依据《反不正当竞争法》第 16 条的规定,向监管部门进行举报。法律规定:"监督检查部门接到举报后应当依法及时处理。监督检查部门应当向社会公开受理举报的电话、信箱或者电子邮件地址,并为举报人保密。对实名举报并提供相关事实和证据的,监督检查部门应当将处理结果告知举报人。"为检举人解除检举的后顾之忧。

二、民事保护

作为民事侵权的一种,不当竞争行为造成的损害当然要承担民事责任。

《反不正当竞争法》第 17 条第 2 款规定:"经营者的合法权益受到不正当竞争行为损害的,可以向人民法院提起诉讼。"

在损害赔偿的数额计算上,"因不正当竞争行为受到损害的经营者的赔偿数额,按照其因被侵权所受到的实际损失确定;实际损失难以计算的,按照侵权人因侵权所获得的利益确定。经营者恶意实施侵犯商业秘密行为,情节严重的,可以在按照上述方法确定数额的一倍以上五倍以下确定赔偿数额。赔偿数额还应当包括经营者为制止侵权行为所支付的合理开支"。同时,依据最高人民法院《关于审理不正当竞争民事案件应用法律若干问题的解释》第 17 条的规定,确定 1993 年《反不正当竞争法》第 5 条(现行《反不正当竞争法》第 6 条)、第 9 条、第 14 条规定的不正当竞争行为的损害赔偿额,可以参照确定侵犯注册商标专用权的损害赔偿额的方法进行。

同时,法律还规定了法定赔偿方式:"经营者违反本法第六条、第九条规定,权利人因被侵权所受到的实际损失、侵权人因侵权所获得的利益难以确定的,由人民法院根据侵权行为的情节判决给予权利人五百万元以下的赔偿。"

典型案例3－4－8　欧派家居集团股份有限公司与中山盼尔电器有限公司侵害商标权及不正当竞争纠纷案

(2019)粤0111民初6296号

案件事实

欧派公司为商标“欧派”的持有人，在第4378572号、第1137521号、第4378575号、第26106394号、第7731876号、第13994053号上有注册商标。核定服务类别为第11类包括“浴室装置、蒸汽浴装置、坐浴澡盆、沐浴用设备、淋浴隔间、厨房炉灶、煤气灶、冷热饮水滤器、电热水瓶、浴室装置、淋浴热水器、淋浴隔间、热水器、浴室装置、沐浴用设备”等。2015年3月24日，欧派集团公司作为著作权人，向广东省版权局申请“欧派”美术作品的著作权登记，登记号为粤作登字－2015－F－00001907，作者为梁照堂，首次出版/制作日期为1996年8月10日。2007年9月到2016年5月12日，欧派公司商标多次被评选为知名商标、名牌产品，中国品牌价值500强评审委员会评估欧派(欧派集团公司)的品牌价值为166.03亿元，入选第十届中国品牌价值500强；中国行业标志性品牌评审委员会评估欧派(欧派集团公司)当选第六届中国橱柜行业标志性品牌。此外，欧派在全国范围内也进行了大量广告宣传。地域范围跨度达数十个省份及重点城市。2018年12月7日，欧派集团公司的代理人缪某利向广东省广州市南方公证处申请证据保全公证。公证购买了侵权物品：外观包装盒一个，外观包装盒顶部左上角有“广东欧派科技有限公司”的字样，包装盒的4个侧面都有“广东欧派科技有限公司”和“广东欧派科技有限公司(监制)”的字样，包装盒侧面白色标签上标注有“产品型号JSD14－A”“产品货号D2天蓝”；打开包装盒，内有家用燃气热水器一个，热水器的正面顶部有“广东欧派科技有限公司”字眼，正面底部的价格标签上有“7L欧派D3彩绘冬夏热”的字样，热水器侧面标注的生产厂家为盼尔公司；防伪质量保修卡一张；使用说明书一份，该说明书的封面封底有“广东欧派科技有限公司”和“广东欧派科技有限公司(监制)”的字样。欧派集团认为，包装及热水器上标注的“广东欧派科技有限公司”字样及热水器价格标签上的“欧派”字样，构成混淆行为；盼尔公司与欧派集团公司为同业竞争者，在生产行为上理应对企业名称的使用以及外包装装潢的使用负有较高的注意义务，而盼尔公司在这种情况下，仍将含有“欧派”字样的企业字号作为产品的宣传，主观上明显具有攀附欧派集团公司商誉的故意，诱导相关公众认为该产品与欧派集团公司有关，属于不正当竞争行为；福旺公司确认上述热水器是由其销售的，构成共同侵权。因此起诉请求：(1)福旺公司立即停止侵权行为，停止销售带有“欧派”“广东欧派科技有限公司”等字样的电器产品；(2)盼尔公司立即停止侵权行为，停止生产、销售标有“欧派”“广东欧派科技有限公司”等字样的电器产品；(3)福旺公司与盼尔公司就本案连带赔偿欧派集团公司经济损失8万元及维权合理开支(包含律师费、公证费、差旅费)共计人民币2万元；(4)福旺公司与盼尔公司负担本案诉讼费。

法院裁判

法院认为，本案的主要争议焦点为：(1)欧派集团公司对盼尔公司提起的本案诉讼是否属于重复诉讼；(2)福旺公司、盼尔公司是否构成不正当竞争；(3)福旺公司、盼尔公司是否应承担侵权赔偿责任；(4)赔偿数额的认定。……对于争议焦点二，欧派集团公司主张被诉侵权的热水器产品上标注“欧派”“广东欧派科技有限公司”字样构成不正当竞争。依据《反不正当竞争法》第6条“经营者不得实施下列混淆行为，引人误认为是他人商品或者与他人存在特定联系：……(二)擅自使用他人有一定影响的企业名称(包括简称、字号等)、社会组织名称(包括简称等)、姓名(包括笔名、艺名、译名等)……”的规定，本案中，欧派集团公司自1994年成立以来，在橱柜等产品上持续使用“欧派”字号，其企业以及“欧派”商标、“欧派”牌的产品均获得了诸多荣誉，欧派集团公司亦在中央电视台、湖南电视台等媒体进行了大量的广告宣传，欧派集团公司的“欧派”企业字号在全国范围内具有较高的知名度，欧派集团公司的在先权利受《民法通则》及《反不正当竞争法》的保护。盼尔公司的经营范围包括生产、销售家用电器及其配件、燃气热水器、燃气灶具，与欧派集团公司相互具有竞争关系。涉案热水器外观包装盒、热水器机身及机身上的价格标签、使用说明书中标注“欧派”“广东欧派科技有限公司”字样，易使相关公众对产品来源产生混淆和误认，以为该产品与欧派集团公司存在某种联系，故福旺公司销售涉案被诉侵权产品的行为构成对欧派集团公司的不正当竞争，盼尔公司生产、销售涉案热水器的行为构成对欧派集团公司的不正当竞争，均应承担停止侵权的法律责任。

对于争议焦点三，根据《侵权责任法》第8条的规定，二人以上共同实施侵权行为,造成他人损害的,应当承担连带责任。本案中,因欧派集团公司未能举证证明福旺公司与盼尔公司存在共同侵权故意,故欧派集团公司主张福旺公司与盼尔公司承担共同侵权的连带赔偿责任的诉请无事实与法律依据,不予支持,福旺公司与盼尔公司应各自就自身的不正当竞争行为承担相应的赔偿责任。鉴于欧派集团公司主张盼尔公司在其热水器产品上停止使用"广东欧派科技有限公司"字样并就此进行赔偿的诉求部分已构成重复起诉,故本案中对盼尔公司的该部分行为不予处理,但盼尔公司仍然要对在其热水器产品上使用"欧派"字样的行为承担停止侵权并赔偿损失的法律责任;福旺公司为涉案热水器的销售者,该热水器产品形式上符合相关法律规定,以相关公众的一般注意力难以区分其销售相关商品是否侵害了他人的企业字号,且福旺公司提交了销售单据证明涉案热水器来源于盼尔公司,该销售单中包含的热水器型号与涉案热水器型号基本一致,盼尔公司对该销售单据予以认可,确认涉案被诉侵权产品是福旺公司直接从盼尔公司处进货的,故福旺公司已尽到合理注意义务且说明了提供者,欧派集团公司要求福旺公司承担侵权的赔偿责任不合理,不予支持,但福旺公司仍需承担停止销售被诉侵权产品的法律责任。

对于争议焦点四,根据《反不正当竞争法》第17条的规定,经营者违反本法规定,给他人造成损害的,应当依法承担民事责任。因不正当竞争行为受到损害的经营者的赔偿数额,按照其因被侵权所受到的实际损失确定;实际损失难以计算的,按照侵权人因侵权所获得的利益确定。赔偿数额还应当包括经营者为制止侵权行为所支付的合理开支。经营者违反本法第六条、第九条规定,权利人因被侵权所受到的实际损失、侵权人因侵权所获得的利益难以确定的,由人民法院根据侵权行为的情节判决给予权利人300万元以下的赔偿。欧派集团公司未能提供证据证明因盼尔公司实施不正当竞争行为而导致欧派集团公司所受的实际损失以及盼尔公司的具体获利情况,综合考虑欧派集团公司品牌及字号的知名度,存在重复诉讼以及盼尔公司的经营规模,实施侵权行为的性质、期间、后果、主观过错程度,以及欧派集团公司为制止侵权而委托律师出庭应诉、支出的公证费、购买侵权实物的费用等因素,酌定盼尔公司向欧派集团公司支付赔偿款4万元(包含为制止侵权而支出的合理费用)。

因此判决:(1)自判决生效之日起,福旺公司立即停止销售标有"欧派""广东欧派科技有限公司"字样的热水器产品;(2)自判决生效之日起,盼尔公司立即停止生产、销售标有“欧派”字样的热水器产品;(3)自判决生效之日起10日内,盼尔公司赔偿欧派集团公司经济损失4万元(包含为制止侵权而支出的合理费用);(4)驳回欧派集团公司的其他诉讼请求。一审案件受理费2300元,由欧派集团公司负担1500元,盼尔公司负担800元。

评析

擅自使用他人注册商标构成混淆行为的可以得到《反不正当竞争法》的救济。对于直接将商标用于产品的生产、经营侵权人,可以要求传统侵权法上的停止侵害、消除影响、赔偿损失等救济。对于销售产品的侵权人,同样可以要求其承担停止侵害、赔偿损失的民事责任。但类似于《商标法》上的合法来源抗辩,销售侵权人可以通过合法来源证明自身行为的主观非恶性,免除赔偿损失的责任。在赔偿数额的认定上,《反不正当竞争法》与一般知识产权类似,提供了实际损失、非法获利、维权费用的直接依据。同时可由法院酌情判决提供补充性的法定赔偿。

三、对混淆行为的特别处罚与救济

混淆行为由于破坏了市场经营秩序,行为人需要受到行政法上的行政处罚。《反不正当竞争法》第18条规定:“经营者违反本法第六条规定实施混淆行为的,由监督检查部门责令停止违法行为,没收违法商品。违法经营额五万元以上的,可以并处违法经营额五倍以下的罚款;没有违法经营额或者违法经营额不足五万元的,可以并处二十五万元以下的罚款。情节严重的,吊销营业执照。”

此外,涉及将他人商业标识用于企业名称错误登记的,应当及时办理名称变更登记;名称变更前,由原企业登记机关以统一社会信用代码代替其名称。该规定将与国务院《企业名称登记管理规定》衔接,更好地维护商标权人的利益。

第四编

PART 4

商标的国际注册与保护

第一章 商标的国际注册

商标的国际注册，是指商标申请人或者商标代理机构，依据商标国际注册相关立法规定或者特定国家的商标注册制度，向本国商标主管机关或其他国家/地区商标主管机关提出，以便取得商标申请人所属国之外的其他成员国延伸保护的一种申请方式。狭义的商标国际注册，是指依据《商标国际注册马德里协定》①、《商标国际注册马德里协定有关议定书》②以及《商标国际注册马德里协定有关议定书实施细则》③的相关规定，申请办理的马德里商标国际注册。而广义的商标国际注册，还包括逐一国家注册与地区注册两类。④ 鉴于马德里商标国际注册程序、手续以及费用上的典型优势，我国通过马德里体系申请国际商标注册的实例更多，故下文将重点对马德里商标国际注册相关实务内容予以介绍。

第一节 马德里商标国际注册

马德里商标国际注册设立之目的即简化国际注册流程、降低国际注册成本，其对于国内企业走出国门、开拓海外市场具有重要意义。下文将从马德里商标国际注册体系、马德里商标国际注册实务与马德里商标国际注册实用工具

---

① Madrid Agreement Concerning the International Registration of Marks，以下简称《马德里协定》。

② Protocol Relating to the Madrid Agreement Concerning the International Registration of Marks，以下简称《马德里议定书》。

③ Regulations under the Protocol Relating to the Madrid Agreement Concerning the International Registration of Marks，以下简称《议定书实施细则》。

④ 叶文庆：《商标代理实务》，厦门大学出版社 2017 年版，第 116～117 页。

三方面出发,对马德里商标国际注册相关内容作详细阐述,为企业申请马德里商标提供理论参考与实务指引。

一、马德里商标国际注册体系简介

(一)诞生背景

在市场经济的不断发展下,国际商标注册制度日趋完善,这对于构建良好的经济秩序具有重要积极作用。然而,囿于各国商标注册制度的差异与注册商标保护的地域性特征,国际间的经济交流受到较大的阻碍。在该背景下,1891年4月14日,法国、西班牙、比利时等国在马德里缔结了《马德里协定》,该协定于1892年正式生效。该协定书对商标国际注册的主管机关、申请主体,申请程序、申请效力,以及国际商标申请后的续展、变更、转让、放弃等作出了详细规定。此后,该协定又经过了多次修改(其中重要的有6次,如图4-1-1所示)。[①]

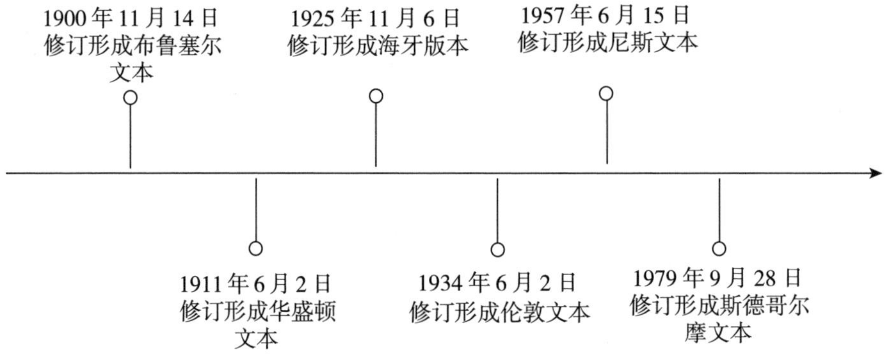

图4-1-1 有关《马德里协定》的重要修订

为弥补协定书的不足,同时吸纳更多的国家加入协定书的体系,1989年6月27日,世界知识产权局组织主持通过了《马德里议定书》,进一步便利了各国企业商标的国际注册申请与保护。2009年9月1日生效的《商标国际注册马德里协定及该协定有关议定书的共同实施细则》(Common Regulations under the Madrid Agreement Concerning the International Registration of Marks and the

---

① 王莲峰:《商标法学》(第二版),北京大学出版社2014年版,第261~269页。

Protocol Relating to that Agreement,以下简称《共同实施细则》)对协定和议定书共同实施的具体办法作出了规定。2020 年 2 月 1 日,世界知识产权组织将上述共同实施细则修改为《议定书实施细则》,该实施细则第 30 条对国际注册的续展程序进行了简化。上述法律文件构成马德里商标国际注册体系的整体框架,为各缔约方申请马德里商标国际注册与保护提供了现实路径。

(二)相关主体

马德里商标国际注册体系实施过程中涉及原属国(country of origin)、原属局(office of origin)、国际局(international bureau)以及指定缔约方(designated contracting party)等多方主体。根据《马德里协定》的规定,原属国,是指申请人设立有真实有效的工商营业所的特别联盟国家,或申请人住所所在的特别联盟国家,抑或是为申请人国籍所在国家(申请人需依照上述顺序选定原属国)。而根据《马德里议定书》的规定,申请人可以任选上述三个地点作为其原属国。原属局,是指原属国内专门负责商标注册的主管机关。在我国,国家知识产权局即为原属局。国际局,为世界知识产权组织(WIPO)国际局(以下简称国际局),其是世界知识产权组织的常设办事机构,主要负责依相关国际公约办理国际申请或注册相关事宜。指定缔约方,即商标申请人根据需要所选择的同为马德里缔约方的国家或地区。

(三)典型优势

1. 覆盖范围广

根据世界知识产权组织发布的《2019 年马德里体系年鉴》中所公布的相关数据可知,截至 2018 年 12 月 31 日,马德里商标国际注册体系共计 103 个联盟成员,共覆盖 119 个国家或地区。在该年,中国以 6900 件的申请数量位列第三,其中,马德里商标申请量增长率高达 7.9%,在推动马德里商标申请总体数量增长方面起了重要作用[①]。截至 2019 年 10 月 31 日,马德里商标国际注册体系共有 106 个联盟成员,覆盖 122 个国家和地区,其缔约方贸易总额占据全球贸易的 80%。[②] 随着经济全球化发展,预计马德里商标国际注册体系的联盟成

① 国家知识产权局商标局:《世界知识产权组织发布〈2019 年马德里体系年鉴〉》,载国家知识产权局商标局官网,http://sbj.cnipa.gov.cn/gzdt/201905/t20190530_301698.html。

② 驻马来西亚经商参处:《马企业部长:马来西亚加入〈马德里协议〉注册商标保护企业权益》,载中华人民共和国商务部官网,http://my.mofcom.gov.cn/article/ddfg/tzzhch/201911/20191102910445。

员数量会日趋增长,同时通过马德里商标国际注册体系申请商标的国际注册与保护的数量亦将进一步提升。

2. 手续简便

马德里商标国际注册手续简便、流程简单、操作便捷。详言之,商标申请人一般只需要使用一种语言(英语、法语或西班牙语),向国内相关商标主管机关提交一份申请书,缴纳一次注册申请费用(目前仅日本和加纳两国分申请费和注册费两次收取),即可向其原属国以外且加入相同条约的国家或地区申请商标注册,而无须使用不同语言分别向各缔约方的商标主管机关提交不同申请、履行不同的缴费程序。此外,马德里商标后续的续展、变更(如名称/地址)、转让等业务,通过简单的程序,提交一份申请即可实现。

3. 费用低廉且相对可控

通过马德里商标国际注册体系进行商标国际注册所支出的费用低廉且具有一定可控性。第一,商标申请人在申请马德里商标国际注册时,只需要使用一种货币且缴纳一组费用,便可以在自己所需国家或地区申请商标注册,以获取该国或该地区的商标保护。另外,根据马德里商标国际注册体系相关收费规定,马德里商标国际注册的续费不得高于其原属国注册费用,而后续的商标注册人名称或地址、注册人所有权变更,注册商标商品或服务的删减,亦只需在国际局缴纳一笔费用即可完成相关的登记并生效。而相关的实践经验也表明,马德里商标国际注册所支出的费用相比于逐一国家注册的费用更低,同时在商标申请人申请的国家数量越多时,商标申请人所节省的费用亦更多。第二,通过马德里商标国际注册体系所提出的商标国际申请的启动,无须委托申请人指定国或地区的专业代理机构,同时,马德里商标国际注册的费用标准相对明确。因此,马德里商标国际注册的费用具有较大的可控性。

4. 注册周期较短

马德里商标国际注册申请的周期较短,极大地降低了商标申请人在商标国际注册中所耗费的时间成本。商标申请人从向中国商标局提交商标注册申请书之日起,通常在 6 个月左右即可取得国际局颁发的商标国际注册证明,该证明上载明了申请注册商标的国际注册号与国际注册日。另外,商标申请人所提出的国际商标注册申请在指定国的审核适用“默许原则”,即若指定国主管机关从国际注册日起在《马德里协定》或《马德里议定书》规定的 12

个月或 18 个月期间内,未向国际局发出驳回商标申请通知,则申请商标在指定国家或地区所申请的所有商品和服务自动获得保护,“默许原则”的设计在一定程度上缩短了商标申请人的等待时间,亦节省了商标申请人商标国际申请的时间。

5. 可主张优先权

根据《马德里协定》与《马德里议定书》的相关规定,申请国在原属国进行基础申请的 6 个月内提交国际注册,即可主张优先权,优先权的相关规定可将商标在国外的申请日提前至与原属国申请一致。比如,商标申请人在我国申请注册商标后的 6 个月内,其再通过马德里商标国际注册体系申请就同一商标在相同商品或服务上提出国际注册申请时,商标申请人可就其在原属国的基础申请主张优先权,申请将其在国外提出商标申请的申请日提前至与我国申请日一致。优先权的规定扩大了对商标申请人的保护范围,对于提升商标申请人进行商标国际注册具有促进作用。

(四)在我国的实施情况

我国于 1989 年 10 月 4 日加入《马德里协定》,1995 年 12 月 1 日加入《马德里议定书》,成为第一批缔约国。起初,我国企业通过马德里商标国际注册体系申请国际注册与保护的数量不多,并且每年申请量增长十分缓慢。据统计,1990 年,我国工商局收到指定中国的领土延伸申请 2048 件,但我国企业马德里商标国际注册申请量仅 40 件。2002 年,自我国加入世界贸易组织(WTO)后,国内企业马德里商标国际注册申请的数量呈现快速增长的趋势。2010 年,我国马德里商标国际申请量为 1899 件,2011 年、2012 年申请数量仍然呈上升趋势,2013 年申请量有小幅下降,但 2014 年马德里商标国际申请注册量有所上升,申请数量达到 2768 件。

到 2015 年,因受国家“一带一路”倡议等影响,国内申请数量开始呈现高速增长的态势。2016 年,我国商标申请人提交的马德里商标国家注册申请总计 2943 件,且此时商标申请人通过一件商标申请多个国家注册与保护的情况与日俱增,同比增长 29.8%,在马德里整个联盟国家中排名第五,这是我国马德里商标国际注册申请量排名首次跻身前五。该年,商标局在推进商标注册便利化改革、提升马德里商标国际注册工作效能、引导企业走出国门商标先行等方面提供了重要支持,亦促使我国马德里商标国际注册申请数量持续攀升。

2017年8月23日,为进一步推动马德里商标国际注册的便利化,国家商标局推出了《关于简化马德里商标国际注册申请材料和手续的通知》,该通知从减少证明类材料与优化流程两个方面出发,为商标申请人减轻了申请的顾虑与负担。基于此,2017年,我国马德里商标注册申请量总计高达6650件,同比增长130%。根据世界知识产权组织所发布的马德里体系年鉴,2018年我国申请量再创新高,达6903件,2017~2018年申请量连续两年进入马德里联盟前三排名。2019年受新冠肺炎疫情影响数量略微有所下降。2010~2020年我国马德里商标国际注册申请量具体情况如图4-1-2所示:

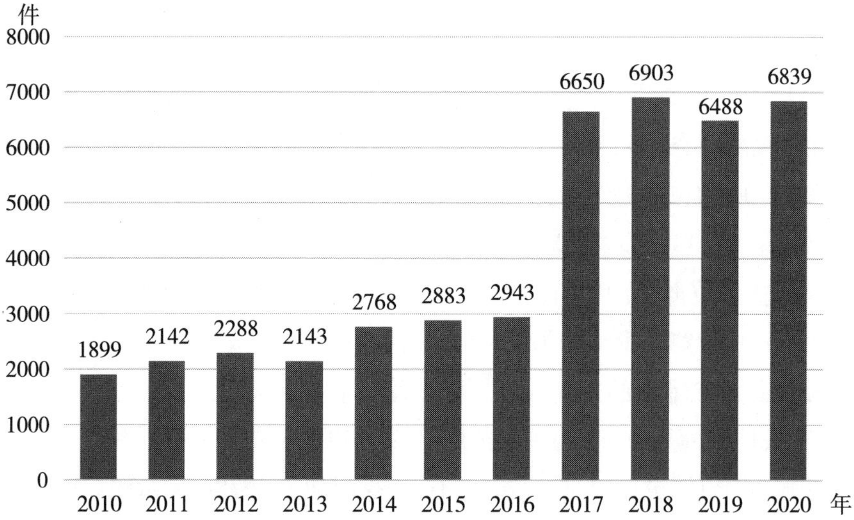

图4-1-2 2010~2020年国内企业马德里商标国际注册申请量①

二、马德里商标国际注册实务

(一)申请条件

马德里商标国际注册申请的条件为:第一,申请国际注册的商标已在原属国获得基础注册或者已在原属国提出注册申请并被受理;第二,商标申请主体须具备一定的主体资格。商标申请人需在我国设有真实有效的工商营业场所,

① 国家知识产权局商标局:《马德里商标国际注册申请量各省、自治区、直辖市统计表》,载国家知识产权局商标局官网2021年4月12日,http://sbj.cnipa.gov.cn/gjzc/。

或者在我国设有住所(或总部),或者具有中国国籍。此外,我国台湾地区的自然人或法人均可通过商标局提出国际商标注册申请,但我国香港特区和澳门特区的自然人或法人目前还无法通过商标局提出国际商标注册申请。

(二)申请途径与方式

商标申请人申请马德里商标国际注册的途径包括申请人亲自办理与委托代理人办理两种。申请方式包括网上申请或者通过纸质申请。针对网上申请,商标申请人自身或商标代理机构可注册登录“商标网上申请系统”,在“国际注册申请”栏目中,按照该网站指示填写相关信息、上传相关材料,在线提交国际注册申请。[①] 针对纸质申请,商标申请人在准备好相关材料后,可到商标局委托地方工商和市场监管部门设立的商标受理窗口办理,[②]或者到商标局在京外设立的商标审查协作中心办理,[③]或者到商标局驻中关村国家自主创新示范区办事处办理,[④]抑或是到商标局商标注册大厅办理。[⑤] 建议商标申请人使用网上申请方式,以便于节省其商标国际注册申请的时间,同时提高商标国际注册申请的效率。

(三)申请流程

马德里商标国际注册申请流程主要包括申请材料的提交、商标局国际处的形式审查、国际局的形式审查以及指定国的审查 4 个环节(具体如图 4 - 1 - 3 所示),下文将对上述环节作详细介绍。

---

① 我国商标网上服务系统网址为:http://sbj.cnipa.gov.cn/wssq/。

② 商标申请主体可通过中国商标网“商标申请指南”栏目或“常见问题解答”栏目“京外商标审查协作中心和地方商标受理窗口汇总表”查阅窗口地址,网址为:http://sbj.cnipa.gov.cn/gzdt/201901/t20190131_281339.html。

③ 商标审查协作广州中心受理大厅地址:广东省广州市越秀区流花路 117 号内 12 号、14 号楼一楼,邮编:510014,电话:020 - 83772305;上海商标审查协作中心受理大厅地址:上海市徐汇区漕宝路 650 号 1 号楼 1 楼,邮编 200235,电话 021 - 23521800 - 0;重庆商标审查协作中心受理大厅地址:重庆市江北区对山立交科技金融大厦 5 号楼,邮编 400023,电话 023 - 65854191,65854187;济南商标审查协作中心受理大厅地址:济南市高新区天辰路 2177 号联合财富广场 2 号楼南侧大厅,邮编 250000,电话 0531 - 89700542;郑州商标审查协作中心受理大厅地址:河南省郑州市郑东新区永和龙子湖广场 B 座 32 层,邮编 450046,电话 0371 - 88905323。

④ 商标局驻中关村国家自主创新示范区办事处地址:北京市海淀区苏州街 36 号北京市工商行政管理局二层 205 办公室。

⑤ 商标局办公地址:北京市西城区茶马南街 1 号,邮编:100055,咨询电话:86 - 10 - 63218500。

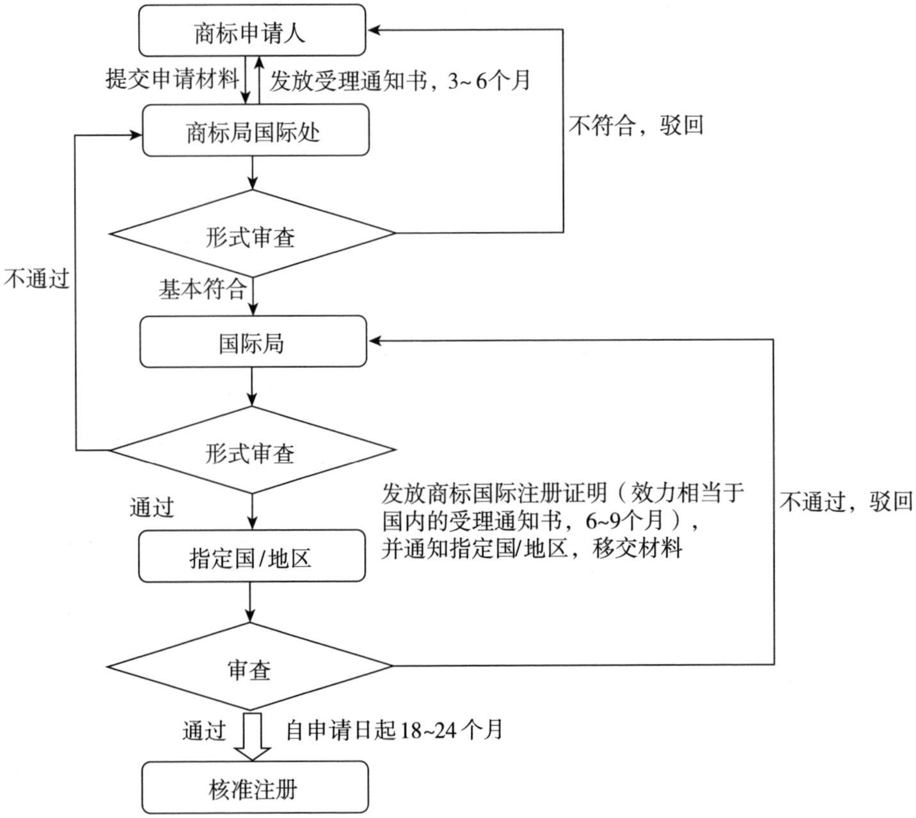

图4－1－3　马德里商标申请流程

1. 收文初审

商标申请人在准备好相应的文件后，需提交到原属局（我国是提交到国家知识产权局商标局国际商标注册处，以下简称商标局国际处）。商标局国际处在接收到商标申请人时，首先会对商标申请人所提交的相关材料做基本审查，核对商标申请人所提交的商标信息等相关材料，未发现错误则进行登记，注明收文编号与收文日期，若商标申请人是通过纸质申请方式提交文件的，则该文件将经历打码扫描环节，以将相关信息录入系统，而目前为商标申请主体广泛使用的网上申请方式则无须经过文件的扫描录入环节；如果在核对过程中发现申请手续基本符合规定，但需要补正部分材料的，商标局国际处则其会及时书面通知申请人或商标代理机构。

2. 商标局形式审查

形式审查是商标国际注册中不可或缺的一个环节,马德里商标国际注册往往要经过两次形式审查,分别由商标局与国际局做出。其中,就商标局形式审查环节而言,在收到商标申请人所提交的申请文件并做初步审查后,商标局国际处会对商标申请人所提供的申请材料的书式与费用进行审查。书式审查主要是对商标国际申请相关文书格式的审查,包括对申请书内容与向国家提出的申请书内容一致性的审查。第一,若不合格则发放不予受理通知书;第二,若需要商标申请人补正的内容,商标局国际处会及时通知申请人或者商标代理机构,此时商标申请人需要在收到补正通知书之日起 30 日内进行补正,超过期限未补正的,商标局国际处将对商标申请人的申请不予受理,同时其将会以书面形式通知商标申请人;第三,若书式审查合格,商标局国际处会对商标申请人的费用进行审查,所有审查全部通过时,其会给商标申请人发放受理通知书,与此同时,商标局国际处会将相关资料递交给国际局。

3. 国际局形式审查

国际局在接收到由我国商标局国际处所呈递的文件后,继续对商标申请人的相关材料进行审查,其中商品与服务类别参照尼斯分类标准。第一,若国际局在审查过程中认为商标申请人相关国际申请手续基本上不存在格式问题,则其会将商标申请人的国际注册号码与国际注册日期录入国际注册簿中。另外,国际局会给被指定保护申请商标的缔约方发送相关注册通知,同时在世界知识产权组织的国际商标公告上进行公告,并通过电子邮件的方式将国际注册证发送给代理人或申请人(国际注册证,是指由国际局颁发给马德里商标申请人的证书,证明商标国际注册申请符合形式要件的要求,已由国际局登记在案并转发给被指定缔约方进行进一步审查),保护的期限为 10 年。第二,若国际局收文审查后发现需补正,则其会通知商标局和申请人、代理人(不规范通知),补正期限为 3 个月。绝大多数情况由商标局根据申请人的回复意见进行补正。

4. 被指定缔约方主管局进行实质审查

被指定缔约方在收到国际局的通知以及相关文件后,需按照《马德里协定》或《马德里议定书》规定的 12 个月至 18 个月时限内,依据本国的商标法对商标申请人的国际商标进行实质性审查。第一,若符合该指定缔约方的商标注册条件,则该缔约方主管局会向国际局通报核准保护声明,随后国际局会将该声明直接转交给商标申请人或代理机构。此行为表示申请人在该被指定缔约方的商标注册申请在指定的全部商品和服务上获得保护,即该商标的保护效力于被指定缔约方的国内注册具有同等效力。第二,若被指定缔约方审查后发现不符合本国或本地区商标授权规定时,则其会依情况下发临时驳回或终局驳回,或者基于他人所提出的商标异议下发驳回通知。第三,若被指定缔约方在规定期限内指定方未下发任何结论,则视为核准。

(四)申请材料[①]

1. 初次申请需提交的材料

2018 年 6 月 21 日,国家知识产权局商标局启用了马德里商标国际注册网上申请系统,系统覆盖了在线提交申请、电子送达文书、在线提交补正文件、网上缴纳规费,以及与国际局的电子通信等马德里国际注册新申请的全流程。同时,该系统将资质申请的中文、外文 MM2 表格合二为一,对纸质申请时补正率较高的填写项目提供了详细的阐述,亦增加了商品服务 Excel 文件的导入功能,推动整个申请流程的电子化,这极大地便利了商标申请人的注册申请,建议商标申请人尝试使用马德里商标国际注册网上申请系统。具体而言,商标申请人初次申请所需提交的材料为:

第一,马德里商标国际注册中文申请书。第二,外文申请书。选用 MM2 表格,指定美国的一并提交 MM18 表格;若指定的缔约方如包含纯协定缔约方,则选用 MM3 表格。第三,申请人资格证明文件,如营业执照复印件、身份证件复印件等。第四,委托代理人的,应附送代理委托书(必须加盖委托人章戳)。但应当注意的是,申请提交的马德里商标图样应当与基础商标图样一致;国际注册申请的商标所涵盖的商品或服务范围应当与国内注册的商品或服务相同,或者不得超过国内注册范围;在申请国际注册的时间与国内提出商标注册申请时间间隔未超过 6 个月时,申请人可以主张优先权,但同时应当提交国内的《受理通知书》复印文本。

---

① 马德里商标国际注册书式(包括马德里商标国际注册申请书、异议申请书、续展申请书、注销申请书等中文申请书式,以及 MM2、MM4、MM5 与 MM6 等马德里国际商标申请的外文申请书表格),下载网址为:http://sbj.cnipa.gov.cn/gjzc/201711/t20171108_270209.html。

2. 后续业务需提交的材料

(1)后期指定

商标申请人若有后期指定需求,则需提交:第一,马德里商标国际注册后期指定申请书;第二,外文申请书(MM4);第三,委托代理人的,应附送代理委托书;第四,指定美国的,一并提交 MM18 表格。

(2)转让

商标申请人若后续需要转让其商标,则需提交:第一,填写并加盖转让人、受让人公章的马德里商标国际注册转让申请书;第二,外文申请书(MM5);第三,转让人、受让人资格证明文件,如营业执照复印件、居住证明复印件、身份证件复印件等;第四,委托代理人的,应附送代理委托书。

(3)删减

商标申请人若需删减其申请商标核准使用的商品或服务类别,则需提交:第一,马德里商标国际注册删减申请书;第二,外文申请书(MM6);第三,委托代理人的,应附送代理委托书。

(4)放弃

商标申请人若需放弃其申请的商标,则需提交:第一,马德里商标国际注册放弃申请书;第二,外文申请书(MM7);第三,委托代理人的,应附送代理委托书。

(5)注销

商标申请人若需注销其申请的商标,则需提交:第一,马德里商标国际注册注销申请书;第二,外文申请书(MM8);第三,委托代理人的,应附送代理委托书。

(6)注册人名称或地址变更

商标申请人若需变更其注册人名称或地址,则需提交:第一,马德里商标国际注册人名称或地址变更申请书。第二,外文申请书(MM9)。第三,相应的变更证明文件。如基础商标已经核准变更,无须提交商标局核准变更证明复印件;如基础商标尚未核准变更,可提交登记机关变更核准文件复印件或登记机关官方网站下载打印的相关档案作为变更证明文件。第四,委托代理人的,应附送代理委托书。

(五)费用

根据《马德里协定》《马德里议定书》《共同实施细则》的相关规定,商标申请人所应向国际局缴纳的规费如下。

1. 新申请

商标申请人提出马德里商标注册新申请的费用包括基础注册费、补充注册费、附加注册费以及单独规费。第一,基础注册费。黑白图样商标,653 瑞士法郎,彩色图样商标,903 瑞士法郎。第二,补充注册费。若商标申请人申请的商品或服务类别在 3 个以内,每个指定缔约方收取 100 瑞士法郎,但要求单独规费的缔约方除外。第三,附加注册费。在有补充注册费的情况下,如商标申请人申请的商品或服务类别超过 3 个,则每增加 1 个类别,费用增加 100 瑞士法郎。第四,单独规费。某些缔约方会要求收取单独规费(见表 4－1－1)。[费用单位为瑞士法郎(CHF),汇率为收文日期中国银行零点现汇卖出价(小数点后四位),费用由国家知识产权局商标局代收。]

表 4－1－1 指定收取单独规费国家的收费标准(汇率:以收文当日为准)

(单位:瑞士法郎)

基础注册费:653 瑞士法郎(黑白商标图样)、903 瑞士法郎(彩色商标图样)

项目/国家	指定申请			续展		
	首一类	三个类以内	每增加一个类	首一类	三个类以内	每增加一个类
英国	227	—	63	252	—	63
丹麦	302	30 (第二个类)	91	302	30 (第二个类)	91
挪威	—	216 (216)	61 (61)	—	244 (244)	94 (94)
芬兰	243 (324)	—	108 (108)	243 (324)	—	108 (108)
瑞典	226	—	89	226	—	89
冰岛	224 (224)	—	48 (48)	224 (224)	—	48 (48)
爱沙尼亚	151 (203)	—	47 (47)	188 (235)	—	0

续表

项目／国家	指定申请			续　展		
	首一类	三个类以内	每增加一个类	首一类	三个类以内	每增加一个类
格鲁吉亚	314	—	115	314	—	115
日本	108 269	—	82 269	371	—	371
土库曼斯坦	228	—	91	456	—	228
希腊	127 (634)	—	21 (106)	116 (581)	—	21 (106)
新加坡	242	—	242	270	—	270
澳大利亚	263	—	263	263	—	263
爱尔兰	257	—	73	262	—	131
韩国	224	—	224	256	—	256
美国	460	—	460	276	—	276
欧盟	897 (1531)	55(第二个类) (55)	164 (164)	897 (1531)	55(第二个类) (55)	164 (164)
土耳其	59	—	12	58	—	0
巴林	1710 (2105)	—	1710 (2105)	1710 (2105)	—	1710 (2105)
乌兹别克斯坦	1028 (1543)	—	103 (154)	514 (1028)	—	51 (103)
加纳	379	—	379	370	—	370
阿曼	484 (1211)	—	484 (1211)	727 (1453)	—	727 (1453)
以色列	442	—	332	788	—	665
库拉索	—	336 (667)	35 (68)	—	336 (667)	35 (68)
波内赫、圣尤斯特歇斯和萨巴群岛	—	195 (279)	20 (20)	—	319 (581)	56 (56)
菲律宾	116	—	116	178	—	178

续表

项目 国家	指定申请			续　展		
	首一类	三个类以内	每增加一个类	首一类	三个类以内	每增加一个类
新西兰	63	—	63	126	—	126
墨西哥	132	—	132	127	—	127
哥伦比亚（请见注6）	232（309）	—	116（155）	127（宽展期:173）	—	62（宽展期:85）
叙利亚	185	—	185	185	—	185
印度	124	—	124	124	—	124
突尼斯	207	—	41	270	—	62
圣马丁	—	298（593）	31（61）	—	298（593）	31（61）
非洲知识产权组织（请见注7）	—	704	144	880（宽展期:加收229）	—	176
津巴布韦	97	—	58	78	—	78
冈比亚	97	—	97	243	—	0
老挝	123	—	88	123	—	88
安提瓜和巴布达	220	—	0	102	—	0
文莱	196	—	107	143	—	143
柬埔寨	139	—	139	139	—	139
泰国	418	—	418	522	—	522
印度尼西亚	125	—	125	156（宽展期:313）	—	156（宽展期:313）
赞比亚	65	—	52	216	—	173
萨摩亚	196	—	196	196	—	196
加拿大	233	—	70	282	—	88
巴西	75 135	—	75 138	193（宽展期:292）	—	193（宽展期:292）

续表

项目 国家	指定申请			续　展		
	首一类	三个类以内	每增加一个类	首一类	三个类以内	每增加一个类
马来西亚	259	—	259	236	—	236
特立尼达和多巴哥	191	—	20	—	191	0

注:1. 圆括号中数字为集体、证明商标收费标准。

2. 单独收费的标准不是固定的,国际局将根据汇率的变化或者应单独收费国因国内收费标准变化的要求及时将各国新的单独收费标准通知各成员。(请登录 www. wipo. int 进行查询)

3. 日本申请费用为第一个类 108 瑞士法郎,每增加一个类增加 82 瑞士法郎,注册成功后收取注册费用每个类 269 瑞士法郎。该收费标准自 2016 年 12 月 14 日起开始执行。

4. 表上没有列的国家均为 3 个类别以内 100 瑞士法郎。

5. 后续业务的收费标准:后期指定的基础注册费为 300 瑞郎,转让规费为 177 瑞郎(每个国际注册号),变更规费为 150 瑞郎(每件变更申请),删减规费为 177 瑞郎(每个国际注册号),续展基础注册费 653 瑞郎,宽展费 326. 5 瑞郎。放弃申请、注销申请、代理人名称或地址变更申请、指定代理人申请均免费办理。

6. 哥伦比亚:进入宽展期的商标,续展费为首一类 173 瑞士法郎,每增加一类 85 瑞士法郎。

7. 非洲知识产权组织:进入宽展期的商标,续展费加收 229 瑞士法郎。

8. 巴西:申请费用为每个类别 75 瑞士法郎,注册成功后,每个类别再收取 135 瑞士法郎的注册费用。续展费用为每个类别 193 瑞士法郎,但进入宽展期的商标,每个类别 292 瑞士法郎。

2. 后续业务的收费标准

马德里商标国际注册后期指定申请费用包括基础注册费、补充注册费以及单独规费。其中,基础注册费为 300 瑞士法郎,补充注册费与单独规费同新申请收费标准。后期转让的规费为 177 瑞士法郎(每个国际注册号),变更的规费为 150 瑞士法郎(每件变更申请),商品或服务类别删减的规费为 177 瑞士法郎(每个国际注册号)。续展申请的费用由基础注册费、补充注册费、附加注册费、单独规费与宽展费组成,其中,基础注册费为 653 瑞士法郎,补充注册费、附加注册费与单独规费同新申请收费标准,而针对宽展费,若商标申请人逾期未续展,则其仍享有 6 个月的宽展期,但申请人需额外缴纳 326. 5 瑞士法郎。此外,放弃申请、注销申请、代理人名称或地址变更申请、指定代理人申请均免费办理。

三、马德里商标国际注册实用工具

(一)马德里商标国际注册体系网站、电子服务手册

马德里商标国际注册体系网站①是为便利申请人进行马德里商标注册所建立的,电子服务手册是用户进行马德里商标国际注册所可能涉及的一些实用工具的操作指南。申请人可以通过马德里商标国际注册体系网站进行商标检索、商标申请、商标监视与商标管理,其中商标检索中可能用到的实用工具为全球品牌数据库,商标申请中可能用到的是马德里申请助手、马德里商品与服务管理器等,商标监视可能用到马德里商标监视器,商标管理中可能用到马德里案卷管理器等(如图4-1-4所示),下文将对使用人在进行马德里商标注册过程中的常用工具做详细介绍。

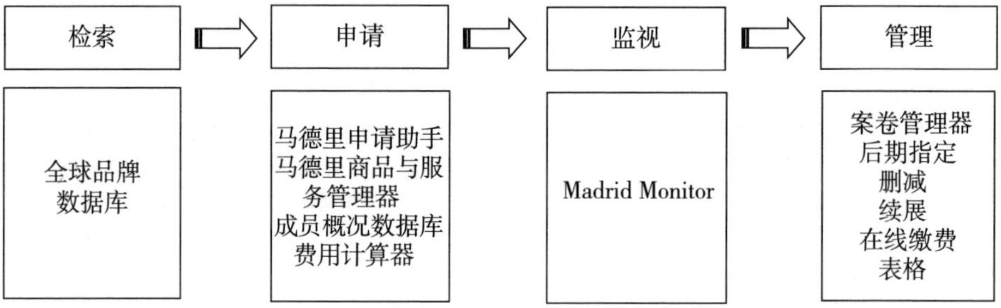

图4-1-4 马德里案卷管理器

全球品牌数据库(global brand database,GBD,检索界面如图4-1-5所示),②是由世界知识产权组织制作并管理的,一个供用户进行商标检索的通用平台,用户可以借助该平台检索查验其商品或服务标识是否可注册为商标,对于国内企业“走出去”之前的商标侵权检索或进行国际商标布局等具有重要作用。具体而言,针对商标搜索板块,用户可以在“搜索依据”区域输入需检索的术语,该库针对检索字段提供自动化建议,简化与便利了检索流程与检索时间;另外,该库还设有“过滤器”功能,可对检索条件做进一步限定,从而使最终所得到的检索结果更符合检索人的需求。比如,可以输入商标状

① 马德里商标国际注册体系官网,https://www.wipo.int/madrid/zh/。

② 全球品牌数据库官网,https://www3.wipo.int/branddb/en/。

态、尼斯分类等进行过滤检索。除此之外,2014 年 5 月 10 日,世界知识产权组织还为该检索库引进了一种图像搜索功能,检索人可以通过在检索栏上传徽标或标记等方式检索相似的商标或品牌信息,一定程度上减少了商标审查负累与商标侵权诉讼量。

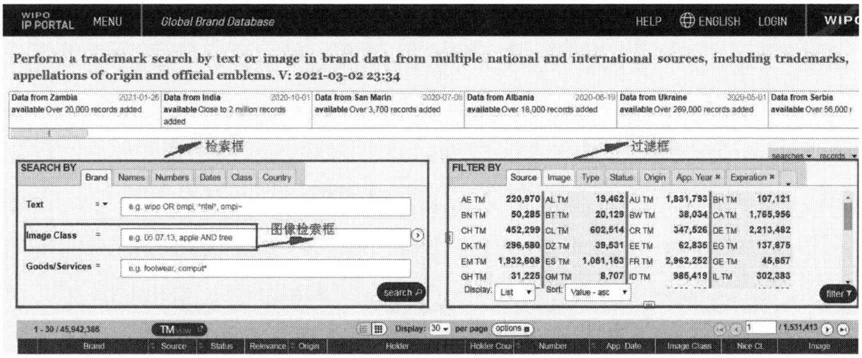

图 4-1-5 全球品牌数据库检索界面展示

(二)商品和服务管理器

商品和服务管理器(madrid goods & services manager,MGS,检索界面如图 4-1-6 所示)[①]是一种在线创建商品和服务清单的工具。其含有尼斯分类的词条,同时也有从马德里国际注册簿摘录的常用词条,也有从其他数据库摘录

图 4-1-6 商品和服务管理器检索界面展示

① 商品和服务管理器官网,https://webaccess.wipo.int/mgs/。

的词条，目前超过96,200个英语词条、59,600个法语词条以及56,200个西班牙语词条是被WIPO所接受的。（MGS词条浏览统计，45,358个英语词条、41,489个法语词条、41,162个西班牙语词条）；可以将申请商品名单翻译成19种语言；也可以检查所列商品是否被WIPO和其他35个成员主管局接受。

（三）成员概况数据库

2017年5月21日，世界知识产权组织在国际商标协会年会马德里商标国际注册体系用户会议上推出了成员概况数据库①（检索界面如图4－1－7所示）。该成员概况数据库汇集了大量的信息，用户可通过该数据库了解马德里商标国际注册体系缔约方商标相关规则与审查程序。成员概括数据库设置人性化、使用操作简单，检索主要分两步进行：第一步，输入欲检索的马德里缔约方名称；第二步，选择需查找的信息类型，包括马德里联盟成员商标法等一般信息，提出国际申请方法等有关原属局的信息，可以保护的商标类型、拒绝保护的理由（依职权）、反对理由等有关指定成员的信息。在完成上述步骤后，即可获取马德里联盟某成员的相关信息，该数据库还设置了检索结果PDE、Excel格式下载功能，极大地便利了商标申请人的检索。

图4－1－7 成员概括数据库检索界面

（四）费用计算器

WIPO马德里费用计算器②可帮助申请人估算通过马德里商标国际注册体

① 成员概况数据库官网，https://www.wipo.int/madrid/memberprofiles/selectmember。
② 费用计算器官网，https://madrid.wipo.int/feecalcapp/。

系进行商标国际注册的费用，还可估算国际商标管理相关的成本（WIPO 马德里费用计算器检索界面，如图 4－1－8 所示）。具体而言，费用计算器可估算申请人首次提出马德里商标申请的费用，申请人后续指定、商标续展的费用，以及某些缔约国或地区的第二笔费用税和所有带有费用的马德里交易。

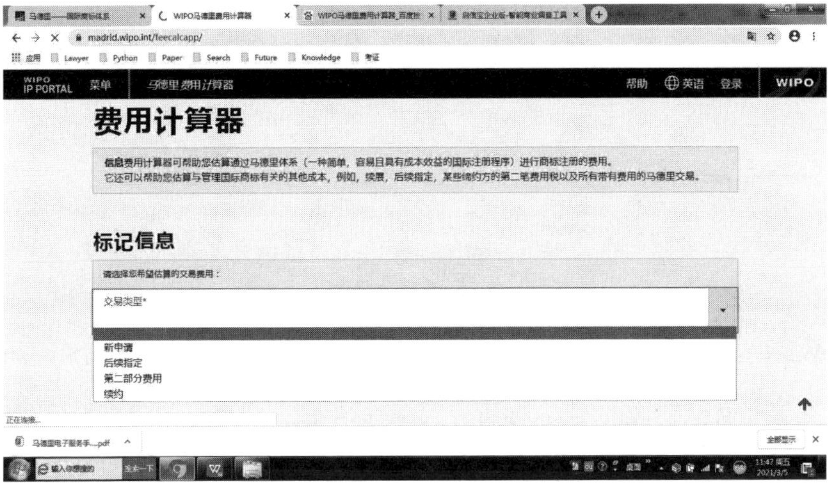

图 4－1－8　费用计算器检索界面

（五）监视

马德里监视器①是马德里电子服务工具的一种，该工具对于商标申请人监测商标注册相关动态具有重要作用（马德里监视器检索界面如图 4－1－9 所示）。商标申请人通过原属局提交马德里商标国际注册申请后，可以利用马德里监视器跟踪其马德里商标国际注册申请的状态，获取通过马德里商标国际注册体系注册的所有商标的详细信息；同时，申请人还可以关注其竞争对手申请的商标，从而对整个行业、企业商标注册情况（授予/驳回）进行整体把握。具体而言，马德里监视器具有以下特征与优势：第一，检索界面简单直观；第二，可获取商标申请、授权、驳回等记录；第三，监视器可对检索结果与检索策略进行汇编、保存与分析；第四，可跟踪监测国际商标注册与所有权变更或续展相关请求的实时状态；第五，可查看申请商标在哪里被授予或者驳回；第六，商标申请人对于通过马德里体系注册或欲了解的商标，可在注册后接收变更的邮件提醒；

① 马德里监视器官网，https://www.wipo.int/madrid/zh/。

第七,设置电子邮件地址状态过滤器,可轻易识别出缺少电子邮箱地址的注册;第八,可通过该监视器查阅《产权组织国际商标公告》,下载马德里监视器更新文件。

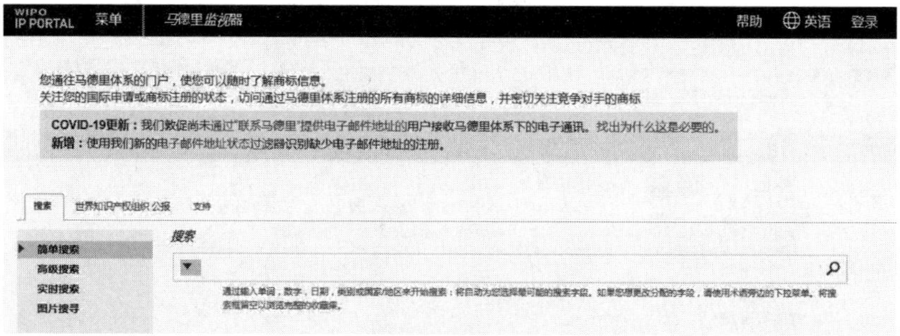

图 4-1-9 马德里监视器检索界面

(六)与国际局联系

原属国商标主管机关、商标所有人、商标申请人或商标代理机构就商标申请相关事宜需要联系国际局的,应当以电报、电传以及其他类似的书面形式予以联系,但相关主体应当根据《共同实施细则》的规定,撰写所要询问的事项,同时遵从国际局要求的格式,连同所要询问的主题以及编号一起送达。另外,注意部分需要签字的表格或文件的生效日,若商标申请人第一次提交的申请文件未签字,在国际局收到第一次申请文件之后 20 日内再次提交与前述申请内容相同的文件(已签字),则视国际局第一次收到文件的日期为两次文件的生效日;若距国际局第一次申请后超过 20 日,则以国际局第二次收到文件的日期为两次文件的生效日。

第二节 逐一国家商标注册

逐一国家商标注册,是指商标申请人通过委托国内商标代理机构,或者委托指定国商标代理机构/律师事务所/经销商等,直接在国外一国家/地区办理商标注册申请的一种商标国际注册方式(注册流程如图 4-1-10 所示)。通常而言,商标申请主体可以到巴黎公约成员国或与我国签署商标注册相关互惠协议的国家进行商标注册。商标申请人在巴黎公约成员国提出商标注册申请后半年内,若又就同一商标向公约中其他成员国提出注册申请的,在我国与上述国家签署有商标注册相关互惠协议,且协议中有优先权相关规定的情况下,商标申请人可以主张其优先权。

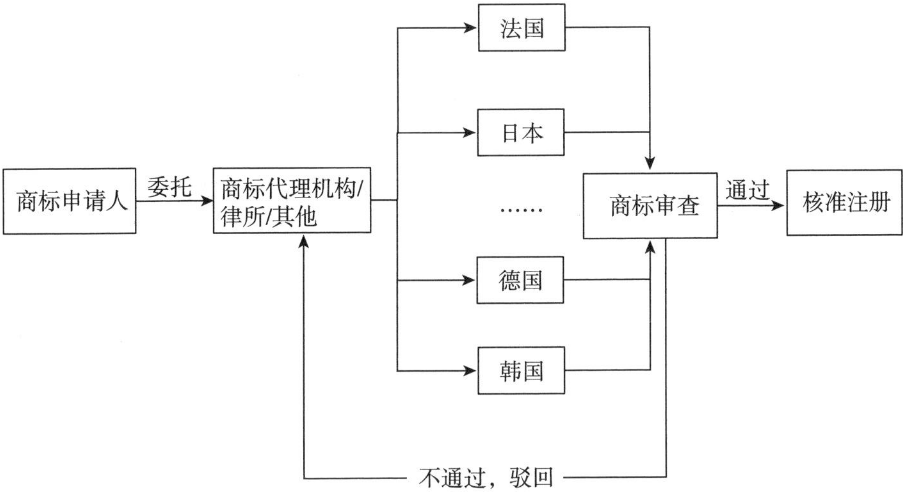

图 4-1-10　逐一国家商标注册流程

商标申请人在申请逐一国家商标注册时,应当按照各国商标注册相关要求提供相应的证件,同时缴纳商标注册申请的规费。其中,证件通常包括优先权声明、原属国基础申请相关证书及其译文,若商标申请人需申请的国家为英国或美国,则还需提供明确使用过该注册商标的声明。而逐一国家商标注册的规费主要包括商标代理费用以及指定国所规定的申请费用与注册费用等。

逐一国家商标注册方式具有以下优势:第一,申请灵活且覆盖范围广。全球众多国家商标申请无须商标申请人在其原属国已提交基础注册,商标申请人可以根据需要在指定国申请商标。第二,侵权风险小且权利相对稳定。利用逐一国家商标注册方式申请商标国际注册,商标申请主体通常会在指定国进行商标检索查询,据此获知其商标被抢注、获得注册、涉嫌侵权的可能性,注册商标的稳定性较高。加之,商标在国外提出申请均受到中国商标注册与保护相关立法规定的管辖,以及商标代理机构及时提醒商标申请主体进行商标续展等,进一步提高了注册商标的稳定性。第三,维权方便。因在国外申请注册商标,商标申请人大多会委托国外律所或商标代理机构,律所或代理机构会对申请的商标相关事宜予以关注,在可能发生商标侵权等情形时能够及时处理。但通常而言,逐一国家商标注册的费用较高,注册商标的申请程序与后期管理程序烦琐。

第三节 地区商标注册

地区商标注册,是指向一个地区商标主管机关[欧盟知识产权局(EUIPO)、比荷卢知识产权局(BOIP)、非洲知识产权组织(OAPI)等]提出注册商标申请,但该效力可覆盖该区域各个成员国。其中,欧盟商标注册是商标申请主体通过向欧盟内部市场协调局提交商标申请,以在欧盟所有国家进行统一申请注册与保护的注册方式。欧盟商标又称为"欧共体商标",申请欧盟商标的主体不限于欧盟成员国,还包括巴黎公约、WIPO 成员国的国民,以及依据对等原则的其他国家国民。而针对非洲知识产权组织商标注册,因商标注册受非洲知识产权组织的制约,非洲各成员国并没有独立的商标注册与保护制度,非洲各国仅能通过非洲知识产权组织统一进行商标注册。通过地区商标注册可以实现一申请多国家注册,但此种方式所覆盖的注册与保护范围较为有限,且注册商标的后续管理困难。

第二章　商标的国际保护

第一节　国际公约对商标权的保护

一、《建立世界知识产权组织公约》

1967 年 7 月 14 日，世界知识产权组织发布《建立世界知识产权组织公约》（The convention Establishing the World Intellectual Property Organization，以下简称 WIPO 公约），该公约于 1970 年 4 月 26 日生效，1979 年作出修正。我国于 1980 年加入 WIPO 公约。WIPO 公约对所保护的知识产权客体范围作了较为全面和细致的规定。其中，就商标权相关的保护方面，该公约规定“与商品商标、服务商标、商号及其他商业标记有关的权利”属于知识产权的范畴，该条款明确了商标权客体范围，为各国商标法保护客体的相关立法提供了参考。另外，根据公约的相关规定，世界知识产权组织有权对现行已签订的国际公约予以管理。其中，世界知识产权组织所管理的有关商标的公约主要包括《保护工业产权巴黎公约》《制裁商标来源的虚假或欺骗性标志马德里协定》《商标注册用商品和服务国际分类尼斯协定》《保护原产地名称及其国际注册里斯本协定》等。

二、《保护工业产权巴黎公约》

（一）产生背景与历史演进

《保护工业产权巴黎公约》（Paris Convention for the Protection of Industrial Property，以下简称《巴黎公约》）是世界上第一个保护工业产权的综合性国际公约。19 世纪中叶，随着大工业生产和商品经济的发展，大众对工业产业的保护意识不断增强。为保护发明设计人与生产经营主体的权益，众多国家建立了工业产权制度，然而，囿于工业产权保护的地域性限制，权利主体在一国所享有的工业产权仅在本国得到法律保护。此时，权利主体欲使其工业产权在其他国家取得法律保护的前提是两国签订了相关双边协定，但在当时国与国之间签订双边协定的不多，此情况与大工业商品经济的国际化发展需求不相适应。制定保护工业产权相关的国际公约成为历史发展的必然选择与现实需求，《巴黎公约》即在此背景下产生的。

1883年3月16日，在法国巴黎召开了一场保护工业产权的国际会议，会议通过了《巴黎公约》，当时法国、意大利、荷兰、瑞士等11个国家签署了该公约，后续英国等国家亦相继加入。1884年7月，《巴黎公约》正式生效，成员国共计14个。1900年12月14日，《巴黎公约》在布鲁塞尔第一次修订，随后分别于1911年6月2日、1934年6月2日、1958年10月31日、1967年7月14日进行了5次修订，于1979年10月2日进行了修正。

1984年11月14日，全国人民代表大会常务委员会决定我国加入《巴黎公约》。根据此公约的相关规定，我国于1985年3月19日正式加入《巴黎公约》，适用1967年7月14日在斯德哥尔摩修订的版本。但我国在加入《巴黎公约》时，对公约第28条第1款作出了保留声明，若我国对公约进行解释或适用时，与其他国家存有争议且无法通过谈判解决，则由国际法院对该争议进行处理。同时，根据我国政府所作出的相关声明，《巴黎公约》自1997年7月1日起对中华人民共和国香港特别行政区生效。

（二）《巴黎公约》对商标保护的具体规定

《巴黎公约》共计39条，其中第1～12条主要是实体性条款，而第13～39条主要是行政性条款，其中与商标相关的规定集中于实体性条款中。下文将对《巴黎公约》中有关商标注册与保护的具体法律法规进行介绍。

1. 商标权国际保护的基本原则

《巴黎公约》中涉及商标权国际保护的原则包括国民待遇原则（详见《巴黎公约》第2条）与商标权独立原则（详见《巴黎公约》第6条）。其中，国民待遇原则，是指一国政府将其给予本国国民的权利待遇同等程度地给予其他国家国民，使其他国家国民在该国能够感受与本国国民相同的法律待遇，该原则的设立使各成员之间的商事主体获得同等商标权保护成为可能。商标权独立原则，是指各成员国对商标注册、保护相关法律法规的规定，与其他国家相关法律法规互不影响、彼此独立。该原则是《巴黎公约》对各国主权的尊重，以及商标权地域性保护这一法律属性的回应。

《巴黎公约》第6条对商标权独立性原则作了细致性规定。包括：第一，商标的申请与注册条件由各成员国本国法律所决定；第二，各成员国不得因商标申请人未在其原属国提出商标申请，或者未进行注册，亦或是在其原属国保护期已届满等理由，而拒绝商标申请人所提出的商标注册申请，或者使该注册无效；第三，商标申请人在一个成员国获得正式注册的商标，并不必然在其他成员国当然地获得注册，即于一国申请注册的商标与其他成员国注册的商标相互独立。

2. 注册申请环节的商标保护

《巴黎公约》对于商标注册环节有关商标保护的内容体现在：

第一，商标注册申请的优先权。也即，商标申请人在某一成员国提出商标注册申请，后续又在其他成员国提出同样申请时享有优先权。但根据《巴黎公约》的规定，享有优先权需满足以下条件：商标申请人属于公约成员国国民；商标申请人向公约成员国曾提出过正式申请；在不同成员国提出商标申请的间隔期限不超过6个月。

第二，商标所有人就无权代理/代表人提出的商标注册申请享有异议权与申请取消的权利。根据《巴黎公约》第6条之七的规定，若一国的商标所有人的商标代理人或代表人，未经所有人许可授权而以自身名义向其他成员国申请注册该商标，商标所有人有权提出异议或要求取消。此时，若受理注册申请的国家法律允许，则商标所有人可要求将该商标转让给自己，除非代理人或代表人举证证明其行为的正当性。此外，若商标代理人或代表人未经商标所有人同意而自行使用其商标，则商标所有人有权提出异议。但为维护正常的交易秩序，该公约规定各成员国可规定商标所有人行使上述权利的合理期限。

第三，原属国已注册商标在其他成员国应受同等保护。《巴黎公约》第6条第A项第1款规定，若商标权人已在其原属国注册某商标，除了条约规定的保留声明，其他成员国亦应当与在原属国注册一样接受申请和给予保护。

3. 使用中的商标保护

《巴黎公约》中有关使用中的商标保护相关规定包括以下两个方面：

第一，对形式进行微调但未改变显著性的商标应给予同等保护。《巴黎公约》第 5 条第 C 款第 2 项规定，商标权利人在某一成员国申请商标时，若该商标在形式上与其之前在其他成员国注册的商标仅有一些要素不同，但未改变该商标显著性的，该成员国商标主管机关不得宣告商标无效，亦不应当减少对商标的保护。

第二，商标共同使用人就该商标申请注册的，享有同等的商标权。《巴黎公约》第 5 条第 C 款第 3 项规定，若几个工商企业在相同或类似商品或服务上使用同一个商标，而其中任一工商企业请求保护地国家的国内法认为该商标系使用者共同共有，只要该企业的使用行为未导致公众误解，且未违反公共利益，则成员国不应拒绝该企业的注册申请，亦不应以任何方式减少对该商标的保护。

4. 对服务商标、集体商标的保护

针对服务商标的保护，根据《巴黎公约》第 6 条第 6 款的规定，公约成员国应当对服务商标予以保护，但公约并不强制性要求服务商标在该国获得保护是否需注册作出规定。通常而言，成员国对于服务商标的保护主要分为注册保护与反不正当竞争保护。针对集体商标的保护，《巴黎公约》第 7 条第 2 款作出了规定。根据该规定，若拥有集体商标的社团组织不违反其所属国的法律，则各成员国均有保护该社团集体商标的义务。同时，该公约还规定，各成员国可自行审定集体商标保护的特别条件，在商标违反公共利益的情况下可以拒绝对注册商标予以保护。

5. 商标侵权行为的认定与制裁

《巴黎公约》对商标侵权行为的认定与制裁相关的规定如下：

第一，非法标注受进口国保护的商标系商标侵权行为，对于标有此类商标的进口商品可以予以扣押。根据《巴黎公约》的规定，成员国对于非法标有受本国法律保护的商标或厂商名称的商品在进入本国时予以扣押。其中第 9 条规定，扣押应当依据检察官或者其他主管机关或利害关系人的请求，根据各成员国国内法的规定执行；各成员国各审查机关对于过境商品无执行扣押的义务；若成员国法律不准许在进口时扣押，成员国应当以禁止进口货在国内扣押方式代替，若成员国法律既不允许在进口时扣押，亦不准许禁止进口或在国内扣押，则应在遵循国民待遇原则基础上，适用本国法律在此情形下对其本国国民采取的救济措施的相关规定，如司法诉讼手段。

第二，在商品经营过程中直接/间接假冒权利人商业标记的行为属于侵犯他人商标权的行为，商标权利人有权向法院提起诉讼或向行政机关控诉。《巴黎公约》第10条第3款规定，各成员国应当对公约其他成员国保证采取适当的法律救济措施，以有效地制止他人在商品经营过程中直接或者间接假冒权利人商业标记，以及以其他不正当竞争手段使消费者对商家信誉的误解或混淆。各成员国应准许权利人对上述行为在本国法律规定的范围内向法院或者行政机关提出控诉，以助于权利人及时维护自身合法权益。

三、《与贸易有关的知识产权协议》

《与贸易有关的知识产权协议》（Agreement on Trade-Related Aspects of Intellectual Property Rights，TRIPs），该协议于1994年4月15日通过，并于1995年1月生效。该协议虽不属于世界知识产权组织管理的国际公约范畴，但该协议对于知识产权国际保护相关协议的拟订具有重要意义。自我国2001年加入世界贸易组织后，即需遵守TRIPs。该协议对我国《商标法》的修改与完善起到了重要的参考作用。

TRIPs中有关商标权的保护是对《巴黎公约》有关规定的补充。比如，就商标权保护所适用的原则而言，根据TRIPs的规定，商标权保护不仅适用《巴黎公约》中所规定的“国民待遇原则”和“优先权原则”，还适用该协议所规定的“最惠国待遇原则”，即一个成员国给予另一成员国的贸易优惠等自动适用于本协议其他成员国。就商标权的国际保护方面，TRIPs第15～21条的条款作出了具体规定。

（一）保护的客体范围

TRIPs以商标的识别性特征为核心对商标的概念作出了界定，即任何能将一个企业的商品或服务区别于其他企业的标记或标记的组合，均可认定为商标。但与此同时，协议中还规定，即便是一个商业标记无法与本企业的商品或服务相关联，但商标申请人仍可以对商业标记进行使用获得显著性作为商标注册的条件。鉴于对各成员国商标权保护现状的考虑，协议并未对商标的客体范围作强制性规定，仅作了注册条件为“视觉上可感知”这一原则性规定。另外，需要提出的是，TRIPs将商标的保护扩大到了服务商标范畴，协议中所有适用于商品商标的规定均可适用于服务商标。

(二)注册申请中的商标保护

TRIPs 对于注册申请中的商标保护相关规定主要包括:第一,商标获得注册与保护和其使用所达到的实际效果无关。成员国可通过使用使商标取得显著性从而获得商标注册,但是成员国不得将商标的实际使用作为注册商标的先决性条件,不得仅以商标自申请日起至 3 年期满后未按原意使用为由拒绝该申请,从而降低或拒绝对该商标予以保护。也即,未经过使用的商标亦可以申请注册,从而获得协议的合法保护,只要申请人申请商标系以使用为其目的即可。第二,商标所对应的商品或服务性质不得成为对商标注册获取保护的障碍。也即,成员国商标主管机关不得因商品或服务自身的情况(比如,其与商标不存在任何关联)而阻止他人的注册申请,从而拒绝对他人商标的保护。第三,商标所有人有权就无权代理/代表人的恶意注册行为主张撤销权和异议权。该项规定对于规制无权代理/代表人申请注册商标,或恶意注册等损害实际所有人利益情形具有重要作用,能够在一定程度上保护商标所有人的合法权益。

(三)商标侵权行为的认定与责任

在商标权权利的保护层面,TRIPs 对假冒商标的概念作出了界定,根据协议的规定,只要他人使用的商标与权利人有效注册的商标相同,或者所使用的商标实质部分与权利人有效注册商标不可区分,即构成假冒他人的商标,依据该协议的规定应当承担相应的民事、行政乃至于刑事责任。其中需提出的是,协议对于商标侵权责任的追究制度设计十分完备且保护严格,包括民事、行政与刑事救济程序。刑事救济方面,要求成员国均应当制定与提供刑事程序及处罚,至少针对故意以商业规模假冒他人的注册商标行为。在商标权的权利保护期限方面,TRIPs 第 18 条规定,商标首次注册与每次续展注册的期限均不应少于 7 年,且注册商标可无限续展,这一点在现有国际公约中是未作规定的。TRIPs 规定,7 年期限的设置仅是最低标准,该各成员国还可以根据本国的情况设置更长的期限。

第二节 重点国家及地区对商标权的保护

一、美国商标法

(一)美国商标保护概述

美国是典型的英美法系国家,其法律渊源主要是来自本国的判例。美国《商标法》亦是在其本国判例法基础上发展与制定的。1870 年,美国颁布第一部联邦《商标法》,仅对注册商标予以保护,该法于 1999 年 10 月 30 日正式生效。自 1905 年以来,美国扩大了对商标的保护范围,其将虽未注册但使用范围超出一州地域的商标纳入了联邦《商标法》的保护范围。至今为止,美国出台了众多与商标注册与保护相关的法律法规。包括但不限于:1946 年制定并于 1947 年 7 月 5 日生效的《商标法》,该法又称为《兰哈姆法》(Lanham Act),该法是美国商标法立法史上最为重要的一部法,被记载于《美国法典》第 15 编。1989 年 10 月 11 日生效的《商标法实施细则》,1984 年 10 月 12 日生效的 1984 年《商标假冒条例》,1996 年生效的 1995 年《联邦商标淡化法》,以及反不正当竞争相关的成文法规和裁判规则等。

总体而言,美国商标法对于商标的保护遵循“商标使用主义”原则,使用包括实际使用或意图使用两类,美国商标权的最终取得以“使用”为必要条件,但美国亦未否定注册获取商标保护的方式。美国设立了主簿注册(与其他国家类型)与辅簿注册两类注册方式。[①] 美国所保护的商标权客体范围在全世界最为广泛,其对于声音商标、气味商标以及其他非可视化商标亦予以保护,但美国相关立法规定商标申请主体需对上述非可视化标记予以详细描述。[②] 美国对于商标权的保护方式以司法审判为主、行政执法为辅。其中,司法审判是美国国内对于商标保护的唯一方式,行政执法则是美国商标域外保护的主要方式。美国国际贸易委员会负责商标侵权行为的调查、处理与处罚,美国联邦贸易委员会

① 楼洪:《论商标权的国际保护》,载《浙江社会科学》2010 年第 4 期。

② 管荣齐:《新时代中国知识产权保护国际化对策》,载《学术论坛》2019 年第 4 期。

负责商标不正当竞争行为的调查与起诉,美国海关负责对侵犯商标的进口货物进行检查与扣押。三方主体各司其职、分工协作,以防止或严厉打击他人的商标侵权行为。下文将对美国商标保护立法中最为重要的一部法律即《兰哈姆法》做详细介绍。

(二)《兰哈姆法》中商标保护的具体规定

1. 保护的客体范围

根据《兰哈姆法》第 1127 条有关解释和定义的规定,该法所保护的商标包括商品商标、服务商标、集体商标和证明商标,商标的构成要素包括文字、名称、符号、图形或其组合等,此规定与我国商标法相关立法规定一致,但不同的是,美国《兰哈姆法》对商标申请人的使用具有一定的要求,该法要求商标申请人要么对该商标真实使用,比如,在其销售的商品上标示其注册商标,在与商标有关的展览、陈列或广告中使用等;要么对该注册商标具有在商业中使用的真诚意图。

2. 商标侵权行为类型

根据《兰哈姆法》的相关规定,任何人在未经商标注册人同意的情况下,擅自实施下列行为的,构成对注册人商标权的侵犯:第一,将复制、伪造、仿冒或逼真的仿制商标标识,在商业中用于任何商品或服务的销售、推广方面,同时这种使用可能引起混淆、误认或欺骗;第二,将复制、伪造、仿冒或逼真的仿制商标标识,应用于意图在商业中与商品或服务的销售、推广等有关方面使用的标签、印刷品、包装或广告上,并且这种使用行为可能引起混淆、误认或欺骗。

3. 商标侵权的损害赔偿救济

若商标注册人商标权遭受他人侵犯,且根据《兰哈姆法》相关规定,商标侵权人的侵权事实成立,则原告有权向被告请求如下民事赔偿:第一,申请禁令,要求被告停止继续实施商标权侵权行为;第二,被告在实施侵权行为过程中所获得的利润;第三,原告因被告侵权行为所遭受的所有损失,该损失可能为原告实际损失的 3 倍;第四,"特殊情况"下的律师代理人,诉讼费用及原告为维护自身合法权益所花费的其他费用。其中,若按照被告所获利润确立原告最终所获赔偿额,原告需提供被告获利的相关证明。类似地,若依据原告实际遭受的损失来确定赔偿额,被告方需就原告各项成本或折扣提供相关证明。联邦法院(依《兰哈姆法》提出的侵权之诉,无论金额高低均由联邦法院审理,州法院不具有管辖权利)在估算索赔的金额时应当根据案件情况等予以综合考量。

4. 涉外商标权的保护

《兰哈姆法》规定，任何与美国共同签署了包含商标保护相关内容的国际公约，或与美国订立有双边商标注册与保护协议的国家之国民，若在本国已提出商标注册申请，则其在半年内有权在美国就同一注册商标主张优先权。外国人若在本国已申请商标或获得商标注册，或在美国开展的相关贸易中已使用该商标，则其向美国提出商标注册与保护，通常不会被拒绝。未在本国注册但实际已使用的商标可获注册与保护，是美国商标权使用取得原则的具体体现，此项规定亦是美国商标权取得制度的独特设计之处。

典型案例4－2－1　阿迪达斯诉玮伦鞋业商标侵权案

案件事实

玮伦鞋业系一家成立于1596年的老牌鞋业公司，其自成立后便模仿阿迪达斯商标标识，使用两条纹或四条纹的商标作为自身产品的标识。期间两家公司经协商达成一致，协议约定玮伦鞋业自主放弃对条纹商标的使用，但2001年，玮伦鞋业再次使用条纹商标。鉴于此，阿迪达斯将玮伦鞋业诉至法庭。

法院裁判

经多年诉讼，2008年陪审团审视比对了268类玮伦鞋业条纹商标产品，最终裁定玮伦鞋业仿冒了阿迪达斯的商标，判决玮伦鞋业赔偿阿迪达斯3.046亿美元（玮伦鞋业获利1.37亿美元、惩罚性赔偿1.37亿美元与其他费用）。

评析

近似商标，是指将涉嫌侵权商标与他人注册商标或驰名商标等进行比较，文字字形、读音与含义，或者图形构图与颜色，或者是文字和图形的整体框架结构相似，容易使消费者对某类商品或服务的来源产生误解或混淆的商标[①]。图形商标的近似判断通常要考虑其具体表现形式所存在的差别与两商标是否同属于一类事物[②]。在司法实践中，对于图形商标近似的判断通常从图形的外观，以及其是否易对相关公众就商品或服务来源产生误认两方面进行。若第三人使用的商业标识对他人具有一定知名度或显著性较强的图形商标进行复现或

---

① 李尊然主编：《知识产权法律实务》，河南人民出版社2019年版，第150～154页。

② 黄晖：《商标法》，法律出版社2004年版，第137页。

微小调整,使相关公众认为第三人标示商业标识属于他人系列商标,从而对商品或服务来源产生混淆,则应当认定两个商标构成近似。本案中,玮伦鞋业使用两条纹或者四条纹商标标识用于其鞋类商品上,极易使相关公众认为其商标以及商品系阿迪达斯所有,从而攫取了大量本应属于阿迪达斯的经济利益,损害了阿迪达斯的合法权利,应当承担相应的侵权责任。因此,第一,企业在选择自身商业标识之前应当自己或委托专业的商标代理机构进行商标检索,以防止商标侵权而遭受巨额经济损失;第二,在发现自身所使用的商业标识已侵犯他人商标权时,应当及时与商标权人取得联系,并积极主动与对方沟通协商,以寻求较好的解决措施;第三,商标权人在发现他人侵犯自身商标权时,可以向有关行政管理机关投诉,请求其对侵权案件进行查收,若侵权行为涉嫌犯罪,可向有关法院提起诉讼,以保护自身合法权益。

典型案例 4-2-2　Belmora LLC v. Bayer Consumer Care AG, 819 F. 3d 697①

案件事实

Bayer Consumer Care AG 公司(以下简称 Bayer 公司)在墨西哥申请注册了商标“FLANAX”,核准使用的商品服务范围为止痛药。Bayer 公司的“FLANA”品牌止痛药在墨西哥知名度较高,但该公司从未在美国境内销售标示“FLANAX”商标的止痛药。Belmora LLC 公司(以下简称 Belmora 公司)在美国持有“FLANAX”商标,并自 2004 年开始在美国使用该商标,而且在营销材料上对该商标进行了宣传,暗含其“FLANAX”牌止痛药与 Bayer 公司的“FLANA”品牌止痛药系同一产品。后 Bayer 公司向美国商标审理与上诉委员会申诉,同时以 Belmora 公司进行虚假陈述与宣传为由将其诉至法庭,要求 Belmora 公司就其虚假陈述与宣传的行为所造成的损失进行赔偿。两案合并审理。

法院裁判

第四巡回法院裁定:在美国未使用其商标的境外商标持有人可以对美国同

① Doug Rettew, Yinfei Wu:《不在美国使用商标不等于不受保护! 从三个典型案例看美国商标法的重大改革》,载微信公众号“中国公司法务研究院”2018 年 3 月 21 日,https://mp.weixin.qq.com/s/NXNqhjsDHZWzTAeXTXyxCw。

一商标持有人提出有关虚假陈述、虚假宣传以及商标撤销方面的索赔与要求。

评析

第四巡回法院提出,《兰纳姆法案》第43(a)节并未明文规定商标持有人(本案原告)在美国境内商业性活动中拥有或使用该商标。根据该条规定,原告Bayer公司若要提起诉讼则需满足"法益保护范围",需提出被告Belmora公司虚假陈述与虚假宣传行为损害了其商誉,或者对其生产销售活动产生一定的负面影响。本案中,Bayer公司提出,Belmora公司在销售过程中对其商标进行突出性使用,使相关公众对"FLANAX"牌止痛药的来源产生混淆,从而给自身造成经济损失。法院还认为,地区法院错误地推翻了美国商标审理与上诉委员会撤销商标注册的决定,最终支持了Bayer公司的请求。本次法院的判决意义非凡,其为美国境外商标持有人预防他人无偿使用其国际声誉提供了条件,使商标持有人即使未在美国销售带有相应商标的商品,依然可对他人攀附商标致使消费者混淆等行为提请赔偿。此案的意义在于,他国国内企业发现美国企业攀附自身商标影响自己国际声誉时,为其提供了权利保护的通道。

二、德国商标法

(一)德国商标保护相关立法概述

1874年,德国颁布了其首部商标相关法律法规,即《商标保护法》。1968年,德国又制定出台了《商标法》,同时于1979年、1987年对其进行了修改。1994年,德国出台了《商标和其他标志保护法》,于1995年1月1日生效,并于1996年7月24日修改,其中修改部分于1996年7月25日正式生效,此次修改的《商标和其他标志保护法》对地理标志作了专章规定;同时,为适应TRIPs的要求,该法增加了对侵权商品的海关保护措施。2019年,德国实施了新的《商标法》,新的《商标法》扩大非传统商标的可注册性、加强知识产权边境保护等,也展示了发达国家商标制度改革值得我们参考的价值取向,如加强对地理标志的保护、提升行政效能等。

(二)德国《商标法》中商标保护的具体内容

1. 保护的客体范围

德国《商标法》保护的客体范围包括商标、商业标志与地理来源标志等。

第一,商标。德国《商标法》以识别性作为界定商标的核心特征,其规定能与使用其他标志的商品或服务相区别的标志,可作为商标受到本法的保护。为适应技术革新与商业发展的需求,德国新修订的2019年《商标法》删除了之前版本第8条关于注册商标须具有"书面可示性"的规定,规定只要商标申请人所提出的注册商标在登记簿上的展示方式,能使注册部门和相关公众清晰且准确地确认保护的商标即可,该项规定扩大了可注册的商标范围,使对声音商标、全息投影商标以及动态商标等非可视化商标的保护成为可能①。另外,2019年《商标法》还新增了证明商标这一商标类型。

第二,商业标志。德国《商标法》规定,公司标志与作品标题均可以作为商业标志受到本法保护。其中,公司标志是指在商业交易过程中,作为公司名称、商号或者工商业企业的特殊标志而使用的标志。

第三,地理来源标志。根据德国《商标法》的规定,地理来源标志,是指一个地方、地区或州名称,以及其他在商业流通中标明商品或服务地理产地的标志。

德国《商标法》规定,一般而言,注册商标才能获得本法的保护,但是若一个标志在商业过程中因使用获得作为商标的第二含义,或者能够达到《巴黎公约》中有关驰名商标的知名度,则其亦可获得本法的保护。同时,该法规定,通过使用获得的商标和商业标志具有在先权,其他在先权利包括名称权、肖像权、著作权、植物品种名称、地理来源标志以及其他工业产权等。

2. 商标侵权行为类型及侵权救济

德国旧的《商标法》规定,商标侵权行为构成要件分为一般构成要件与特殊构成要件两类。其中,一般构成要件要求需具备所有侵权行为,而特殊构成要件要求任意满足以下一项则构成侵权:在相同尼斯分类的产品/服务上使用与他人在先商标相同的标志;在相同/类似产品/服务上使用与在先商标相同/类似的标志,并可能产生或已产生混淆的风险;对著名商标的弱化、丑化或"搭便车"行为。

一般构成要件包括对商标的使用需在商业活动中。新修改的《商标法》还增加了必须与"产品或服务相关"的规定。针对"产品或服务相关"相关的规定,德国以及欧盟法院或众多欧盟成员国法院均主张,通常情况下,只要第三人

① 孙靖洲:《〈德国商标法〉的最新修订及其对我国的启示》,载《知识产权》2019年第6期。

对商标的使用行为使相关公众将商标与其商品/服务建立了联系,则认为其行为满足"产品或服务相关"的条件。[①] 比如,德国联邦最高法院认为,在广告背景中使用商标权人的颜色商标,以暗示其与商标权人的商品/服务,或是公司的形象具有可比性,此情形符合"与产品或服务相关"[②]。

根据德国2019年的《商标法》的规定,以下行为系商标侵权行为:第一,未经商标权人授权同意,在商业活动中在同种商品或服务上使用与该商标相同的任何标志;第二,在同种或类似商品或服务上,使用与商标权人商标相同或近似的任何标志,并且可能使相关公众产生混淆可能;第三,在不同或不相类似的商品或服务上使用与商标权人相同或近似的任何标志,但该标志在德国享有较高的声誉,且使用人并无正当性理由使用该标志不公平地利用了商标的显著性,或者损害了商标的声誉;第四,将他人注册商标作为商号或者商业标志,或者两者的组成部分加以使用;第五,违反《欧盟关于比较广告和误导性广告的指令》,在比较广告中使用商标。

此外,德国2019年《商标法》加强了对边境的保护力度,根据该法规定,其简化了商标权人与商号权利人的举证责任,从根本上杜绝与禁止侵犯他人商标权的货物进入德国境内。对于上述侵权行为的制裁与惩治,德国《商标法》规定有责令侵权人去掉非法标志、销毁侵权产品、赔偿损失,对侵权人处以罚金或监禁(具体见《商标法》第八部分第143~145条的规定)。

典型案例4-2-3　西门子(中国)有限公司诉兴锐达自动化设备有限公司商标侵权案

(2019)闽02民初875号

案件事实

随着电子商务时代的到来,旧物回收、旧物转卖成为一众商标牟利的手段。厦门兴锐达自动化设备有限公司(以下简称兴锐达公司)乘风而上,其购买、翻新

① Judgment of 23 February 1999, BMW v. Deenik, C-63/97, ECLI:EU:C:1999:82; Judgment of 12 June 2008, O2 Holdings Limited and O2 (UK) Limited v. Hutchison 3G UK Ltd., C-533/06, ECLI:EU:C:2008:339; Judgment of 23 March 2010, Google v. Louis Vuitton, Google France SARL v. Viaticum SA and Luteciel SARL and Google France SARL v. Centre national de recherche en relations humaines (CNRRH) SARL and Others, Joined cases C-236/08 to C-238/08, ECLI:EU:C:2010:159.

② Bundesgerichtshof, Urt. v. 23.09.2015, Az. I ZR 78/14-Sparkassen-Rot/Santander-Rot.

二手数字模块和控制模块,同时其重新印制“SIEMENS”商标标贴,并将其贴在二手产品上进行销售,原告西门子(中国)有限公司(以下简称西门子公司)以兴锐公司侵犯其商标权为由将该公司诉至法院。

法院裁判

厦门市中级人民法院认定,被告翻新与销售二手商标的行为并不构成对原告商标权的侵犯,但被告未经原告允许销售假冒“SIEMENS”商标的数字输出模组,以及打印“SIEMENS”标签的行为构成商标侵权,因此,判令被告承担停止侵权并赔偿原告20万元的侵权责任。西门子公司、兴锐公司及陈某均不服一审判决,提起上诉,最终福建省高级人民法院维持原审判决。

评析

根据我国《商标法》第57条的规定,销售侵犯注册商标专用权的商品的,属侵犯注册商标专用权。本案中,被告未经原告允许销售侵犯原告注册商标专用权的商品,根据相关立法规定,其行为已构成对原告商标专用权的侵犯,理应承担相应的侵权责任。通常而言,侵权损害赔偿的计算标准包括被侵权主体的实际损失、侵权人的获利或者法定赔偿三类,但在司法实践中,法院还需根据案件的具体情况确定最终的赔偿数额。本案中,法院即综合侵权人的实际情况确定了其判赔额。

经过本案可知,在电子商务交易活动日益繁盛的时代,商家欲通过二手翻新、旧物销售等方式获取经济利益时,应当注意,在商标制造、使用以及商品销售环节均可能侵犯他人的商标专用权,在开展商业活动时,应当及时进行商标侵权检索、预防等,对应地,商标权人应当及时对自身商标以及他人侵权行为进行关注,以便及时维护自身合法权益。

典型案例4-2-4 中华老字号王致和诉德国欧凯公司恶意抢注商标案[①]

案件事实

2006年7月,北京王致和食品集团(以下简称王致和集团)在德国注册商标时发现,其王致和腐乳、调味品、销售服务三类商标已被德国欧凯进出口公司

① 《中华老字号王致和诉德国欧凯公司恶意抢注商标案》,载智南针官网2014年12月15日,https://www.worldip.cn/index.php? m=content&c=index&a=show&catid=93&id=48。

(以下简称欧凯公司)注册,注册号为30570147号。2007年1月,王致和集团与欧凯公司协商无果,遂以欧凯公司恶意抢注其商标为由向德国慕尼黑地方法院提起诉讼。2007年11月14日,德国慕尼黑地方法院作出一审判决,禁止欧凯公司使用王致和集团上述商标,同时撤销其注册的商标。欧凯公司因不服该判决而在2008年2月向慕尼黑高等法院提起上诉。

法院裁判

判决欧凯公司停止在德使用王致和集团商标,同时撤销欧凯公司在德抢注的王致和商标。如果对方不履行判决,继续使用商标,将对其罚款25万欧元,或者监禁其负责人6个月。

评析

本案中,王致和集团是享有驰名商标的中国企业,其在开拓海外市场时被国外企业恶意抢注。该案对于欲开展海外业务的企业具有较大的警示意义,国内企业尤其是拥有商标的企业,欲在国外开展业务之前,在法律规定的时间范围内通过马德里商标国际注册体系,或通过逐一国家注册程序等提前在国外进行商标注册,以防止特定国恶意抢注行为。商标权的地域性特征使企业注册商标只能在本国范围内受到保护,但为推动国际贸易活动的开展,国家有关部门推出了商标国际注册程序,为企业开展国际性业务提供了基础条件。

三、法国商标法

(一)法国商标保护相关立法概述

法国是最先制定成文商标法的国家,1857年,法国颁布了《关于以使用原则和不审查原则为内容的制造标记和商标的法律》,但由于该法对商标未能提供全面有效的保护,后来未能得以有效地实施与践行。例如,该法规定无论商标是否注册,均可获得商标专用权,但同一商标仅允许最先使用人或最先注册人享有其专用权。[①] 1964年,法国制定出台了其现代意义上的《商标及服务商标法》,该法对商标保护方面所做的修改主要有:第一,商标申请人只有通过注册才能获得商标专有权,未注册商标若受他人侵犯,无权起诉请求保护;第二,商标申请人所申请的注册商标需在贸易活动中使用,若其超过5年不使用,则会

① 郑成思:《知识产权法通论》,法律出版社1986年版,第258页。

丧失商标权。[①]

1991年法国对其《商标及服务商标法》进行了全面修改，其中就商标保护方面所做的修改主要有：第一，增加了对音响商标、驰名商标保护的相关规定，强化了对著名商标的保护；第二，设立了商标异议制度，允许他人对别人所申请的注册商标向商标主管机关提出异议；第三，对使用行为致使商标权权利穷竭，或使缺乏显著性的商标产生显著性的相关理论予以了承认；第四，允许就他人欺诈注册提起所有权追还诉讼；第五，加大了对制假售假行为的惩罚力度。另外，该法从增加司法警察查扣、要求法人承担刑事责任、判令侵权主体停业等措施全面加强了对商标权刑事侵权行为的处罚力度；还通过设置侵权扣押、海关扣押等程序强化了对商标权的保护。

（二）法国《商标法》中商标保护的具体内容

1992年7月1日，法国颁发了92-597号法律文件，汇编整理出了《知识产权法典》，其中第七卷第一编规定了《制造、商业及服务商标》。法国《商标法》经历了1993年、1994年、1996年三次修改，其现行商标权保护制度相对而言较为完善，下文将对其《商标法》中有关商标保护相关内容予以详细阐述。

1. 法国《商标法》保护的客体范围

根据法国《商标法》的规定，该法对所有能区别自然人或法人商品/服务且可书写绘制的标记予以保护，上述标记可以是各类形式的文字、音响标记、图形标记或颜色标记等，但该法不保护表示商品或服务特征的通用/常用名称的标记或文字，不保护违背公序良俗的标记，不保护侵犯他人在先权利的标记。该法规定，他人的在先权利包括但不限于他人在先注册商标或《巴黎公约》中所规定的驰名商标、企业名称或企业字号、著作权、工业品外观设计权利、他人的人身权等。自然人或法人可以通过注册的方式取得商标所有权。

2. 商标权侵权行为类型与救济措施

根据法国《商标法》的规定，他人实施如下行为构成对商标所有权的侵犯，依法应当承担相应的民事责任，这些行为包括：第一，他人在相同商品或服务商复制、使用或贴附注册商标，或者添加“仿式”“同类”“方式”等字样而使用复制的商标；第二，消除或变动他人依法贴附的商标标识；第三，未经商标权人同意

---

① 黄勤南主编：《新编知识产权法教程》，中国政法大学出版社1995年版，第123页。

在类似商品或服务商复制、使用或贴附商标,同时使用复制的商标,并可能造成相关公众混淆;第四,在相同或类似商品/服务上仿冒他人注册商标,或者使用该仿冒商标。该法规定,在商标注册申请公告前所实施的上述行为不构成对他人商标权的侵犯,但该法保留在注册申请通过后对上述行为予以查明与追诉的权利。

商标所有人就他人的侵权行为可向法院提起侵权起诉,此类侵权诉讼的诉讼时效期间为3年。同时,商标所有人为制止侵权方的商标侵权行为,防止他人侵权行为给自己造成更大的经济损失,可向法院申请临时禁令。受理诉讼的法院院长可依据紧急诉讼程序临时禁止被指控的侵权行为,并判处逾期罚款或者判令涉嫌侵权的一方提供担保,以赔偿商标所有人或专用权受益人的经济损失。商标注册申请人、注册商标所有人或获独占实施许可方,可依法院开具的相关命令,要求任何执达人员对涉嫌侵权的商品、服务作笔录,并对少量侵权样品予以扣押,或对涉嫌侵权的商品进行实际扣押,以便于后续举证证明,但如若上述申请扣押人自样品扣押之日起15日内未提起民事/刑事诉讼,扣押将自动失去效力。

除此之外,针对进出口过程中的商标侵权行为,商标所有人或专有权受益人可向海关管理部门提出书面申请,请求其在检查范围内扣留涉嫌假冒商标的货物。海关管理部门应当立即将扣留情况向共和国检察官、扣押申请人、被扣押货物的主体等通报。申请扣押的主体在海关管理部门发布扣留通知之日起10个工作日内,无法出具由大审法院决定的保全措施,或者提起民事/刑事诉讼的同时为侵权不成立情形提供担保时,扣押决定将自动失去效力。商标注册申请人因上述行为提起诉讼时,可从海关管理部门调取货物发运人、进口人,以及收货人或货物占有人的名称和地址等信息。

3.对侵权行为的处罚

根据法国《商标法》相关立法规定,实施商标侵权行为可能会受到司法扣押、监禁、罚金、停业或临时停业、被剥夺选举权和被选举权等处罚。第一,司法扣押。若公安机关发现他人存在以下行为,则可以扣押非法制造、进口、占有、销售、供应或提供的商品或配件:(1)侵犯商标注册赋予的权利,以及由此衍生出的禁止复制、仿制、使用贴附、消除或变动商标/集体商标/证明商标等。(2)进出口标有假冒商标的商品。(3)无正当性理由占有明知带有假冒侵权商标的商品,或故意出售。经销、提供标有此商标的商品和服务。(4)故意提供与指定注册商标不符的商品或服务。第二,监禁与罚金。若他人故意出售或经销不当使用集体商标的商品等行为,将被处以2年监禁以及100万法郎的罚金。第三,对于实施商标侵权的单位处以不超过5年的全部或部分停业或临时停业。除此之外,实施上述商标侵权的法人依据法国《刑法典》的规定可能被判处刑事责任。

典型案例4-2-5　法国莱雅公司诉杭州欧莱雅化妆品公司、上海美莲妮化妆品公司商标侵权案

案件事实

1963年3月1日,"L'ORÉAL"(中文译名为莱雅公司或欧莱雅公司,以下简称法国莱雅公司)在法国登记成立。从1981年起至2001年,法国莱雅公司通过我国商标局先后注册了"L'ORÉAL""莱雅""L'ORÉAL 欧莱雅""欧莱雅"等系列商标并得到核准,核定使用的商品范围为国际分类第3类"化妆品、美容剂、香水"等。2000年6月,"L'ORÉAL 欧莱雅"被中国国家商标局列入《全国重点商标保护名录》。2004年6月15日,被告方杭州欧莱雅公司成立,其与上海美莲妮公司共同生产销售化妆品。2005年1月,上海美莲妮化妆品有限公司在其生产销售的化妆品包装上使用了英文及中文组合标识"L" OIYIR 莱雅",被上海市工商行政管理局认为与莱雅公司的"莱雅"商标构成近似,侵犯了莱雅公司的注册商标专用权,罚款40万元。之后杭州欧莱雅化妆品公司在其域名为www. loiyir. com的网站上继续大量宣传和推荐"L" OIYIR"系列化妆品,称其产品源于法国欧莱雅化妆品公司并大肆宣传。2008年8月,法国莱雅公司将美莲妮公司、杭州欧莱雅公司和通润发超市作为被告一同诉至南通市中级人民法院。

法院裁判

南通市中级人民法院判决杭州欧莱雅、上海美莲妮化妆品有限公司停止商标侵权,共同赔偿因商标侵权给法国莱雅公司造成的损失40万元;杭州欧莱雅化妆品有限公司停止使用欧莱雅文字的企业名称,并赔偿由不正当竞争给法国莱雅公司造成的损失10万元。

评析

第一,两被告公司在产品使用的"L" OIYIR"商标在字母数量、部分字母的排列顺序、书写方式与读音,均与法国莱雅公司的注册商标“L'ORÉAL”构成近似,容易使普通消费者将被控产品误认为来自法国莱雅公司或与法国莱雅公司存在关联。因此,两公司共同销售“L" OIYIR”系列化妆品的行为构成了商标侵权。

第二,杭州欧莱雅化妆品公司在明知法国莱雅公司及“欧莱雅”商标的存在及知名度的情况下,使用“欧莱雅”文字作为企业字号,具有明显“攀附”法国莱雅公司商标知名度、“搭便车”的主观恶意,势必在客观上造成消费者误认产品来源或混淆其与法国莱雅公司关系的后果,构成不正当竞争。据此判决杭州欧莱雅、上海美莲妮化妆品有限公司停止商标侵权,共同赔偿因商标侵权给法国莱雅公司造成的损失40万元;杭州欧莱雅化妆品有限公司停止使用欧莱雅文字的企业名称,并赔偿由不正当竞争给法国莱雅公司造成的损失10万元。

近年来,侵犯他人驰名商标的案件日益增多,一些商家企图攀附驰名商标权利人的商誉,未经权利人授权而在自身商品中随意使用,以搭乘商业便车获取经济利益。上述行为可能使商家在商业经营中遭遇众多被诉侵权的诉讼从而赔偿商标权人的经济损失,严重的可能涉及商标刑事诉讼,令商家得不偿失。故建议一些商家在未取得商标权人授权的情况下不能随意使用其注册商标,若确实存在相关使用需求与使用意向,可以与商标权人进行沟通与协商,通过商标许可、转让等方式合法获得授权,以防止陷入无尽的商标侵权纠纷,承担巨额侵权损害赔偿。

四、日本《商标法》

(一)日本商标保护相关立法概述

日本于1959年4月13日制定《商标法》,该法一直被沿用至今。该法从制定之日起经历了多次修改,修改过程中对以下内容作了增加与完善:第一,引进了立体商标注册与保护制度;第二,加强了对商标权的保护力度;第三,对商标的申请程序进行了简化以助权利人更快获得商标权;第四,强调对法人侵权行为的加重处罚,规定法人侵权的将被处以1.5亿日元以下的罚金;第五,增加了对地理标志的保护;第六,对于国外的著名商标一定保护。

(二)日本《商标法》中商标保护的具体内容

根据日本《商标法》的相关规定,商标是由文字、图形、符号或立体图形,以及上述要素的组合或其与色彩的组合所形成的标记。商标申请人通过向日本特许厅长官提交相关申请文件，经特许厅形式审查与实质审查通过，当事人缴纳相关的费用后，商标将被注册在注册簿上，此时，商标申请人即获得其商标权。该法规定，商标申请人的商标权保护期间为10年，在保护期届满前商标权人可申请续展。

日本《商标法》规定，以下行为将构成对商标权利人商标权的侵犯：第一，在指定商品或服务或是与其相类似的商品或服务上，使用与商标权人注册商标近似的商标；第二，为实现转让或交付的目的，而持有在指定商品/与指定商品或服务相类似的商品/商品包装上标有某注册商标或与其相近似的商标的行为；第三，为提供服务之目的，在提供指定服务/类似服务时，持有或进口被服务者利用的服务/商品中标示注册商标/近似商标的商品/服务的行为；第四，为提供服务使用的物品而转让、交付或为转让、交付而持有或进口，使用在指定服务/类似服务中供被服务者利用的物品上，标示注册商标/近似商标的行为；第五，为在指定商品/服务，或与其相类似的商品/服务上使用注册商标/近似商标，而持有标示注册商标/近似商标物品的行为；第六，为使他人在指定商品/服务上，或在与其类似的商品/服务上使用注册商标/近似商标，而转让、交付或为转让、交付而持有标示注册商标/近似商标物品的行为；第七，为自身或他人在指定商品/服务，或与其相类似的商品/服务上使用注册商标/近似商标，而制造或进口标示注册商标或近似商标商品的行为；第八，仅以制造标示与注册商标/近似商标的商品，而以制造、转让、交付或者进口所需物品为主要经营内容的行为。

针对上述侵权行为，日本《商标法》规定，若商标权人发现他人实施上述侵权行为，则商标权人可以请求侵权人停止侵害，同时可以请求侵权人销毁侵权物品、撤除供侵权行为所用的设备，以及其他为预防侵害所需采取的其他必要措施。侵权人实施商标侵权行为的，不仅要承担相应的民事责任，如赔偿商标权人因其侵权行为所遭受的损失，在情节严重的情况下，还要承担刑事责任，接受5年以下的有期徒刑，以及5万日元以下的罚金。

典型案例4－2－6　日本zszb计算机株式会社诉深圳市zszb有限公司侵犯商标权纠纷案

案件事实

原告zszb计算机株式会社是依据日本法律成立的公司。1979年，经中华人民共和国工商行政管理总局核准,原告注册了“×××”商标,商标注册号为第×××号,核定使用的商品为第14类“电子表和电子钟”,有效期自1979年12月8日至1989年12月7日,后经多次续展,有效期延至2019年12月7日。原告对其商标进行了大量的推广和宣传,并成立了zszb(广州)商贸有限公司和zszb(上海)贸易有限公司。被告深圳市zszb有限公司成立于2006年3月24日,经营范围包括钟表的生产;电子产品、工艺品、礼品、五金制品的销售,国内商业、物资供销业。后原告以被告未经许可销售擅自使用涉案“×××”商标标识的被控侵权电子手表之行为将被告诉至法庭。

法院裁判

被告深圳市zszb有限公司于本判决生效之日起立即停止侵权行为;

被告深圳市zszb有限公司于本判决生效之日起10日内赔偿原告zszb计算机株式会社经济损失人民币100,000元;

驳回原告zszb计算机株式会社的其他诉讼请求。

如果被告未按本判决指定的期间履行给付金钱义务,应当按照《民事诉讼法》第229条之规定,加倍支付迟延履行期间的债务利息。

本案受理费人民币2300元,由被告负担。此款原告已预交,由被告在支付上述款项时迳付原告。

评析

一、关于侵权行为的判定。根据法律规定,未经商标注册人的许可,在同一种商品或类似商品上使用与他人注册商标相同或近似的商标的,或者销售侵犯注册商标专用权的商品的,属于侵犯注册商标专用权的行为。本案中,原告在第14类商品上使用的“×××”商标已在我国国家商标局核准注册,且在有效保护期内,依法应予以保护。被告作为生产相同产品的经营者,明知原告在同行业中的知名度,仍然在同一种商品上使用与原告注册商标相同的商标,已经构成了对原告注册商标专用权的侵犯,应承担相应的商标侵权责任。

二、关于侵权数额的认定。侵权数额通常根据原告侵权损失、被告侵权获利以及法定赔偿额予以确定,司法实践中,通常还会根据商标的知名度、原告为制止侵权行为的支出、被告侵权行为的性质等因素予以综合认定。本案中,由于原告没有提供证据证明其因被告侵权行为所受损失或被告因侵权行为而非法获利的情况,维权费用中原告也仅提供了公证费发票和购买被控侵权产品的票据，因此，对于原告的赔偿请求，法院并未全额支持。最终，法院考虑原告商标有一定的知名度、原告为制止侵权所支出的费用、被告侵权行为的性质等因素，确定被告赔偿原告经济损失（含原告制止被告侵犯商标专用权的合理支出费用）人民币10万元。

本案是一起明知商标权人在相关公众中有一定知名度，而恶意将其注册商标标注在自身相同商品上的商标侵权案件，侵权人因自身侵权行为承担了侵权损害赔偿责任，这给所有商事企业以警醒，为扩大企业、企业商品或服务的影响力，为谋取更多的经济利益，不应当以侵犯他人合法权益为途径，否则将因此承担更高额的经济损失。

五、欧盟商标法

欧盟与商标保护相关的法律规定主要有《协调成员国商标立法欧洲共同体理事会第一号指令》《欧共体商标条例》《欧洲共同体商标条例实施细则》等。其中，《协调成员国商标立法欧洲共同体理事会第一号指令》主要是对欧盟各国商标法的宏观协调，对欧盟各国商标予以间接性保护，而《欧洲共同体商标条例》与《欧洲共同体商标条例实施细则》通过设计商标注册制度，对欧盟各成员国商标进行直接保护。

根据《欧洲共同体商标条例》的相关规定，欧盟共同体商标，是指商标申请人向欧盟内部市场协调局所提出的用以识别和区分商品或服务的标记，该标记一旦获得协调局的核准注册，则可在欧盟成员国范围内受到保护。其中，商标申请人可以是欧盟成员国国民、《巴黎公约》成员国国民、世界知识产权组织成员国国民，亦可以是未参加国际条约的国家/地区（依照对等原则提出申请），而欧盟、《巴黎公约》或TRIPs成员国国民已申请注册的商标标记，仍可提出欧盟共同体商标的申请，此时，申请主体就其首次申请享有6个月的优先权。

共同体商标权利人可以通过两种方式控诉他人的商标侵权行为：第一，商标权人可向侵权行为发生地的共同体商标法庭控告侵权嫌疑人，该共同体商标法庭仅在特定成员国中发生的侵权行为做出审判；第二，如若共同体商标法庭的管辖权源于居住地原则，则共同体商标法庭可向整个共同体领土范围内发出临时禁令，或向欧洲范围内发生的任何损害发出损害赔偿令。此外，若商标权人不服欧洲内部市场协调局的分支机构所做出的任何终局决定，则其可向欧洲内部市场协调局上诉庭提出上诉申请。其中,提起上诉的理由主要包括缺乏管辖权、违反程序性规定、滥用职权等,尤其是《欧洲共同体商标条例》中所规定的相关法律规定,若上诉仅涉及法律问题,则可以向欧洲共同体法院提起。

典型案例4-2-7 关于第B26346号"TRANSHAIR MEDICAL HAIR CLINICS"商标异议的裁定

案件事实

1996年4月2日,商标申请人Mr Manuel Asin Ilorca提交了第187278号商标注册申请,申请在第16类与第42类商品和服务商申请注册商标"Transhair Medical Hair Clinics"。申请人由Mr Angel Fernandez Prieto代理。1997年12月22日,该商标注册申请刊登在1997年第36期《欧共体商标公告上》。1998年3月23日,异议人Peter Terhaar提交了对该注册申请的异议声明。声明中指出其在欧盟成员国德国已提交"Transhair International"商标并获得核准注册,核准范围包括医疗护理、头发植入物、毛发移植用具等方面。

异议人还主张,"Transhair"系两商标的主要部分,被异议商标"Medical Hair Clinics"在显著性认定方面所起的作用较小,同时,异议人还主张其核准注册商标所指向的商品与被异议商标所指定的商品属于类似商品,故其对以商标申请人所申请商标侵犯其在先注册商标专用权提出异议。

法院裁判

欧盟协调局对异议人的异议部分予以支持。

评析

欧盟法院确立了以下判例规则:造成部分公众混淆可能性应当综合与案件有关的所有因素予以综合判定,包括对相关因素相互依赖性的考虑,尤其是商标的近似性和指定商品/服务的类似性。商品/服务之间的较弱的类似程度可由商标间较强的近似性予以弥补,反之亦可。本案中,两商标虽构成近似,但两商标亦存在较大的差别,且在商标核准使用的范围上存有一定差异,其中,被异议商标的核准使用范围包括"护理中心服务",与异议人申请注册的商标核准使用的范围交叉,可能引起相关公众的混淆;被异议的商标部分是用在第16类"纸、纸板及其制品,印刷铅字,照片,教育和教学材料"等上,不存在混淆的可能性。故最终欧盟协调局对异议人的异议部分予以了支持。

由本案可知，商标申请注册过程中可能遭遇他人的异议，异议内容包括是否侵犯在先商标权，主要从商标的近似程度、核准使用的商品或服务范围的相似程度，以及是否引起相关公众混淆等方面予以判定。商标申请主体在申请注册商标时应当充分地进行商标检索，从商标标识本身形状、商标指向的商品或服务类型，以及是否会引起相关公众混淆等方面予以考虑，以防止对他人注册商标权的侵犯。

典型案例 4-2-8 Länsförsäkringar AB 公司与爱沙尼亚公司商标侵权案①

C-654/15 号

案件事实

Länsförsäkringar AB 系瑞典一家银行保险公司，其申请注册了欧盟注册图形商标。根据《尼斯分类》分类标准，该商标所指定的服务范围为第 36 类“不动产事务、房地产评估、公寓及办公楼租赁”，以及第 37 类“房屋建筑、修理、维修”。MatekA/S 系爱沙尼亚一家以生产和组装木屋为主营业务的公司，其申请注册了爱沙尼亚国家注册图形商标，指定使用在《尼斯分类》第 19 类“非金属建筑材料和其他相关产品”上。后 Länsförsäkringar AB 公司以 MatekA/S 公司侵犯其欧盟商标权将其诉至法庭，请求法院禁止 MatekA/S 公司在瑞典使用其注册商标。Länsförsäkringar AB 公司获得胜诉，而后 MatekA/S 公司向斯德哥尔摩上诉法院提起上诉。上诉法院判决认为 MatekA/S 公司的使用行为并不构成对 Länsförsäkringar AB 公司商标权的侵犯。Länsförsäkringar AB 公司不服该判决又上诉至瑞典最高法院。

法院裁判

MatekA/S 公司的使用行为构成对 Länsförsäkringar AB 公司商标权的侵犯，依法承担相应的侵权责任。

评析

欧盟法院认为，针对《欧盟商标条例》第 9 条第 1 款 b 项，需要同时结合案件事实与法律法规综合理解，尤其是《欧盟商标条例》第 15 条的规定，即自商标

---

① Carlos MORÁN：《欧盟法院案例分析：C-654/15-欧盟商标侵权案》，载微信公众号“艾萨博睿知识产权”2017 年 9 月 1 日，https://mp.weixin.qq.com/s/e6BJy41QZh8WmfJu1mxlQQ。

注册之日起,若商标权人5年内没有实际使用的,商标权人可能承受不利后果,以及《欧盟商标条例》第51条的规定,即若商标权人未实际使用注册商标的时间超过规定期限,经第三人申请可以撤销该商标或者被诉侵权人可以此对抗商标权人的侵权主张予以综合理解。本案中,欧盟法院认为,自注册之日起未满5年时,商标权人在其指定的全部商品和服务类别上享有商标独占使用权,5年的期限是法律赋予商标权人可实际使用商标的“宽限期”,在该期限内,商标权人有权禁止他人对自身注册商标的非法侵害,而无须提供实际使用商标的证明。上述法律规定与司法裁定与我国现行相关规定不同,我国最新《商标法》第49条第2款规定,若商标权人“没有正当理由连续三年不使用,任何单位或个人可以向商标局申请撤销该注册商标”。欧盟的相关规定在一定程度上扩大了对商标权人的保护,对于激励商标使用人申请注册商标以寻求法律保护具有积极意义,同时,欧盟的相关规定亦限制了商标权人对其注册商标专用权的滥用行为。

第五编

PART 5

热点领域的
商标注册申请

第一章　化妆品商标的注册申请

2019 年中国市场化妆品销售额达到 600 多亿美元,化妆品市场的规模很大。随着我国经济持续向好发展,收入在 5000 元以上的人口必然会持续增长,收入增加后人们对美好生活的追求力度也会上升。中国目前化妆品年人均消费只有 38 美元,从国际上看美国年人均消费 280 多美元,这说明中国市场仍然有极大的潜力。

化妆品受众广、市场大、附加值高,所以“化妆品商标”被仿冒的情况严重,需要更多的关注和保护。化妆品的原料、成分很多都与日常生活关联密切,产品名称及商标设计习惯上常含有这些元素或者描述功能、用途的字样,可能会弱化化妆品商标的显著性,也会增加“化妆品商标”注册的难度。因此,企业在注册前一定要做好前期准备工作,避免因商标注册问题影响产品的市场运营。

第一节　化妆品行业有关的商品和服务项目

“化妆品”属于商标注册用《区分表》中所列的第 3 类商品,但是有研发能力的化妆品企业会生产含有各种微量元素的饮用品,通过补充身体所需的各种物质,从而改善身体状态,达到养颜的目的。所以,化妆品企业还应尽可能在第 5 类药品类和第 32 类饮料类中选择相关商品注册,以免将来推出相关商品时无标可用。另外,通过组织商品交易会和市场营销等方式推广自有品牌的化妆品,通过美容院和养生会所可以提供美容养颜的服务,所以在第 35 类和第 44 类服务项目上,最好也能注册商标,这样品牌就可以由商品延伸到服务领域,提前做好品牌的储备,会在未来的经营中起到事半功倍的效果。

表 5-1-1　化妆品行业通常需注册的商标与商品类别

商标类别	商品类别	具体商品
第 3 类	不含药物的化妆品和梳洗用制剂，不含药物的牙膏，香料，香精油，洗衣用漂白剂及其他物料，清洁、擦亮、去渍及研磨用制剂	化妆品，洗发液，去色剂，香精油，空气芳香剂等
第 5 类	膳食补充剂，为正常饮食提供补充或有益健康的；含药物的洗发水、肥皂、洗剂和牙膏	医用头发增长剂、药用植物提取物、医用草本疗法制剂、医用草本提取物、治头皮屑药剂、第 5 类 01 组第七自然段所有商品（包括医用洗浴制剂、含药物的洗发液、含药物的润发乳、药皂等 21 个商品）等
第 32 类	非用作牛奶替代品的米制饮料和豆制饮料，能量饮料，等渗饮料，富含蛋白质的运动饮料	水（饮料），无酒精饮料，苏打水，能量饮料，豆类饮料，姜汁饮料，水果饮料及果汁，糖浆及其他制饮料用无酒精制剂等
第 35 类	广告、商业经营、商业管理、办公事务等服务项目	商业管理顾问，组织商品交易会，特许经营的商业管理，进出口代理，替他人推销，市场营销等
第 44 类	由个人或机构向人或动物提供的医疗（包括替代疗法）、卫生和美容服务等服务项目	美容服务，理发，按摩，修指甲，文身，桑拿浴服务，日光浴服务，矿泉疗养，化妆师服务，打蜡脱毛等

第二节　设计化妆品商标注意要点解读

下面通过大量的案例和总结分析，介绍通常情况下申请商标应注意的情况，又根据“化妆品”的特殊性，进一步分析哪些商标在这类商品上可以注册，哪些商标可能被驳回，以利于申请人在申请商标时做出正确的选择和判断，避免申请商标因违反我国《商标法》的相关规定，增加申请人的经济成本和时间成本。

一、《商标法》第 10 条第 1 款第 1 项规定的情况

含有与中国国名相同或近似的标识不得作为商标使用。例如，申请商标“XIKE CHINA”（使用商品：“肥皂”等），申请商标中含有“CHINA”，“CHINA”

译为“中国”,申请商标与中国国名近似。

XIKE CHINA

二、《商标法》第 10 条第 1 款第 2 项规定的情况

不得作为商标使用的情况有:

1. 同外国的国家名称、国旗、国徽、军旗相同或者近似的,但该国政府同意的除外。例如,申请商标“Paris Charlemagne France 及图”(使用商品:化妆品等)。“France”译为“法国”,“Paris”译为“巴黎”是法国首都,申请商标中含有法国国名,不得作为商标使用。

2. 申请商标:“SWISS FRESH”(使用商品:“浴液”等),“SWISS”为“瑞士的”,申请商标与瑞士国名近似,不得作为商标使用。

Swissfresh

3. 申请商标:“兰芬”(使用商品:“浴液”等),因汉语存在从右向左的读写习惯,申请商标从右向左可读为“芬兰”,与芬兰国家名称近似,不得作为商标使用。

蘭芬

4. 申请商标:“图形”(使用商品:“浴液”等),该商标与日本国徽近似,不得作为商标使用。

三、《商标法》第 10 条第 1 款第 8 项规定的情况:具有政治上不良影响的标识不得作为商标使用

1. 与军队有关的易产生不良影响的标志。

申请商标“军科”(使用商品:“化妆品”等),“军科”常用作军事科学的简

称，用作商标易产生不良影响。

Junke
军科

申请商标“军大”（使用商品：“洗发液”等），“军大”易使消费者误认为军医大学的简称，用作商标易产生不良影响。

JUNDA 军大

2. 其他具有政治上不良影响的标识。

申请商标“KGB PILL”（使用商品：“化妆品”等），“KGB”苏联国家安全委员会“克格勃”的英文缩写，以该文字作商标易产生不良影响。

KGB Pill

3. 有害于宗教信仰、宗教感情或者民间信仰的。

申请商标“茶禅”（使用商品：“浴液”等），该商标中“禅”为佛教用语，用作商标有伤宗教信徒感情，易产生不良影响。

茶禅

申请商标“儒道佛”（使用商品：“化妆品”等），“儒道佛”分别为“儒家”“道家”“佛家”，用作商标有伤宗教信徒感情，易产生不良影响。

儒 道 佛

4. 容易误导公众的。

容易使公众对商品或者服务的来源产生误认的。例如，申请商标“HAWAIIAN TROPIC”（使用商品：“化妆品”等），该文字译为“夏威夷热带”，其中“HAWAIIAN”译为“夏威夷人；夏威夷的”，容易使消费者误认为商标指定使用的产品来源于美国“夏威夷”州，易误导消费者的购买行为。

HAWAIIAN TROPIC

但是下列商标不会导致产源误认，比如，申请商标“津门海誓 The asseveration of Tianjin”（使用商品：“化妆品”等），该商标英文中含“天津”的汉语拼音“Tianjin”,英文部分可译为“天津的誓言”,与商标中的汉字部分“津门海誓”相对应,已形成新的含义,不会造成产源误认。

5. 有害于社会道德风尚的。

申请商标“色诱水晶”(使用商品:“美容面膜”等)

该商标中“色诱”与“水晶”两部分字型、大小区别较大,“色诱”两字突出,用作商标不符合我国当前人们共同生活及其行为准则规范及社会良好风气。

色誘水晶

申请商标:“HAPPY GIRLIE”(使用商品:“浴液”等),“GIRLIE”译为“娼妓”,用作商标有害于社会道德风尚。

Happy Girlie

申请商标“真情人”(使用商品:“浴液”等),“真情人”若断句“真”“情人”,则不符合社会良好风气,用作商标易产生不良影响。

真情人

6. 具有其他不良影响的

例如,申请商标“美金”(使用商品:“化妆品”等)。在《现代汉语词典》中,“美圆”的解释为“美国的本位货币”,通常作美元或美金,故该文字作为商标易产生不良影响。

美金

申请商标“南丁格尔”(使用商品:“化妆品”等),“南丁格尔”为著名护理学和护理教育奠基人姓名,未经许可用作商标易产生不良影响。

南丁格尔

申请商标“COLORBAR”(使用商品:“化妆品”等),“COLORBAR”译为“对有色人种的歧视”,带有种族歧视性,易产生不良社会影响。

COLORBAR

申请商标“奥运之友”(使用商品:“浴液”等),该标志用作商标,易使相关公众误认为该品牌是奥委会的合作伙伴,影响消费者的购买行为,造成不良影响。

奥运之友

申请商标“世界杯”(使用商品:“化妆品”等),该标志为国际足联组织的世纪杯足球赛的简称,用作商标易产生不良影响。

世界杯

四、《商标法》第10条第2款规定的情况

(一)县级以上行政区划的地名或者公众知晓的外国地名,不得作为商标(已经注册的使用地名的商标继续有效)

申请商标“J. FLORENCE”(使用商品:“化妆品”等),“FLORENCE”为意大利城市佛罗伦萨的名称,属于公众知晓的外国地名。在“FLORENCE”前加一字母,并不能改变其地名含义。

J.Florence

申请商标“MONTE CARLO”(使用商品:“洗发液”等),该商标中文译为“蒙特卡洛”,是摩纳哥公国一个城镇的英文名称,属公众知晓的外国地名。

MonteCarlo

申请商标“伦敦雾 LONDONFOG”(使用商品:“化妆品”等),“伦敦 LONDON”为英国首都名称,属公众知晓的外国地名。

伦敦雾
LONDONFOG

申请商标“北戴河”（使用商品：“洗发液”等），“北戴河”为河北秦皇岛市一区名，在《辞海》中的解释为“全国风景名胜区”，虽然在先已有注册，但作为行政区划地名的含义较强。

申请商标“淮南王”（使用商品：“化妆品”等），“淮南”是安徽省的一个县级行政区划名称，没有其他含义，“淮南王”一词中含有地名，作为商标容易使人误认为表示产地。

淮 南 王

（二）地名具有其他含义或者作为集体商标、证明商标组成部分的，可以作为商标注册和使用

申请商标“梅江”（使用商品：“肥皂”等），“梅江”是广东省梅州市一个区的名称，但又是“韩江支流”，为江河名称，具有明显的其他含义。

梅 江

申请商标“元宝山”（使用商品：“擦洗溶液”等），“元宝山”是内蒙古自治区的一个县级行政区划名称，但其“山”的含义强于行政区划名称的含义，具有明显的其他含义。

元宝山

（三）不属于公众知晓的外国地名

申请商标“万隆”（使用商品：“去污剂、上光剂”等），“万隆”虽系印度尼西亚城市名称，但“万隆”二字常见于我国传统工商业字号，具有明显的其他含义。且“万隆”不属于公众知晓的外国地名。

万隆

申请商标“KENNETH COLE NEW YORK”(使用商品:“香水”等),该商标中“KENNETH COLE”为申请人的字号,“NEW YORK”为纽约。因该商标申请人来自纽约,不会导致产源误认。

KENNETH COLE NEW YORK

申请商标“NANAIMO”(使用商品:“洗发水”等),“NANAIMO”是加拿大的一个城市名称,不属于公众知晓的外国地名。

NANAIMO

五、《商标法》第11条规定的情况

(一)仅有本商品通用名称、图形、型号的,不得作为商标注册

申请商标“粉”(使用商品:“化妆品”等),“粉”特指化妆用的粉末,为本商品的通用名称。

粉

申请商标“CC CREAM”(使用商品:“化妆品”等),“CC CREAM”是“color control cream”的简称,译为色彩调控全效修容霜,是粉底的一种,有肤色修正,改善皱纹等功效,为指定使用商品的通用名称。

(二)仅仅直接表示商品的质量、主要原料、功能、用途、重量、数量及其他特点,不得作为商标注册

1. 仅仅直接表示商品的主要原料

申请商标“参 ginseng”(使用商品:“牙膏”等),该商标仅仅直接表示商品的原料特点。

GINSENG 参

申请商标“醋精”(使用商品:“香皂”等),该商标指定使用于申报的商品仅仅直接表示了商品的原料特点。

醋精

申请商标“野菜”(使用商品:“洗发液”等),该商标仅仅直接表示了商品的原料特点。

野菜

申请商标“茶树油”(使用商品:“香皂”等),该商标仅仅直接表示了商品的原料特点。

茶树油

申请商标“井盐”(使用商品:“浴液”等),该商标仅仅直接表示了商品的主要原料。

井盐

但是,下列商标未直接表示商品的主要原料等特点。申请商标“水之密语”(使用商品:“香皂”等),该商标未直接表示指定使用商品的主要原料,整体有显著特征。

水之密语

2. 仅仅直接表示商品的功能、用途和使用效果

申请商标“万发生”(使用商品:“洗发液”等),该商标仅仅直接表示了指定使用商品的用途和使用效果。

万发生

申请商标“素面”(使用商品:“化妆品”等),该商标直接表示指定使用商品的用途特点。

素面

申请商标“皙白祛斑”(使用商品:“化妆品”等),该商标直接表示了指定使用商品的用途和使用效果特点。

皙白祛斑

申请商标“肤康灵”（使用商品：“化妆品”等），该商标直接表示了指定使用商品的功能特点。

肤康灵

申请商标“水芝肤”（使用商品：“香皂”等），该文字含义是使肌肤美丽，仅仅直接表示了指定使用商品的功能、用途和使用效果。

水芝肤

但是，下列商标未直接表示商品的功能、用途等特点。申请商标“玉洁美”（使用商品：“洗发液”等），该商标未直接表示指定使用商品的功能特点，整体有显著特征。

玉洁美

申请商标“诱偶因子”（使用商品：“香皂”等），该商标未直接表示指定使用商品功能、用途特点，整体有显著特征。

诱偶因子

3. 仅仅直接表示商品的适用对象

申请商标“BABY GENTLE”（使用商品：“化妆品”等）

Baby
Gentle

申请人于2001年在第3类“浴液”等商品上提出“Baby Gentle”商标的注册申请，结果被商标局驳回。商标局审查时认为，“Baby Gentle”译为“婴孩温和的”，仅仅直接表示了商品的品质和使用对象特点。依据《商标法》第11条第1款第2项、第30条的规定，予以驳回。申请人不服商标局驳回决定，于2003年向商标复审委员会申请复审。

申请人所提出的复审理由为，申请商标“Baby Gentle”中名词“Baby”置于形容词“Gentle”前，这种搭配本身就不符合语法习惯，不能明确地表达具体含义，即使强行将其译为“婴孩温和的”，也仅是一个不符合人们思维习惯的怪异解释，而且指定商品的使用者主要为成年女性，而非婴孩，因此，申请商标又怎会

“仅仅直接表明使用对象”呢?《商标法》并未禁止具有暗示性的文字作为商标注册,申请商标具有新颖性和独创性,请求准予申请商标的注册申请。

复审认为,申请商标由两个英文单词“Baby”(含义为:婴儿)和“Gentle”(含义为:文静、温柔的、温和的)组合而成,“Baby Gentle”虽然并非英文中的固定搭配,无确切含义,但“Baby”和“Gentle”均是用来描述浴液、琥珀(香水)、痱子粉等商品的使用对象、品质特点的常见词汇,申请商标若指定使用在上述商品上,普通消费者易将其误认为是对指定商品的描述性词汇,而无法起到区分商品来源的作用。综上所述,申请商标属于《商标法》第11条第1款第2~3项所指的缺乏显著性的标志,其注册申请应予驳回。

点评:由两个以上的外文单词组成的商标,如其作为固定搭配有明确的含义,且该含义对指定使用商品不具有描述性,则申请商标可以予以初步审定;如果这些外文单词不是固定搭配的词组,且每个单词对指定使用商品都具有描述性,则申请注册商标会被驳回。

但是,下列商标未直接表示商品的适用对象。申请商标“妻爱美华”(使用商品:“肥皂”等),该商标未直接表示商品的适用对象,整体有显著特征。

妻爱美华

4. 仅仅直接表示商品的成分特点

申请商标“NATURES SCENT”(使用商品:“化妆品”等),“NATURES SCENT”译为“自然香味”,该商标直接表示使用商品的成分特点,在指定使用商品上不具备表示商品来源的作用。

Nature's Scent

申请商标“无添加”(使用商品:“化妆品”等),该商标直接表示了商品的成分特点,在指定使用商品上不具备表示商品来源的作用。

无添加

5. 缺乏显著特征的,不得作为商标注册

(1)一个或者两个普通表现形式的字母。

申请商标“FACE SPA”(使用商品:“化妆品”等),该商标仅以两个普通印刷体字母组成,不具备表示商品来源的作用,缺乏显著特征。

OP

(2)直接表示商品质量、主要原料、功能、用途、重量、数量及其他特点的短语或者句子。

申请商标“FEEL GOOD”(使用商品:“化妆品”等)。

FEEL GOOD

申请人于2001年5月14日在第3类香水等商品上向商标局提出“FEEL GOOD”商标的注册申请,商标局审查时认为,申请商标“FEEL GOOD”中文译为“感觉好”,为普通广告语,缺乏显著特征。依据《商标法》第11条第1款第3项、第30条的规定驳回该申请。申请人不服商标局的驳回决定,于2002年向商标复审委员会申请复审。

申请人复审称,申请商标在内地已长时间广泛使用,并在中国香港地区获得注册,属“通过使用获得显著特征”的商标,应当准予申请商标注册。

申请人向商标复审委员会提交了以下主要证据:带有“FEEL GOOD”商标的商品历年来的出口统计数据、销售发票、装船运单、货运记录,以及申请商标在美国等国家或地区获得注册的证明。

复审认为,申请商标“FEEL GOOD”的中文含义为“感觉好”,指定使用在“化妆品、香水”等商品上易与描述本商品品质的常用词汇相混淆,不能使消费者将其认知为区别不同商品来源的标志,缺乏商标应有的显著性,属于《商标法》第11条第1款第3项规定不得作为商标注册的标志。申请人提供的证据不足以证明申请商标在中国市场上通过广泛使用已经具有商标应有的显著特征。据此,申请人复审理由不成立。

点评:商标通过使用获得显著特征,是指原本对商品或服务有叙述性的标志,或缺乏显著特征的标志,经过商业使用,能够区别不同生产者或经营者生产的产品或提供的服务。这种标志要经过长期和广泛的使用,公众有可能逐渐淡忘该叙述性标志的原来含义,逐渐将该标志视为提供商品或服务的生产者或经营者的商标,并把该标志与生产者或经营者紧密地联系起来。在这种情况下,通常认为该标志获得了“第二含义”。这种区别商品来源的作用,使该标志具有了商标的本质特征,如“两面针”“黑又亮”等。

(3)缺乏显著特征的商业用语。

申请商标“SIGNATURE COLLECTION”(使用商品:“化妆品,香水,浴液”等)。

SIGNATURE COLLECTION

申请商标仅由普通字体的英文构成,中文含义为“签名珍藏品”,亦可引申理解为“经典系列”,是用来描述某品牌旗下的经典、高端系列产品的商业用语。故将该英文作为商标使用在“化妆品,香水”等指定商品上,不能起到区别商品来源的作用,缺乏商标应有的显著特征。

(4)缺乏显著特征的非独创性广告语。

申请商标“象电视里看到的一样 AS SEEN ON TV”(使用商品:“化妆品”等),该商标是非独创性的广告短语,在指定使用商品上不具备表示商品来源的作用,缺乏商标应有的显著性。

AS SEEN ON TV
象电视里看到的一样

申请商标“让你靠我更近”(使用商品:“香皂”等),“让你靠我更近”为非独创性广告用语,缺乏显著特征。

让你靠我更近

申请商标“好心情好女人”(使用商品:“化妆品”等),该商标指定使用在“化妆品”商品上属非独创性广告语,在指定使用商品上不具备表示商品来源的作用,缺乏显著特征。

好心情好女人

(5)其他缺乏显著特征的标志。

申请商标“福利”(使用商品:“化妆品”等),“福利”特指照顾职工生活利益,易使消费者误认为“福利品”,不能起到区别商品来源的作用,用作商标缺乏显著特征。

福利

(6)通过使用获得显著特征。

申请商标“两面针”(使用商品:“牙膏”等),“两面针”是一种芸香科植物,具有行气止痛,活血化瘀,祛风通络的作用。“两面针”商标通过柳州两面针股份有限公司的长期使用和宣传推广,公众逐渐淡忘该叙述性标志的原来含义,逐渐将该标志视为提供商品或服务的生产者或经营者的商标,并把该标志与生产者或经营者紧密地联系起来。在这种情况下,通常认为该标志获得了“第二含义”。这种区别商品来源的作用,使该标志具有了商标的本质特征,最终获准注册。

六、违反《商标法》第15条规定的情况

对于未经授权,代理人或代表人以自己的名义将被代理人或被代表人的商标进行注册,被代理人或被代表人提出异议,不予注册并禁止使用;具有前款规定以外的合同、业务往来关系或者其他关系而明知该他人商标存在的,该他人提出异议的,不予注册。

在“isleaf”(使用商品:“化妆品”等)商标异议案中,异议裁定认为,异议人提供了授权被异议人经营“isleaf”产品的代理授权书,异议人还提供了“isleaf”商标在韩国的注册证明等经公证的证据,以上证据证明被异议人是异议人产品在中国的代理商,故未经异议人许可被异议人不得在中国注册“isleaf”商标。被异议人的行为已构成《商标法》第15条第1款规定的情形。

Isleaf

被异议商标“CORTHE”(使用商品:“口红,化妆品”等),异议裁定认为,异议人提供了相关的证据材料证明被异议人在商事业务往来中存在知悉其“CORTHE”商标的可能。被异议人在明知异议人在“化妆品”等商品上在先使用“CORTHE”商标,未经异议人的授权许可就将被异议商标在我国申请注册,被异议人的行为已构成《商标法》第15条第2款规定的情形。

CORTHE

七、《商标法》第30条规定的相同、近似的情况

《商标法》第30条规定的相同、相似的情况主要有:

1.化妆品商标的申请人多习惯用“××堂”“××居”“××坊”等作为字

号,如日本的“资生堂”牌化妆品等。消费者如看到“资生”牌的化妆品,往往会与“资生堂”商标联系起来,易认为这是同一申请人的相关品牌。此类带有销售、制作、服务等场所的商标在化妆品商标上一般与不加“堂”“居”“坊”等的商标互判为近似商标,且“××堂”“××居”“××坊”等之间也互判近似。例如,已有“百草堂”商标注册,如果其他申请人申请“百草厅”注册,则两商标显著识别部分高度近似,应予以驳回。例如,已注册商标“恒韵堂”(使用商品:“化妆品”等),申请商标“恒韵”(使用商品:“洗面奶”等)。两商标整体差异较小,易使消费者混淆产源,两商标显著识别部分高度近似,属于近似商标。

恒　韵　堂 HENGYUNTANG　　恒韵 HENGYUN

已注册商标“百年”[使用商品:“香(卫生香)”等],申请商标“百年香坊”(使用商品:“洗发液”等)。“香”对指定使用商品有描述性,“坊”是销售、制作、服务等场所,故申请商标的显著部分为“百年”,与在类似商品上已注册的“百年”商标近似。

百年　　百年香坊

已注册商标“美源坊”[使用商品:“香(卫生香)”等],申请商标“美源堂”(使用商品:“洗发液”等)。“坊”和“堂”是销售、制作、服务等场所,故两商标的显著部分均为“美源”,两商标判为近似。

美源坊　　美源堂

2. 中文商标的汉字构成相同,仅字体或设计、注音、排列顺序不同,易使相关公众对商品或者服务的来源产生误认的,判定为近似商标。例如,已注册商标“娇采”(使用商品:“唇膏”等),申请商标“采娇”(使用商品:“化妆品”等)。因我国汉字有从右向左的读写习惯,申请商标可读为“娇采”与已注册的“娇采”商标近似。

jiaocai 娇采　　采　娇

已注册商标“思媚特”(使用商品:“化妆品”等),申请商标“媚思特”(使用商品:“香水”等)。该商标与××国际贸易有限公司在类似商品上已注册的“思媚特”商标近似。(注意:三个汉字的商标文字相同,排序不同,易使消费者混淆产源的,判定为近似商标)

思媚特　　媚思特

3. 商标由相同外文、字母或数字构成,仅字体或设计不同,易使相关公众对商品或者服务的来源产生误认的,判定为近似商标。例如,已注册商标“YABI”(使用商品:“洗发液”等),申请商标“雅比 YABI”(使用商品:“香皂”等)。申请商标的拼音在商标中处于非常醒目的位置,属于显著部分,与在类似商品上已注册的“YABI”商标近似。

yabi　　雅　比 YA BI

4. 中文商标由 3 个或者 3 个以上汉字构成,仅个别汉字不同,整体无含义或者含义无明显区别,易使相关公众对商品或者服务的来源产生误认的,判定为近似商标。例如,已注册商标“东方丽人”(使用商品:“化妆品”等),申请商标“东方佳人”(使用商品:“摩丝”等)。两商标均指东方的女性,易使相关公众误认为同一申请人的系列品牌。

东方丽人　　東方佳人

5. 外文商标由 4 个或者 4 个以上字母构成,仅个别字母不同,整体无含义或者含义无明显区别,易使相关公众对商品或者服务的来源产生误认的,判定为近似商标。例如,已注册商标“起舞 FLARE”(使用商品:“洗发液”等),申请商标“富萝妃 FLORE”(使用商品:“化妆品”等)。两商标英文部分仅中间一个字母不同,易使相关公众对商品的来源产生误认。

起舞 FLARE　　FLORÉ 富萝妃

6. 商标文字字形近似,易使相关公众对商品或者服务的来源产生误认的,判定为近似商标。例如,已注册商标“日之源”(使用商品:“肥皂”等),申请商标“白之源”(使用商品:“洗发液”等)。

日之源　　白之源

7. 商标文字读音相同或者近似,且字形或者整体外观近似,易使相关公众对商品或者服务的来源产生误认的,判定为近似商标。例如,已注册商标“白阳”(使用商品:“香皂”等),申请商标“百阳”(使用商品:“化妆品”等)。

百阳　　白阳

已注册商标“情歌”(使用商品:“化妆粉”等),申请商标“清歌”(使用商品:“化妆品”等)。

情歌　　清 歌

8.商标文字含义相同或近似,易使相关公众对商品或者服务的来源产生误认的,判定为近似商标。例如,已注册商标“ODYSSEY”(使用商品:“香水”等),申请商标“奥德赛”(使用商品:“化妆品”等)。

“ODYSSEY”只能译为“奥德赛”(古希腊史诗),中文为英文唯一含义或主要含义,则两商标近似。

ODYSSEY　　奥德赛

已注册商标“新感觉”(使用商品:“洗涤剂”等),申请商标“SENSE”(使用商品:“香皂”等)。具有显著性特征的词汇前后加上修饰性的词汇,如果未改变显著性词汇的含义,则申请商标与已注册商标构成近似。故申请商标“SENSE”译为“感觉”,与“新感觉”商标近似。

新感觉　　SENSE

9.外文商标仅在形式上发生单复数、动名词、缩写、添加冠词、比较级或最高级、词性等变化,但表述的含义基本相同,易使相关公众对商品或者服务的来源产生误认的,判定为近似商标。例如,已注册商标“FEEL”(使用商品:“洗涤剂”等),申请商标“FEELING”(使用商品:“染发剂”等)。

FEEL　　FEELING

10.商标是在他人在先商标中加上起修饰作用的形容词或者副词以及其他在商标中显著性较弱的文字,所表述的含义基本相同,易使相关公众对商品或者服务的来源产生误认的,判定为近似商标。

(1)商标中含有“皇”“王”等词,一般是对商标显著部分的修饰,如两商标的显著部分相同,判定为近似商标。例如,已注册商标“东方美”(使用商品:“化妆品”等),申请商标“东方美皇”(使用商品:“洗发液”等)。

東方美　　东方美皇

(2)“金色”“银色”或“金”“银”等字词在商标中起修饰作用,如两商标的显著部分文字相同,判定为近似商标。例如,已注册商标“GOLDEN ORCHID 赛金花”(使用商品:“洗发液”等),申请商标“ORCHID 奥琪黛”(使用商品:“化妆品”等)。“GOLDEN”译为“金色的”,在商标中起修饰作用,两商标英文的显著部分文字相同,判定为近似商标。

赛金花 Golden Orchid　　ORCHID 奥琪黛

(3)已注册商标“润发”(使用商品:“洗发香波”等),申请商标“金润发”(使用商品:“香皂”等)。两商标的显著部分都为“润发”,“金”字在商标中起修饰作用,判定为近似商标。

润发　　金润发

(4)“大”“小”“倍”等字词在商标中起修饰作用,如两商标的显著部分文字相同,判定为近似商标。例如,已注册商标“大京九”(使用商品:“洗涤剂”等),申请商标“京九”(使用商品:“香皂”等)。两商标的显著部分都为“京九”,“大”字在商标中起修饰作用,判定为近似商标。

大京九　　京九

已注册商标“安爽”(使用商品:“浴液”等),申请商标“倍安爽”(使用商品:“化妆品”等)。两商标的显著部分都为“安爽”,“倍”字在商标中起修饰作用,判定为近似商标。

安爽　　倍安爽

(5)“特”“儿”“尔”等字词是商标中显著性较弱的文字,如两商标的显著部分文字相同,商标所表述的含义基本相同,或商标虽无含义但易使消费者对商品来源产生混淆,判定为近似商标。例如,已注册商标“香雪”(使用商品:“洗发香波”等),申请商标“香雪儿”(使用商品:“香水”等)。两商标的显著部分都为“香雪”,“儿”字属显著性较弱的文字,判定为近似商标。

香雪　　香雪儿

已注册商标“芳娜”(使用商品:“美容霜”等),申请商标“芳特娜”(使用商品:“化妆品”等)。

芳娜　　芳特娜

11. 商标与他人在先具有一定知名度或者显著性较强的文字商标是包含或

被包含,易使相关公众认为属于系列商标而对商品或者服务的来源产生误认的,判定为近似商标。例如,已注册商标“雅诗兰黛”(使用商品:“洗发液”等),申请商标“雅诗兰”(使用商品:“化妆品”等)。申请商标在“化妆品”等商品上与雅诗兰黛有限公司在类似商品上已注册的“雅诗兰黛”商标仅一字之差,易使相关公众认为属于同一申请人的系列商标而对商品或者服务的来源产生误认。

雅詩蘭黛　　雅诗兰

第二章　茶叶商标的注册申请

为了使申请人对《商标法》有进一步的了解，提高茶叶商标注册申请的成功率，减少申请人因申请失败而影响其商业计划的实施，有必要根据茶类商品所具有的特点，对《商标法》有关茶叶商标注册的规定进行解读。

第一节　《商标法》第10条规定的情况

根据《商标法》第10条第1款第7～8项的规定，如果商标由商品名称构成，且该商品可作为茶产品的原料，则这类商标一方面易使消费者对使用申请商标的商品产生误认，从而误导消费者的购买行为，违反了《商标法》第10条第7项的规定；另一方面也可能直接表示了所申请商标指定使用商品的原料，违反了《商标法》第11条第2项的规定，这类商标很难获准注册。

例如，申请商标“苦芹”（使用商品：茶、茶叶代用品等），“苦芹”是旱芹的一种，具有药用价值，用在“茶、茶叶代用品”等商品上有可能使消费者误认为包装袋中的商品是“苦芹”，从而误导消费者的购买行为；另外，直接表示了指定使用商品的原料为“苦芹”，以商品的原料名称作为商标注册缺乏显著特征，不具备商标识别作用。

以带有政治色彩的文字做商标易产生不良影响，一般不予注册，违反了《商标法》第10条第8项的规定。例如，申请商标“滇西抗战”（使用商品：

茶、茶饮料等),该商标是反映云南西部地区抗战的宣传语,具有明显的政治色彩。

滇西抗战

根据《商标法》第10条第2款规定的情况,对于县级以上行政区划的地名或者公众知晓的外国地名,不得作为商标。但已经注册的使用地名的商标继续有效。例如,申请商标“秦都”(使用商品:“茶饮料”等),“秦都”为陕西咸阳市一区名,在《辞海》中没有解释,虽然在先已注册9件,但作为行政区划地名的含义较强,违反县级以上行政区划的地名不得作为商标使用的规定。

秦都

对于含有县级以上行政区划的地名或者公众知晓的外国地名的标识,也不得作为商标。例如,申请商标“金色米脂”(使用商品:“茶饮料”等),“米脂”是陕西省的一个县名,而“金色米脂”商标显著部分仍然是“米脂”,违反县级以上行政区划的地名不得作为商标使用的规定。

金色米脂

如果地名具有其他含义或者作为集体商标、证明商标组成部分的,可以作为商标注册和使用。例如,申请商标“民丰”(使用商品:“茶叶”等),“民丰”是新疆维吾尔自治区的一个县名,但具有行政区划之外的其他含义,可以作为商标注册和使用。

民丰

申请商标“六安瓜片”(使用商品:“茶叶”),“六安”是安徽六安市的名称,但该商标由当地茶叶协会申请注册为证明商标,故可以作为商标注册和使用。

六安

瓜片

第二节 《商标法》第11条规定的情况

一、商标直接表示了茶叶商品的质量、主要原料、功能、用途、重量、数量及其他特点

(一)茶叶的主要原料

申请商标“三根茶”(使用商品:“茶饮料”等),“三根茶”由“老茶树根、榆树根、茜草根各30克”组成,具有活血、清热、降压的功能。因此该商标直接表示了本商品的原料特点,缺乏显著特征,不具备商标识别作用(“三根茶”记载于《茶的保健功能与药用便方》)。

三根茶

(二)茶叶的功能、用途

申请商标“清滞”(使用商品:“冰茶”等),“清滞”有“清淤化滞”之意,用于指定使用商品上直接描述了本商品的功能特点(如其不具有“清淤化滞”的功能,则易使消费者误认为指定使用商品具有该功能,误导消费者的购买行为,违反了《商标法》第10条第8项的规定)。

清滞

(三)茶叶的采摘的时间

申请商标“春分早”“谷雨春”(使用商品:“茶叶”等),该商标用于指定使用商品上时可读作“春分早茶”“谷雨春茶”,以节气作为商标直接表示了本商品的采摘时间等特点,缺乏显著特征,不具备商标识别作用。

春分早　　谷雨春

二、缺乏显著特征

(一)茶的品种名称构成的商标

申请商标“茶米茶”(使用商品:“茶叶”等),“米茶”是茶的品种名称,以

“茶米茶”作为指定使用商品的商标,缺乏商标应具备的显著性(“米茶”产于湖南省郴州的五盖山,因茶重实似米,相传“一升茶有一升米重”,故有“米茶”之称)。

茶米茶

申请商标“明前”(使用商品:“茶、冰茶”等),因“西湖龙井”分为明前茶(又称“莲心”)、雨前茶(又称二春茶,“旗枪”)、三春茶(又称“雀舌”)、四春茶(又称“梗片”)几个品种,该商标作为茶叶的品种名称缺乏商标应具备的显著性。

明前

(二)茶的饮用方式等特点

申请商标“茶功夫”(使用商品:“茶、茶饮料”等),该商标易使消费者认为指定商品属于“功夫茶”,《官话汇解便览》中“功夫茶”是指好茶叶,1979 年版《辞源》中“功夫茶”是指广东潮州地方品茶的一种风尚,该商标直接表示了指定使用商品的饮用特点等,不具备商标识别作用。

茶功夫

三、不违反《商标法》第 11 条规定的情况

以下情况不违反《商标法》第 11 条:

(一)从《商标法》中可以部分放弃专用权的相关规定来看,商标中含有的本商品的通用名称、图形、型号,或者直接表示商品的质量、主要原料、功能、用途、重量、数量及其他特点,或者含有地名,注册商标专用权人无权禁止他人正当使用前述文字。所以由显著性的文字与茶叶的品种名称或描述其他特点的文字组合而成的商标,如整体具有显著性,且无已注册或在先申请的近似商标,可以予以初步审定。

申请商标“顶山玉露”(使用商品:“茶、冰茶”等),虽然“玉露”是茶叶的品种名称,但该商标中的“顶山”具有显著特征,经查没有与“顶山”近似的已注册或在先申请的商标,故该商标已获准注册。

申请商标“皇家悠韵 午后红茶及图”商标(使用商品:“茶”等),“午后红茶”虽然不具有显著性,但该商标中的“皇家悠韵及图”具有显著性,因此,该商标能起到识别商品产源的作用。

(二)并未直接描述指定使用商品的特点的标示

申请商标“饮想”商标(使用商品:“茶、冰茶、茶饮料”),该商标并未直接描述指定使用商品的特点,因此,该商标具有显著特征,能起到识别商品产源的作用。

第三节 近似商标的问题

一、商标文字中含有销售场所的标志的审查

茶类产品的销售、制作、服务等场所往往习惯将字号与“堂”“居”“厅”“斋”等一起使用。因此,当消费者看到某“××”标志时,易将其与“××堂”“××居”“××厅”“××斋”等视为同一所有人的商标。例如,消费者看到“尧舜”和“尧舜堂”商标时,易认为这是同一申请人的系列品牌。此类带有销售、制作、服务等场所的商标在茶类商品上一般与不带“堂”“居”“厅”“斋”等的商标互判为近似商标。

例如,已注册商标“尧舜”(使用商品:“茶”),申请商标“尧舜堂”(使用商品:“茶叶”)。两商标指定使用的商品属于类似商品,且两商标文字的主体相

同,整体差异较小,易使消费者认为是同一申请人的系列品牌,混淆产品来源,属于近似商标。

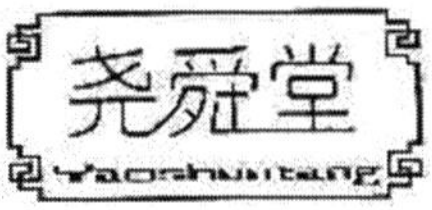

注意:“××堂”“××居”“××厅”“××斋”等之间也互判近似。因为这类字号相同的商标,易使消费者认为是同一申请人的系列品牌。例如,已注册商标“知味斋”(使用商品:“茶”),申请商标“知味居”(使用商品:“茶叶”),两商标指定使用的商品属于类似商品,且两商标文字的主体相同,整体差异较小,易造成消费者混淆产源,属于近似商标。

二、商标文字中含有修饰性字词的标志的审查

茶叶分为绿茶、红茶、花茶、春茶等品种,指定使用商品为茶类产品的商标如含“绿、红、花、春”等文字时与不含此类文字的商标判近似。

(一)以“红”“绿”等字作修饰的商标

已注册商标“天地”(使用商品:“茶”),申请商标“天地红”(使用商品:“茶叶”)。当两商标用于“茶叶”商品的包装上,分别为“天地茶”和“天地红茶”,“天地红茶”的主体为“天地”,该商标给消费者的印象是“天地”牌的“红茶”。因此,申请商标与已注册商标的显著部分文字相同,整体差异较小,易使消费者混淆产源,属于近似商标。

已注册商标“巴山”(使用商品:“茶”),申请商标“巴山绿”(使用商品:“茶叶”)。两商标用于“茶叶”商品的包装上为“巴山茶”和“巴山绿茶”,“巴山绿茶”的主体为“巴山”,该商标给消费者的印象是“巴山”牌的“绿茶”。因此,申请商标与已注册商标的显著部分文字相同,整体差异较小,易导致消费者混淆产源,属于近似商标。

（二）以茶产品的采摘季节作修饰的商标

依据季节变化和茶树新梢生长的间歇将茶叶分为“春茶、夏茶与秋茶”。申请人在申请茶类产品的商标时常在商标中带个“春”字，因含有该文字的商标与不含该文字的商标没有实质上的差别，仍然会使消费者混淆其产源，所以上述商标互判为近似。

例如，已注册商标“回龙春”（使用商品：“茶”），申请商标“回龙”（使用商品：“茶叶”）。两商标用于“茶叶”商品的包装上为“回龙春茶”和“回龙茶”，“回龙春茶”的主体为“回龙”，该商标给消费者的印象是“回龙”牌的“春茶”。因此，申请商标与已注册商标的文字相同，整体差异较小，易使消费者混淆产源，属于近似商标。

已注册商标“金芳”（使用商品：“茶”），申请商标“金芳春茶”（使用商品：“茶叶”）。两商标用于“茶叶”商品的包装上为“金芳茶”和“金芳春茶”，“金芳春茶”的主体为“金芳”，该商标给消费者的印象是“金芳”牌的“春茶”。因此，申请商标的文字与已注册商标的文字相同，整体差异较小，易导致消费者混淆产源，属于近似商标。

三、茶产品的品质作修饰的商标

有些茶类产品因其品质较好曾作为贡品（贡品隐含之意为质量上乘的产品），所以，申请人在申请茶类产品的商标时常在商标中带个“贡”字。因含有该文字的商标与不含该文字的商标没有实质上的差别，仍然会使消费者混淆其产源，所以上述商标互判为近似。

例如,已注册商标“皇家”(使用商品:“茶”),申请商标“皇家贡绿”(使用商品:“茶叶”)。两商标用于“茶叶”商品的包装上为“皇家茶”和“皇家贡绿茶”,“皇家贡绿茶”的主体为“皇家”,该商标给消费者的印象是“皇家”牌的“贡绿茶”。因此,申请商标与已注册商标的文字相同,整体差异较小,易造成消费者混淆产源,属于近似商标。

四、由具有显著特征的标识与直接表示茶叶的其他特点的标识构成的商标与该具有显著特征的标识近似

已注册商标“蒙顶”(使用商品:“茶叶”),申请商标“蒙顶香雾”(使用商品:“茶”)。蒙顶茶是四川蒙山各类名茶总称。“香雾”常形容沏茶时茶散发的香味和水蒸汽,因此“蒙顶香雾”中的“蒙顶”是显著部分,与已注册的商标构成近似(“蒙顶”于1982年注册,2001年修订的《商标法》规定:本法施行前已注册的商标继续有效)。

五、一个汉字与两个汉字的近似

已注册商标“健”(使用商品:“茶叶”),申请商标“茶健”(使用商品:“茶叶”等)。按我国汉字的读写习惯,“茶健”从右向左可读为“健茶”。申请商标的显著部分为“健”,与已注册商标的文字相同,整体差异较小,易使消费者混淆产源,属于近似商标。

六、两商标文字排序相反,可判为近似

已注册商标“茶佬”(使用商品:“茶叶”),申请商标“佬人茶”(使用商品:“茶叶代用品”等)。“佬人茶”商标中“人”字已图形化,该商标文字部分可看作

“佬茶”,我国汉字有从右向左的读写习惯,申请商标可读为“茶佬”,与已注册的商标构成近似商标。

七、图形近似的情况

已注册商标“活力方舟及图”(使用商品:“茶叶”),申请商标“香洌及图”(使用商品:“茶、茶饮料”等)。申请商标的图形与已注册的图形视觉差异较小,易使消费者混淆产源,构成近似商标。

八、不近似商标的情况

已注册商标“图形”(使用商品:“茶叶”),申请商标“无影及图”商标(使用商品:“茶饮料”等)。申请商标中的图形部分与已注册商标虽然存在近似之处,但已注册商标仅由图形构成,申请商标由文字和图形构成,且文字是商标的显著部分,两商标整体差异显著,能起到识别商品产源的作用,可不判为近似商标。

已注册商标“DOHLA 及图”(使用商品:“茶叶”),申请商标“菲得美及图”商标(使用商品:“茶饮料”等)。申请商标的图形部分与在先商标的图形的左半部分尽管存在一定的相似性,但从整体上看两商标的图形区别十分明显,且文字差异显著,不致使消费者混淆产品的来源,可不判为近似商标。

第四节　与其他类别的商品类似的情况

第30类02组中的“冰茶，茶饮料”与第32类02组中全部商品类似。因此，新申请商标的指定使用商品中含有“冰茶、茶饮料”时要与第32类02组的商品交叉审查。

例如，已注册商标“金风玉露”(使用商品：矿泉水)，申请商标“金风玉露”(使用商品：“茶、冰茶、茶饮料”)。申请人在第30类“茶、冰茶、茶饮料”等商品上申请“金风玉露”商标，但是已有其他申请人在第32类02组注册了“金风玉露”商标，因“冰茶、茶饮料”与第32类02组的商品类似，两商标构成近似商标。

金风玉露　　　金风玉露

第三章　药品商标的注册申请

中国医药行业的三大领域——化学药、中药、生物药的市场发展非常迅速。2011～2018年,我国药品终端销售市场规模高速增长,由2011年的8097亿元迅速增长至2018年的17,131亿元,年复合增长率达到11.30%。近十年我国医药行业取得了显著的进步,并正处于快速发展的阶段,未来我国医药行业的市场空间广阔。2018年全球医药总支出规模达到了1.2万亿美元,到2019年接近1.3万亿美元,全球增幅为4%～5%。预计至2023年,市场仍将保持5%左右的增长水平,全球医药总支出规模将超过1.5万亿美元。

由于市场前景较好,大量的资金投入到药品的研发中,每年都有新药上市,所以,药品商标的注册与保护社会关注度较高。药品的原料、成分很多都与日常生活关联密切,产品名称及商标设计习惯上常含有这些元素或者描述功能、用途的字样,可能会弱化药品商标的显著性,也会增加"药品商标"注册的难度。

药品商标审查非常严格,注册难度较大,因此,企业在注册前一定要做好前期准备工作,与知识产权领域专业的从业人士充分沟通,做好商标的设计,提前规划和确认商标指定使用的商品或服务项目,避免因商标注册出问题影响产品的销售计划。我们将介绍一些专业知识和典型案例来帮助大家对药品商标的注册特点有一个基本的认知。

第一节　注册药品商标需要了解与药品名称有关的知识

"药品"属于商标注册用《区分表》中所列的第5类商品,第5类01组人用药品涉及药理学、化学和商品学等多个学科。因人用药、农药与广大消费者的身体健康和日常生活息息相关,所以对药品商标的审查非常慎重。《中国药品通用名称命名原则》规定,应避免采用可能给患者以暗示的有关药理学、解剖学、生理学、病理学或治疗学的药品名称。为了避免误导消费者造成市场混淆,在人用药品商标的审查中对涉及人体解剖部位病理名称和疗效的词汇,一般不予注册。此外,一般情况下暗示性的表示药品功能、用途等特点的词汇也不能作为商标注册。

药品商标的注册过程中,会遇到药品的通用名称、药品的商品名和药品的商标名称这三个概念。三者之间既有联系也有区别。

药品的通用名称,指列入国家药品标准的药品名称,又称为国际非专有名称。根据《药品监督法》第32条的规定,国务院药品监督管理部门颁布的《中华人民共和国药典》和药品标准为国家药品标准。此外,世界卫生组织编订的国际非专利药名(INN)及其定期向成员国颁布的药品通用名称为法定药品名称,也列为药品通用名称。

药品的商品名,是指药品生产企业独创的、专用的用于区别不同药品生产企业或相同的药品生产企业、不同的药品名称或相同药品不同剂型的一种名称,报经国家药品监督管理局审批通过后,即为该药品的商品名。药品生产企业可以将其药品的商品名用于商标申请注册,符合《商标法》相关规定的,可以取得商标专用权。使该商品名称受到《商标法》和《药品监督法》的双重保护。例如,芬必得为布洛芬缓释胶囊的商品名,也是商标名称。

药品的商标名称,是指在商标主管部门注册的指定使用于具体的药品上的文字商标。

药品的通用名称(包括INN)及其专用词干的英文及中文译名均不得作为商品名或用于组成商品名,也不得用于商标注册。有关专用词干不得用作商标的规定,是为了与中国药品通用名称、命名原则的相应规定保持一致。识别药品的通用名称专用词干的英文及中文译名需很专业的医学知识。

第二节 与药品行业有关的商品和服务项目

药品生产企业需要了解哪些商品和服务项目与药品的生产和销售有关,提前规划在相关的商品和服务项目上注册商标，以便有计划地落实销售工作，避免出现相关的销售工作已经开始，而商标却未能注册下来的情况，给企业带来难以估量的损失。

1. 第1类商品中具体有：制药工业用保存剂，制药用茶提取物，制药用抗氧化剂，制药用维生素等（中药药物在加工生产中使用的化学制剂——非药物成分，包括溶剂、赋形剂、保存制剂等）。

2. 第5类商品主要包括：药品，医用和兽医用制剂，医用卫生制剂，医用或兽医用营养食物和物质，人用和动物用膳食补充剂，膏药，消灭有害动物制剂，杀真菌剂，除锈剂等。中国市场销售量较大的"保健品"和"非医用营养品"在尼斯分类中是没有的，只有医用营养品、人用膳食补充剂。所以只能以"医用营养食物""医用营养饮料""医用营养品""营养补充剂""灵芝孢子粉膳食补充剂"等形式在第5类02组申报。"药用灵芝孢子粉"则只能放在第5类01组。

中药方面则包括：中药材、中药成药等。

例如，与鹿相关的中医药成药产品在商品名称上加注"中药成药"，如鹿胎膏（中药成药）、鹿骨胶（中药成药）；属于药材的，应在商品名称上加注"药用"或"中药材"，如药用鹿茸、鹿角帽粉（中药材）。

虽为食品但经炮制后成为药材的，应以炮制后的成品名称加注"药用"或"中药材"，如药用鹿骨、鹿胎粉（中药材）。

3. 第31类商品主要包括：植物，藤本植物，芦荟（植物）等（这些都是没有经过任何药用目的处理的植物）。

4. 与艾灸有关的中医药商品/服务涉及以下类别：第5类：已加工为可直接用于艾灸的艾卷和艾条；第10类：艾灸治疗用医疗器械和艾灸器；第31类：新鲜植物艾草；第44类：艾灸治疗服务。

5. 第35类服务主要包括：进出口代理；替他人推销；药用、兽医用、卫生用制剂和医疗用品的零售服务；药用、兽医用、卫生用制剂和医疗用品的批发服务；药品零售或批发服务；药用制剂零售或批发服务；卫生制剂零售或批发服务；医疗用品零售或批发服务；兽药零售或批发服务；兽医用制剂零售或批发服务。

6. 第44类服务主要包括：

第44类01组服务项目有：医疗诊所服务；医疗按摩；康复中心；医院；医疗

保健;医疗辅助;理疗;医疗护理;配药咨询;整形外科;头发移植等。

第44类02组服务项目有:美容服务;按摩;美容院;美容护理服务;美容护理服务;身体美容护理服务;头发护理服务;足部按摩服务;足部美容护理等。

第三节　关于药品商标设计时需要回避的法条规定的情形

一、违反《商标法》第10条第1款第7项

违反《商标法》第10条第1款第7项的情形如下:

1. 商标中含有有关药理学、解剖学、生理学、病理学或治疗学等词汇,如心、肝、脾、肺、肾、头、脑、手、足、口、肤、感、热、咳、喘、痔等,以及人体部位的写实图,即使有显著部分,一般也会依据《商标法》第10条第1款第7项予以驳回。

申请商标"万特肺灵"(使用商品:兽医用制剂;兽医用药等)。因商标中含有"肺"字,作为商标使用在"兽医用制剂;兽医用药"等商品上易使相关消费者对商品的功能、疗效等特点产生误认,构成《商标法》第10条第1款第7项所指的不得作为商标注册和使用的情形。

万特肺灵

申请商标"消骨增灵"(使用商品:"医用营养食物;医用营养饮料")。"骨"是人体组成部分,该标识中含有"骨"字,可能会使消费者误认为是"治疗与骨骼有关疾患的药",从而引导药品购买行为,影响用药安全,不得作为商标注册。

消骨增灵

申请商标"会长"商标,(使用商品:"人用药"等)。该商标的文字有"会长高"的含义,使用在"人用药"等商品上,易使相关公众误认为指定使用的商品对人体的生长发育具有特别功效,从而引导药品购买行为,不得作为商标注册。

会长

2. 商标中含有的文字与表示人体部位的、疾病名称、功能用途等的文字读音相同或字形近似的，一般也会依据《商标法》第 10 条第 1 款第 7 项予以驳回。

申请商标“咡晕灵”（使用商品：“医药制剂；人用药”等）。申请商标与“耳晕灵”读音相同，且文字高度近似，该商标使用在指定商品上，易使相关公众误认为指定使用的商品可以用于治疗耳石症造成的眩晕。

咡晕灵

申请商标“卫唐灵”（使用商品：“人用药；净化剂；营养补充剂”）。申请商标与“卫糖灵”读音相同，且文字高度近似，文字有保卫血糖正常的含义，商标使用在指定商品上易使相关公众误认为与血糖的治疗有联系，从而导致相关公众误购。

卫唐灵

3. 商标中含有的文字与商品使用对象的文字读音相同或字形近似的，一般也会依据《商标法》第 10 条第 1 款第 7 项予以驳回。

申请商标“宠伤灵”（使用商品：“医用药物；医用或兽医用微生物制剂”等）。“宠伤灵”易使相关公众误认为只要宠物受伤就可以起到治疗作用，使用在指定商品上易引起相关公众对商品使用对象和疗效的误认，不得作为商标注册。

宠伤灵

申请商标“迈虫杀”（使用商品：“补药，疫苗”等）。该商标易使相关公众对指定使用商品的功能用途等产生误认。

迈虫杀

4. 商标中含有的文字可能是指定使用商品的成分和原料，一般也会依据《商标法》第 10 条第 1 款第 7 项予以驳回。

申请商标“雪虫藏草”（使用商品：“片剂、医用营养食物”等），“雪虫藏草”指定使用在“片剂，医用营养食物”等商品上，易使消费者对商品的成分和原料等特点产生误认，不得作为商标注册。

雪虫藏草

5. 商标中含有其他容易引起误认的文字。

申请商标“苗藏”（使用商品：“贴剂；人用药”等）。“苗药”“藏药”是我国传统医药的组成部分，“苗藏”作为商标用于“贴剂、人用药”等商品上易使相关公众误认为指定商品的成分是“苗药”“藏药”。

苗藏
MIAOZANG

申请商标“帝后贡品”（使用商品：“医用灵芝胶囊”等）。该商标易使相关公众误认为指定使用商品曾是某个封建王朝的皇家用品，从而对指定使用商品的品质产生错误的判断。

帝后贡品

二、违反《商标法》第10条第1款第8项

违反《商标法》第10条第1款第8项的情形如下：

1. 以政治人物或特定历史时期的人物作为商标，具有不良政治影响的难以注册。

申请商标“铁托”商标（使用商品：“杀害虫剂”等）。铁托是前南斯拉夫国家领导人，用作商标具有不良政治影响。

铁托

申请商标“葛尔丹”（使用商品：“人用药”）。

“噶尔丹”是准噶尔部首领，也先的后裔，因积极扩张控制区域与清王朝发生战争，后战败死于科布多。“葛尔丹”与“噶尔丹”近似，用作商标具有不良社会影响。

葛尔丹

申请商标“钟院士”（使用商品：“卫生消毒剂”等）。“钟南山”是中国工程院院士，防治“非典型肺炎”的专家，以“钟院士”作商标使用在指定商品上，易

产生不良的社会影响。

钟院士

申请商标“木子美”(使用商品:“人用药”等)。“木子美”由于其具有争议的言行在互联网及社会上引起广泛关注和争论,以其姓名作为商标易产生不良影响。

木子美

2. 体现历史上特定事件的词、时间或事物,用作商标具有不良社会影响。

申请商标“731”(使用商品:“卫生消毒剂”等)。“731”为侵华日军特种部队的番号,作为商标易产生不良影响。

申请商标“果子狸”商标,指定使用在“人用药”等商品上。“果子狸”曾被有关专家怀疑是“非典”病毒的载体,以“果子狸”作为商标使用在指定商品上,易产生不良的社会影响。

果子狸

申请商标“神八”(使用商品:“人用药”等)。“神舟”系列飞船是我国载人航天飞船的名称,如“神五”“神六”分别是“神舟五号”“神舟六号”的简称,按照我国载人航天计划,还将陆续发射“神七”“神八”“神九”等系列飞船,所以“神八”由非特定申请人申请注册容易产生不良影响。

神八

3. 易使消费者误认为指定使用商品与有关机构有联系。

申请商标“中检”(使用商品:“人用药”等)。该商标易导致消费者误认为“中国药品生物制品检定所”,具有不良影响。

中检

4. 与宗教有关的标志。

申请商标"桥王庙"(使用商品:"药茶、人用药"等)。商标局认为"庙"为宗教场所名称,用作商标易产生不良的社会影响,因而难以获准注册。申请人不服商标局的驳回理由,向商标复审委员会申请复审。申请复审的主要理由:"庙"并不是唯一指向宗教场所,在相同或类似商品上也有与申请商标存在类似情形的商标获准注册,则申请商标应予以初步审定。申请人向商评委提交了以下主要证据:雷山县民政局出具的桥王庙为地名的证据。商评委审理后认为申请商标中"庙"为宗教场所名称,指定使用在"药茶、人用药"等商品上易产生不良社会影响,已构成《商标法》第10条第1款第8项所指之情形。

桥王庙

5. 其他容易造成不良的社会影响的词。

申请商标"川府冠军"(使用商品:"兽医用药"等)。该商标易使人联想到使用商品在所述地区内的排名,该商标夸大宣传商品的质量特点。

川府冠军

申请商标"药神"(使用商品:"杀害虫剂"等)。该商标从右向左读为"神药",该商标夸大宣传并带有欺骗性。

药神

申请商标"百年药师"(使用商品:"人用药"等)。该文字指定使用于医药商品,易使消费者联想到商品的质量特点,从而引导消费,影响用药安全,造成不良社会影响。

百年药师

6. 不属于《商标法》第10条第1款第8项禁止的情况。

申请商标"B 什"(使用商品:"人用药"等)。该商标与"布什"差异较大,无不良影响,可予以初步审定。

B 什

三、违反《商标法》第10条第2款

(一)违反《商标法》第10条第2款的情形

县级以上行政区划的地名或公众知晓的外国地名,不得作为商标。

申请商标“金沙萨”(使用商品:“人用药”等)。“金沙萨”是刚果民主共和国的首都,也是刚果最大的城市和河港。该地名为公众知晓,不能作为商标申请注册。

金沙萨

申请商标“SEOUL PHARMA”(使用商品:“药物胶囊”等)。“SEOUL”译为“汉城”,是韩国的首都,不能作为商标申请注册。

SEOUL PHARMA

申请商标“都灵”(使用商品:“杀害虫剂”等)。“都灵”为公众知晓的意大利地名,且不具备其他含义,不能作为商标申请注册。

都灵

申请商标“玉州”(使用商品:“人用药”等)。“玉州”为广西玉林市一区名,是县级以上行政区划的地名,不具有其他含义,不能作为商标申请注册。

玉 州

申请商标“新平”(使用商品:“人用药”等)。“新平”是云南省一个县级行政区划的地名,不具有其他含义,不能作为商标申请注册。

新平

申请商标“抚宁”(使用商品:“人用药”等)。“抚宁”是河北省一个县级行政区划的地名,不具有其他含义,不能作为商标申请注册。

抚宁

申请商标“廉江”(使用商品:“人用药”等)。“廉江”为广东廉江市名,是县级以上行政区划的地名,不具有其他含义,不能作为商标申请注册。

申请商标“银州”(使用商品:“人用药”等)。“银州”为辽宁铁岭市一区名,虽然已有4件“银州”商标注册,但作为行政区划地名的含义较强,不能作为商标申请注册。

银州

申请商标“乌马河”(使用商品:“人用药”等)。“乌马河”是黑龙江省的一个县级以上行政区划名称,没有其他含义,不能作为商标申请注册。

WU MA HE
乌马河

(二)不违反《商标法》第10条第2款的情形

地名具有其他含义或者作为集体商标、证明商标组成部分的,可作为商标使用。

申请商标“FRIESLAND FOODS”,指定使用在第5类、第29类、第30类的“用于医疗用途的营养食品以及康复食品;婴儿食品”“腌制的、干制的水果及蔬菜”“巧克力饮料”等商品上。“FRIESLAND”为荷兰弗里斯兰省的名称,但该地名不为公众知晓,可以作为商标申请注册。

frieslandfoods

申请商标“绿园”(使用商品:“化学药物制剂;卫生消毒剂”等)。“绿园”是吉林省长春市一个区名,但该词有明显的其他含义,可以作为商标申请注册。

绿园

申请商标“兴和”(使用商品:“医药制剂;药油”等)。“兴和”是内蒙古一个县级行政区划的地名,但该词有明显的其他含义,可以作为商标申请注册。

興和

申请商标“福泉 FUQUANDE”(使用商品:“兽医用药;医用饲料添加剂”等)。“福泉”是贵州黔南布依族苗族自治州的县级行政区划,但该词有明显的有第二含义,可以作为商标申请注册。

四、违反《商标法》第 11 条的情形

在药品商标中申请人常用表示指定使用商品的通用名称、原料、功能、用途等特点的标志作为商标申请,此类商标违反了《商标法》第 11 条的规定,无法获得注册。

1. 对于收录进药典、国家公布的药品通用名称,不得作为商标注册。

申请商标“息喘灵”(使用商品:“人用药”等)。该商标有治疗咳喘、哮喘之意,“息喘灵”是药品的通用名(记载于《中国药品商品名手册》),且该商标直接表示了本商品的功能、用途等特点,用作商标缺乏显著特征,不具备商标的识别作用。

息喘灵

2. 表示药品的原料、功能、用途等特点的词汇或者表示前述特点的同音词,用作商标都缺乏显著特征,不具备商标的识别作用。

申请商标“咳感停”(使用商品:“人用药”等)。该商标说明指定使用的商品是治疗咳嗽、感冒等病的药,直接表示了本商品的功能、用途等特点,用作商标缺乏显著特征,不具备商标的识别作用。

咳感停

申请商标“肖炎灵”(使用商品:“人用药”等)。该商标说明指定使用的商品是用于消除炎症的药,该商标直接表示了本商品的功能、用途等特点,用作商标缺乏显著特征,不具备商标的识别作用。

肖炎灵

申请商标“接骨”（使用商品：“中药成药”等）。该商标说明指定使用的商品是用于接骨的药，该商标直接表示了本商品的功能、用途等特点，不得作为商标注册。

接骨

申请商标“药魁品”（使用商品：“化学药物制剂”等）。《现代汉语词典》中“魁”字的第一含义为“为首的、局第一位的”。“药魁品”用于药品上直接表示了商品的品质特点，不得作为商标注册。

药魁品

申请商标“一元良品”（使用商品：“人用药”等）。该商标容易被消费者理解为表示价格为“一元”的“优良品质的商品”，用作商标不具有区别商品来源的显著特征，不得作为商标注册。

一元良品

申请商标“上乘”（使用商品：“人用药”等）。“上乘”是佛教用语，就是“大乘”，一般可指文学艺术的高妙境界，也泛指事物质量好或水平高。该商标直接表示了商品的质量，不得作为商标注册。

上乘

申请商标“图形”［使用商品：“以碳为主要成分的除臭剂（非个人用）、纱布”等］。该商标文字中文含义为“和纸炭”，仅仅直接表示了本商品的材料特点，不得作为商标注册。

申请商标“蝎子夫人及图”（使用商品：“人用药”等）。“蝎子”是一种常用中药材，“蝎子夫人”易使相关公众联想到药品的原料，用作商标缺乏显著特征，不具备商标的识别作用，不得作为商标注册。

申请商标“桑拿爽”（使用商品：“杀害虫剂、卫生消毒剂”等）。该文字指定使用于“碘酒、卫生消毒剂、医用油、医用油脂、阴道清洗液”商品，仅仅直接表示

了本商品的用途特点,不得作为商标注册。

桑拿爽

申请商标“雾化”(使用商品:“医用无烟草香烟、婴儿奶粉”等)。该文字仅仅直接表示了本商品的使用方法,用作商标缺乏显著特征,不具备商标的识别作用。

雾化

申请商标“孕先知”(使用商品:“怀孕诊断用化学制剂”等)。该商标直接表示了商品的功能特点,易使消费者联想到该商品是“用于怀孕检查的药品或制剂”,仅仅直接表示了本商品的用途特点,不得作为商标注册。

孕先知

申请商标“韵检”(使用商品:“怀孕诊断用化学制剂”等)。该商标利用谐音文字暗示商品功能,易使消费者商标指定使用商品是“用于怀孕检查的药品或制剂”,从而引导消费行为,不得作为商标注册。

韵检

申请商标“高个子”(使用商品:“片剂”等)。该商标易使相关公众联想到商品有促进长高的作用,直接表示商品功能特点用作商标缺乏显著特征。

高个子

申请商标“熬夜乐”(使用商品:“药酒”等)。该商标直接表示指定使用商品的功能特点,用作商标缺乏显著特征,不具备商标的识别作用,不得作为商标注册。

熬夜乐

申请商标“颠康”(使用商品:“各种针剂”等)。“颠”同“癫”,用作商标直接表示了指定使用商品的功能特点,从而引导相关公众的购买行为,用作商标缺乏显著特征,不具备商标的识别作用。

颠　康

3. 含有人体部位和说明药品疗效的商标,直接表示了本商品的使用对象等特点,用作商标缺乏显著特征,不具备商标的识别作用。

申请商标“健儿宝”(使用商品:“医药制剂”等)。该商标说明指定使用的商品是有利于儿童健康的药,该商标直接表示了本商品的使用对象等特点,用作商标缺乏显著特征,不具备商标的识别作用。

健儿宝

申请商标“生态宝宝舒”(使用商品:“医用药物”等)。“宝宝”指婴儿。该商标指定使用于所申报商品,仅仅直接表示了本商品的使用对象特点,作为商标缺乏显著特征,不得作为商标注册。

生态宝宝舒

4. 日常用语,用作商标缺乏显著特征

申请商标“不服不行”(使用商品:“人用药”等)。

该商标属于普通日常用语,用作商标缺乏显著性,不具备商标的识别作用,不得作为商标注册。

不服不行

5. 不违反《商标法》第 11 条规定的情况。

申请商标“小腰女”(使用商品:“人用药、减肥用药剂”)。该商标未直接表示商品的功能,也不妨碍他人的正常使用,可以作为商标注册和使用。

小腰女
xiaoyaonu

申请商标“通体活力”(使用商品:“原料药、药酒”等)。该商标并非常用广告用语,也未直接反映所指定商品特定,可以作为商标注册和使用。

通体活力

申请商标“口服心服”(使用商品:“原料药”等)。有含义的固定搭配词组,商标与表示商品的功能、用途的词语无关,可以作为商标注册和使用。

口服心服

申请商标“金枪鱼及图”(使用商品:“人用药”等)。一般不做药的原料,可以作为商标注册和使用。

申请商标“BAMBOO 及图”(使用商品:“人用药”等)。“BAMBOO”译为“竹子”,一般不做药的原料,可以作为商标注册和使用定。

申请商标“铁血柔情”(使用商品:“医用减肥茶”等)。有含义的固定搭配词组,可以作为商标注册和使用。

鐵血柔情

五、违反《商标法》第 30 条和第 31 条

违反《商标法》第 30 条和第 31 条的情形如下:

1. 药品商标的申请人习惯用“××堂”“××居”“××厅”等作为字号,如北京的“同仁堂”等。消费者如看到“同仁”牌的药品,往往会与“同仁堂”商标联系起来,易认为这是同一申请人的系列品牌。此类带有销售、制作、服务等场所的商标在药品商标上一般与不加“堂”“居”“厅”等的商标互判为近似商标,且含有“××堂”“××居”“××坊”等的商标之间也互判近似。

已注册商标“百草”(使用商品:“卫生巾”等)。已注册商标“百草堂”(使用商品:“人用药”等)。申请商标“百草厅”(使用商品:“人用药;卫生巾”等)。申请人在第 5 类“人用药;卫生巾”等商品上申请“百草厅”商标。因已有“百草”(使用商品:卫生巾)、“百草堂”(使用商品:人用药)商标注册,“百草厅”与“百草”“百草堂”指定使用的商品属于类似商品。“百草”、“百草堂”与“百草厅”整体差异细微,易造成消费者混淆产源,属于近似商标。

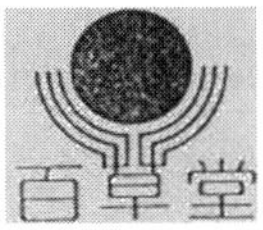

百草厅

2. 药品商标的申请人习惯用“××丹”“××剂”“××丸”“××膏”“××粉”“××素”“××散”等表示药品的形状特点的词作为商品名称,如“摩罗丹”等。消费者如看到“摩罗”牌的药品,往往会与“摩罗丹”商标联系起来,易认为这是同一申请人的系列品牌。此类带有药品的形状特点的商标在药品商标上一般与不加“××丹”“××剂”“××丸”“××膏”“××粉”“××素”“××散”等的商标互判为近似商标,且含有“××丹”“××剂”“××丸”“××膏”“××粉”“××素”“××散”等的商标之间也互判近似。

已注册商标“百消丹”(使用商品:“人用药”等)。申请商标“百消”(使用商品:“人用药;卫生巾”等)。申请人在第5类“消毒剂”等商品上申请“百消”商标,因已有“百消丹”商标注册,其指定使用的商品是“人用药”,因两商标指定使用的商品都在第5类01组,属于类似商品。两商标整体差异较小,易造成消费者混淆产源,属于近似商标。

百消丹　　百消

3. 药品商标的申请人习惯用“××灵”“××康”“××克”“××宁”“××特”等表示药品的功能等特点的词作为商标名称的一部分,如“百服宁”等。消费者如看到“百服”牌的药品,往往会与“百服宁”商标联系起来,易认为这是同一申请人的有关联的品牌。此类带有药品的功能等特点的商标在药品商标上一般与不加“××灵”“××康”“××克”“××宁”“××特”“××安”等的商标互判为近似商标,且“××灵”“××康”“××克”“××宁”“××特”等之间互判近似。

已注册商标“富士灵”(使用商品:“杀害虫剂”等)。申请商标“富士”(使用商品:“杀害虫剂”等)。申请人在第5类“杀害虫剂”等商品上申请“富士”商标,已有“富士灵”商标注册,其指定使用的商品也是“杀害虫剂”。两商标整体差异细微,易造成消费者混淆产源,属于近似商标。

富士灵　　富士

已注册商标“维乐”(使用商品:“杀害虫剂”等)。申请商标“维乐宁”(使用商品:“杀害虫剂”等)。申请人在第5类“人用药”等商品上申请“维乐宁”商标,已有“维乐”商标注册,其指定使用的商品是“保健药品”,两商标指定使用的商品属于类似商品。两商标整体差异较小,易造成消费者混淆产源,属于近似商标。

维乐　　维乐宁

已注册商标“天普洛安”(使用商品:“人用药”等)。申请商标“天普洛宁”(使用商品:“人用药”等)。申请人在第5类“人用药”等商品上申请“天普洛宁”商标,已有“天普洛安”商标注册,其指定使用的商品是“人用药”,两商标指定使用的商品属于类似商品。两商标整体差异较小,易造成消费者混淆产源,属于近似商标,所以“天普洛宁”商标被驳回。

天普洛安　　天普洛宁

已注册商标“打克灵”(使用商品:“农用药品”等)。申请商标“打克宁”(使用商品:“杀害虫剂”等)。申请人在第5类“杀害虫剂”等商品上申请“打克宁”商标,已有“打克灵”商标注册,其指定使用的商品是“农用药品”,两商标指定使用的商品属于类似商品。两商标整体差异较小,易造成消费者混淆产源,属于近似商标。

打克靈　　打克宁

4. 申请人申请药品商标时与已注册商标是同音字,且字数相同,如果两商标整体差异较小,互判为近似商标。

已注册商标“舒尔宁”(使用商品:“人用药”等)。申请商标“舒而宁”(使用商品:“中药成药”等)。申请人在第5类“中药成药”等商品上申请“舒而宁”商标,已有“舒尔宁”商标注册,其指定使用的商品是“人用药”,两商标指定使用的商品属于类似商品。两商标只有一字不同,且均无含义,读音相同,整体差异较小,易造成消费者混淆产源,属于近似商标。

舒尔宁　　舒而宁

已注册商标“赛福宁”(使用商品:“人用药”等)。申请商标“塞夫宁”(使用商品:“人用药”等)。申请人在第5类“人用药”等商品上申请“塞夫宁”商标,已有“赛福宁”商标注册,其指定使用的商品是“人用药”,两商标指定使用的商品属于类似商品。两商标虽然有两个字不同,但首字字形相似,读音相同,且均无含义,整体差异较小,易造成消费者混淆产源,属于近似商标。

赛福宁　　塞夫宁 SAIFUNING

已注册商标“贝服咛”(使用商品:“人用药”等)。申请商标“贝复宁”(使用商品:“药品”等)。申请人在第5类“人用药”等商品上申请“贝复宁”商标,已有“贝服咛”商标注册,其指定使用的商品是“药品”,两商标指定使用的商品属于类似商品。两商标只有一字不同,且均无含义,读音相同,整体差异较小,易造成消费者混淆产源,属于近似商标。

貝服咛　　贝复宁

5. 申请人申请药品商标时与已注册商标有一字不同,如果两商标整体差异较小,会判为近似商标。

已注册商标“贝诺舒宁”(使用商品:“中药成药”等)。申请商标“贝诺宁”(使用商品:“药品”等)。申请人在第5类“人用药”等商品上申请“贝诺宁”商标,已有“贝诺舒宁”商标注册,其指定使用的商品是“中药成药”,两商标指定使用的商品属于类似商品。两商标整体差异较小,易造成消费者混淆产源,属于近似商标。

贝诺舒宁　　贝诺宁

已注册商标“麦克通宁”(使用商品:“人用药”等)。申请商标“麦克夫宁”(使用商品:“人用药”等)。申请人在第5类“人用药”等商品上申请“麦克夫宁”商标,已有“麦克通宁”商标注册,其指定使用的商品是“人用药”等商品,两商标指定使用的商品属于类似商品。两商标整体差异细微,易造成消费者混淆产源,属于近似商标。

麦克通宁　　麦克夫宁

已注册商标“威尔”(使用商品:“人用药”等)。申请商标“威迩”(使用商品:“人用药”等)。该商标与成都通德药业有限公司在类似商品上已注册的

“威尔”商标近似。

威尔　　威迩

6. 虽然指定使用商品属于不同的类别，但部分商品属于类似商品，需要交叉检索。例如，第5类01组、02组的部分商品与第30类的05组的所有商品是类似商品。第5类01组的第一部分的第一和第二自然段（人用药除外）中的“维生素制剂，鱼肝油，补药，医用卵磷脂，药用蜂王浆，赖氨酸冲剂，赖氨酸盐酸盐，珍珠层粉，洋参冲剂，蜂王精，食用植物纤维（非营养性），食用植物纤维（非营养性的）”等；第5类02组的第二和第三自然段的“医用营养饮料，医用营养品，医用营养食物”等商品；第30类05组的商品有：“食品用糖蜜，蜂王浆，蜂蜜”等商品。

已注册商标“绿康”（使用商品：“医用营养饮料”等）。申请商标“绿尔康”（使用商品：“蜂王浆”等）。两商标整体差异较小，易造成消费者混淆产源，属于近似商标。

绿尔康 RaReken

7. 虽然构成商标的文字排序相反，但传统有从右向左读写的习惯，按中文的读写习惯仍会判为近似商标。

已注册商标“和兴”商标（非医用营养粉等）。申请商标“兴和”商标（指定使用：医用营养品等）。两商标近似，判定为近似商标，应予以驳回。

和兴　　興和

8. 申请商标虽然少一个字，但未改变词汇整体含义，会判为近似商标。

已注册商标“安之雅”（使用商品：“卫生巾”等）。已注册商标“安而雅”（使用商品：“非医用营养胶囊”等）。申请商标“安雅”（使用商品：“医用营养品、卫生巾”等）。该商标与在类似商品“卫生巾”上已注册的“安之雅”商标近似。与在类似商品“非医用营养胶囊”上已注册的第3596358号“安而雅”商标近似。

安之雅　　安而雅　　安雅

9. 与医药行业的历史知名人物的姓名部分相同的，会判为近似商标。

已注册商标“李时珍”（使用商品：“中成药”等）。

申请商标“时珍瑙通”(使用商品:“人用药”等)。

因“李时珍”与“时珍”有强烈的对应关系,普通消费者会认为两商标为系列品牌或两家生产企业为关联公司,从而影响消费者的购买行为,故两商标近似。

10. 中文与外文商标的常用含义相同,一般会判为近似商标。

已注册商标“FAMILY”(使用商品:“外科用纱布”等)。申请商标“家庭”(使用商品:“救急包”等)。申请商标与全家便利店有限公司在类似商品上已注册的第 1488617 号 FAMILY(译为“家庭”)商标近似。

11. 图形商标如整体外观接近,一般会判为近似商标。

已注册商标“图形”[使用商品:“卫生毛巾带(毛巾)、消灭有害动物制剂”等]。申请商标“图形”[使用商品:“卫生毛巾带(毛巾)”等]。

申请商标与浙江省轻工业品进出口公司在类似商品上已注册的第 515324 号“图形”商标近似[驳回在“卫生毛巾带(毛巾)、消灭有害动物制剂”上使用该商标的注册申请]。

六、农药商标申请注册时需要注意

农药商标申请注册时需要注意以下问题:

1. 申请注册的商标要避免使用直接表示商品功能特点的标识。

申请商标“蛾虫立克”(使用商品:“杀虫剂”等)。该商标直接表示指定使用商品的功能特点,缺乏显著特征,不得作为商标注册。

2. 申请注册的商标要避免使用与防治农作物虫害名或直接表示指定使用

商品的功能特点读音相同、字形近似的标识。

申请商标“病虫灵”(使用商品:“杀虫剂,杀寄生虫药”等)。该商标在指定使用商品上易使消费者对商品的功能特点产生误认。申请商标“败百虫”(使用商品:“杀幼虫剂,杀螨剂”等)。该商标在指定使用商品上易使消费者对商品的功能用途等特点产生误认。

第四章　酒类商标的注册申请

据中国酒业协会CADA微信公众号消息，2021年全国酿酒行业规模以上企业完成酿酒总产量5406.85万千升，同比增长3.95%。其中白酒产量715.63万千升，同比下降0.59%；啤酒产量3562.43万千升，同比增长5.60%；葡萄酒产量26.80万千升，同比下降29.08%；发酵酒精产量808.26万千升，同比增长1.83%。①

截至2019年酒类企业产值6500亿元，规模以上的酒类企业2021家（酒类企业总量超过1万家），酒类产品国内和国际商标共计2,511,357件，其中有效注册1,304,077件。第33类：（酒精饮料）国内和国际商标共计1,402,037件，其中有效注册687,788件；第32类（啤酒）国内和国际商标共计1,109,320件，其中有效注册616,289件。②

酒类商标有效注册量竟达130万件，远远超出了一般人的想象空间，所以目前酒类商标的注册难度有多大通过有效注册量就能直观感受到。因酒类产品的特性导致许多与酒的工艺、用料、品质等特点关联的字词注册时受到限制，加大了注册难度，我们可以通过以下商标案例了解注册时需要掌握哪些知识。

一、违反《商标法》第10条第1款第7~8项规定的情形

违反《商标法》第10条第1款第7~8项的情形如下：

1. 商标由"国×"组成，用在该类商品上易使公众对其品质等特点产生误认

---

① 《2021年全国酿酒产量同比增长3.95%》，载中国质量新闻网，https://www.cqn.com.cn/jiuye/content/2022-01/20/content_87773。

② 佚名，《注册商标达251万件，酒类知识产权如何保护?》，载搜狐网，https://www.sohu.com/a/446793461_665112。

或易产生不良社会影响，难以获准注册。

申请商标："国宴""国酒""国贡"（使用商品："薄荷酒"等）。

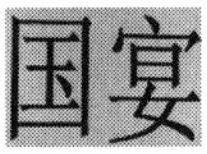

2. 商标中含有"环保、绿色、生态、有机、天然、纯天然、自然、极品、优级、之冠"等词汇，用在该类商品上易使公众对其品质等特点产生误认，难以获准注册。

申请商标"皖典优级原浆""玉液之冠"[使用商品："酒（饮料）"等]。

3. 商标用在该类商品上易使公众对其功能、用途等特点产生误认，难以获准注册。

申请商标"康愈酒"（使用商品："白酒"等）。"康愈"指康复痊愈，易使公众对该类商品的功能、用途等特点产生误认，难以获准注册。

4. 虽文字与我国县级以上行政区划的地名或公众知晓的外国地名不同，但字形、读音近似，足以使公众对该类商品的产源等特点产生误认，难以获准注册。

申请商标"宜槟""小吧黎"（使用商品："白酒"等）。"宜槟"与我国县级以上行政区划地名"宜宾"近似；"吧黎"与公众知晓的外国地名"巴黎"近似，难以获准注册。

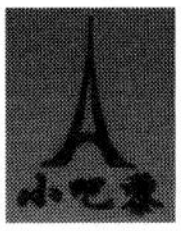

5. 商标中含有本类商品通用名称的，用在该商品以外的其他指定商品上易使公众对其种类等特点产生误认，难以获准注册。

申请商标"张裕红葡萄酒"[使用商品："葡萄酒；酒（饮料）；白酒；烧酒"等]。"张裕红葡萄酒"含有"红葡萄酒"，用在"葡萄酒"以外的"酒（饮料）；白酒；烧酒"等商品上易使公众对其种类等特点产生误认，难以获准注册。

张裕红葡萄酒

6. 以政治、经济、文化、宗教、社会、民族等领域的热点或敏感文字、图形用作商标的，易产生不良社会影响，难以获准注册。

申请商标“一带一路”“哈尼韵”“佛宴”“火神山”“顺心茹意”（使用商品：“白酒、葡萄酒”等）。

“一带一路”是“丝绸之路经济带”和“21 世纪海上丝绸之路”的简称，是国家一项战略规划，用在该类商品上易产生不良社会影响，难以获准注册。

“哈尼”是我国少数民族哈尼族的简称，用在该类商品上易产生不良社会影响，难以获准注册。

“佛宴”含“佛”，用在该类商品上易伤害宗教人士感情，从而易产生不良社会影响，难以获准注册。

“火神山”是在武汉职工疗养院建设的一座专门集中收治新型冠状病毒肺炎患者的医院，用在该类商品上易产生不良社会影响，难以获准注册。

“顺心茹意”是对成语“顺心如意”的不规范使用，用在该类商品上易混淆消费者特别是中小学生对成语中特定词汇的认知，易产生不良社会影响，难以获准注册。

顺心茹意　火神山　佛宴　哈尼韵　一带一路

7. 未违反《商标法》第 10 条第 1 款第 7～8 项规定的情形：

（1）申请商标“酒宗”（使用商品：“酒”等）。

“酒宗”用在该类商品上不易使公众产生误认，可作为商标使用。

（2）申请商标“野佬”（使用商品：“黄酒”等）。

“野佬”用在该类商品上不至产生不良社会影响，可作为商标使用。

二、《商标法》第 10 条第 2 款规定的情况

《商标法》第 10 条第 2 款规定的情况如下：

1. 商标仅由县级以上行政区划的地名或公众知晓的外国地名构成的，难以获准注册。

申请商标“金坛”（使用商品：“白酒”等）。

“金坛”为我国县级以上行政区划的地名，难以获准注册。

2. 商标中含有县级以上行政区划的地名或公众知晓的外国地名的，难以获准注册。

申请商标“金乌苏”“巴黎之花”（使用商品：“酒精饮料”等）。

“金乌苏”包含我国县级以上行政区划的地名“乌苏”，难以获准注册。“巴黎之花”包含公众知晓的外国地名“巴黎”，难以获准注册。

巴黎之花　　金乌苏

3. 商标逆序可识别为县级以上行政区划的地名或公众知晓的外国地名的，难以获准注册。

申请商标“南云”（使用商品：“葡萄酒”等）。

在我国，文字也可以从右向左读写，故该商标可读为“云南”，为我国县级以上行政区划的地名，难以获准注册。

南云

4. 地名具有其他含义或作为集体商标、证明商标组成部分的，不违反《商标法》第10条第2款的规定。

申请商标“怒江”（使用商品：“汽酒”等）。

“怒江”除属我国县级以上行政区划的地名外，还具有其他含义，即中国西南地区的大河流之一，故可作为商标使用。

怒江

三、违反《商标法》第11条规定的情形

违反《商标法》第11条规定的情形如下：

1. 商标仅直接表示了商品的主要原料、功能、用途、品质、生产工艺等特点，用作商标缺乏显著特征，难以获准注册。

（1）主要原料。

申请商标“赤霞珠”（使用商品：“葡萄酒”等）。

“赤霞珠”仅直接表示了商品的主要原料特点，用作商标缺乏显著特征，难以获准注册。

赤霞珠

(2)功能、用途。

申请商标“良咽”(使用商品:“薄荷酒”等)。

该商标仅直接表示了商品的功能、用途特点，用作商标缺乏显著特征，难以获准注册。

良 咽

(3)品质。

申请商标“金质”“好”“纯 PURE”(使用商品:“鸡尾酒”等)。

该商标仅直接表示了商品的品质特点，用作商标缺乏显著特征，难以获准注册。

金质　好　纯 PURE

(4)生产工艺。

申请商标“二锅头”(使用商品:“葡萄酒”等)。

“二锅头”是原材料经第二锅烧制时的“锅头”酒，属一种生产工艺。该商标仅直接表示了商品的生产工艺特点，用作商标缺乏显著特征，难以获准注册。

二锅头

(5)销售场所。

申请商标“酒轩”(使用商品:“白酒”等)，“酒轩”仅直接表示了商品的销售场所，用作商标缺乏显著特征，难以获准注册。

酒 轩

(6)生产年份。

申请商标“990418”(使用商品:“葡萄酒”等)，“990418”仅直接表示了商品的生产年份特点，用作商标缺乏显著特征，难以获准注册。

990418

(7)消费对象。

申请商标“女郎液”(使用商品:“黄酒”等)。

该商标仅直接表示了商品的消费对象特点,用作商标缺乏显著特征,难以获准注册。

女郎液

2. 缺乏显著特征。

申请商标“红白”“名酒公社”“喝不起”“情人节”“棉”“容器图形”(使用商品:“白酒”等)。

“红白”属酒类通用名称,用在该类商品上缺乏显著特征,不具备商标识别作用,难以获准注册。

“名酒公社”属日常商贸用语,用在该类商品上缺乏显著特征,不具备商标识别作用,难以获准注册。

“喝不起”属日常生活用语,用在该类商品上缺乏显著特征,不具备商标识别作用,难以获准注册。

“情人节”属公众知晓的外国节日,用在该类商品上缺乏显著特征,不具备商标识别作用,难以获准注册。

“棉及图”是“棉”与几十个汉字和数字组合而成的标志。属于形式过于复杂,用在该类商品上缺乏显著特征,不具备商标标识作用,难以获准注册。

“容器图形”,普通的盛放液体的瓶子用在该类商品上缺乏显著特征,不具备商标识别作用,难以获准注册。

情人节

名酒公社

红白

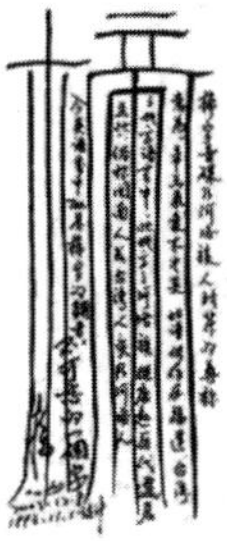

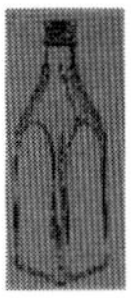

3. 未违反《商标法》第 11 条规定的情形：

申请商标“天地同酿”（使用商品：“白酒”等）。

“天地同酿”未仅直接表示指定商品的生产工艺等特点，可作为商标注册。

申请商标“179”（使用商品：“酒”等）。

“179”图形化明显，具有显著特征，可作为商标注册。

四、近似商标的问题

关于近似商标，应注意以下问题：

1. 酒类商品商标的申请人多用“××堂”“××居”“××坊”“××楼”等作为字号，如“水井坊”等。此类带有销售、制作、服务等场所的商标在上述商品上一般与不加“堂”“居”“坊”“楼”的商标互判为近似商标。

申请人在第 33 类“酒”上申请“九寨坊”商标，因已有“九寨”商标注册，两商标整体差异较小，易造成消费者混淆，属于近似商标，故“九寨坊”商标难以获准注册。

在指定使用商品为“酒”的商标中含有液、春、源、缘、醉、纯、醇、淳、窖、坊、香、陈香、原浆、玉液等字词，直接表示了指定使用商品的口味、质量等特点，缺乏显著特征，所以，“××香”商标与不带“香”字的商标互判为近似商标。

申请人在第 33 类“酒”等商品上申请“江南香”商标，因已有“江南”商标注册，两商标整体差异较小，易造成消费者混淆，属于近似商标，所以，“江南香”商标难以获准注册。

申请人在第 33 类“酒”等商品上申请“一品纯”商标，因已有“一品”商标注册，两商标整体差异较小，易造成消费者混淆，属于近似商标，所以，“一品纯”商标难以获准注册。

2. 摹仿知名酒类品牌的商标，一律引证在先的知名酒类商标从严驳回。

申请商标“百年庐窖”（使用商品：“葡萄酒、烧酒”等）。该商标可以引证泸州老窖集团有限责任公司在先注册的“泸州老窖”商标予以驳回。

申请商标“茅婆”（使用商品：“烧酒”等）。该商标可以引证中国贵州茅台酒厂（集团）有限责任公司在先“白酒”商品上注册的“茅”商标予以驳回。

第五章　食品类商标的注册申请

一、不违反《商标法》第 10 条第 1 款第 2 项

不违反《商标法》第 10 条第 1 款第 2 项的情形有：

申请商标“SIAM KITCHEN BRAND”(使用商品：“调味品”等，申请人为泰国企业)。该商标中的“SIAM”为“泰国”的旧称，国家的旧称已不作国名使用的，可以作为商标注册。

二、违反《商标法》第 10 条第 1 款第 7 项

违反《商标法》第 10 条第 1 款第 7 项的情形有：

1. 申请商标“佰氏特 BEST”(使用商品：“糖果”)。该商标英文部分“BEST”含义为“最好的”，夸大宣传了指定商品的质量特点。

2. 申请商标“一顶好”(使用商品：“糕点”等)。该商标用于指定商品上直接并夸大地表示了本商品的质量特点，缺乏商标应有的显著性，不具备商标识别作用。

一顶好

三、违反《商标法》第10条第1款第8项

违反《商标法》第10条第1款第8项的情形有：

1. 具有政治上不良影响的标识不得作为商标使用。

(1)与军队有关的易产生不良影响的标志。

申请商标“军礼”(使用商品：“茶”等)。该商标易产生不良的社会影响。

(2)其他具有政治上不良影响的标识。

申请商标“毛家祖屋”(使用商品：“饼干”等)。该商标中的“毛”字不同于其他字，手写且模仿毛体，使人感到意指毛泽东主席的故居，容易造成不良社会影响。

2. 有害于宗教信仰、宗教感情或者民间信仰的。

申请商标“代寺”商标(使用商品：“米、玉米粉”等)。宗教活动场所名称，用作商标易产生不良社会影响。

申请商标“拜拜及图”(使用商品：“咖啡”等)。该商标文字与他人在先注册的“拜拜”商标判近似，图形部分属于佛教中的常见图案，用作商标易产生不良影响。

注意：宗教组织和宗教自养企业(经授权)可以将自己所在的宗教活动场所名称作为商标注册，但前提是在指定使用的商品或服务上注册不能有不良影响。

申请商标“凤山寺”(使用商品:“可可制品”等)。申请人为“南安市诗山凤山游览区管理处”,可予以初步审定。

鳳山寺

注意:在烟、酒等商品上易产生不良影响,不得作为商标注册。

申请商标“凤山寺”(使用商品:“香烟”等)。“凤山寺”是宗教活动场所名称,在“香烟”等商品上作商标易产生不良影响。

鳳山寺

3. 容易误导公众的。

(1)容易使公众对商品或者服务的来源产生误认的。

申请商标“轩尼诗 HENNESSY”(使用商品:“饼干”等)。该商标与法国轩尼诗公司在第 33 类商品上已注册的第 725686 号轩尼诗商标近似。抄袭他人商标易使消费者对商品的产源产生误认,也易产生其他不良影响(跨类保护)。

Hennessy
轩尼诗

注意:下列商标不会导致消费者对商品产源产生误认。

申请商标“港包”(使用商品:“咖啡、茶、食用糖果”等)。该文字一般不会导致消费者对商品产源产生误认,可以核准注册。

港包

(2)容易使公众对商品或者服务产生误认的。

申请商标“SHANTOU COFFEE 尚豆咖啡”(使用商品:“咖啡豆、饼干”等)。商标中含有“COFFEE 咖啡”等字,在“咖啡豆、咖啡”商品上可以核准注册,其余商品由于易导致消费者对所购商品产生误认。

Shantou Coffee
尚豆咖啡

申请商标“燕翅世家”(使用商品:“方便面”等)。“燕翅”,一般指燕窝鱼翅。该商标整体直接表示了指定使用商品的原料等特点，用作商标缺乏显著特征，不具备商标的识别作用。且将该商标用在与燕窝鱼翅无关的商品上，会使消费者对商品产生误认，易误导消费者的购买行为。

(3)容易使消费者对商品或者服务质量产生误认的。

申请商标“顶尖”(使用商品：“糖果”等)。该商标对商品进行夸大宣传，易使消费者对商品的质量产生误认，不宜作为商标注册。

顶尖

注意：对于作为企业字号使用并具有一定知名度的商标，对指定使用商品的限制可以适当放宽，这类商标可以起到指示商品产源的作用，且不会误导消费者的购买行为。

例如，“马兰拉面”虽包含商品名称，但由于作为企业字号长时间使用，已具有很强的显著性，在一些与“拉面”无关的商品上也获得了注册。马兰拉面快餐连锁有限责任公司在第 21 类“勺子(餐具)、碗(盆)、筷子”等商品上注册了“马兰拉面”。

马兰拉面

又如，商标“馄饨侯”(使用商品“包子、馄饨、速冻饺子”等)。北京馄饨侯餐饮有限责任公司在第 30 类“包子、馄饨、速冻饺子”等商品上注册了“馄饨侯”。

馄饨侯

4. 有害于社会主义道德风尚的。

申请商标“傻妞”(使用商品：“糖果；巧克力”等)。该商标格调不高，含有有害于社会主义道德风尚的文字，用作商标易产生不良影响。

傻妞

申请商标“陈世美”(使用商品:“酱油;调味品”等)。“陈世美”作为反面历史人物,用作商标易产生社会不良影响。

陈世美

申请商标“集体户”[使用商品:“米、谷类制品、玉米(磨过的)”等]。在我国当前的户口管理中,把以家庭立户的,即以“具有血缘婚姻或收养关系”立户的称为家庭户,而把以“无血缘关系而居住在一起的人员”立户的,即由业缘关系共同居住在机关、团体、学校、企业、事业单位内部或公共宿舍的人而立户的称为集体户。因此,该商标无不良影响,可予以初步审定。

集体户

四、违反《商标法》第10条第2款

违反《商标法》第10条第2款的情形有:

1. 以省、自治区、直辖市、省会城市、计划单列市、著名的旅游城市的拼音构成的商标,不得用作为商标注册。

申请商标“TIANJIN SANKYO”及图(使用商品:“饺子”等)。该商标中的“TIANJIN”是我国直辖市天津市的拼音,属于县级以上行政区划,禁作商标。

2. 地名具有其他含义或者作为集体商标、证明商标组成部分的,可以作为商标注册和使用。

(1)如果地名被注册为商标长期使用,具有识别商品来源的功能,就认为该地名获得了第二含义。

申请商标“天河及图”(使用商品:“面粉”等)。“天河”为广东广州市一区名,在《辞海》中的解释为“天河”即“银河”,在先已注册几十件,可以作为有其他含义的地名予以核准注册。

申请商标“竹山”（使用商品：“饼干、面包”等）。“竹山”是湖北省的一个县名，但具有明显的其他含义，且在先核准数件。

竹 ZHUSHAN 山

（2）集体商标、证明商标组成部分的，可以作为商标注册和使用。

例如，申请商标“潼关肉夹馍及图”（使用商品：肉夹馍）。“潼关肉夹馍及图”作为集体商标可以核准注册。

潼关肉夹馍

3. 不为公众知晓的外国地名的标识，可以作为商标注册。

申请商标“bauli la colomba di Verona”（使用商品：“面包”等）。该商标虽含有意大利地名“Verona”（维罗纳），但该地名不为公众所知晓。

BAULI LA COLOMBA DI VERONA

申请商标“台林 WORCESTERSHIRE”（使用商品：“调味酱油”等）。《牛津现代汉语双解词典》中解释“WORCESTERSHIRE”为“伍斯特郡”（英格兰原郡名），不属于“公众知晓的外国地名”。

WORCESTERSHIRE
台 林

五、违反《商标法》第 11 条规定的情形

违反《商标法》第 11 条规定的情形有：

1. 仅仅直接表示商品的质量、主要原料、功能、用途、重量、数量及其他特点，不得作为商标注册。

（1）仅仅直接表示商品的质量。

申请商标“A. BEST”商标（使用商品：“茶、蛋糕”等）。该商标中“BEST”意为“最好的”，描述了商品的质量，不得作为商标使用。

A.BEST

(2)仅仅直接表示商品的主要原料。

申请商标"HI-MAIZE"(使用商品:"加工过的玉米"等)。该商标中的"MAIZE"含义为"玉米",整体上也直接表示了商品的原料、成分等特点。

HI-MAIZE

申请商标"芦荟醋"商标(使用商品:"醋、调味品"等)。"芦荟",又名"油葱",是一种多年生常绿草本植物,叶大而肥厚、基出、簇生、狭长披针形,花黄色或有赤色斑点,多产于热带地方。叶边缘有尖锐的锯齿,花像穗子,叶汁可入药。现常用于化妆品、食品中作主要原料。用作本商品的商标直接表示了主要原料,缺乏显著性。

芦荟醋

注意:申请商标"灵芝"商标(使用商品:"面粉、谷类制品")。根据普通消费者所具有的常识,该文字在指定商品上不会表示商品的原料或成分,也不会使消费者对所购商品产生误认,可以核准注册。

灵芝

(3)仅仅直接表示商品的功能、用途。

申请商标"好嗓"(使用商品:"糖果、非医用口香糖"等)。"好嗓"用作商标,直接表示了指定商品的功能、用途特点。

好嗓

申请商标"四季鼻通"(使用商品:"茶叶代用品"等)。"四季鼻通"对指定使用商品的功能具有描述性,用作商标缺乏显著特征。

四季鼻通

注意:申请商标"激活键"商标(使用商品:"咖啡饮料"等)。该商标是操作电脑软件时常用的专业术语,并未直接表示指定使用商品的功能等特点,可予以初步审定。

激活键

(4)仅仅直接表示商品的适用或消费对象特点。

申请商标"女性生命素"(使用商品:"茶、豆粉"等)。该商标用于指定商品上直接描述了本商品的适用对象、功能等特点，缺乏商标显著性，不具备商标识别作用。

注意：申请商标“啃面族”“干吃先锋”(使用商品：“方便面、挂面”等)。该两商标文字不是对特定消费群体的称呼，并非仅仅直接表示指定商品食用方式或消费对象等特点的常用词语，可以核准注册。

啃面族　　干吃先锋

(5)仅仅直接表示商品的口味特点。

申请商标“八大味”(使用商品：“调味品、五香粉”等)。该商标使用在指定商品上直接表示了商品的口味等特点，缺乏商标应有的显著性，不具备商标识别作用。

八大味

注意：申请商标“泰榴香”商标(使用商品：“糖果、饼干”等)。该文字并未直接表示指定商品的原料或口味特点，可以核准注册。

泰榴香

(6)仅仅直接表示商品的所含成分特点。

申请商标“NOPB”商标(使用商品：“饼干”等)。“PB”是铅的化学元素符号，该商标可直译为“无铅”，直接表示了指定使用商品的成分和质量等特点。

NOpb

(7)仅仅直接表示商品的其他特点。

申请商标“变色多彩”商标(使用商品：“糖果;巧克力”等)。“变色多彩”直接表示了指定商品的颜色特点，用作商标缺乏显著特征。

变色多彩

申请商标“大酱缸”(使用商品：“调味品”等)。该商标所指是一种容器，并未直接表示指定商品的腌制方式，可以核准注册。

大酱缸

2. 缺乏显著特征的,不得作为商标注册。

申请商标“DO IT YOURSELF”(使用商品:“方便面”等)。该商标译为“自己动手做”,用于指定商品上缺乏应有的显著性,不具备商标的识别作用。

do it yourself

申请商标“海南岛”(使用商品:“茶、糖”等)。该商标直接表示了指定商品的产地特点,缺乏应有的显著性,不具备商标的识别作用。

海南島
HAINAN ISLAND

申请商标“韩氏”“祝记”。常见姓氏用在食品上缺乏显著性,不具备商标的识别作用。

韩氏　　祝記

申请商标“母亲节”(使用商品:“牛奶、茶、饺子”等)。该文字属节日名称,应为公知公用的特定词语,不具备商标的识别作用。

母亲节

申请商标“素食主义斋”(使用商品:“咖啡、茶饮料”等)。“素食主义”是一种文化理念,主要思想为吃素,“素食主义斋”用在指定商品上缺乏显著特征,不具备商标的识别作用。

素食主义斋

申请商标“图形”(使用商品:“非医用口香糖;泡泡糖”等)。该商标属指定商品的包装、装饰图案,缺乏显著特征,不具备商标的识别作用。

六、商标近似的审查

商标近似的审查应注意以下几个方面:

1. 申请商标与注册商标的显著部分或中心词相同,一般判为近似商标。

注册商标"天天"(使用商品:"蜂蜜"等)。申请商标"天天山珍煲"(使用商品:"虫草鸡精、调味品"等)。"山珍煲"可理解为以"山珍"为主要原料煲汤,表示指定使用商品的适用对象或用途等特点,因此,"天天山珍煲"的显著部分是"天天",与申请商标近似。

天天　　天天山珍煲
TIANTIAN MAINTAIN DELICACIES

注册商标"太太"(使用商品:"年糕"等)。申请商标"陪陪太太"(使用商品:"糕点"等)。"陪陪太太"的中心词是"太太",易使消费者的误认与注册商标为同一申请人的系列商标,该商标与"太太"判为近似商标。

太太　　陪陪太太

注册商标"乌镇"(使用商品:"糕点"等)。申请商标"乌镇水乡"(使用商品:"面粉制品"等)。申请商标的中心词是"乌镇",易使消费者的误认与注册商标为同一申请人的系列商标,该商标应与在先注册的商标判为近似。

乌镇水乡

注册商标"减"(使用商品:"茶"等)。申请商标"三减"(使用商品:"茶叶代用品"等)。申请商标与他人在先注册的"减"商标属于近似商标。

减

注册商标"彩宝"(使用商品:"巧克力"等)。申请商标"彩宝棒"(使用商品:"糖果"等)。两商标整体差异较小,易造成消费者混淆产源,属于近似商标。

彩宝　　彩宝棒

注意:虽然商标中的部分构成要素相同或近似,但两商标整体差异显著,可不判为近似商标。

注册商标"雪雁777"(使用商品:"食用淀粉"等)。申请商标"777"商标(使用商品:"食用淀粉产品"等)。注册商标由汉字、数字和鸟图形构成,申请商标由数字和麦穗图形构成,数字部分的排列和设计有差异,两商标整体差异显著,可不判为近似。

注册商标“舜园及图”(使用商品:“食用糖果”等)。申请商标“张三丰及图”(使用商品:“糖”等)。两商标都由文字与图形组成,整体差异显著,可不判为近似。

2. 申请商标与注册商标文字构成相同或近似,字序相反,一般判为近似商标。

注册商标“陈氏”(使用商品:“味精”等)。申请商标“氏家陈”(使用商品:“酱油”等)。“氏家陈”从右向左读为“陈家氏”,与“陈氏”文字构成及含义相近,易造成消费者的误认同一申请人的商标。

氏家陈

3. 申请商标与注册商标易使消费者误认为同一所有人的系列商标或存在某种联系,两商标构成近似。

注册商标“辣妹子”(使用商品:“八宝饭”等)。申请商标“辣妹夫”商标30类调味品。申请商标易使消费者误认为注册商标所有人的系列商标或与之存在某种联系,两商标构成近似。

注册商标“金嗓子”(使用商品:“糖果”等)。申请商标“亲嗓子”(使用商品:“薄荷糖”等)。申请商标与注册商标读音相近,易使消费者误认为注册商标所有人的系列商标或与之存在某种联系,两商标构成近似。

亲嗓子

注册商标“天誉堂”(使用商品:“非医用营养液”等)。申请商标“天昱棠”(使用商品:“非医用营养膏”等)。两商标整体读音、字形近似,易使消费者的误认同一申请人的商标,应判为近似商标。

天誉堂　　天昱棠

4. 以大、小、老、少、数字、颜色、味觉、方向等词汇作为修辞性词的商标与具有相同主体词的商标，一般判为近似商标。

注册商标“东方”（使用商品：“红糖”等）。申请商标“ORIENT GREEN”（使用商品：“咖啡、糖”等）。申请商标中文含义为“东方绿”，与他人在先的“东方”商标近似。

东　方　　　ORIENT GREEN

注册商标“宝盒”（使用商品：“红糖”等）。申请商标“百宝盒”（使用商品：“糖果”等）。两商标整体差异较小，易造成消费者混淆产源，属于近似商标。

宝盒　　　百宝盒

注册商标“一品”（使用商品：“米”等）。申请商标“一品香”（使用商品：“玉米”等）。在指定使用商品为“食品”的商标中含有“香”等字，这些字直接表示了制定使用商品的口味等特点，显著性较弱，所以两商标互判为近似商标。

注意：注册商标“国”（使用商品：“糕点”等）。申请商标“老国”（使用商品：“馅饼”）。“国”商标已经图形化，两商标区别明显，不会造成消费者的误认，可不判为近似。

5. 食品商标多以“堂、居、坊、楼、斋”等词汇作为修辞性词，如“六必居”等。此类带有销售、制作、服务等场所的商标与具有相同主体词的商标，一般判为近似商标。

注册商标“同心”（使用商品：“酱油”等）。申请商标“特级酱皇　同心园”（使用商品：“调味酱”等）。申请商标与“同心”商标近似。

注册商标“美和居”(使用商品:“调味品”等)。申请商标“美和”(使用商品:“调味酱”等)。两商标整体差异较小,易造成消费者混淆产源,属于近似商标。

6. 两商标含义相同,一般判为近似商标。

注册商标“万岁”(使用商品:“茶叶”等)。申请商标“万岁爷”(使用商品:“咖啡饮料”等)。“万岁爷”与“万岁”都指皇帝,两商标含义相同,应判为近似商标。

注意:注册商标“都市”(使用商品:“包子”等)。申请商标“都市厨房”(使用商品:“方便米饭”等)。“都市厨房”与在先注册的“都市”含义不同,不判为近似商标。

7. 注册商标明显为两部分,申请商标与其任何一部分相同或近似均判为近似商标。

注册商标“野蜂骄子”(使用商品:“非医用营养液”等)。申请商标“骄子”(使用商品:“非医用营养品”等)。“野蜂骄子”中的“野蜂”与“骄子”字体、大小均不同,从排列形式看明显为两部分,申请商标与其任何一部分相同或近似均判为近似商标。

8. 两商标的外文相同,一般判为近似商标。

注册商标“GREENTIME”(使用商品:“咖啡”等)。申请商标“绿色时间GREENTIME”(使用商品:“咖啡饮料”等)。两商标英文部分相同,应判为近似商标。

注意:注册商标“家有鲜;JYX”(使用商品:“糖”等)。申请商标“极原欣;

JYX"(使用商品:"食用葡萄糖")。虽然这两个商标中都包含有"JYX",但是该英文分别是这两个商标中文的每个字所对应的拼音声母组合,两商标显著部分不同,整体构图差异较大,不判为近似商标。

第六编

PART 6

商标权的专题保护

第一章　地理标志的法律保护

第一节　概　　述

一、地理标志的概念

我国是地理标志资源的大国。地理标志，又称原产地标志（或名称），TRIPs第22条第1款将其定义为："其标志出某商品来源于某成员地域内，或源于该地域中的地区或某地方，该商品的特定质量、信誉或其他特征主要与该地理来源有关。"我国2001年修订后的《商标法》也增设了地理标志方面的规定，其第16条第2款规定："前款所称地理标志，是指标示某商品源于某地区，该商品的特定质量、信誉或者其他特征，主要由该地区的自然因素或人为因素所决定的标志。"从TRIPs和我国《商标法》的规定可以看出，关于地理标志的定义基本上是相同的：地理标志是表明某一种商品源于某一成员国地域内或此地理内的某一地区，并且该产品的特定品质、信誉或其他特征，主要与该地理来源相关联的标志。

二、地理标志的特点

（一）地域性

地理标志具有地域性特征。地理标志的名称总是与一个国家、一个地区，甚至一个地方的地名有联系。同时，地理标志产品总是与特定区域、特定的环境和人文因素相关联。例如，地理标志产品涪陵榨菜，其是在特殊的土壤、气候和水域条件下孕育出来的，在这些自然条件的作用下以及其独特的制作工艺，使涪陵榨菜具有独特的风味。对于地理标志的使用者而言，同样受到地域的限制，只有商品来源地的生产者才能使用该地理标志。

(二)集体性

地理标志是一定区域内的群众集体在多年的生产和生活中积累形成的,是集体的智慧和辛勤劳动的结果。地理标志可由商品来源地所有的企业、个人共同使用,只要其生产的商品达到了地理标志所代表的产品的品质,这样在同一地区使用同一地理标志的人就不止一个,使地理标志的所有者具有集体性。从地理标志的名称来看,其作为命名的地域本身就是公共资源,表现为一定区域内的人共同拥有和使用,属于集体所有。

(三)关联性

地理标志作为一种标记与一定的地理区域相联系。地理标志产品的独特品质增加了消费者的信赖度,地理标志产品的质量、特色、文化与其他产品相比更加与众不同。因此,地理标志的主要功能就在于使消费者能区分源于某地区的商品与源于其他地区的同种商品,更容易受到消费者的青睐。

三、地理标志侵权行为的主要表现

(一)假冒或仿冒地理标志

假冒地理标志,是指在同一种商品上使用了与地理标志注册商标一模一样的标志。由于地理标志产品具有巨大的商业价值,代表了特定的产品质量,一些不法分子为了获取高额的利润,开始假冒或者仿冒地理标志产品来欺诈消费者。由于地理标志商标如“宁夏枸杞”“安溪铁观音”等都是由某个具体的地名和商品名称组成的,所以假冒或仿冒地理标志产品并不难,甚至可以达到以假乱真的地步,将假冒或仿冒的地理标志产品放到市场上进行销售,很容易导致消费者对地理标志产品产生混淆。

仿冒地理标志主要包括三种情形:在同一种商品上使用与地理标志注册商标近似的商标;在类似商品上使用与地理标志注册商标相同的商标;在类似商品上使用与地理标志注册商标近似的商标。判断地理标志商标侵权行为是否存在的关键在于商品相同或者类似。据此,应当根据相关消费大众对地理标志商品的普遍认识进行综合判断。

(二)销售地理标志侵权的商品

除了假冒或仿冒他人的地理标志之外,销售侵犯地理标志商标权的商品也构成侵权。侵权人要想获得非法收益,在假冒或仿冒他人的地理标志产品之后要通过销售这一路径来实现不正当取财的目的,使消费者和真正的地理标志产品生产者的利益同时受到损害。由于销售行为没有地域的限制,侵权覆盖面较大,在实践中打击起来比较困难。目前在侵害地理标志专用权的案件中,大多数的被告为产品的销售者。销售商具有以下三个条件之一,可以免除承担侵权损害赔偿责任:(1)销售商主观上是不知情的,也就是其在不知情的情况下销售了侵犯地理标志专用权的商品;(2)销售商有证据证明其所售商品有合法的进货渠道;(3)销售商能够提供侵犯地理标志专用权商品的货物提供者。

(三)把地理标志作为通用名称使用

一旦地理标志因为保护不力丧失显著性,就容易沦为相关产品的通用名称,不再受到法律保护。通用名称,是指在某一区域内已被相关公众所广泛使用并获得普遍认可的丧失显著性的某一种商品或服务的名称。通用名称在地理标志保护中的意义是指该名称的命名起源于地理标志,而成为某类产品或某个产品名称以后,其与命名的地理来源没有关系。地理标志通用名称化的主要原因可能是基于地理标志权利人并未采取有效措施及时保护自身的合法权益,致使地理标志来源指示的作用弱化。例如,大理石以前指的是产于云南省大理地区的一种石材,但是由于保护力度不够,其现在已经变成了石灰岩这类石材的通用名称了。在认定侵权行为对通用名称进行判断时,要综合考虑到国家标准和行业标准、专家意见、辞典等公开发行的出版物中记载的内容以及广大消费者的认知。

第二节 地理标志的国际保护

一、国际公约对地理标志的保护

19 世纪以来,国际社会先后制定了多部国际公约,用于保护地理标志商标。

(一)《巴黎公约》

《巴黎公约》于 1883 年 3 月 20 日在巴黎签订,1884 年 7 月 7 日生效。该公约明确将原产地标记即地理标志列入工业产权的保护对象,同时对侵权行为也作了规定,是最早保护地理标志的国际公约。

(二)《制止商品来源虚假或欺骗性标记马德里协定》

《制止商品来源虚假或欺骗性标记马德里协定》(Madrid Agreement for the Repression of False or Deceptive Indication of Source on Goods)对成员国之间制止质假货源标记作了具体规定,明确指出地理标志商标是其重要的使命,明确禁止使用虚假的地理标志商标。协定规定,缔约国对凡带有有关来源伪造或欺骗性标记的、直接或间接以本协定参加国之一或该国的一个地方为来源国或来源地的商品,应在进口时予以没收或禁止进口。

(三)《保护原产地名称及其国际注册协定》

1958 年 10 月 31 日《保护原产地名称及其国际注册协定》(Lisbon Agreement for the Protection of Appellations of Origin and their International Registration)在里斯本签订。依照协定的要求,在其领域内保护其他国家产品的原产地名称。该协定首次概括了原产地和原属国的定义,还对保护原产地名称的目的及原产地的国际注册作了规定。协定规定,原产地名称需要受到国际保护的,由该产地所属成员国的工业产权主管部门向世界知识产权组织国际局申请国际注册,并说明产地的地理名称、使用该原产地的商品项目以及该原产地产品的使用人。获准国际注册后,各成员国在规定期限内声明不保护该原产地名称的除外都应保护该原产地名称,禁止本国的任何产品的生产经销者不经许可而使用该原产地名称。

(四)TRIPs

1991 年 12 月 8 日,国际社会缔结了 TRIPs。TRIPs 是世界上对地理标志商标保护水平最高、保护范围最广、制约力最强的国际公约,明确提出将地理标志商标列入知识产权范畴,引入国民待遇和最惠国待遇,并制定了制裁措施,这对地理标志商标在世界范围内的保护具有跨时代的重要意义。

二、国外立法对地理标志的保护

根据立法目的和保护范围的不同,目前世界各国保护地理标志的方式主要有三种。

(一)专门立法保护模式

法国建立了世界上最系统的专门性法律规范和保护地理标志,同时通过立法建立了原产地名称制度，是这种保护方式的代表。早在1919年法国就颁布了《原产地名称法》规定了原产地名称的概念、主管机构，认定程序及法律诉讼程序。现有20多个国家采用此种模式，如古巴、墨西哥、葡萄牙等国。从地理标志的保护强度看，保护水平最高的当属特别法模式。该模式充分考虑到了地理标志权作为一项知识产权的特点，通过专门立法使保护的内容和形式明确规定。这主要是地理标志资源比较丰富的国家的选择。

（二）商标法保护模式

商标法保护模式是以美国、英国、德国为代表，其通过商标法对地理标志（或原产地名称）进行保护，规定当事人可以申请注册证明商标或集体商标来加以保护。该模式的优点是根据商标法兼容性的特点，将与商标基本功能相同的地理标志用证明商标、集体商标的有关规定进行保护，既无须任何其他附加资源的投入，又可有效避免因主管机关不同而引发的冲突和纠纷。

我国也主要是通过《商标法》对地理标志进行保护的，根据《商标法实施条例》的规定，满足一定条件时可以将地理标志注册为证明商标或集体商标，通过对证明商标或集体商标的保护来维护地理标志。同时，《商标法》对地理标志还进行了间接的保护，《商标法》第10条第2款规定："县级以上行政区划的地名或者公众知晓的外国地名，不得作为商标。但是，地名具有其他含义或者作为集体商标、证明商标组成部分的除外；已经注册的使用地名的商标继续有效。"第16条第1款规定："商标中有商品的地理标志，而该商品并非来源于该标志所标示的地区，误导公众的，不予注册并禁止使用；但是，已经善意取得注册的继续有效。"该条款通过禁止性规定对地理标志提供了消极的保护。

（三）反不正当竞争法保护模式

这种保护模式以瑞典和日本为代表。将地理标志侵权行为比如伪造、冒用等视为不正当竞争行为，用反不正当竞争法进行保护。采用该模式的国家一般是国内符合地理标志要求的产品较少，没有必要耗费太多社会资源司法资源予以保护。例如，日本的《不正当竞争防止法》规定，在商品或者服务，或者其广告，或者在交易使用的文书或信函上，对产品的产地、品质、内容、制造方法、用途或数量，或者对服务的性质、内容、用途、数量，作引人误认的虚假表示，或者将该种表示的商品予以转让、交付，或者为转让、交付目的而展览、输出或输入，或者作虚假表示提供服务的行为,视为反不正当行为。

第三节　我国对地理标志的保护模式

基于幅员辽阔的地理特征和历史悠久的人文特征,我国的地理标志资源非常丰富,是名副其实的地理标志资源的大国。2021 年 1 月 1 日生效实施的《民法典》第 123 条将地理标志作为一个区别于商标等其他知识产权的独立知识产权客体进行保护,给予民事主体就地理标志一个专有性的权利。我国现行的地理标志保护采取商标法保护和部门规章保护并存的模式。商标法保护是指通过《商标法》中关于将地理标志注册为证明商标和集体商标获得商标专用权的途径来保护。在部门规章保护地理标志的历史进程中,出现过原质检总局、原工商部门以及原农业部等多个行政部门并行发布关于地理标志相关部门规章进行保护的局面。当然,随着国家机构的进一步改革,国家知识产权局的进一步组建,地理标志保护将逐步趋于统一和规范。

一、商标法对地理标志保护

《商标法》第 16 条第 2 款规定了地理标志的含义。地理标志,是指标示某商品来源于某地区,该商品的特定质量、信誉或者其他特征,主要由该地区的自然因素或者人文因素所决定的标志。同时,第 16 条第 1 款也规定了“已经善意取得注册的继续有效”,意味着在 2001 年《商标法》第二次修订之前,已经存在的普通地名商标继续有效,形成了普通地名商标与地理标志共存的现状。《商标法实施条例》第 14 条限定了地理标志作为证明商标或者集体商标申请注册的制度。意味着不允许个人或者企业将地理标志注册为商标,一方面,为了防止出现不符合商标显著性的要求;另一方面,也是为了避免排斥来自该地理区域的其他商品或者服务提供者正当使用地理标志的权利。因此,《商标法实施条例》规定了地理标志只能由符合法定条件的团体、协会或者具有监督能力的组织作为集体商标和证明商标予以注册,根据公平、合理的条件允许所有来自该特定地理区域的商品或者服务提供者使用。对于初步审定公告的商标和已经注册的商标,《商标法》第 33 条和第 45 条赋予了在先权利人和利害关系人依据《商标法》第 16 条第 1 款规定的误导性使用地理标志不予注册的相对理由对商标注册提出异议和请求宣告注册商标无效的权利。

随着我国加入有关地理标志保护的国际公约和协定,在吸纳和借鉴 TRIPs 第 23 条第 1 款和第 3 款内容的基础上,《集体商标、证明商标注册和管理办法》第 9 条和第 12 条分别增加了关于葡萄酒和烈酒地理标志的额外保护规定。对葡萄酒和烈性酒的地理标志额外附加了特殊保护。第 9 条扩大了葡萄酒地理标志的注册范围,即多个葡萄酒地理标志构成同音字或者同形字的,在这些地理标志能够彼此区分且不误导公众的情况下,每个地理标志都可以作为集体商标或者证明商标申请注册。第 12 条扩大了葡萄酒、烈性酒地理标志的保护范围,即使用他人作为集体商标、证明商标注册的葡萄酒、烈性酒地理标志标示并非源于该地理标志所标示地区的葡萄酒、烈性酒,即使同时标出了商品的真正来源地,或者使用的是翻译文字,或者伴有诸如某某"种"、某某"型"、某某"式"、某某"类"等表述的,适用《商标法》第 16 条的规定,符合误导性使用地理标志的认定标准。

二、部门规章对地理标志的保护

原国家质量技术监督局 1999 年发布并实施的《原产地域产品保护规定》,通过规范原产地域产品专用标志的使用,来保护我国的原产地域产品。2001 年 3 月 5 日,为使我国原产地工作与《WTO 原产地规则协议》接轨,原国家出入境检验检疫局发布了《原产地标记管理规定》和《原产地标记管理规定实施办法》,规定了包括原产国标记和地理标志在内的原产地标记的申请、评审、注册等原产地标记的认证和管理工作。2005 年 6 月 7 日,原国家质量监督检验检疫总局发布了《地理标志产品保护规定》,同时废止了《原产地域产品保护规定》,除了把"原产地域产品"改称为"地理标志产品"进一步明确地理名称命名规范外,也通过使用地理标志产品专用标志进行保护。2007 年 1 月 24 日,原国家工商行政管理总局为了加强对地理标志的保护,维护地理标志注册人的合法权益,规范地理标志产品专用标志的使用,促进地理标志产品的发展发布了《地理标志产品专用标志管理办法》,随着国家知识产权局的重新组建,该办法被国家知识产权局《关于规范性文件清理结果的公告》(2020 年 12 月 2 日发布并实施)废止。2007 年 12 月 25 日,原农业部为了规范农产品地理标志的使用,保证地理标志农产品的品质和特色,提升农产品市场竞争力,颁发了《农产品地理标志管理办法》。这一时期,我国主要并行有3个国家部门对地理标志进行注册、登记和管理:原国家工商总局商标局通过集体商标或证明商标的形式进行法律注册和管理,原国家工商总局颁布了《地理标志产品专用标志管理办法》;原国家质检总局地理标志以登记的形式对地理标志进行保护和管理,原国家质检总局颁布了《地理标志产品保护规定》;原农业部也是以登记的形式对地理标志进行保护和管理,原农业部颁布了《农产品地理标志管理办法》。在其基础上,为了加强对特色林产品的有效保护,规范林产品地理标志的使用,保证地理标志林产品的品质和特色,提升林产品市场竞争力,原国家林业局在2013年8月15日发布了《林产品地理标志管理办法(征求意见稿)》,拟开展“林产品地理标志”审核登记工作。

为了有效保护在中国销售的国外地理标志产品,规范国外地理标志产品名称和专用标志在华使用,2019年11月27日,国家知识产权局在原国家质量监督检验检疫总局颁布的《国外地理标志产品保护办法》(国质检科〔2016〕152号)基础上修订颁布《国外地理标志产品保护办法》(国家知识产权局公告第338号)。

由此可见,我国在地理标志的保护和管理方面长期以来形成了不同的制度和机构。由于各个行政部门在职责分工上差异,在地理标志的认证、管理、保护方式等方面存在各自为政的情况。看似全面,实则混乱,为了获得全面的保护,部分地理标志面临向不同行政部门重复申请的情况,意味着生产者、经营者面临将同一产品向不同部门申报地理标志和注册商标的情况,不但增加了其负担和经营成本,也造成了行政资源的浪费。2018年,随着国务院机构改革方案的实施,国家知识产权局的职责、国家工商行政管理总局的商标管理职责、国家质量监督检验检疫总局的原产地地理标志管理职责整合,重新组建国家知识产权局,由国家市场监督管理总局管理。对于地理标志保护的两套模式,多种制度并存的混乱现象有所清理规范,为结束长期以来我国地理标志工作多头管理的状态提供了一个契机。2019年10月16日,国家知识产权局发布公告称:根据党中央、国务院《深化党和国家机构改革方案》中关于“统一地理标志认定”的原则,确定了新的“地理标志专用标志”官方标志,原相关“地理标志产品专用标志”同时废止,原标志使用过渡期至2020年12月31日。依据该公告,无论是

《地理标志产品保护规定》中的“地理标志产品专用标志”还是《地理标志产品专用标志管理办法》中的“地理标志产品专用标志”，都将废止。但是，原农业部管理的地理标志农产品特有标志是否一并被废止，还不确定。原农业部的农产品地理标志管理职责在这次机构改革中也没有变化，国家知识产权局发布的这个公告是否可以废止原农业部的《农产品地理标志管理办法》，不无疑问。依据2020 年 4 月 3 日国家知识产权局发布的《地理标志专用标志使用管理办法（试行）》，原来的数个专用标志图案统一成了一个标志图案，提出了地理标志专用标志的使用要求：地理标志保护产品和作为集体商标、证明商标注册的地理标志使用地理标志专用标志的，应在地理标志专用标志的指定位置标注统一社会信用代码。国外地理标志保护产品使用地理标志专用标志的，应在地理标志专用标志的指定位置标注经销商统一社会信用代码。地理标志保护产品使用地理标志专用标志的，应同时使用地理标志专用标志和地理标志名称，并在产品标签或包装物上标注所执行的地理标志标准代号或批准公告号。作为集体商标、证明商标注册的地理标志使用地理标志专用标志的，应同时使用地理标志专用标志和该集体商标或证明商标，并加注商标注册号。图样如图 6－1－1 所示：

图 6－1－1　地理标志图样

地理标志专用标志合法使用人可在国家知识产权局官方网站下载基本图案矢量图。需注意，该矢量图可按比例缩放且标注应清晰可识，但不得更改专用标志的图案形状、构成、文字字体、图文比例、色值等。

地理标志专用标志的合法使用主体包括经公告核准使用地理标志产品专用标志的生产者、已注册为集体商标的地理标志的注册人的集体成员、已备案且已作为证明商标注册的地理标志的被许可人，以及经国家知识产权局登记备案的其他使用人。集体商标不得许可非集体成员使用。

仍需注意，地理标志专用标志合法使用人可采用的地理标志专用标志标示方法包括六种：(1)直接贴附、刻印、烙印或者编织等将地理标志专用标志附着在产品本身、产品包装、容器、标签等上；(2)使用在产品附加标牌、产品说明书、介绍手册等上；(3)使用在广播、电视、公开发行的出版物等媒体上，包括以广告牌、邮寄广告或者其他广告方式为地理标志进行的广告宣传；(4)使用在展览会、博览会上，包括在展览会、博览会上提供的使用地理标志专用标志的印刷品及其他资料；(5)将地理标志专用标志使用于电子商务网站、微信、微信公众号、微博、二维码、手机应用程序等互联网载体上；(6)其他合乎法律法规规定的标示方法。

三、反不正当竞争法对地理标志的保护

地理标志的实质类似驰名未注册商标，是具有商业声誉的、识别产地来源的商业标识。我国对地理标志的保护基于两套体系：一是地理标志产品质量监控的法律体系；二是制止仿冒地理标志行为的知识产权法律体系。知识产权保护体系又可分为两个路径：非注册保护和注册保护。非注册保护是指未事先获得注册的地理标志也可受到保护的相关规定。例如，1993 年《反不正当竞争法》第 5 条第 4 项“伪造产地”及第 8 条产地的“虚假宣传”都作为不正当竞争行为予以禁止。注册保护，是指作为已注册为商标的地理标志而享有商标专用权的保护条例。例如，1994 年的《集体商标、证明商标注册和管理办法》和 2002 年《商标法实施条例》的第 6 条。

在我国知识产权法律体系中，反不正当竞争法和商标法这两个对地理标志保护的体系是可以平行共存的，即使两套体系方法不一且法律效果不同。反不正当竞争法的特殊功能在于，未注册的地理标志侵权可依据该法主张损害赔偿；不属于“商标中含有地理标志”的侵权行为也可依据本法进行主张。故而虽然我国理论界和司法实践采纳“商标法优先适用论”，但依然不排除反不正当竞争法救济，因为有些利益的维护和保护是需要《商标法》和《反不正当竞争法》结合、互相弥补才能达到的。基于《反不正当竞争法》的特殊性质，《商标法》或许并不适合完全替代《反不正当竞争法》对未注册地理标志保护。

典型案例6-1-1　法国香槟酒行业委员会诉圣焱意美公司侵犯地理标志以及不正当竞争纠纷案

基本案情

圣焱意美公司销售的“七星红葡萄气泡香槟”汽水饮料产品上突出标有“香槟”以及“CHAMPAGNE”等字样，故原告法国香槟酒行业委员会以侵犯地理标志为由要求损害赔偿50万元。

本案难点：在原告提起诉讼时，香槟酒还未成为中国的注册地理标志产品，也没有注册集体商标或是证明商标。因此，若仅基于“商标法优先适用论”的原则，《商标法》第16条针对未注册驰名商标的规定，仅能获得民事救济，通过禁止被告继续使用“香槟”地理标志而停止侵害，并不能达到原告损害赔偿的救济要求。因此，原告不得不通过《反不正当竞争法》解决这个问题。

法院裁判

原告请求用《反不正当竞争法》第5条第2项(商品特有名称)予以支持，但被法院驳回，因为原告是从地理标志角度出发的，但法律中不可同时主张地理标志和商品特有名称(商品特有名称的主张主要是商品经营者来源的混淆，而地理标志的主张是产地的混淆，二者不可合二为一)。故法院虽支持原告依据《商标法》第16条的规定禁止被告继续侵害行为，但未能支持原告据此主张的损害赔偿请求。

评析

通过本案可看出《商标法》的局限性。例如，在侵害赔偿方面，因此也凸显了《反不正当竞争法》对于地理商标保护的重要性，即使本案中因为主张不兼容被予以驳回。有学者认为，是否可依据《反不正当竞争法》(旧法)第5条第4项(伪造地产)或第8条(虚假宣传)以获取损害赔偿，但因为新法将此删除了，因此如上文所述，《反不正当竞争法》的部分修改对进一步保护地理标志产生了不利的影响，《商标法》对《反不正当竞争法》对未注册地理标志保护的替代作用还需深思。

第四节　我国地理标志的申请注册和管理

2019 年 12 月 3 日,国家知识产权局地理标志产品保护申请电子受理平台在国家知识产权局网站上线启动,标志着全国地理标志产品保护统一电子受理平台的正式建立。地理标志保护申请人可通过登录该网站,提交地理标志产品保护电子申请和作为集体商标、证明商标注册的地理标志网上申请。网址为:http://www.cnipa.gov.cn/ztzl/dlbzzl/。

地理标志产品保护申请电子受理平台集申请人身份注册认证、提交申请材料、省级知识产权管理部门初审、国家知识产权局组织专家在线技术审查、在线反馈审查意见、在线发布公告等六大功能于一体,可为地理标志产品保护申请人提供查阅政策法规、通知公告、网上申请等全方位、全流程服务。

一、地理标志产品保护申请和管理

根据国务院《关于国务院机构改革涉及行政法规规定的行政机关职责调整问题的决定》,按照原国家质量监督检验检疫总局《地理标志产品保护规定》,国家知识产权局组织专家审查委员会对地理标志产品保护申请进行审查批准。申请人应提交以下资料:(1)有关地方政府关于划定地理标志产品产地范围的建议。(2)有关地方政府成立申请机构或认定协会、企业作为申请人的文件。(3)地理标志产品的证明材料,包括:地理标志产品保护申请书;产品名称、类别、产地范围及地理特征的说明;产品的理化、感官等质量特色及其与产地的自然因素和人文因素之间关系的说明;产品生产技术规范(包括产品加工工艺、安全卫生要求、加工设备的技术要求等);产品的知名度,产品生产、销售情况及历史渊源的说明。(4)拟申请的地理标志产品的技术标准。

(一)申请主体

地理标志产品保护申请,由当地县级以上人民政府指定的地理标志产品保护申请机构或人民政府认定的协会和企业(以下简称“申请人”)提出,并征求相关部门意见。

(二)申请名称

地理标志名称一般由具有地理指示功能的名称(地域名称、山川、海洋、湖泊、河流等)和反映产品真实属性的名称构成,也可以是约定俗成的名称。地理标志名称不得为通用名称,必须是商业或日常用语,或是长久以来使用的名称,并具有相应的知名度。

(三)拟划定的地理标志产品产地范围的建议

申请保护的产品在县域范围内的,由县级人民政府提出产地范围的建议;跨县域范围的,由地市级人民政府提出产地范围的建议;跨地市范围的,由省级人民政府提出产地范围的建议。当地县级以上人民政府关于划定申报产品保护地域范围的公函,保护范围最细划分到乡镇一级;水产品养殖范围一般以自然水域界定。

(四)现行有效的技术标准

申请人应在申请资料中提供现行有效的产品技术标准,以此作为地理标志保护产品批准公告的基础,包括现行有效的国家标准和省级地方标准等。

针对地理标志保护产品的管理,主要由质量技术监督行政部门和出入境检验检疫部门依据《产品质量法》《标准化法》《进出口商品检验法》等有关法律予以行政处罚。各地质检机构有权对地理标志产品的产地范围,产品名称,原材料,生产技术工艺,质量特色,质量等级、数量、包装、标识,产品专用标志的印刷、发放、数量、使用情况,产品生产环境、生产设备,产品的标准符合性等方面进行日常监督管理。获准使用地理标志产品专用标志资格的生产者,未按相应标准和管理规范组织生产的,或者在2年内未在受保护的地理标志产品上使用专用标志的,国家质检总局将注销其地理标志产品专用标志使用注册登记,停止其使用地理标志产品专用标志并对外公告。对于擅自使用或伪造地理标志名称及专用标志的;不符合地理标志产品标准和管理规范要求而使用该地理标志产品的名称的;或者使用与专用标志相近、易产生误解的名称或标识及可能误导消费者的文字或图案标志,使消费者将该产品误认为地理标志保护产品的行为,质量技术监督部门和出入境检验检疫部门将依法进行查处。社会团体、企业和个人可监督、举报。

二、作为集体商标、证明商标注册的地理标志申请和管理

(一)以地理标志作为集体商标申请注册的主体要求

以地理标志作为集体商标申请注册的,应当附送主体资格证明文件并应当详细说明其所具有的或者其委托的机构具有的专业技术人员、专业检测设备等情况,以表明其具有监督使用该地理标志商品的特定品质的能力。申请以地理标志作为集体商标注册的团体、协会或者其他组织,应当由来自该地理标志标示的地区范围内的成员组成。

(二)以地理标志作为证明商标申请注册的主体要求

申请证明商标注册的,应当附送主体资格证明文件并应当详细说明其所具有的或者其委托的机构具有的专业技术人员、专业检测设备等情况,以表明其具有监督该证明商标所证明的特定商品品质的能力。

(三)申请以地理标志作为集体商标、证明商标注册的批准要求

申请以地理标志作为集体商标、证明商标注册的,还应当附送管辖该地理标志所标示地区的人民政府或者行业主管部门的批准文件。外国人或者外国企业申请以地理标志作为集体商标、证明商标注册的,申请人应当提供该地理标志以其名义在其原属国受法律保护的证明。

(四)申请以地理标志作为集体商标、证明商标注册的申请文件内容要求

以地理标志作为集体商标、证明商标注册的,应当在申请书件中说明下列内容:(1)该地理标志所标示的商品的特定质量、信誉或者其他特征;(2)该商品的特定质量、信誉或者其他特征与该地理标志所标示的地区的自然因素和人文因素的关系;(3)该地理标志所标示的地区的范围。

(五)申请以地理标志作为集体商标、证明商标注册的地理名称要求

作为集体商标、证明商标申请注册的地理标志,可以是该地理标志标示地区的名称,也可以是能够标示某商品来源于该地区的其他可视性标志。无须与该地区的现行行政区划名称、范围完全一致。

(六)作为集体商标、证明商标注册的地理标志的管理要求

以地理标志作为证明商标注册的,其商品符合使用该地理标志条件的自然人、法人或者其他组织可以要求使用该证明商标,控制该证明商标的组织应当

允许。以地理标志作为集体商标注册的,其商品符合使用该地理标志条件的自然人、法人或者其他组织,可以要求参加以该地理标志作为集体商标注册的团体、协会或者其他组织,该团体、协会或者其他组织应当依据其章程接纳为会员;不要求参加以该地理标志作为集体商标注册的团体、协会或者其他组织的,也可以正当使用该地理标志,该团体、协会或者其他组织无权禁止。

(七)对于集体商标、证明商标未达到管理要求的处罚

若集体商标、证明商标注册人未对该商标的使用进行有效管理或者控制,致使该商标使用的商品达不到其使用管理规则的要求,对消费者造成损害的,由市场监督管理部门责令限期改正;拒不改正的,处以违法所得3倍以下的罚款,但最高不超过3万元;没有违法所得的,处以1万元以下的罚款。

典型案例6-1-2 波尔多葡萄酒行业联合委员会诉国家知识产权局商标驳回复审行政纠纷案

(2017)京73行初9192号

案件事实

原告为波尔多葡萄酒行业联合委员会,住所地法兰西共和国波尔多市。被告为中华人民共和国国家知识产权局,住所地中华人民共和国北京市海淀区蓟门桥西土城。案由为商标申请驳回复审行政纠纷。被告以原告申请注册的第15615991号"MONTAGNE SAINT-EMILION 蒙塔涅-圣埃米利永"商标违反《中华人民共和国商标法》第16条、《集体商标、证明商标注册和管理办法》的规定为由,作出商评字(2017)第86439号关于第15615991号"MONTAGNE SAINT-EMILION 蒙塔涅-圣埃米利永"商标驳回复审决定,驳回诉争商标在复审商品上的注册申请。

法院裁判

本案争议焦点为,诉争商标是否违反《商标法》第16条及《集体商标、证明商标注册和管理办法》的规定。2020年4月23日,北京知识产权法院判决:(1)撤销原中华人民共和国国家工商行政管理总局商标复审委员会于2017年7月19日作出的商评字(2017)第86439号关于第15615991号"MONTAGNE SAINT-EMILION 蒙塔涅-圣埃米利永"商标驳回复审决定;(2)由中华人民共和国国家知识产权局重新作出审查决定。

评析

原告提供的证据显示其已受到原属国的法律保护且处于原告的管理监控之下,故可证明诉争商标已经以原告的名义取得了原属国的法律保护,并符合集体商标关于主体资格的规定。同时,原告其他证据明确证实了其委托的检验机构具有监督诉争商标指定使用商品的特定品质的能力。并且,原告证据有效证明了其对诉争商标中地理标志所标示的地域范围作出了明确限定、证明了诉争商标所标示的"葡萄酒"的特定质量、信誉或其他特征是主要由该地区的自然因素或人文因素所决定,且符合《集体商标、证明商标注册和管理办法》关于申请地理标志作为集体商标的有关规定。诉争商标应予核准注册,被诉决定认定错误。

该案属于外国地理标志申请注册集体商标的典型案例,对于外国人将地理标志作为集体商标注册申请具有一定的指导意义。

第五节　我国对于地理标志保护的最新动态

一、《中欧地理标志协定》

(一)《中欧地理标志协定》的内容

欧洲是目前地理标志保护法律最发达的地区,欧盟已批准 3300 多个欧盟产品名称注册为地理标志。中国和欧盟的地理标志资源都十分丰富,故为加强地理标志保护与合作,促进地理标志产品贸易,《中欧地理标志协定》的谈判于 2011 年启动,于 2021 年 3 月 1 日生效,共历时 8 年。此协定纳入了中欧双方共 550 个双方给予保护地理标志(各 275 个),包括但不限于茶叶、酒类、农产品、食品等。生效时间分两批开始:第一批各方有 100 个地理标志于 2021 年年初生效;第二批各方将有 175 个地理标志于第一批生效 4 年后开始生效。该协议规定,中欧双方可在各自的司法管辖区内阻止第三方"不符合适用标准"地使用受协定保护的地理标志。

(二)《中欧地理标志协定》的作用和意义

首批名单中,我国的地理标志包括"赣南脐橙、安吉白茶、普洱茶、烟台苹果、四川泡菜、五粮液”等;欧方包括“慕尼黑啤酒、帕达诺干奶酪、爱尔兰威士忌、波尔多”等。该协定意义重大,因为这意味着中欧双方的几百种地方特色产品在对方的市场将会被有效保护,不必担心因被仿冒而利益或声誉受损。例如,“普洱茶”地理标志在欧洲市场受到保护后,不符合普洱茶地理标志业务标准、非原产地生长产出的茶,不可在欧洲市场使用“普洱茶”一词。因此,该协定将对中欧经贸关系注入新动力,惠及双方的企业和消费者。例如,中方对欧盟相关地理标志提供法律保护的承诺有利于消除欧盟地理标志持有人的忧虑,使其放心将产品出口我国,故而消费者将能吃到、用到更多欧盟的优质产品,提高生活品质。

该协定的诸多好处还在于,将为拥有了“跨国护照”甚至成为独立品牌的地理标志产品带来明显的经济效益,从而保护该地区的文化传统技艺保护和传统文化遗产。例如,江西景德镇于 2012 年制定并于 2014 年实行景德镇陶瓷地理标志产品标准后,经济效益提升显著,景德镇陶瓷工业生产总值由 2007 年(当时还未制定地理标志产品标准)的 42 亿元人民币上升到 2016 年的 366. 7 亿元人民币。该协定进一步推动了我国对地理标志及其产品保护的进程,故而为进一步推动脱贫做出了贡献。我国地理标志特色产业已成为发展各地区特色经济、实施精准脱贫的重要策略和途径。截至 2020 年 11 月,832 个已脱贫贫困县中,超过六成的拥有地理标志,表明了地理标志对于脱贫攻坚的重要作用。因此,《中欧地理标志协定》在国家和地方经济方面都将起到重要而积极的影响。

二、《国家地理标志产品保护示范区建设管理办法(试行)》

(一)主要内容

为深入贯彻落实党中央、国务院关于全面加强知识产权保护工作、强化地理标志保护和管理,推进国家地理标志产品保护示范区建设及地理标志高水平保护、高标准管理、高质量发展,国家知识产权局于 2021 年 2 月 10 日颁布了《国家地理标志产品保护示范区建设管理办法(试行)》(以下简称《办法》),在已开展地理标志保护示范试点的基础上进行改革,切实解决地理标志区资源整合、跨地区协同保护、保证地理标志质量特色等突出问题。《办法》明确了以下几点:

1. 主体

《办法》对象为国家知识产权局认定的地理标志,有较大产业规模、较显著社会经济效益、较高保护水平,制度健全、机制完善、管理规范,产品特色鲜明、知名度高,对国内地理标志保护起示范、引领、推广作用的保护地域。示范区可以示范一个或多个地理标志保护。

2. 建设方针

《办法》总则中提出了 3 个示范区建设原则。(1)高标准建设原则。在经国家知识产权局认定的地理标志中选取典型代表,加强地理标志保护制度机制建设,提升地理标志保护能力,形成特色鲜明的地理标志保护体系。(2)高水平保护原则。示范区建设原则上以地理标志保护地域所在行政区划为单位,在地方人民政府的统一领导下,统筹地理标志保护工作,强化严保护导向,突出部门协同配合,构建社会共治、协调联动的地理标志保护格局。(3)高质量发展原则。树立国家地理标志保护示范精品,提供可复制、可推广的保护经验,发挥示范区引领带动作用,提高地理标志产品知名度和市场影响力。

3. 申报及审核

《办法》指出,示范区要优先选择传承历史文化技艺并预期可取得较大经济、社会和生态效益的地理标志,以保护当地优势特色和经深加工附加值高的地理标志为主,且示范区申报需满足 4 个条件:(1)经过地理标志认定。示范区内经批准获得地理标志产品保护或者地理标志作为集体商标、证明商标注册时间在 3 年以上。(2)有产业优势。知名度高,具有较大产业规模,较高年销售额或出口额,地理标志专用标志使用者数量达区域内生产者总数的 60% 以上,使用地理标志专用标志企业产值达区域内相关产业产值的 60% 以上。(3)规范诚信守法。示范区内相关地理标志产品生产企业规范、诚信、守法,3 年内未发生重大产品质量、安全健康、环境保护等责任事故,未受到监管执法等相关部门通报、处分和媒体曝光。(4)有持续政策保障。示范区保护对象所属领域应为政府发展规划鼓励或重点支持范围,出台明确的地理标志保护工作保障政策、工作机制、督促考核和激励措施等。

国家知识产权局将每年组织一次示范区建设申报评定工作,并会提前发布示范区申报通知。申报及评审流程包括:(1)县级以上人民政府作为申报单位,填写《国家地理标志产品保护示范区建设申报书》并报省级知识产权局。申请材料应真实有效。提供虚假材料的经核实将取消其示范区申请资格且5年内不得再次申报。(2)省级知识产权局接收示范区建设申请后当依照《办法》有关规定提出意见。符合条件的将由省级知识产权局汇总后推荐报送国家知识产权局。(3)国家知识产权局组织对申报的示范区建设申请进行综合评审,择优确定示范区建设名单。名单将向社会公示,公示期不低于30日(日历日)。经公示无异议的,国家知识产权局将公布筹建示范区名称和承担单位。

4.示范区的主要任务

《办法》提出5项地理标志示范区的主要任务:(1)夯实保护制度,引领协同推进。健全社会共治的地理标志保护制度体系,加强区域资源整合和制度衔接,出台协调配套的保护和管理政策,制订具体工作计划和保障措施。(2)健全工作体系,引领特色质量。建立健全地理标志保护标准体系、检验检测体系和质量管理体系,制定系列标准,提高检测能力,规范生产过程,保证地理标志产品质量特色突出。(3)加大保护力度,引领水平提升。开展地理标志保护专项行动,加强地理标志领域行政执法和协同保护,公开有社会影响力的典型案例,强化地理标志专用标志使用监督管理,综合运用法律、行政、经济、技术、社会治理等手段提高地理标志保护水平,营造良好营商环境。(4)强化保护宣传,引领意识提升。加强地理标志保护政策宣贯和舆论引导,开展地理标志保护进企业、进市场、进社区、进学校、进网络等活动,不断提升生产者、经营者、消费者保护意识,加强地理标志保护专业人才队伍建设。(5)加强合作共赢,引领市场开拓。健全涉外地理标志保护机制,积极参与地理标志互认互保国际合作,有组织地通过各类国际交流合作平台,拓展海外市场,推动中国地理标志产品"走出去"。

5.示范区建设、管理、验收

《办法》规定,示范区筹建期为3年。在此期间,承担单位应制定实施方案,落实建设责任要求,有序推进各项工作任务。省级知识产权局加强示范区建设的日常管理,国家知识产权局加强检查抽查,推动示范区建设任务落实。筹建期满前2个月,承担单位应对照实施方案进行自查。完成建设目标和工作任务的,承担单位提交《国家地理标志产品保护示范区筹建验收申请书》,由省知识产权局提出意见,汇总后报送国家知识产权局。国家知识产权局制定验收标准,引入第三方评价,统一组织筹建验收,可以委托省级知识产权局组织实施筹建验收。筹建验收主要内容包括示范区建设的组织管理、建设工作任务完成情况、取得的经验成效等。

最后,国家知识产权局将根据验收意见,确定结果并公布。对通过筹建验收的示范区,及时总结经验并加以推广,建立长效机制,加强后续管理;对示范效果不明显、工作开展不力的,限期整改;对整改后仍不能达到要求的,取消示范区资格。

在示范区建设过程中,承担单位应及时向国家知识产权局和省级知识产权局报送工作动态。每年 12 月底前承担单位应当向省级知识产权局报送示范区年度总结,省级知识产权局于次年 1 月 31 日前汇总报送国家知识产权局备案。

(二)意义

截至 2021 年 1 月底,我国累计批准地理标志保护产品 2000 余个,地理标志作为集体商标、证明商标注册 6000 余件,建设地理标志产品保护示范区 24 个。开展国家地理标志产品保护示范区建设推进了我国对地理标志统一认定保护,此重要举措将提高地理标志产品国内外竞争力,从而推动地区及社会经济的高质量发展。

首先,示范区建设进一步完善并标准化我国地理标志保护体系,严格了质量监管,为保护好示范区内地理标志产品特色质量和提升产品竞争力打下坚实基础。其次,通过打造特色品牌并提升其社会知名度和市场竞争力,示范区建设为脱贫攻坚和振兴乡村提供了支撑,并有助于传承历史文化技艺。同时,示范区建设为其他潜在可塑的地理标志区域提供了引领,促进推动了上下游产业发展,从而提升了整个示范区区域及周边的经济效益。

第二章　驰名商标的法律保护

第一节　驰名商标的法律保护概述

随着我国经济结构的调整，在经济全球化和信息社会的时代背景下，越来越多的具有较强市场知名度的产品或服务获得了广大消费者的认可，国家的核心竞争力越来越表现为对智慧成果的拥有和运用能力。我国作为《巴黎公约》缔约国，依据国民待遇原则，我国不仅要保护本土的驰名商标，还承担着保护外国驰名商标的条约义务。一方面，驰名商标具有良好的声誉、巨大的消费者号召力、强劲的市场竞争力和极高的价值；另一方面，不法分子觊觎驰名商标的这些优势，对其进行仿冒侵害，因此，保护驰名商标在世界范围内都是商标保护中的重要问题，它不仅凝结着经营者辛勤经营的汗水，代表了企业在经济贸易活动中的良好商誉，是经营者取得市场竞争优势的法宝，也是反映一个国家经济发展和繁荣水平的一面镜子。

我国对商标的保护基于注册原则，未注册则未获得法律对其所使用的商标权属的确认，不受法律保护。但驰名商标例外，即使是未在我国注册的驰名商标也受到法律的特殊保护。

一、驰名商标的认定

驰名商标在性质上应为商标所呈现的一种事实状态：该商标在中国境内为相关公众广为知晓。设置驰名商标制度的目的是解决花样不断翻新的商标侵权行为，以及解决在不相同也不类似的商品或服务上使用相同或近似商标所引起的相关公众混淆或反淡化保护的问题，这对驰名商标是一种扩大保护的特殊方法。

驰名商标分为两类：未在我国注册的驰名商标和已在我国注册的驰名商标。

《商标法》第 14 条第 1 款规定："驰名商标应当根据当事人的请求，作为处理涉及商标案件需要认定的事实进行认定。认定驰名商标应当考虑下列因素：(一)相关公众对该商标的知晓程度；(二)该商标使用的持续时间；(三)该商标的任何宣传工作的持续时间、程度和地理范围；(四)该商标作为驰名商标受保护的记录；(五)该驰名商标的其他因素。"

商标驰名与否，应以相关公众对该商标的知晓程度作为判断标准，相关公众的知晓程度与商标的显著性、商品种类、商品的销售区域、销售方式等有关。驰名商标的认定在我国行政与司法实践中考虑商标本身的知名度和市场声誉，且考虑地域性规则，即在中国境内驰名是必要条件，意味着在中国境外驰名而在中国境内不驰名的商标不能要求在中国境内受到驰名商标的保护。这里的中国境内不是主权区域概念，而是指中国行政和司法管辖权的地域范围。

(一)驰名商标司法认定的基本原则

1. 被动认定

由于民事诉讼的本质在于被动性，当事人根据自己的意愿来选择是按一般商标制度来保护自己的权益还是按照驰名商标的制度来保护自己的权益，当事人只有认为其商标权益受到损害并受到损害请求认定该商标为驰名商标的时候，人民法院才能够启动驰名商标的认定程序。司法消极被动的地位牵连性地决定了驰名商标的被动认定。

2. 个案认定

以涉案商标是否达到了公众所熟知的程度来认定是否作为驰名商标保护，需要人民法院在个案中消极认定。人民法院在商标纠纷案件中认定的驰名商标仅对该案产生效力，其法律后果也仅限于案件本身，不成为约束在后案件或判决的预决事实，不必然对其他案件或事实产生法律约束力，不对社会普遍有效，不适用于第三者。驰名商标的驰名是动态变化的，商标所有人不能将人民法院认定驰名商标的事实作为判决结果非法利用，驰名商标的事实状态仅在发生争议的具体案件中有效，不对案外人或其他市场竞争者产生效力。驰名商标无法脱离个案，驰名商标不是一种身份。

2020 年修订的最高人民法院《关于审理商标民事纠纷案件适用法律若干问

题的解释》第22条规定:“人民法院在审理商标纠纷案件中,根据当事人的请求和案件的具体情况,可以对涉及的注册商标是否驰名依法作出认定。认定驰名商标,应当依照商标法第14条的规定进行。当事人对曾经被行政主管机关或者人民法院认定的驰名商标请求保护的,对方当事人对涉及的商标驰名不持异议,人民法院不再审查。提出异议的,人民法院依照商标法第十四条的规定审查。”该司法解释确立了商标曾作为驰名商标受保护的记录在新案件中所应采取的态度。该司法解释的规定的本意是考虑到驰名商标具有动态性,随时间和市场的情况变化。因此,无论是行政认定还是司法认定,均采取个案认定的原则。

3. 事实认定

驰名商标的认定实际上是对商标是否为公众所熟知的事实状态予以认定。商标的驰名状态是动态变化的,是消费者形成的对商标的认知。在个案中被认定为驰名商标,仅代表该商标在案件发生的时点上属于公众所熟知的商标,但并不代表其一直处于这种状态。认定驰名商标是属于法官适用法律裁判案件的事实论证,是法官在裁判文书中论证被告行为是否构成商标侵权的方法,而不该出现在判决书的判项部分。

4. 因需认定

驰名商标的认定是为了保护商标专用权,用以制止侵权行为,不构成侵权的案件则无须认定驰名商标。驰名商标坚持因需认定,人民法院首先审查驰名商标的认定对案件是否有必要性,否则无须认定驰名商标。另外,如果商标权人以多个请求权基础要求追究他人侵害其商标权的民事责任,在能认定驰名商标以外的请求权基础就能够对商标权人提供充分的救济时,则无须通过认定驰名商标来救济商标权人。人民法院只有在审理涉及驰名的注册商标跨类保护、请求停止侵害驰名的为注册商标以及有关企业名称与驰名商标冲突的侵害商标权和不正当竞争的民事纠纷案件中,才对驰名商标予以认定。

典型案例6-2-1　北京稻香村食品有限责任公司与苏州稻香村食品有限公司侵害商标权纠纷上诉案

(2017)京民辖终214号

案件事实

苏州稻香村公司系第30类06组糕点类商品上的“稻香村”的传承人和所

有人,是糕点、面包、饼干等商品上“稻香村及图”的注册商标专用权人;“稻香村及图”商标和“稻香村”字号经过苏州稻香村公司的长期使用,获得了较高的市场知名度,并被评为中国驰名商标。

北京稻香村公司从未获得“稻香村及图”商标许可,但其在糕点类食品上使用与苏州稻香村公司商标相同的“稻香村”作为糕点类食品和服务的商标;北京稻香村公司在其销售糕点类商品的直营店、加盟店和网点中均突出使用“稻香村”字样。

苏州稻香村公司诉至法院,请求判令:(1)北京稻香村公司立即停止侵权行为;(2)北京稻香村公司在主流媒体上公开澄清事实、消除影响;(3)北京稻香村公司赔偿经济损失;(4)认定苏州稻香村公司的商标为驰名商标。

北京稻香村公司据此提出管辖权异议,认为苏州稻香村公司要求北京稻香村公司停止在糕点类商品上使用“稻香村”商标,是基于同一商品类别提出的商标侵权纠纷,无须进行驰名商标的认定。

法院裁判

一审法院认为,涉案注册商标是否构成驰名商标以及本案涉及的商品是否为同一类别,均为本案实体审理的问题,故北京稻香村公司提出的无须认定驰名商标的主张,本院不予支持。宣判后,北京稻香村食品有限责任公司不服,提起上诉。

二审法院认为:本案中,一审法院以“知识产权法院管辖所在市辖区内的涉及驰名商标认定的第一审民事案件”之规定为法律依据,确定本案管辖并无不当,驳回北京稻香村公司的管辖权异议申请。

根据法律和司法解释规定,驰名商标司法认定是在个案中为保护驰名商标权利的需要而进行的法律要件事实的认定,属于认定事实的范畴,遵循个案认定、因需认定、事实认定的原则。只有在商标驰名是构成被诉侵犯商标权或者不正当竞争行为的法律要件事实时,才有必要认定驰名商标。只有在审理涉及驰名的注册商标跨类保护、请求停止侵害驰名的未注册商标以及有关企业名称与驰名商标冲突的侵犯商标权和不正当竞争民事纠纷案件中,才可以认定驰名商标。

本案中,苏州稻香村公司认为北京稻香村公司在糕点类食品上使用与其商标相同的“稻香村”三个字作为糕点类食品和服务的商标,侵害了其注册商标专用权;在销售糕点类食品的直营店、加盟店和网点的牌匾、店招等宣传标识中突出使用“稻香村”字样,构成了对其的不正当竞争。因此,苏州稻香村公司主张被侵权的注册商标与北京稻香村公司注册商标的核定使用商品属于相同类别,不涉及商标的跨类保护。北京稻香村公司被诉侵犯商标权或者不正当竞争行为是否成立不以苏州稻香村公司主张被侵权的注册商标是否系驰名商标为事实根据,对于该注册商标是否驰名,在本案中应不予审查。

评析

驰名商标司法认定的目的是保护商标专用权,认定是前提,保护是目的。由此可见,驰名商标司法认定是以制止侵权行为为中心,不构成侵权的无须认定。驰名商标的认定应坚持因需认定为原则,主要包含三个层面的含义:(1)法院收到认定驰名商标的申请,应首先审查是否必要对驰名商标进行认定,如果在相同或类似的商品范围内,能够认定侵权行为的,则无须进行认定;(2)商标权人以多个请求权基础追究他人侵害其商标权的民事责任,在除认定驰名商标以外的其他请求权基础上就能够对商标权人提供充分保护的情况下,则无须通过驰名商标的认定制度来救济商标权人;(3)只有法定类型的案件需要对驰名商标认定时才予以认可,即涉及驰名商标的跨类保护、请求停止侵害未注册的驰名商标及有关企业名称与驰名商标冲突的侵害商标权和不正当竞争民事纠纷案件中,才可以对驰名商标认定。

(二)认定驰名商标的影响因素

1.相关公众的知晓程度

商标承载的是商品经营者的商业信誉,消费者认牌购物,是消费者和经营者直接的桥梁。一个商标驰名与否,主要是由该商标所标志的商品的消费者对其知晓的程度来决定,是市场行为,只能由市场交易中的相关公众去评价。相关公众是指商标所标识的某类商品或服务的有关消费者和与该商品或服务的营销有密切关系的其他经营者。相关公众主要用以解决谁来决定某商标是否为驰名商标的问题,其范围很广,并不局限于最终的用户或消费者。

当传统商标混淆理论已经无法制止商标侵权行为时,为了实现对注册商标的跨类保护或对未注册驰名商标的非跨类保护来制止商标侵权。相关公众是判断是否要给予驰名商标跨类保护的前提。相关公众的范围具有鲜明的个案特征,与特定案件中的商品或服务有密切联系。

2. 商标作为驰名商标受保护的记录

一个商标被侵权的纠纷越多,其作为驰名商标受保护的记录越多,也可以从一个侧面说明该商标的价值较大,市场的知名度越高,消费者对其认知度就越高。由于驰名商标的认定属于事实认定,一个商标的市场知名度是动态变化的,一个商标曾作为驰名商标受保护的记录,只能作为解决具体案件商标纠纷的一个参考因素,不能采取“一刀切”的方式来认定驰名商标。

(1)驰名商标认定的时间因素。

商标权的客体是商标所承载的商誉,而商誉的培育需要将商标实际投入商业活动中才能实现。我国《商标法》明确规定,注册商标连续 3 年不使用将被撤销。商标只有不停地使用才能产生商誉。一般来说,商标使用的时间越长,证明该商标所标识的商品或服务的质量越可靠,越有可能被广大消费者所认可。确立涉案商标的驰名时间点是正确处理商标侵权纠纷的前提。

最高人民法院《关于审理涉及驰名商标保护的民事纠纷案件应用法律若干问题的解释》第 5 条第 2 款规定:“前款所涉及的商标使用的时间、范围、方式等,包括其核准注册前持续使用的情形。”最高人民法院认为认定商标驰名与否,不仅应考虑商标注册后的使用情况,还应考虑该商标注册前持续使用的情况。

从立法的本意上来看,商标持续使用的时间是作为认定驰名商标的参考因素,但并不是必然因素。有的商标使用的时间较长,经过几次续展和长期持续使用才被相关公众知晓,但有的商标虽然使用的时间不长,但基于其企业的商业信誉及其相关产品的知名度,也可以很快被广大消费者所接受和知晓。所以,认定驰名商标的时间因素仅是参考指标。

另外,驰名商标对“驰名”之前的商标不具有排斥力,对其“驰名”之后的商标具有排斥力。驰名商标必须以争议发生时作为认定驰名商标的时间点,而不是以起诉时驰名为准。根据最高人民法院《关于审理涉及驰名商标保护的民事纠纷案件应用法律若干问题的解释》第 5 条的规定,“当事人主张商标驰名的,应当根据案件具体情况,提供下列证据,证明被诉侵犯商标权或者不正当竞争行为发生时,其商标已属驰名……”即驰名商标必须以发生争议时驰名为准。

商标侵权及不正当竞争纠纷案件中,应以被控侵权行为发生时或被控企业名称注册时的时间点，作为判断商标是否驰名的时间点。

（2）驰名商标认定的地域因素。

从人民法院认定驰名商标的司法实践来看，在一定地域范围内具有一定知名度的商标均可以在个案中被认定为驰名商标。我国的主流观点认为，认定驰名商标应当坚持的是国内驰名的原则，即在中国境内驰名才能有可能被认定为驰名商标。在诉讼中，驰名商标的认定也将驰名因素的审查限定在中国境内。

我国民事诉讼法的一个重要原则之一是对等原则，外国民事诉讼法或司法实践是如何对待我国国民的，我国的民事诉讼法或司法实践将以对等的态度待之。根据主权国家平等的原则，我国对待驰名商标的认定采取国内地域性原则，如果我国的驰名商标在他国被抢注，他国依据对等保护原则，也可以不保护我国的驰名商标。

我国在对待驰名商标的认定范围上采取国内地域性原则，辅之以对等保护原则，是保护我国商标权人利益和国际贸易的需要，也是我国品牌战略发展和全球经济一体化的必然要求。

最高人民法院《关于审理涉及驰名商标保护的民事纠纷案件应用法律若干问题的解释》第 4 条规定："人民法院认定商标是否驰名，应当以证明其驰名的事实为依据，综合考虑商标法第十四条第一款规定的各项因素，但是根据案件具体情况无需考虑该条规定的全部因素即足以认定商标驰名的情形除外。"这表明，在认定驰名商标的时候，应当综合考虑《商标法》第 14 条规定的各项因素。

最高人民法院《关于审理涉及驰名商标保护的民事纠纷案件应用法律若干问题的解释》第 5 条第 2 款，将商标注册前后的持续使用时间纳入了考虑范围；该条第 3 款进一步规定"对于商标使用时间长短、行业排名、市场调查报告、市场价值评估报告、是否曾被认定为著名商标等证据，人民法院应当结合认定商标驰名的其他证据，客观、全面地进行审查"。

（三）司法、行政对驰名商标认定的途径

无论是行政机关认定驰名商标还是司法认定驰名商标，均涉及驰名商标的认定标准问题。《商标法》第 14 条规定了 5 项认定驰名商标应当考虑的因素，但对各项因素在认定驰名商标中的作用和地位，司法和行政实践中有不同的认识。

1. 司法实践中对驰名商标的认定

我国最高人民法院给驰名商标下的定义为“在中国境内为相关公众广为知晓的商标”，该定义将商标享有较高声誉作为认定驰名商标的事实因素之一。

发生以下情形的时候人民法院才启动对驰名商标的认定：

(1)在商标侵权纠纷案中，基于原告的请求，为实现对原告注册商标的跨类保护或未注册商标的同类保护，对符合驰名商标法定条件的商标给予驰名商标认定；

(2)在不正当竞争纠纷案中，基于原告的请求，为制止“搭便车”的不正当竞争行为，对符合驰名商标法定条件的商标给予驰名商标认定。

在司法实践中，有些案件的原告将确认驰名商标作为一项诉讼请求提出来，人民法院在回应原告的这一诉讼请求时有以下几种做法：

(1)将某商标认定为驰名商标，将其写入判决书主文部分以一个独立的判项进行表述，并判令被告停止侵犯原告驰名商标权。

人民法院认定驰名商标的事实状态是其权利得以成立、行使和获得保护的基础，对认定驰名商标有时间节点的限制，人民法院审查的是侵权行为发生之时的商标知名度状态，即判决主文对驰名商标的既判力时间效力上只能是侵权行为发生时，主体原则上也只及于双方当事人，只是侵权行为发生时侵权对象的驰名状态，即俗称的“一案一认定”。

(2)将某商标认定为驰名商标仅作为判决书的说理部分进行阐述，并不写入判决书主文。

(3)在判决书主文中明确驳回原告提出的确认驰名商标的诉讼请求。

(4)对原告诉请确认驰名商标的主张不予答复。

受各种经济因素、社会环境和思想观念等影响，人们对驰名商标制度设立的目的认识不清、驰名商标的司法认定范围模糊、驰名商标司法认定与保护范围的标准和尺度不统一等原因，为加强保护符合法定条件的驰名商标，同时防止不正当地将驰名商标当作授予荣誉称号的情形，最高人民法院基于对我国驰名商标司法认定和保护经验的总结，并结合当前我国社会与经济发展的新形势，为进一步指导当前全国法院在审理侵犯商标权等民事纠纷案件中依法保护驰名商标的审判工作，2020 年修正的最高人民法院《关于审理涉及驰名商标保护的民事纠纷案件应用法律若干问题的解释》第 1 条对驰名商标作出界定：“本

解释所称驰名商标,是指在中国境内为相关公众所熟知的商标。”该界定的内涵如下:

(1)驰名商标的驰名范围限于“中国境内”。对中国境内是指主权区域概念还是行政、司法管辖权的地域范围,在该司法解释中未界定,但通常是指中国行政和司法管辖权的地域范围。

(2)该商标为相关公众“广为知晓”。

(3)该商标包括注册商标和未注册商标。

(4)司法程序认定驰名商标的关键时间点为侵权行为发生时。如果一个已经申请的商标开始使用时被诉侵害驰名商标的权利,则应考虑申请日的驰名状况。

最高人民法院《关于审理涉及驰名商标保护的民事纠纷案件应用法律若干问题的解释》第 2 条规定:“在下列民事纠纷案件中,当事人以商标驰名作为事实根据,人民法院根据案件具体情况,认为确有必要的,对所涉商标是否驰名作出认定:(一)以违反商标法第十三条的规定为由,提起的侵犯商标权诉讼;(二)以企业名称与其驰名商标相同或者近似为由,提起的侵犯商标权或者不正当竞争诉讼;(三)符合本解释第六条规定的抗辩或者反诉的诉讼。”该条款是人民法院对所涉商标是否驰名作出认定的法律依据。

最高人民法院《关于审理涉及驰名商标保护的民事纠纷案件应用法律若干问题的解释》第 3 条规定:“在下列民事纠纷案件中,人民法院对于所涉商标是否驰名不予审查:(一)被诉侵犯商标权或者不正当竞争行为的成立不以商标驰名为事实根据的;(二)被诉侵犯商标权或者不正当竞争行为因不具备法律规定的其他要件而不成立的。原告以被告注册、使用的域名与其注册商标相同或者近似,并通过该域名进行相关商品交易的电子商务,足以造成相关公众误认为由,提起的侵权诉讼,按照前款第(一)项的规定处理。”该条款是人民法院对所涉商标是否驰名予以审查与否的依据。

2020 年修正的最高人民法院《关于审理涉及驰名商标保护的民事纠纷案件应用法律若干问题的解释》第 13 条规定:“在涉及驰名商标保护的民事纠纷案件中,人民法院对于商标驰名的认定,仅作为案件事实和判决理由,不写入判决主文;以调解方式审结的,在调解书中对商标驰名的事实不予认定。”该条款明确了人民法院对驰名商标坚持事实认定的原则。

典型案例6-2-2 小米科技有限责任公司等诉中山奔腾电器有限公司等商标侵权及不正当竞争纠纷案[①]

(2019)苏民终1316号

案件事实

小米科技有限责任公司(以下简称小米科技公司)、小米通讯技术有限公司(以下简称小米通讯公司)先后成立于2010年3月、2010年8月。2011年4月,“小米”商标被核准注册,核定使用商品包括手提电话、可视电话等。此后陆续申请注册了“智米”等一系列商标。小米科技公司、小米通讯公司通过“硬件+软件+互联网”的商业模式,在较短的时间内将小米手机打造成互联网品牌手机。自2010年以来,先后获得一系列行业内的多项全国性荣誉,各大主流报纸、期刊、网络媒体等均对小米科技公司、小米通讯公司及其小米手机进行持续、广泛地宣传报道。

2011年11月,中山奔腾电器有限公司(以下简称中山奔腾公司)申请注册“小米生活”商标,小米科技公司提出异议,2015年该商标被核准注册,核定使用商品包括电炊具、热水器、电压力锅等。2018年“小米生活”注册商标被国家商评委以系通过不正当手段取得注册为由,裁定宣告无效,2019年北京知识产权法院作出行政判决,驳回中山奔腾公司的诉讼请求。此外,在中山奔腾公司注册的90余件商标中,不仅有在第7类、10类、11类等类别的商品上注册的多件与小米科技公司“小米”“智米”标识近似的商标,还有“百事可乐PAPSIPAPNE”“盖乐世”“威猛先生”“奔腾大地”等与他人知名品牌相同或近似的商标。

小米科技公司、小米通讯公司认为,“小米”商标经过长期广泛使用,在市场上已经属于具有极高知名度和美誉度的驰名商标。中山奔腾公司、中山独领公司等共同实施了侵犯“小米”驰名商标专用权的行为;中山奔腾公司、中山独领公司在产品的宣传和推广中使用与“小米”品牌近似的配色、广告语,构成虚假宣传的不正当竞争行为,故诉至法院,请求判令中山奔腾公司、中山独领公司等停止侵权、消除影响,并连带赔偿其经济损失5000万元及合理支出414,198元。

中山奔腾公司、中山独领公司等辩称:在中山奔腾公司2011年11月23日

---

① 江苏法院知识产权司法保护五件惩罚性赔偿案例之一(2020年)。

申请注册“小米生活”前，“小米”商标不具有知名度，不可能达到驰名的程度，不应适用驰名商标的跨类保护；其广告宣传、包装与小米科技公司、小米通讯公司完全不一样，不构成不正当竞争，且从未作虚假宣传；小米科技公司、小米通讯公司要求其连带赔偿损失及合理费用没有事实和法律依据。

法院裁判

本案的特殊之处在于，依据《商标法》第14条的规定，认定驰名商标应当考虑下列因素：“（二）该商标使用的持续时间”；《驰名商标认定和保护规定》第9条规定：“以下材料可以作为证明符合商标法第十四条第一款规定的证据材料：……（二）证明该商标使用持续时间的材料，如该商标使用、注册的历史和范围的材料。该商标为未注册商标的，应当提供证明其使用持续时间不少于五年的材料。该商标为注册商标的，应当提供证明其注册时间不少于三年或者持续使用时间不少于五年的材料……”在中山奔腾公司申请注册“小米生活”商标时，“小米”商标自申请注册之日不足2年，不符合《商标法》第14条的规定，但是一审、二审法院并未机械适用《驰名商标认定和保护规定》中关于持续3年或5年时间等具体时间节点的内容，也未孤立、片面地审查证明商标驰名事实的证据，而是充分考虑到小米公司具有极高知名度的字号对商标驰名的影响，手机商品营销特点，移动互联网时代品牌影响力尤其是涉案“小米”品牌影响力的传播速度，综合考量商标法规定的各项驰名因素，对“小米”商标的驰名度进行了全面、客观认定，为驰名商标司法认定提供了实践经验。

2021年1月1日生效的最高人民法院《关于审理涉及驰名商标保护的民事纠纷案件应用法律若干问题的解释》（2020年修正）第4条规定：“人民法院认定商标是否驰名，应当以证明其驰名的事实为依据，综合考虑商标法第十四条第一款规定的各项因素，但是根据案件具体情况无需考虑该条规定的全部因素即足以认定商标驰名的情形除外。”本案中，法院在该司法解释尚未出台的情况下，结合案件特点创新性认定商标驰名，弥补了驰名商标认定法律规范的不足，值得肯定。

评析

本案是《商标法》修订后第一例明确适用惩罚性赔偿制度确定赔偿额的案例，也是适用惩罚性赔偿制度确定的赔偿额最高的一起商标侵权案件，被评为2019年江苏法院十大典型案例。在认定涉案商标驰名的时间节点、社会公众知晓程度时,需综合考虑《商标法》第 14 条规定的各项因素,并结合不同行业的特点,对涉案商标是否驰名进行客观、全面地认定,不应机械地适用《驰名商标认定和保护规定》中关于持续 3 年或 5 年时间等相关内容的规定。

2. 行政机关对驰名商标的认定

我国行政性规范将驰名商标界定为“在中国为相关公众广为知晓并享有较高声誉的商标”。2014 年修订的《驰名商标认定和保护规定》第 2 条规定:“驰名商标是在中国为相关公众所熟知的商标。相关公众包括与使用商标所标示的某类商品或者服务有关的消费者,生产前述商品或者提供服务的其他经营者以及经销渠道中所涉及的销售者和相关人员等。”

行政机关认定驰名商标主要依据为我国《商标法》第 13 条的规定。国家市场监督管理总局(原国家工商行政管理局)基于对驰名商标认定的经验总结以及为贯彻落实国家知识产权战略纲要,2009 年 4 月出台了《关于印发〈国家工商行政管理总局驰名商标认定工作细则〉的通知》(工商标字〔2009〕81 号文),该通知就行政认定驰名商标应考虑的因素、证据材料、复核与法律监督等进行了详细规定。2014 年修订的《驰名商标认定和保护规定》第 5 条规定:“当事人依照商标法第三十三条规定向商标局提出异议,并依照商标法第十三条规定请求驰名商标保护的,可以向商标局提出驰名商标保护的书面请求并提交其商标构成驰名商标的证据材料。”第 6 条规定:“当事人在商标不予注册复审案件和请求无效宣告案件中,依照商标法第十三条规定请求驰名商标保护的,可以向商标复审委员会提出驰名商标保护的书面请求并提交其商标构成驰名商标的证据材料。”

行政机关启动对驰名商标认定的情形包括:

(1)在市场监督管理部门查处案件中予以认定

在市场监督管理部门查处案件中予以认定的情形为,驰名商标权利人若发现市场上存在侵犯其驰名商标权的行为,可向当地市场监督管理部门投诉,同时提交该商标驰名的相关证明材料,请求其依据《商标法》第 13 条予以保护。市级或省级市场监督管理部门在收到驰名商标权利人提交的商标驰名相关证明材料后,将逐级上报至国家知识产权局,待国家知识产权局认定该商标驰名后再将认定结果逐级下达。

(2)在商标赋权和确权案件中予以认定

在商标确权案件中予以认定的情形为,驰名商标权利人若针对已初步审定公告商标存有异议,或者针对已注册的商标存有争议,欲提起撤销或无效宣告措施时,可依据《商标法》第13条规定,自行或委托代理机构向国家知识产权局商标局提出商标异议申请、撤销申请或无效宣告申请,同时提交该引证商标驰名的相关证明材料,通常情况下12个月至15个月左右国家知识产权局会针对异议、撤销或无效宣告作出裁判结果。

二、驰名商标的法律保护

(一)驰名商标法律保护的意义

在当今世界,驰名商标逐渐摆脱对产品的依附关系,走向社会生活的前台,成为企业良好信誉机制的重要载体,消费者认牌购物的行为习惯,企业也因通过提供优质产品而获得经济激励。驰名商标保护制度的建立,有利于保护商标权利人的合法利益、维护消费者的合法权益、促进市场经济秩序的竞争环境的公平有序,同时有助于我国在国际经济舞台上开展竞争。

1. 对驰名商标的法律保护能有效保护商标权利人的合法利益

驰名商标所代表的商品或服务意味着知名度,给商标的权利人带来巨大的经济利益。此类商标不仅可以提高产品的市场销售量和份额,还可以维护商品的价格优势,即便该品牌的产品或服务比其他品牌价格略高,消费者也可能基于对品牌的信赖而选择该品牌,而且驰名商标良好的商誉可以作为延伸产品的有力推手。

2. 对驰名商标的法律保护能有效保护消费者的合法权益

消费者通过驰名商标来辨别商品或服务,驰名商标所表彰的商品或服务被广大消费者信赖,消费者正是基于对其产品质量的信任以及其作为身份的象征而购买,恰恰容易被不法经营者"蹭热度",假冒驰名商标标识推销假冒产品欺诈消费者,牟取非法利益。对驰名商标提供跨类保护,就是为了达到维护消费者的合法利益、制裁侵权人的目的。

3. 对驰名商标的法律保护能良好维护市场经济秩序

在司法实践中,凡市场好、发展快的高信誉的商标大多陷入了被假冒侵权的纠纷中,商标越有名,被假冒的可能性就越大。这种不法行为显然破坏了正常的社会经济秩序，阻碍了社会经济的发展。驰名商标保护制度的建立对确保公平的市场竞争秩序至关重要。

4. 对驰名商标的法律保护能便于开展国际竞争

我国是《巴黎公约》和世界贸易组织的成员国，《巴黎公约》和 TRIPs 均规定了驰名商标的保护制度，我国履行国际承诺并开展国际竞争，驰名商标保护制度的建立，既可以保护我国商标权人的合法权益，也可以有效保护外国商标权人的合法权益。

（二）我国驰名商标法律保护的历史沿革

为了驰名商标法律保护制度的建立与发展，必须追溯该制度的成长轨迹。

1. 世界上保护驰名商标的源头性法律文件是著名的《巴黎公约》，该公约要求各成员国注册的驰名商标在相同或类似商品上提供保护。1985 年 3 月，中国成为《巴黎公约》成员国，开始了履行在驰名商标保护工作方面的国际义务。

2. 1996 年 8 月，我国结合本国国情，并依据《巴黎公约》、TRIPs、《商标法》、《商标法实施细则》，国家市场监督管理总局（原国家工商行政管理局）创造性地指定并发布和实施了行政性部门规章《驰名商标认定和管理暂行规定》（现已失效），这是中国明确保护"驰名商标"的第一部专门的法律性文件。

《商标法》和《商标法实施条例》的修订，将对驰名商标的保护从部门规章的层次提升到法律、法规的层次，加大了我国对驰名商标的保护力度。

3. 根据《商标法》和《商标法实施条例》的规定，国家市场监督管理总局于 2014 年制定了《驰名商标认定和保护规定》为驰名商标提供了专门的保护依据。根据该规定，国家商标局可以在商标注册审查、商标争议处理和商标行政查处过程中认定和保护驰名商标，驰名商标的认定遵循个案认定和被动保护的原则。

（三）我国驰名商标法律保护的实践

1. 司法实践

（1）跨类保护中的驰名商标认定

由于驰名商标的声誉可以扩展到其原核准注册的商品或服务之外的领域，所以注册的驰名商标有跨类别保护的需要。注册商标越驰名，其跨类保护的范围就越宽。

2020年修订的最高人民法院《关于审理商标民事纠纷案件适用法律若干问题的解释》第1条第1款第2项:“复制、摹仿、翻译他人注册的驰名商标或其主要部分在不相同或者不相类似商品上作为商标使用,误导公众,致使该驰名商标注册人的利益可能受到损害的”中,“误导公众”“致使该驰名商标注册人的利益可能受到损害的”是认定驰名商标的必要条件。

我国对注册驰名商标的跨类保护范围采取适度跨类的原则,只有存在“误导公众,致使该驰名商标注册人的利益可能受到损害的”可能性时,才予以跨类保护,其背后的价值取向是公平竞争与自由竞争的平衡。所以,应根据个案事实与个案所透露的价值取向,以及其知名度、显著性和被控侵权行为的误导性后果等因素,对驰名商标进行相对跨类保护。

典型案例6-2-3 路虎公司与奋力公司驰名商标跨类保护纠纷案①

(2017)粤民终633号

案件事实

路虎公司是核定使用在第12类商品中的“陆地机动车辆及其部件和配件”上的注册号为第808460号图形商标、注册号为第3514202号“路虎”文字商标、注册号为第4309460号“LANDROVER”文字商标的商标专用权人。

广州市奋力有限公司在其网站及杭州阿里巴巴广告有限公司主办的“阿里1688”网页展示中,罐装营养素饮品饮料的罐面及瓶装维生素运动饮料的瓶面均印有“路虎”和“landrover”文字上下排列的标识,瓶装维生素咖啡饮料的瓶面印有“LANDROVER”文字标识及“路虎”和“LandRover”文字上下排列的标识。

通过路虎公司的委托代理人对某连锁便利店现场取证,购买到3箱名称为“路虎维生素饮料”的商品,外包装箱面印有“路虎维生素饮料”的商品名称、“landrover 路虎”和“LandRover 路虎”文字标识、奋力公司的名称和地址及其他商品情况的内容;箱内有15瓶名称为“维生素饮料”的商品,瓶面印有“landrover 路虎”文字标识及“路虎”和“landrover”文字上下排列的标识。

经比对,奋力公司在其网站及“阿里1688”网站展示的产品、某连锁便利店销售的商品所使用的“路虎”“LandRover”“landrover”“LANDROVER”被

---

① 广东省高级人民法院发布服务创新驱动发展十大典型案例之八(2019年)。

诉侵权标识，与涉案商标中的第3514202号“路虎”商标、第4309460号“LANDROVER”商标的文字相同，与涉案商标中的第808460号图形商标的“LANDROVER”文字相同。“LANDROVER”文字占据图案的大部分，是该图案突出显示的标志，故可认定被诉侵权的“LANDROVER”文字标识系摹仿第808460号图形商标的主要部分。

路虎
Land Rover

法院认为，涉案商标核定使用在《区分表》第12类商品中的“陆地机动车辆”等商品上，使用被诉侵权标识的维生素饮料属《区分表》第32类商品中的不含酒精饮料，二者是不相同也不相类似的商品。本案被诉侵权标识是摹仿涉案商标或其主要部分在不相同也不相类似商品上作为商标使用，由此容易让人联想二者之间有一定联系，从而误导公众，致使路虎公司的利益可能受到损害。因此，只有认定涉案商标为驰名商标，才能对涉案商标跨类保护并判断奋力公司、某连锁便利店是否侵犯路虎公司的注册商标专用权。故本案应当对涉案商标是否驰名作出认定。

依据路虎公司提供的中国各报纸、杂志、网站关于使用涉案商标的路虎汽车参加中国各地车展、进入中国各地市场、在中国的销售情况、在中国获得的各种奖项和荣誉等大量报道，可以证明涉案商标在中国相关公众中有较高的知名度并享有良好的市场声誉；依据路虎公司提供使用涉案商标的路虎汽车在中国各地130多家销售代理商的资料、会计师事务所对其2008～2012年在中国销售的利税等财务情况所做的审计报告等证据，证明使用涉案商标的路虎汽车的销售区域遍及中国各地，在越野车市场占有较大份额，销售量、利税额高并逐年增长，证明涉案商标在中国持续使用的时间长；依据路虎公司提供的其2012年和2013年在中国中央电视台、2004～2013年在中国各报纸、杂志、网站、投放使用涉案商标的宣传广告，证明涉案商标的宣传方式多、范围广、持续时间长、资金投入大且逐年增加。上述证据表明，涉案商标经过路虎公司在中国进行长期、广泛、大量的广告宣传和使用，已经在中国汽车行业中享有盛誉，在中国汽车市场上具有较高知名度和广泛影响力，为相关公众所普遍知晓，已经达到驰名商标的程度。

法院裁判

法院认定奋力公司在其产品上作为商标使用的被诉侵权标识与路虎公司驰名的涉案商标相同或者相近似,容易造成相关公众误认为,或与路虎公司具有特定联系,奋力公司因此获得不法利益,从而对路虎公司的利益造成损害。奋力公司在其生产、销售的商品上使用被诉侵权标识的行为,侵犯了路虎公司涉案注册商标专用权。奋力公司依法应承担停止侵权和赔偿损失的民事责任。

我国《商标法》对注册驰名商标的跨类保护范围采取适度跨类的原则,只有存在"误导公众,致使该驰名商标注册人的利益可能受到损害的"可能性时,才予以跨类保护。因此,对于"误导"以及"损害"把握的尺度尤为重要。根据个案事实以及个案所蕴含的公平竞争与自由竞争的价值取向来把握驰名商标的跨类保护尺度问题,会更符合《商标法》利益平衡的本质。法院在审理驰名商标跨类保护的范围时,应当根据具体案件情况,考虑其知名度、显著性和被控侵权行为的误导性后果等因素,不能无原则地全类别保护。

路虎公司的注册商标核定使用于《区分表》第12类商品中的"陆地机动车辆"等商品上,使用被诉侵权标识的维生素饮料属《区分表》第32类商品中的"不含酒精饮料",二者是不相同也不相类似的商品。从两类商品的性质、用途、用户、通常效用及销售渠道方面对比,可能很难认定产生误导公众的判断。但是,法院认定路虎公司涉案3个商标系驰名商标。奋力公司使用的被诉商标标识与路虎公司涉案3个注册商标构成相同或相近似,其行为削弱了路虎公司涉案注册商标作为驰名商标所具有的显著性和良好商誉,损害了路虎公司的利益,从而作出应予制止并赔偿损失、消除影响的判决。另外,除了本案所涉被诉标识之外,奋力公司还申请注册了大量与其他名人和知名企业称谓相同的商标,其利用我国商标注册制度囤积和不当使用商标的主观恶意明显。

评析

本案系驰名商标跨类保护的典型案例。本案判决对被告恶意囤积商标的行为进行了否定,维持了120万元的高额赔偿,社会效果良好,对于打击利用商标注册制度恶意抢注名牌商标、加大驰名商标保护力度、引导社会公众尊重知识产权,具有良好的裁判导向和示范效果。

驰名商标的认定需要平衡商标权利人和社会公众的利益,在商标被认定为驰名商标之前,他人在其他种类商品或服务上在先注册了与驰名商标相同或近似的商标,则驰名商标的跨类保护不能延伸至该种类的商品或服务上。

(2)商标与商号冲突中的驰名商标认定

商标权与商号权均属于商业标记权,均具有标识经营主体和区分商品服务的功能,二者如若发生权利冲突,可能是因为二者具有共同的选材要素,即商标权人和商号权人共同选择了相同或相近似的文字。另外,在我国商标注册由国家商标局负责,商号的注册登记由各级企业登记机关负责,商标与商号注册登记系统并不统一,这是二者产生权利冲突的客观现实条件。二者在法律依据、登记程序、注册或效力方面各自封闭,所以,出现注册相同或近似的商标或商号,在制度层面上产生冲突的现象并不罕见。

(3)未注册驰名商标的认定

《巴黎公约》创设驰名商标制度的目的在于保护未注册的驰名商标,使其获得与注册商标相同方式的保护。驰名是一种事实状态,不以是否注册而决定,是市场竞争的结果。

2019 年修订的《商标法》第 13 条第 3 款规定:"就不相同或者不相类似商品申请注册的商标是复制、摹仿或者翻译他人已经在中国注册的驰名商标,误导公众,致使该驰名商标注册人的利益可能受到损害的,不予注册并禁止使用。"该条规定体现我国对未注册驰名商标的保护采用同类禁止混淆标准,意味着未在中国注册的商标只要已经在中国驰名,他人对该驰名商标进行复制、摹仿或者翻译,并在相同或类似商品或服务上使用,可能导致消费者对商品来源产生混淆的,也能受到《商标法》的保护。该驰名商标所有者有权阻止他人使用,商标局对他人在相同或类似商品或服务上的注册申请不予批准。这一规定使"驰名"成为商标除注册之外获得保护的另外一条途径,可以有效防止恶意利用未注册驰名商标的声誉牟利并欺骗消费者的行为。

典型案例 6-2-4 狗不理集团有限公司与济南市大观园商场天丰园饭店侵犯商标权纠纷申请再审案

(2008)民三监字第 10-1 号

案件事实

天津狗不理包子饮食(集团)公司于 1994 年 10 月 7 日注册了"狗不理"文

字商标，注册号为第769005号，核定服务项目为第42类，即“餐馆、备办宴席、快餐馆、自动餐馆”。1999年12月29日，“狗不理”商标被国家工商行政管理局认定为驰名商标。2005年4月8日，天津狗不理包子饮食(集团)公司变更为天津狗不理集团有限公司，并经核准受让上述第769005号“狗不理”服务商标。

天丰园饭店开业日期为1973年，主营猪肉灌汤蒸包。济南大观园商场于1986年9月12日向济南市一商局提交附设旅馆申请开业的报告称，天丰园饭店经翻建后，拟将一、二楼以经营狗不理包子为主，加炒菜和包办酒席。1986年11月7日，该商场又就天丰园饭店增加经营项目向济南市一商局进行请示，报告中称拟将一楼经营“狗不理”猪肉灌汤包，以及应时炒菜、便餐、米饭、水饺等。1990年8月，济南出版社出版了由山东省政协文史资料委员会、济南市政协文史资料委员会编写的《济南老字号》一书。该书涉及“天丰园狗不理包子铺”，对于“狗不理”包子的由来、“狗不理”包子如何定居济南历下、“狗不理”包子的制作方法以及天丰园饭店的发展进行了介绍。济南的“狗不理”包子从20世纪40年代初开始经营，一直畅销不衰。现在，又在它的原址上盖起了新的营业大厅，发展成为一家大型的饭店。

一审期间，济南市大观园街道办事处、济南市市中区商业贸易局、济南市贸易局、济南市饭店协会均在关于天丰园饭店自20世纪40年代初开始持续经营“狗不理”风味猪肉灌汤包以及多次被评为济南名优风味小吃的证明材料上加盖了公章，济南市饮食业协会亦出具证明称，自20世纪80年代至今，天丰园饭店一直持续经营“狗不理”风味猪肉灌汤包，是济南市消费者喜欢的小吃，并被评为2005年的“名优(风味)小吃”。

狗不理集团公司于2006年对天丰园饭店经营狗不理包子场所拍摄的照片显示，天丰园饭店在其二楼南侧经营狗不理包子，并在一楼楼梯口、楼梯过道、二楼门口以及二楼窗外悬挂了带有“中华老字号　狗不理包子”“中华小吃　狗不理欢迎您光临”“济南名吃　天丰园狗不理包子”“天丰园狗不理包子”字样的宣传牌匾、墙体广告和指示牌，在饭店使用的名片和价格单上，也出现了“狗不理传统名吃”和“中华名吃狗不理包子”的文字。

2006年10月16日，狗不理集团公司向济南市中级人民法院提起诉讼，认为天丰园饭店的行为侵犯其“狗不理”注册商标专用权，请求法院判令天丰园饭店停止侵权，消除影响，赔偿经济损失，承担本案诉讼费用。

法院裁判

一审法院认为,本案争议焦点在于天丰园饭店在经营中使用有关“狗不理包子”等标识并进行宣传的行为,是否侵犯了狗不理集团公司的“狗不理”服务商标专用权。

天丰园饭店在济南这一特定地域经营“狗不理猪肉灌汤包”的历史由来已久。从有关记载看,其自20世纪40年代即已在济南扎根。在1993年7月开始受理服务商标注册申请以前,天丰园饭店一直持续经营猪肉灌汤包,并使用“狗不理”这一词汇作为其猪肉灌汤包风味来源的宣传介绍。狗不理集团公司虽拥有“狗不理”这一服务商标,并承继了“狗不理”文字和图形组合商标在包子商品上的专用权,但众所周知,“狗不理”猪肉灌汤包是源自天津的特色名吃,在其发展过程中,也集合了有关经营者共同的努力。狗不理集团公司不能阻断以前所形成的既定事实和经营状态。从另一角度看,天丰园饭店提交的相关证据材料显示,其经营的狗不理猪肉灌汤包于2005年被评为济南的“名优(风味)小吃”以及消费者协会推荐品牌,从一个侧面也说明其经营处于一种持续的状态,并且其经营地域以及经营方式未发生改变。对于“狗不理”三个字的书写方式也与狗不理集团公司注册的“狗不理”商标不同。天丰园饭店也未以“狗不理”标识标记其提供的服务或包子。综上所述,天丰园饭店未超出原有地域和服务项目,也未使用狗不理集团公司对于“狗不理”商标的特定书写方式,因此,其行为不构成侵犯“狗不理”服务商标专用权。依照《民事诉讼法》第64条第1款、《商标法》第51条、《商标法实施条例》第54条之规定,驳回狗不理集团公司的诉讼请求。

狗不理集团公司不服一审判决,向山东省高级人民法院提起上诉。

二审法院认为,本案事实充分表明天丰园饭店使用“狗不理”三字有其历史渊源,不存在侵权的主观恶意,因此,天丰园饭店只需承担停止侵权的责任即可,不必再承担损害赔偿的民事责任。二审法院撤销一审判决,判令天丰园饭店停止在宣传牌匾、墙体广告等其他形式中使用“狗不理”三字进行宣传;驳回狗不理集团公司的其他诉讼请求。

狗不理集团公司不服终审判决,向最高人民法院提起再审申请。

最高人民法院认为,根据原审查明的事实,天丰园饭店提供“狗不理猪肉灌汤包”食品,有历史承袭演变的过程。原审法院结合上述事实认定天丰园饭店使用“狗不理包子”具有历史承袭演变的过程，没有违背市场公认的商业道德，不存在搭他人便车利用“狗不理”服务商标声誉的主观恶意，并无不妥。原审法院根据本案具体情况，考虑狗不理集团公司注册“狗不理”服务商标前，天丰园饭店持续使用“狗不理猪肉灌汤包”这一菜品名称的历史因素，判决天丰园饭店仍可以保留“狗不理猪肉灌汤包”菜品名称，但禁止其作其他扩张性使用，符合公平原则，适用法律并无不当。

最高人民法院作出裁定驳回再审人狗不理集团有限公司的再审申请。

评析

我国《商标法》并未采用纯粹注册取得商标权的原则，其在特定条件下保护在先使用的商标，主要体现：

由于我国自1993年才开始为服务商标提供注册保护，而现实经济生活中服务商标的使用显然要更早，如果严格按照商标法所确立的注册原则和先申请原则，那么，在后的商标注册人就可以排除在先使用人在相同或类似的服务上使用与其注册商标相同或相近似的服务标识。为了平衡商标注册人与在先使用人的利益，我国《商标法》作出了一系列的规定，在先使用的服务商标继续使用时，不得扩大使用地域，不得增加使用的服务项目，不得改变服务商标，但以他人注册的服务商标相区别的目的除外，不得转让或许可他人使用，违反上述规定的，视为侵犯他人商标专用权。继续使用时如产生实际混淆，造成消费者误认的，以便于注册人的服务商标相区别。由上述规定可知，在先且善意的使用人，如与他人在相同或相近似的服务类别上已注册的服务商标相同或相近似，不属于侵犯他人的注册商标专用权。

众所周知，诚实信用原则是民法的帝王原则，该原则涉及当事人之间以及当事人与社会间的利益关系，目的是实现两个利益关系发生冲突时的平衡。诚实信用原则要求尊重他人利益，不得损人利己，保证法律关系的当事人都能得到自己应有的利益，在发生特殊情况导致当事人之间的利益关系失衡时，应进行调整，恢复利益平衡，由此维护社会经济秩序。《商标法》作为民法的一个重要组成部分，也应当遵循诚实信用原则。商标作为区别不同经营者提供的商品或服务的标记，只有通过在商业活动中使用才能得到消费者的认可，其区别其他经营者的商品或服务的功能才能得以体现，进而建立商业信誉，并成为商标使用人重要的无形资产。鉴于此，当在先使用的商标人已经通过连续使用获得商业信誉时,亦应保护其凝聚在商标上的商誉,这样才有利于鼓励诚实经营者的正当利益。

本案历经一审、二审、最高人民法院再审,各级法院在查清案件事实的基础上,均认定天丰园饭店提供"狗不理猪肉灌汤包"食品,有历史承袭演变的过程。没有违背市场公认的商业道德,不存在搭他人便车利用"狗不理"服务商标声誉的主观恶意。且根据本案具体情况,考虑狗不理集团公司注册"狗不理"服务商标前,天丰园饭店持续使用"狗不理猪肉灌汤包"这一菜品名称的历史因素,判决天丰园饭店仍可以保留"狗不理猪肉灌汤包"菜品名称,但禁止其作其他扩张性使用,符合公平原则,适用法律并无不当。

我国商标注册实行自愿原则,因此在现实经济生活中就产生了注册商标和未注册商标,现行《商标法》只从管理的角度对未注册商标进行调整。对于在他人注册商标注册之前已经在同类商品上使用相同商标的,他人注册以后仍然继续使用的,不应当一概地认定为侵犯商标专用权的行为。如果在先使用人出于善意而继续使用注册商标的,为了贯彻诚实信用原则、保护公平竞争和保护消费者利益,全面保护商标使用人的利益,一般也不认定为是侵权行为。

2. 行政实践——商标异议程序中的驰名商标保护

(1)异议程序中保护驰名商标的法律依据

《商标法实施条例》第 3 条规定,在商标注册过程中产生争议时,有关当事人认为其商标构成驰名的,可以向商标局请求驰名商标保护,并提交其商标构成驰名商标的证据材料。商标局应当依照《商标法》第 14 条的规定,根据审查处理案件的需要,以及当事人提交的证据材料,对其商标驰名情况作出认定。《驰名商标认定和保护规定》第 5 条规定,当事人依照《商标法》第 33 条向商标局提出异议,并按照《商标法》第 13 条规定请求驰名商标保护的,可以向商标局提出驰名商标保护的书面请求并提交其商标构成驰名商标的证据材料。据此,在商标异议程序中,异议人认为其商标构成驰名商标的,可以向商标局请求驰名商标保护,驳回被异议商标的注册申请。

《商标法》第 13 条第 2 款规定:"就相同或者类似商品申请注册的商标是复制、摹仿或者翻译他人未在中国注册的驰名商标,容易导致混淆的,不予注册并禁止使用。"就异议案件而言,适用该款的条件为:①被异议商标指定使用商品与异议人商标实际使用商品相同或者类似；②被异议商标是对异议人商标的复制、摹仿或者翻译；③异议人商标未在我国注册；④异议人商标驰名；⑤被异议商标的注册和使用容易导致混淆。

《商标法》第 13 条第 3 款规定："就不相同或者不相类似商品申请注册的商标是复制、摹仿或者翻译他人已经在中国注册的驰名商标，误导公众，致使该驰名商标注册人的利益可能受到损害的，不予注册并禁止使用。"就异议案件而言，适用该款的条件为：①被异议商标指定使用商品与异议人商标实际使用商品不相同也不类似；②被异议商标是对异议人商标的复制、摹仿或者翻译；③异议人商标已在我国注册；④异议人商标驰名；⑤被异议商标的注册和使用误导公众，致使该驰名商标注册人的利益可能受到损害。

(2)认定驰名商标的请求与异议请求的关系

认定驰名商标的目的在于保护，认定是为扩大保护提供正当理由。就商标异议案件的审理而言，应当遵循的思路是，综合考虑异议人商标的知名程度、商标的独创性、被异议商标指定使用商品与异议人商标核定使用商品的关联性等因素，从而判断被异议商标是否构成对异议人商标的复制、摹仿或者翻译，被异议商标的使用是否容易导致混淆或者误导公众，或者致使异议人的利益可能受到损害，从而决定是否给予异议人商标扩大保护。如果需要扩大保护，则认定异议人商标为驰名商标；如果不给予扩大保护，则无须认定。驰名商标的认定是为将驰名商标的保护扩大到非类似商品或服务上寻找一个正当的理由。商标局只向当事人送达《商标异议决定书》，并在决定书中体现对驰名商标的认定。

异议人的认定驰名商标请求是异议理由之一，不构成单独的异议请求。在商标异议案件中，异议人的异议请求具有单一性或称为唯一性，即驳回被异议商标在其指定的全部或者部分商品或者服务上注册。支持其异议请求的异议理由包括：被异议商标违反禁用条款；被异议商标与异议人商标构成使用在类似商品或服务上的近似商标；被异议商标是被异议人对异议人商标的抢注；被异议人侵犯他人合法在先权利等，也包括异议人商标构成驰名商标，被异议商标违反《商标法》第 13 条的规定。因此，异议人请求认定驰名商标仅仅是其主张的异议理由之一，不应将其独立与异议请求。

(3)给予驰名商标保护需要考虑的因素

①商标的知名度

法律上的驰名商标是以商标驰名为前提,给予某商标以驰名商标保护,要求该商标必须具有一定知名度。商标局在商标异议案件中对某商标是否驰名,应当依照《商标法》第 14 条的规定进行审查:相关公众对该商标的知晓程度;该商标使用的持续时间;该商标的任何宣传工作的持续时间、程度和地理范围;该商标作为驰名商标受保护的记录;该商标驰名的其他因素。对于当事人而言,凡其认为可以证明其商标驰名的证据材料(包括但不限于《驰名商标认定和保护规定》第 3 条列举的材料),都可以作为证据材料向有关主管机关提交。

②商标的显著性

商标的显著性可以分为两个层次:一是商标标记本身所固有的显著性,即商标文字、图形或者图文组合或者表现形式以及立体商标构造的显著性。有显著性的商标不一定具有独创性。例如,使用在葡萄酒上的“长城”商标具有显著性,但不具有独创性;使用在冰箱上的“海尔”商标既具有显著性,也具有独创性。二是通过使用取得显著性,即因商标知名度的提高,使商标显著性获得提升,此种意义上的显著性与知名度都因使用行为产生,而且知名度越高的商标其显著性越强。在决定是否将某商标作为驰名商标加以保护时,既要考虑该商标固有的显著性,也要考虑该商标通过使用取得的显著性。

根据商标固有显著性的不同,可以将商标分为强商标和弱商标。如果商标由普通有含义的单词或词组或者由某类商品上常见的图形或者由自然界动物常见的形态构成,则属于弱商标,如“长城”“熊猫”等。反之,如果商标由自创无含义的单词或词组,或由动物卡通造型或通过特殊手法表现出的形态构成,则属于强商标,如“海尔”“华为”等。需要注意的是,就文字商标而言,其固有的显著性不仅体现在字词组合上,还体现在其表现形式上,即含有一定设计成分的字体或者组合形式,如特殊字体、手写体等。一般而言,商标固有的显著性越强,获得特殊保护的可能性越大。

商标固有显著性是判断被异议商标是否构成对异议人商标复制、模仿和翻译的重要因素之一,也是保护驰名商标应当考虑商标显著性的理由之一。如果某商标固有显著性较弱,则他人无须复制、摹仿或者翻译,就可以选择该词作为商标。例如,申请人将“长城”申请注册在“电视机、录音笔”等商品上,虽然与葡萄酒上的“长城”商标文字相同,但也不能认定构成侵害驰名商标注册人的利益。

③商品的关联性

商品的关联性是当事人双方商标使用商品或服务在功能、用途、销售渠道和消费群体等方面的相关性,如服装与服装加工、首饰与首饰加工、汽车与车辆维修等可以视为具有关联性,对于知名度和显著性有所不足而难以在全类商品和服务上获得特殊保护的注册商标,其扩大保护应当限于他人商标的注册和使用会误导公众。在商标异议案件中,对于具有一定知名度,但固有显著性较弱的异议人商标,对其扩大保护的范围一般从严掌握,即对于被异议商标的使用是否构成混淆性使用的判断应当采用较高的标准。如果被异议商标的使用不会误导公众,则对异议人商标不予扩大保护,也无须认定其商标为驰名商标。

④关于个案认定、个案有效原则

所谓个案认定,是指在具体的异议案件中认定和保护驰名商标,认定是处理个案的需要,不能脱离案件搞认定。个案有效,是指驰名商标认定只在该异议案件中有效。确立上述原则的理由在于:其一,驰名商标认定的目的在于保护,而保护不可能脱离个案。其二,商标的知名度是动态的,商标驰名也是动态的,具有时间性。市场规律决定了一个商标不可能曾经驰名,终身驰名。其三,保护被异议人答辩权利的需要。被异议人行使答辩权利的重要前提之一是其知晓异议人的异议理由、主张的事实及证据,仅凭认定驰名商标的先例决定书当然认定异议人商标驰名,显然是剥夺了被异议人的答辩权利。因此,应当确保被异议人知晓商标局何以将异议人商标认定为驰名商标。

第二节　驰名商标保护的司法实践

一、司法实践中判定侵害驰名商标的标准

判断商标侵权的思路为:先依据混淆标准,考量被控侵权方是否存在假冒原告的注册商标,并可能导致相关公众对商品的来源或经营者的关系产生混淆,以此来判定被控侵权方的行为性质;在商品或服务的跨类保护的情形下,可依据反淡化标准来判定被控侵权方的行为是否构成商标侵权;在商品跨越国边

境的特殊情形下，无法依据商标侵权的混淆标准和反淡化标准来判定被控侵权方的行为性质的，则依据国家的法律政策来判定被控行为是否构成商标侵权。

（一）“混淆”标准

商标的基本功能是识别功能，传统商标侵权理论是以商标混淆理论为基础来构建的，所以，商标混淆作为《商标法》的基本范畴，在商标侵权认定和商标无效认定中的作用是重要的。传统商标法的混淆理论，旨在制止混淆，防止侵权者通过使用他人的商标而将自己的商品伪装成他人的商品，或使人误认为其与商标权人存在某种经营上的联系欺骗消费者、侵占商标权人的商誉。

如果被控商标标识与商标专用权人的商标标识相同、相近似，二者所标识的商品或服务类别相同、相近似，但这种情形不可能导致相关公众对商品或服务的来源产生混淆或误认，则不构成商标侵权。

是否存在“混淆”是判定商标侵权的基准，被控商标标识与商标专用权人的商标标识相近似，二者所标识的商品或服务相类似，只是认定“混淆”时应当考虑的因素。相似是原因，“混淆”是结果，相似是判断“混淆”的关键，“混淆”是判定侵权的基准。

根据2019年修订的《商标法》第57条第2项的规定，未经商标注册人的许可，在同一种商品上使用与其注册商标近似的商标，或者在类似商品上使用与其注册商标相同或者近似的商标，容易导致混淆的，属侵犯注册商标专用权的行为。从该项规定可以解读出：当被控侵权的商标标识与注册商标相同或相近，且二者所标识的商品或服务相同或相近似时，可以判定该被控侵权的商标构成“冲突商标”或上述被控侵权行为构成对商标专用权的侵犯，因为这种行为已经导致或极有可能导致消费者对产品或服务的来源产生混淆或误认。

2020年修订的最高人民法院《关于审理涉及驰名商标保护的民事纠纷案件应用法律若干问题的解释》第9条第1款规定：“足以使相关公众对使用驰名商标和被诉商标的商品来源产生误认，或者足以使相关公众认为使用驰名商标和被诉商标的经营者之间具有许可使用、关联企业关系等特定联系的，属于商标法第十三条第二款规定的‘容易导致混淆’”。该款确立了我国驰名商标保护的防止混淆的标准。

以混淆的标准具体分析某种行为是否侵犯驰名商标专用权时应考虑的因素如下：（1）被控侵权的商业标识与驰名商标是否相同或相近似；（2）被控侵权的商

业标识与驰名商标所标识的商品或服务是否相同或类似;(3)被控侵权行为人与商标权人所销售的商品或服务是否存在被相关公众混淆或误认的可能;(4)被控侵权行为人与商标权人之间的地理空间距离,地理空间距离远则发生混淆的可能性低;(5)相关公众购买商品或服务时的注意程度;(6)商标权人的商标知名程度;(7)商标权人的商标显著性;(8)被控侵权行为人是否存在侵权的主观故意。

(二)反淡化标准

对于驰名商标而言,它不仅是用来表明商品或服务的出处,更重要的是,它还代表了商标品牌的价值和企业的形象。当他人在不同类别的商品或服务上使用了与驰名商标相同或近似的标识时,尽管消费者对二者提供的商品或服务的来源未发生混淆,但可能会因此消耗该驰名商标的独特性,削弱该驰名商标与商标权人或其商品的唯一联系性,逐步使该驰名商标的显著性被淡化。

2020 年修订的最高人民法院《关于审理涉及驰名商标保护的民事纠纷案件应用法律若干问题的解释》第 9 条第 2 款规定:“足以使相关公众认为被诉商标与驰名商标具有相当程度的联系,而减弱驰名商标的显著性、贬损驰名商标的市场声誉,或者不正当利用驰名商标的市场声誉的,属于商标法第十三条第三款规定的‘误导公众,致使该驰名商标注册人的利益可能受到损害’。”该款确立了我国驰名商标保护的反淡化标准,用以防止利用驰名商标的声誉而获得不当得利,保护驰名商标的显著性不会因为弱化或丑化行为而遭受损害。该款中“减弱驰名商标的显著性”是指“弱化”,“贬损驰名商标的市场声誉”是指“丑化”。“弱化”是指通过把驰名商标用于非竞争性的商品上以消磨、分散该驰名商标的识别性来影响其在公众心中的印象,损害的是商标的唯一性、显著性。“丑化”是指侵权行为人将相同或近似商标使用在对驰名商标可能发生损害的商品或服务上的行为。

二、认定驰名商标的举证责任

在举证责任方面,认定驰名商标是被控侵权商标权成立与否的法律要件事实,一般应坚持“谁主张,谁举证”的原则,即由原告对其主张的商标驰名的事实负举证责任。但商标是否驰名的认定不适用民事诉讼中自认的证据规则。商标是否驰名的事实与其他事实的认定有显著区别,属于动态的事实认定。为防止当事人制造驰名商标的虚假诉讼,最高人民法院《关于审理涉及驰名商标保护的民事纠纷案件应用法律若干问题的解释》第 7 条规定："被诉侵犯商标权或者不正当竞争行为发生前，曾被人民法院或者行政管理部门认定驰名的商标，被告对该商标驰名的事实不持异议的，人民法院应当予以认定。被告提出异议的，原告仍应当对该商标驰名的事实负举证责任。除本解释另有规定外，人民法院对于商标驰名的事实，不适用民事诉讼证据的自认规则。"由此可见，即便当事人自认商标驰名，也并不免除原告的举证责任。

最高人民法院《关于审理涉及驰名商标保护的民事纠纷案件应用法律若干问题的解释》第 8 条规定："对于在中国境内为社会公众所熟知的商标，原告已提供其商标驰名的基本证据，或者被告不持异议的，人民法院对该商标驰名的事实予以认定。"该条规定中所述的基本证据是指初步证据，不同的驰名商标的驰名程度有所不同，有些驰名商标达到了家喻户晓的程度，对于这些驰名商标，则不再要求进行烦琐的举证，适当引入司法认知，减轻当事人的举证责任。

在司法实务中，认定驰名商标应根据《驰名商标认定和保护规定》第 9 条和《商标法》第 14 条第 1 款规定来准备诉讼的证据材料：(1)证明相关公众对该商标知晓程度的材料。(2)证明该商标使用持续时间的材料，如该商标使用、注册的历史和范围的材料。该商标为未注册商标的，应当提供证明其使用持续时间不少于 5 年的材料。该商标为注册商标的，应当提供证明其注册时间不少于 3 年或者持续使用时间不少于 5 年的材料。(3)证明该商标的如何宣传工作的持续时间、程度和地理范围的材料，如近 3 年广告宣传和促销活动的方式、地域范围、宣传媒体的种类以及广告投放量等材料。(4)证明该商标曾在中国或者其他国家和地区作为驰名商标受保护的材料。(5)证明该商标驰名的其他证据材料，如使用该商标的主要商品在近 3 年的销售收入、市场占有率、净利润、纳税额、销售区域等材料。

商标异议程序中的驰名商标保护应提交的证据如下：(1)原则上以被异议商标申请日之前的证据为限，请求予以保护的商标注册时间不少于 3 年或者持续使用时间不少于 5 年。(2)合同、发票等销售凭据；销售网络；各类媒体广告、评论；参展资料；持续使用情况；注册情况；保护情况；评估报告；行业排名；销售、利税、产值、广告额统计；获奖情况；等等。(3)用以证明商标持续使用的时间和情况的证据材料，应当能够显示所使用的商标标识、商品或服务、使用日期和使用人。

典型案例6-2-5　宁波天虹文具有限公司诉翟某伟侵犯商标权纠纷案

(2009)西民四初字第276号

案件事实

2005年9月,经国家商标局核准,天虹公司经受让获得在第16类商品上注册"飞海"文字及拼音组合商标。飞海产品销售网络覆盖全国近30个省份,产品受到业界广泛好评,并远销国外及我国港澳地区,在全国同行业产品中均名列前茅。飞海牌长尾票夹、打孔机被认定为宁波市知名商标;飞海牌文具被认定为浙江省名牌产品;"飞海"商标被评为宁波市知名商标。天虹公司近三年销售收入分别为22,612.4万元、25,847.1万元、31,502.2万元;广告支出2200多万元。天虹公司在"飞海"商标使用过程中,以优质的产品、良好的企业信誉、持续广泛的广告宣传取得了"中国质量承诺诚信经营企业""浙江名优产品上榜单位"等多种荣誉称号,赢得了广泛的社会知名度和美誉度。

2008年12月,天虹公司在例行商标巡查时发现翟某伟在其网站上销售玻璃器皿,其所用注册商标名称及标识与天虹公司的商标完全相同。天虹公司认为,翟某伟擅自使用其享誉已久的商标,用于提高自己的知名度,生产、销售天虹公司并不生产、销售的产品,严重侵害了天虹公司的注册商标专用权。故诉至法院,请求依法认定"飞海"商标为中国驰名商标;判令翟某伟立即停止侵犯天虹公司商标权的相关行为并撤销其非法网站;赔偿天虹公司损失1元;承担本案的诉讼费用。庭审中,天虹公司称翟某伟在其网站上销售玻璃器皿,其所用注册商标名称及标识与天虹公司注册商标完全相同。翟某伟认可天虹公司的主张,但天虹公司、翟某伟均未能提供销售玻璃器皿的证据。

法院裁判

法院经审理认为,天虹公司是"飞海"文字及图形注册商标的权利人,其作为与本案有直接利害关系的法人,认为翟某伟未经授权,以盈利为目的在互联网上销售产品时使用由其享有的注册商标,足以使相关公众对其商品的来源产生混淆,给其造成损失,侵犯了天虹公司的合法权益。天虹公司诉称翟某伟在网上销售玻璃器皿时使用了其"飞海"文字及图形注册商标,但天虹公司并未提供充分的证据,故天虹公司认为翟某伟侵犯其注册商标专用权,事实依据不足,依法不予支持。此外,人民法院认定驰名商标,实行被动原则,不依职权直接确认,即只有在当事人提出请求且根据案情需要,人民法院才依照法律规定作出认定。换言之,人民法院遵循一般的商标侵权规则无法认定侵权成立时,该商标是否驰名成为人民法院认定侵权与否的必要程序,只有通过认定驰名商标,《商标法》关于驰名商标的特殊保护才能实施。本案中,因天虹公司提供的证据不足以认定翟某伟侵权事实成立,故法院对于"飞海"文字及图形注册商标是否驰名不予审查,判决驳回原告宁波天虹公司的诉讼请求。

评析

本案系一起典型的为司法认定驰名商标而诉讼的案件。最高人民法院《关于审理涉及驰名商标保护的民事纠纷案件应用法律若干问题的解释》的出台,对涉及驰名商标认定的案件不应适用自认规则有明确指引。驰名商标的法律属性界定直接涉及其本身的保护范围,反映了驰名商标的本质特征。2009 年《关于审理涉及驰名商标保护的民事纠纷案件应用法律若干问题的解释》第 1 条开宗明义地规定:本解释所称驰名商标,是指在中国境内为相关公众广为知晓的商标。驰名商标凝聚了企业良好的市场声誉,具有明显的商标识别功能。

当事人自认制度,是指当事人在诉讼的口头辩论或准备程序中作出的与对方当事人主张一致且于己不利之陈述。一方当事人对另一方当事人陈述的案件事实和提出的诉讼请求明确表示承认的,当事人无须举证。自认的对象应是案件的事实,即对不利于自己的事实主张的承认,是双方当事人对某一事实的一致陈述;自认具有免除对方当事人举证责任的法律后果;从法律效力看,自认不仅约束当事人的行为,也约束法院的裁判行为,对于当事人自认的事实,法院一般不予否定,只有在存在否定事由的情况下,才能排除自认的适用。最高人民法院《关于审理涉及驰名商标保护的民事纠纷案件应用法律若干问题的解释》第 7 条第 2 款明确规定,除本解释另有规定外,人民法院对于商标驰名的事实,不适用民事诉讼证据的自认规则。由此说明,对方当事人对于驰名商标的认可,并不免除原告的举证责任。具体到本案中,原告和被告均系代理人参加诉讼,被告为自然人,原告主张赔偿数额仅为 1 元,被告对原告指控的侵权事实不进行实质抗辩,对原告出示的证据不要求与原件核对就表示无异议,且当事人均未提供销售玻璃器皿即侵权产品的证据。据此,法院审查后认为,被告的自认没有证据支持,也不符合常理,对被告自认的事实不予认定。

人民法院认定驰名商标实行被动原则,不依职权直接确认,即只有在当事人提出请求,且根据案情需要人民法院才依照法律规定对所涉商标是否驰名作出认定;被控侵犯商标权因不具备法律规定的侵权要件而不成立,人民法院对于所涉商标是否驰名不予审查;司法认定驰名商标不适用民事诉讼自认规则。

第三章　特殊标志的法律保护

第一节　特殊标志概述

随着我国综合实力的不断提升,国际影响力的持续增强。我国承办了包括奥运会在内的重大国际性文化、体育、科技等活动,每逢活动的举办,为了凸显活动举办的目的和特色,相应的主办方会专门为该项活动设计一系列由文字、图形等要素组成含有具有独创意义的名称、会徽以及吉祥物等的专用标志。这些特殊的专用标志的使用与保护,已经纳入我国法律规范的范畴。因此,特殊标志成为知识产权保护的客体之一。同样,特殊标样作为一种标记,与商标标识具有天然的重合性,但特殊标志相对于商标而言具有强烈的公权力色彩,经过政府的认可和公权力的支持,往往意味着特殊标志自创始伊始便蕴含信赖利益,社会群众对于具有政府公信力做支撑的特殊标志的关注度和信任度更高。在利益的驱使下,特殊标志经常会被一些投机取巧的经营者进行商标性的使用,借用特殊标志的热度或者信用利益,谋取不正当利益,获取不正当的竞争优势,一定程度上造成了市场的混乱,对特殊标志的价值和主办方的形象的产生不良影响。我国陆续制定了专门保护特殊标志的法律法规进行规制,对于特殊标志的管理,对于文化、体育、科学研究及其他社会公益活动的推进起到了重要作用。

一、特殊标志的概念

依据《特殊标志管理条例》之规定,特殊标志,是指经国务院批准举办的全国性和国际性的文化、体育、科学研究及其他社会公益活动所使用的,由文字、图形组成的名称及缩写、会徽、吉祥物等标志。因此,特殊标志构成要件包括:

(1)活动的级别。标志的使用范围必须是经国务院批准举办的全国性或者是国际性的社会公益活动。(2)活动的性质。申请使用特殊标志的活动必须是文化、体育、科学研究及其他社会公益活动。(3)特殊标志的内容是指由文字、图形组成的名称及缩写、徽记、吉祥物等。

特殊标志相对于一般标志而言的"特殊性"体现在:(1)公共属性,特殊标志不属于个人或者企业,而属于公共组织,即举办的全国性和国际性的文化、体育、科学研究及其他社会公益活动组织。(2)公认性,特殊标志适用于全国性和国际性的活动,活动参加者及普通大众对其都具有广泛的认识和感知。(3)公益性,特殊标志所有人使用或者许可他人使用特殊标志所募集的资金,必须用于特殊标志所服务的社会公益事业,并接受国务院财政部门、审计部门的监督。任何以商业经营为目的的活动都不能使用特殊标志。

二、我国特殊标志的法律保护体系

我国特殊标志的法律保护体系如下:

第一,普通法律保护。特殊标志作为一种标记,由文字、图案等元素组成,属于智力创造的成果,与作品、商标、外观设计有着密切的联系,如果构成了作品或者外观设计专利等知识产权客体,往往受到《著作权法》《商标法》《专利法》《反不正当竞争法》等法律的保护,但是在普通法律的层级上,我国目前还没有专门立法保护。

第二,行政法规保护。1996 年 7 月 13 日生效的《特殊标志管理条例》首次明确了对特殊标志的保护,对特殊标志的概念进行了界定,明确了特殊标志的保护方式和保护范围,为我国特殊标志的法律保护奠定了基础。随着申奥成功,为了加强对奥林匹克标志的保护,保障奥林匹克标志权利人的合法权益,维护奥林匹克运动的尊严,2002 年 4 月 1 日,由国务院制定的《奥林匹克标志保护条例》生效。为了 2010 年上海世界博览会的顺利召开,加强对世界博览会标志的保护,维护世界博览会标志权利人的合法权益,2004 年 12 月 1 日,由国务院制定的《世界博览会标志保护条例》生效。

第三,地方性政府规章保护。一些全国性和国际性活动的举办城市为了加强对特殊标志的保护,通过制定地方性政府规章的方式进行专门立法。比如,北京市政府曾制定《北京市奥林匹克知识产权保护规定》,深圳市政府曾制定

《深圳第26届世界大学生夏季运动会特殊标志保护规定》等。

第四,部门规章保护。针对全国性和国际性活动,国务院各部门也会通过制定部门规章的形式加以保护。比如,原国家工商行政管理总局曾颁布《奥林匹克标志备案及管理办法》和《世界博览会标志备案办法》。

第二节　特殊标志的登记与管理

一、登记程序

(一)申请主体

举办社会公益活动的组织者或者筹备者提出登记申请,认为其使用的名称、会徽、吉祥物等特殊标志,需要保护的,应当向国家知识产权局提出登记申请。

(二)办理方式

特殊标志的申请登记可以由举办社会公益活动的组织者或者筹备者直接向国家知识产权局提出登记申请,也可以委托他人代理。

值得注意的是,根据党的十九届三中全会审议通过的中共中央《关于深化党和国家机构改革的决定》《深化党和国家机构改革方案》和第十三届全国人民代表大会第一次会议批准的《国务院机构改革方案》,将国家知识产权局的职责、原国家工商行政管理总局的商标管理职责、原国家质量监督检验检疫总局的原产地地理标志管理职责整合,重新组建国家知识产权局,由国家市场监督管理总局管理。具体由知识产权保护司承担特殊标志和奥林匹克标志、世界博览会标志等官方标志的相关保护工作。但是目前关于特殊标志管理的专门法律规范中,作为效力层级最高的行政法规《特殊标志管理条例》并未紧跟国务院机构改革和职责划分作出修订,存在一定的滞后性。本书作者根据重新组建后的国家知识产权局的职能进行表述,与现行有效的《特殊标志管理条例》存在一定的冲突。

(三)填写特殊标志登记申请书、提交文件

申请特殊标志登记,应当填写特殊标志登记申请书并提交下列文件:(1)国务院批准举办该社会公益活动的文件。(2)准许他人使用特殊标志的条件及管理办法。(3)特殊标志图样5份,黑白墨稿1份。图样应当清晰,便于粘贴,用光洁耐用的纸张印制或者用照片代替,长和宽不大于10厘米、不小于5厘米。(4)国家知识产权局认为应当提交的其他文件。如果委托他人代理的,还应当提交代理人委托书,注明委托事项和权限;

(四)文件审查

国家知识产权局收到申请后,按照以下规定处理:

1. 申请文件齐备无误的,自收到申请之日起15日内,发给特殊标志登记申请受理通知书,并在发出通知之日起2个月内,将特殊标志有关事项、图样和核准使用的商品和服务项目,在特殊标志登记簿上登记,发给特殊标志登记证书。特殊标志经核准登记后,由国家知识产权局公告。

2. 申请文件不齐备或者有误的,自收到申请之日起自10日内发给特殊标志登记申请补正通知书,并限其自收到通知之日起15日内予以补正;期满不补正或者补正仍不符合规定的,发给特殊标志登记申请不予受理通知书。

3. 特殊标志含有损于国家或者国际组织的尊严或者形象的;有害于社会善良习俗和公共秩序的;带有民族歧视性,不利于民族团结的;缺乏显著性,不便于识别的;法律、行政法规禁止的其他内容的文字、图形组成的,不予登记。自收到申请之日起15日内发给特殊标志登记申请驳回通知书。申请人对驳回通知不服的,可以自收到驳回通知之日起15日内,向国家知识产权局申请复议。

(五)送达

国家知识产权局发送的各类通知书,由国家知识产权局送达申请人或者其代理人。因故不能直接送交的,以国家知识产权局公告或者邮寄之日起的20日为送达日期。

二、请求宣告特殊标志登记无效的程序

(一)申请主体和理由

依据《特殊标志管理条例》第10条的规定,已获准登记的特殊标志有下列情形之一的,任何单位和个人可以在特殊标志公告刊登之日至其有效期满的期间,向国家知识产权局申明理由并提供相应证据,请求宣告特殊标志登记无效:

(1)同已在先申请的特殊标志相同或者近似的;(2)同已在先申请注册的商标或者已获得注册的商标相同或者近似的;(3)同已在先申请外观设计专利或者已依法取得专利权的外观设计专利相同或者近似的;(4)侵犯他人在先著作权的。

(二)被申请人答辩期限

依据《特殊标志管理条例》第11条的规定,国家知识产权局自收到特殊标志登记无效申请之日起10日内,通知被申请人并限其自收到通知之日起15日内做出答辩。被申请人拒绝答辩或者无正当理由超过答辩期限的,视为放弃答辩的权利。

(三)裁定与救济

依据《特殊标志管理条例》第12条的规定,国家知识产权局自收到特殊标志登记无效申请之日起3个月内作出裁定,并通知当事人;当事人对裁定不服的,可以自收到通知之日起15日内,向有关部门申请复议。

三、特殊标志的使用与管理

关于特殊标志的使用,可以分为自行使用和许可使用两种使用方式。自行使用,是指特殊标志所有人可以在与其公益活动相关的广告、纪念品及其他物品上使用该标志。许可使用,是指特殊标志所有人可以许可他人在国家知识产权局核准使用该标志的商品或者服务项目上使用。需要注意的是:(1)特殊标志的使用人应当是依法成立的企业、事业单位、社会团体、个体工商户。(2)特殊标志使用人应当同所有人签订书面使用合同。(3)特殊标志使用人应当自合同签订之日起1个月内,将合同副本报国家知识产权局备案,并报使用人所在地县级以上人民政府工商行政管理部门存查。

特殊标志的所有人或者使用人应当按照符合法律要求的方式使用管理特殊标志。依据《特殊标志管理条例》第15条之规定,特殊标志所有人或者使用人有下列行为之一的,由其所在地或者行为发生地县级以上人民政府知识产权管理部门责令改正,可以处5万元以下的罚款;情节严重的,由县级以上人民政府知识产权管理部门责令使用人停止使用该特殊标志,由国家知识产权局撤销所有人的特殊标志登记:(1)擅自改变特殊标志文字、图形的;(2)许可他人使用特殊标志,未签订使用合同,或者使用人在规定期限内未报国家知识产权局备案或者未报所在地县级以上人民政府国家知识产权局存查的;(3)超出核准登记的商品或者服务范围使用的。

第三节　特殊标志专用权的保护

一、特殊标志专用权的行政保护

依据《特殊标志管理条例》第 16 条之规定,有下列行为之一的,由县级以上人民政府知识产权管理部门责令侵权人立即停止侵权行为,没收侵权商品,没收违法所得,并处违法所得 5 倍以下的罚款,没有违法所得的,处 1 万元以下的罚款:(1)擅自使用与所有人的特殊标志相同或者近似的文字、图形或者其组合的;(2)未经特殊标志所有人许可,擅自制造、销售其特殊标志或者将其特殊标志用于商业活动的;(3)有给特殊标志所有人造成经济损失的其他行为的。

“擅自使用”是指没有经过特殊标志专有权人的许可,无论特殊标志使用人将特殊标志用于何种活动中,特殊标志的专有权人有权要求其停止使用该特殊标志并依法获得赔偿。

“未经特殊标志所有人许可,擅自制造、销售其特殊标志或者将其特殊标志用于商业活动的”,是指没有经过许可或者经过许可但超出许可合同约定的范围,将特殊标志用以商业活动中,包括潜在的商业目的和直接的营利性商业目的。比如,没有经过许可,在商业经营活动中,将其描绘为奥运会的合作者形象,使公众误认为其是奥运会的合作伙伴,间接利用奥林匹克标志及奥委会的知名度达到自己的商业目的。关于商业目的的判断,根据《奥林匹克标志保护条例》第 5 条之规定,本条例所称为商业目的使用,是指以营利为目的,以下列方式利用奥林匹克标志:(1)将奥林匹克标志用于商品、商品包装或者容器以及商品交易文书上;(2)将奥林匹克标志用于服务项目中;(3)将奥林匹克标志用于广告宣传、商业展览、营业性演出以及其他商业活动中;(4)销售、进口、出口含有奥林匹克标志的商品;(5)制造或者销售奥林匹克标志;(6)其他以营利为目的利用奥林匹克标志的行为。

二、特殊标志专用权的司法保护

依据《特殊标志管理条例》第 17 条之规定,特殊标志所有人或者使用人发现特殊标志所有权或者使用权被侵害时,可以向侵权人所在地或者侵权行为发生地县级以上人民政府的知识产权管理部门投诉;也可以直接向人民法院起诉。知识产权管理部门受理特殊标志侵权案件投诉的,应当依特殊标志所有人的请求,就侵权的民事赔偿主持调解;调解不成的,特殊标志所有人可以向人民法院起诉。

司法保护是权利的最后防线。无论是特殊标志所有人和使用人之间因为特殊标志的使用许可产生合同纠纷,还是特殊标志所有人享有的所有权和特殊标志使用人享有的使用权受到侵权行为的侵害,都有权寻求司法保护的救济。

值得注意的是,一项全国性和国际性的文化、体育、科学研究及其他社会公益活动的申办,不仅涉及由文字、图形组成的名称及缩写、会徽、吉祥物等特殊标志,还涉及主题词,甚至涉及名称权等权利。在上海世博会事务协调局与上海弘辉房地产开发有限公司侵害著作权、特殊标志所有权、专有名称权纠纷一案[①]中,法院认为,上海市人民政府批准成立的“2010 年上海世界博览会申办工作领导小组办公室”以及“上海世博会事务协调局”在申办和筹办“中国 2010 年上海世界博览会”过程中,投入大量人力、巨额资金,在上海、中国乃至世界范围内对“中国 2010 年上海世界博览会”作了全方位、高强度的宣传,使“中国 2010 年上海世界博览会”这一名称广为人知。尤其在“申博”成功后,“中国 2010 年上海世界博览会”就与中国、上海、2010 年紧密联系在一起,在中国具有了特殊的含义。同时,由于该名称所具有的巨大影响力和号召力,该名称也具有极大的商业价值。因此,上海世博会事务协调局应对“中国 2010 年上海世界博览会”这一名称享有专有权,有权禁止他人未经许可以商业目的使用该名称。

根据《民法典》第 1013 条之规定,“法人、非法人组织享有名称权”。第 1014 条规定:“任何组织或者个人不得以干涉、盗用、假冒等方式侵害他人的姓名权或者名称权。”一般而言,像所有自然人均具有自己的姓名一样,所有法人以及非法人组织也均具有自己的姓名,这就是法人的名称。但是上述案例中,

---

① 上海市第二中级人民法院(2004)沪二中民五(知)初字第 140 号民事判决书。

被告上海弘辉房地产开发有限公司故意使用“士博汇”作为楼盘名称，以达到借“中国2010年上海世界博览会”之名，提升其楼盘知名度的目的。这并非对于上海世博会事务协调局自身名称权的损害，而是对于举办活动的名称的侵权，即对“中国2010年上海世界博览会”“世博会”的侵权。上述案例中，法院径直认为原告上海世博会事务协调局对活动名称“世博会”享有名称权，有待进一步商榷。随着《民法典》的生效实施，《民法典》第1017条规定，具有一定社会知名度，被他人使用足以造成公众混淆的笔名、艺名、网名、译名、字号、姓名和名称的简称等，参照适用姓名权和名称权保护的有关规定。进一步从“名称权”的角度，周延地解决了活动名称的问题。

典型案例6-3-1　中国奥林匹克委员会与汕头市金味食品工业有限公司侵害商标权纠纷案

（1998）一中知初字第93号

案件事实

1979年，国际奥委会通过决议恢复了中国奥委会在国际奥委会的合法地位。《中国奥林匹克章程》规定：“遵守国际奥委会的奥林匹克宪章”；“经国际奥委会批准，本会有权使用奥林匹克旗帜和奥林匹克徽章，并根据国际奥委会的指示，禁止任何第三者在中华人民共和国的领土上使用上述标志”。奥林匹克五环是国际奥林匹克标志，在《奥林匹克宪章》第12～17条及该规则的附则中明确规定：奥林匹克标志由5个奥林匹克环组成，可以是一种颜色或几种颜色。该标志的一切权利完全属于国际奥委会。国家奥委会对国际奥委会负责在各自国家执行《奥林匹克宪章》第12～17条及该规则的附则。国家奥委会必须采取步骤防止上述规则或附则使用奥林匹克标志。虽然国家法律或商标注册赋予国家奥委会保护奥林匹克标志的权利，但该国家奥委会也只能按照国际奥委会执行委员会的指示行使随之而来的权利。为了任何广告、商业或营利的目的使用奥林匹克标志，必须严格地只属于国际奥委会。

国际奥委会在中国商标局对在国际分类第9、14、16、36、38、41类上使用奥林匹克五环标志进行了商标注册，注册号为609694，有效期限自1993年10月1日起至2013年止。

国际奥委会给中国奥委会的《授权证明》的主要内容是：国际奥委会根据

《奥林匹克宪章》的规定,同意中国奥委会以自己的名义对未经授权使用奥林匹克图徽和其他与奥林匹克有关的标志和名称的行为提出适当的诉讼。

自1996年年初开始至1998年的诉讼中,金味公司生产销售的“金味”麦片产品包装上使用了奥林匹克五环标志。

1996年11月,金味公司为宣传“金味”麦片与某广告公司签订合同,约定在北京西客站设立90平方米路牌户外广告1年。此后,该广告画宣传的产品上使用了奥林匹克五环标志。金味公司支付广告费用54万元。

金味公司为宣传“金味”麦片在北京有线电视台做广告(1997年12月28日至1998年1月25日共28次),宣传的产品使用了奥林匹克五环标志,金味公司支付广告费用205,870元。

金味公司向法庭提交的《标志使用许可证》载明:“经第二十六届世界奥运会中国体育代表团经费征集委员会批准,贵企业产品荣获第二十六届世界奥运会中国体育代表团标志产品称号。并获许享用专利名称使用权。使用单位:汕头市金味食品工业有限公司。产品名称:金味麦片。时间:1995年9月13日。”该《标志使用许可证》上印有奥林匹克五环标志。金味公司为获得该标志使用许可证付款65,000元。

国际奥委会第三期TOP计划(1993~1996年)规定,获得授权使用国际奥林匹克标志的企业,平均出资额为2500万美元至4000万美元,第三期TOP计划(1997~2000年)规定,平均出资额为不低于4000万美元。

法院裁判

法院经审理认为,奥林匹克五环标志属于知识产权的范畴。根据原告的诉讼请求和本案事实,原告在本案中主张的是国际奥林匹克五环标志的商标专用权。该标志由国际奥委会在中国进行了商标注册,故受我国《商标法》的保护。根据我国法律规定和《奥林匹克宪章》《中国奥委会章程》,中国奥委会有义务维护奥林匹克五环标志不受侵害,同时根据国际奥委会的授权,有权对侵犯奥林匹克五环标志的行为采取法律措施。被告认为中国奥委会没有诉权的理由不能成立。因此,中国奥委会有权就奥林匹克五环标志的法律保护在中国法院提起诉讼,可以作为原告主张权利。

被告未经原告许可使用奥林匹克五环标志的事实确凿。被告未经许可使用奥林匹克五环标志已构成侵权。被告提交的证据不能证明被告获得了奥林匹克五环标志的使用权。原告指控的是被告未经许可使用奥林匹克五环标志的问题,未对其他有关单位提出主张,被告也不能证明其他单位许可其使用奥林匹克五环标志,故其要求追加共同被告的理由不能成立。被告与有关单位的纠纷应另案解决。在原告就被告侵权行为进行交涉后,被告仍继续实施侵权行为,侵权的主观过错明显,已经造成了严重损害后果和不良影响,应承担相应的法律责任。

被告提交的证据宣传材料、《名称专利确认书》赞助款汇款单据及收款发票《标志使用许可证》不能证明是金味公司使用奥林匹克五环标志侵权的原因,也不能作为不承担侵权责任的理由。

评析

2022 年北京冬奥会和冬残奥会成功举办,奥林匹克这一特殊标志的法律保护也是冬奥会和冬残奥会工作中十分重要的一环。我国在举办中大体育赛事的能力上显著提高,包括奥林匹克标志在内的特殊标志的司法保护受《商标法》、《著作权法》等普通法律、《奥林匹克标志保护条例》等行政法规以及《奥林匹克宪章》等国际法律的调整,奥林匹克标志的许可使用蕴含较大的经济价值,对实践中涉及奥林匹克标志的使用应当引起进一步重视。

第四章 商标权与其他权利冲突

商标作为一种商业标记，本质上是一种区分商品和服务来源的标志。在商标注册申请过程中，商标注册的相对要件要求商标注册不得损害他人的在先权益。依据《商标法》第 32 条之规定，申请商标注册不得损害他人现有的在先权利，也不得以不正当手段抢先注册他人已经使用并有一定影响的商标。主要涉及他人现有的在先权利，包括著作权、姓名权、肖像权等。《商标法》对于商标注册不符合相对要件的，主要采取以请求审查的原则。包含著作权、姓名权在内的在先权利所保护的标识本身可以满足商标的可注册性，但由于法律保护在先权利与利益，使与其他权利冲突的表示不能获得商标注册。依据最高人民法院《关于审理注册商标、企业名称与在先权利冲突的民事纠纷案件若干问题的规定》第 1 条之规定，原告以他人注册商标使用的文字、图形等侵犯其著作权、外观设计专利权、企业名称权等在先权利为由提起诉讼，符合起诉条件的，人民法院应当受理。因此，无论是商标注册的申请阶段还是商标获得注册后的使用阶段，都应当避免损害他人在先权利，防止出现商标注册阻却和商标使用侵权的不利后果。商标的构成要素，与著作权、肖像权等其他权利的客体，具有重合交叉的天然属性，因此，正确理解商标权和其他权利的保护范围，有助于化解商标权和其他权利的冲突。在先权益包括在先权利和受法律保护的某些利益。在先权利，是指在系争商标申请注册日之前取得的，除商标权以外的其他权利。司法实践中，著作权、商号权、姓名权等法定权利比较容易判断，但是随着权益概念的不断扩大，一些新的权益客体，如形象化权，能否阻碍商标的注册，引发与商标权的冲突，容易引发争议，需要根据民事法律基本的原则来判断是否属于应当受保护的合法权益，给予特殊的保护。

第一节　在先权利与权益的类型

一、著作权

著作权是知识产权的重要组成部分。著作权概念有狭义和广义之分,狭义的著作权,是指民事主体对作品所有享有的一系列专有权利。著作权对作品的保护和《商标法》对商标的保护各自独立,但是同一标的可能同时构成不同知识产权法的权利载体,如果商标标志构成作品,《著作权法》应当对该标志赋予著作权的保护,作品是具有独创性并且能以有形形式复制的智力成果。商标独创性意味着各自独立创作但结果相同的可能性较小,作者以外的他人使用该标志申请注册商标,往往有效佐证其损害在先商标的主观恶意,因此,《著作权法》对构成作品的商标赋予保护,能够有效弥补《商标法》对恶意注册与他人相似商标这一行为处罚的不足。

实践中更多的情况是,以著作权作为在先权利对抗他人注册商标的申请。首先,应当证明案涉商标标识的作品属性,即是否具有独创性而构成作品。其次,权利人需要证明其对涉案标识享有著作权或者其作为利害关系人主张著作权保护。最后,还需要证明案涉商标标识是否构成对著作权的侵害。

关于证据的组织,案涉商标标识构成作品的,当事人可以提供案涉商标标识的设计底稿、原件、获得权力的合同甚至案涉商标取得的著作权登记证书,作为证明著作权归属初步证据。此外,商标公告、商标注册证等可以作为确定商标申请人为有权主张商标标识著作权的利害关系人的证据。值得注意的是,拥有在先商标权并不等同于商标权人对构成商标的图形、文字等要素享有著作权。因此,著作权人不能仅仅通过商标注册证等证明其享有著作权,在先著作权人必须提供其对涉案商标标识享有权利的证明,依据相关司法解释,涉及著作权的底稿、原件、合法出版物、著作权登记证书、认证机构出具的证明、取得权利的合同等,可以作为证据。在作品或者制品上署名的自然人、法人或者非法人组织视为著作权、与著作权有关权益的权利人,但有相反证明的除外。

二、地理标志

依据《商标法》第 16 条之规定，商标中有商品的地理标志，而该商品并非来源于该标志所标示的地区，误导公众的，不予注册并禁止使用；但是，已经善意取得注册的继续有效。结合《商标法实施条例》第 4 条之规定，商标法地理标志，可以依照《商标法》和实施条例的规定，作为证明商标或者集体商标申请注册。这意味着，地理标志可以通过集体商标与证明商标受到保护。但在，2001年《商标法》修改之前以前已经存在的普通地名商标可能与地理标志共存。因此，对于善意注册的商标而言，其权利人必须容忍他人在地理标志意义上使用该标志，需要平衡在先商标权人与地理标志权利人的利益。

地理标志与普通商标主要区别商品和服务来源的功能不同，其主要在于表示某商品或者服务源于某地区，并且该商品或者服务的特定质量、信誉或者其他特征，主要由该地区的自然因素和人文因素决定。由此可见，地理标志与商品或者服务的特定质量、信誉和其他特征紧密相关，普通的商品商标或者服务商标区别提供者来源的功能，与使用该商标的商品是否来源与某地区以及该商品的特定质量、信誉或者其他特征是否主要有该地区的自然因素或者人文因素所决定并无直接关系，为了避免消费者产生商品或者服务来源的混淆，《商标法》禁止并非来源于所标示地区的商品或者服务注册含有该地理标志的商标。值得注意的是，地理标志权利人有权禁止该标志所示地区外的其他人将该标志使用在该地理标志所指向的商品或者服务上，但无权禁止他人使用在除此之外的其他商品或者服务上，原因在于该标志的使用不至于产生相关公众误认的后果。如果该地理标志已经注册为集体商标或者证明商标，依据最高人民法院《关于审理商标授权确权行政案件若干问题的规定》第 17 条之规定，可以依据《商标法》第 13 条、第 16 条、第 30 条等主张权利。

三、企业名称、字号、商号

企业名称由行政区划名称、字号、行业或者经营特点、组织形式组成，是区别不同市场主体的标志。其中，字号与商号含义基本相同，是区分不同企业主体最主要的标志。最高人民法院《关于审理注册商标、企业名称与在先权利冲突的民事纠纷案件若干问题的规定》第 1 条规定，原告以他人注册商标使用的文字、图形等侵犯其著作权、外观设计专利权、企业名称权等在先权利为由提起诉讼,符合起诉条件的,人民法院应当受理。依据最高人民法院《关于审理商标授权确权行政案件若干问题的规定》第 21 条之规定,当事人主张的字号具有一定的市场知名度,他人未经许可申请注册与该字号相同或者近似的商标,容易导致相关公众对商品来源产生混淆,当事人以此主张构成在先权益的,人民法院予以支持。当事人以具有一定市场知名度并已与企业建立稳定对应关系的企业名称的简称为依据提出主张的,适用前款规定。总而言之,字号的所有者并不能阻止他人的商标注册,只有当字号具有一定的知名度时,在相同或者类似的商品或者服务上以该字号注册商标时,容易引起相关公众对商品来源发生混淆误认,则可以阻止商标的注册。对于知名的老字号,保护的范围更为宽泛。

因此,一般而言,在先商号阻却他人商标的注册,需要满足以下条件:第一,在先商号早于诉争商标注册已经合法登记,并且用于经营活动中。第二,拥有在先商号的企业经营的范围与诉争商标申请置顶的范围相同或者类似。第三,在先商号在相关公众中具有一定的知名度。第四,诉争商标的注册和使用,容易导致相关公众发生混淆,导致在先商号的权利人受到损害。

四、姓名权、肖像权

《民法典》第 1012 条规定,自然人享有姓名权,有权依法决定、使用、变更或者许可他人使用自己的姓名,但是不得违背公序良俗。第 1014 条规定,任何组织或者个人不得以干涉、盗用、假冒等方式侵害他人的姓名权或者名称权。结合《商标法》第 32 条之规定,申请商标注册不得损害他人现有的在先权利。此处的在先权利即包括自然人享有的姓名权。

依据最高人民法院《关于审理商标授权确权行政案件若干问题的规定》第 20 条之规定,当事人主张诉争商标损害其姓名权,如果相关公众认为该商标标志指代了该自然人,容易认为标记有该商标的商品系经过该自然人许可或者与该自然人存在特定联系的,人民法院应当认定该商标损害了该自然人的姓名权。当事人以其笔名、艺名、译名等特定名称主张姓名权,该特定名称具有一定的知名度,与该自然人建立了稳定的对应关系,相关公众以其指代该自然人的,人民法院予以支持。如果涉及政治、经济、文化、宗教、民族等领域公众人物姓名的,属于《商标法》第 10 条第 1 款第 8 项规定的“其他不良影响”,构成商标注册和适用的绝对禁止条件。

《民法典》第 1018 条规定，自然人享有肖像权，有权依法制作、使用、公开或者许可他人使用自己的肖像。肖像是通过影像、雕塑、绘画等方式在一定载体上所反映的特定自然人可以被识别的外部形象。第 1019 条规定，未经肖像权人同意，肖像作品权利人不得以发表、复制、发行、出租、展览等方式使用或者公开肖像权人的肖像。因此，未经肖像权人许可，不得将其肖像注册为商标。值得注意的是，肖像权基于公民的肖像产生。肖像概念的核心在于可识别性，即借助一定表现形式的呈现可使他人识别出本人。因而，肖像权必须与原形人之间存在关联性，表演形象的目的并非识别本人，因此，表演形象不应该纳入肖像权的保护范围。

五、外观设计专利权

外观设计作为专利权的客体之一，是指对产品的形状、图案，或者其结合以及色彩与形状、图案的结合所做出的、富有美感并且适用于工业应用的新设计。外观设计的构成要素包括产品形状、图案或者其结合以及色彩与形状、图案的结合。这些要素事实上也可以作为商标的构成要素，从而获得商标法意义上的保护。因此，外观设计专利权和商标权之间存在重叠的可能性。

《商标法》第 32 条中“在先权利”显然包括外观设计专利权。值得注意的是，在外观设计中，只有对产品的整体设计才能获得外观设计专利权，而其中包含的文字、色彩等要素不能单独获得外观设计专利权的保护。换言之，以外观设计专利权来对抗商标的注册必须明确外观设计的保护范围，只有落入外观设计保护范围的商标才能构成侵权。外观设计的保护范围以指定的商品相同或者类似为限，不能在其非指定的商品或者类似商品上获得法律保护。

六、商品化权

商品化权，一般是指权利主体通过其创造性活动或者其特殊身份，使社会公众对其姓名、声音、肖像、作品等人格概括要素产生喜爱或者崇拜的心理，对这些要素的经济价值所享有的专有性权利。商品化权的权利范围在我国现行法律中并未有明确的规定，但是商品化权作为一种财产权益，应当受到法律的保护。依据最高人民法院《关于审理商标授权确权行政案件若干问题的规定》

之第22条，当事人主张诉争商标损害角色形象著作权的，人民法院按照本规定第19条（著作权法等相关规定）进行审查。对于著作权保护期限内的作品，如果作品名称、作品中的角色名称等具有较高知名度，将其作为商标使用在相关商品上容易导致相关公众误认为其经过权利人的许可或者与权利人存在特定联系，当事人以此主张构成在先权益的，人民法院予以支持。

这意味着，虽然依据《著作权法》等相关规定，作品名称、角色名称单独而言很难构成作品而获得《著作权法》的保护。但对于较高知名度的作品名称、角色名称而言，其蕴含的商业价值不能视而不见，权利人对此享有的利益应当得到法律的保护。同样的道理，当虚拟角色的形象、姓名、动作、声音等典型特征不满足《著作权法》要求时，也应当在《商标法》上获得商品化权的保护。在司法实践中，确定商品化权的保护范围应当综合考虑作品名称、角色名称等商品化权利客体的知名度和影响力，知名度越高、影响力越强，保护的范围越大，反之亦然。此外，还需要以"混淆可能性"为基础，即商标性的使用时，商品化权的保护范围不能当然地及于全部商品或者服务类别，应当仅限于容易导致相关公众可能产生混淆误认的可能性。

七、商业外观

商业外观，是指一种产品或者服务的总体形象以及全貌，包括产品或服务的尺寸、形状、颜色或者颜色的组合、质地、文字与图画等内容。商业外观与商标都具有识别商品的功能，其构成要素在一定范围重合。因此，权利人对于商业外观的利益应当在《商标法》的层面获得保护。《反不正当竞争法》第6条第1款第1项规定了经营者不得实施擅自使用与他人有一定影响的商品名称、包装、装潢等相同或者近似的标识，导致引人误认为是他人商品或者与他人存在特定联系混淆行为。意味着《反不正当竞争法》对某些类型的商业外观进行了法律保护。事实上，商业外观的范围远大其涵盖的范围。依据《关于禁止仿冒知名商品特有的名称、包装、装潢的不正当竞争行为的若干规定》第3条第5项之规定，装潢，是指为装饰与美化商品而在商品或者其包装上附加的文字、图案、色彩及其排列组合。与反不正当竞争有关的法律法规通过扩张解释的方式将"装潢"等概念涵盖一些新型的商业外观，将其纳入保护范围。

《商标审查及审理标准》规定，"将与他人知名商品/服务特有名称、包装、装潢相同或者近似的文字、图形等申请注册为商标,容易导致中国相关公众混淆,致使该合法权益人的利益可能受到损害的,应当认定为对他人知名商品/服务特有名称、包装、装潢的损害,系争商标应当不予核准注册或者予以无效宣告。”因此,在司法实践当中,在商标法意义上对他人享有的包含商品或服务特有名称、包装、装潢在内的商品外观权利以在先权益的方式加以保护,具有独立的意义。

八、其他在先权益

随着市场经济的发展和市场主体认识的提升,在先权益涵盖的范围不断扩大,现行的法律不可能对在先权益作出完全的规定。《商标法》第 32 条规定,申请商标注册不得损害他人现有的在先权利,也不得以不正当手段抢先注册他人已经使用并有一定影响的商标。结合最高人民法院《关于审理商标授权确权行政案件若干问题的规定》第 18 条之规定,《商标法》第 32 条规定的在先权利,包括当事人在诉争商标申请日之前享有的民事权利或者其他应予保护的合法权益。诉争商标核准注册时在先权利已不存在的,不影响诉争商标的注册。司法实践中,要正确理解和适用《商标法》第 31 条关于申请商标注册不得损害他人现有的在先权利的概括性规定。《商标法》虽无特别规定,但根据《民法典》和其他法律的规定属于应予保护的合法权益,应该根据该概括性规定给予保护。

在最高人民法院办公厅《关于印发 2010 年中国法院知识产权司法保护 10 大案件和 50 件典型案例的通知》中,山西康宝生物制品股份有限公司与国家工商行政管理总局商标复审委员会、北京九龙制药有限公司商标争议行政纠纷的典型案例,最高人民法院认为,经药品行政管理部门批准使用的药品商品名称,经实际使用并具有一定影响的,可作为《商标法》规定的在先权利受法律保护。

因此,对于在先利益的判断,应当立足于《商标法》的立法目的,尽可能避免在同一标识上同时存在两个以上的受到法律保护的权利,避免权利冲突,在后取得权利的,应当尊重在先权利人的利益。

典型案例 6-4-1　珠海天行者文化传播有限公司与上海美术电影制片厂侵犯著作财产权纠纷上诉案

(2012)沪高民三(知)终字第 67 号

案件事实

1945 年,张光宇创作了一部彩色神话连续漫画《西游漫记》,该作品共 60

幅漫画,每幅均附文字说明,采用旧《西游记》的体裁,其故事结构及神话中的主要人物借用旧《西游记》原班人马。作品中有唐僧师徒四人的人物形象,其中孙悟空的主要特征为头戴紧箍咒,颈围淡绿围巾,身着鹅黄上衣,腰束虎皮短裙,下穿大红裤子,足蹬一双黑靴。脸部图形为椭圆形,面部正中为心形红印,向上为弧形黑色眉毛,眼眶周围为一圈金黄色。

1960~1964年,上海美术电影制片厂(以下简称美影厂)根据《西游记》中的精彩段落"大闹天宫"创作完成了动画影片《大闹天宫》。其间,美影厂邀请张光宇、张正宇兄弟参与美术设计。《大闹天宫》(上集)和(下集)分别于1961年和1964年公开上映。影片中的孙悟空人物形象,主要特征为:头戴紧箍咒,颈围翠绿围巾,身着鹅黄上衣,腰束虎皮短裙,下穿大红裤子,足蹬一双黑靴。脸部呈桃形,上半部为两条弧形轮廓线,下半部为一条弧形轮廓线,面部正中为心形红印,向上为半月形绿色眉毛,眼睛周围为一圈金黄色,眼睛纵向的中轴线与鼻尖构成一个倒三角。

美影厂提供的1982年上海市电影局编印的影片目录(1950~1970年),记载动画片《大闹天宫》(上集)美术设计:张先宇;动画设计:严定宪、段鸽、浦家祥、陆青、林文肖、葛桂云;动画片《大闹天宫》(下)动画设计或木偶设计:严定宪、浦家祥、林文肖、段浚、陆青、张世民、阎善春。原告、被告双方均确认,影片目录所记载的"动画片《大闹天宫》(上集)美术设计:张先宇"系笔误,应当为"张光宇"。

美影厂提供的严定宪、浦家祥、林文肖、陆青署名的证明,证实动画影片《大闹天宫》美术设计为张光宇、张正宇;动画设计为严定宪、林文肖、浦家祥、陆青、葛桂云。该作品除署名权外其他一切权利归美影厂拥有。

美影厂提供的孙悟空形象定稿证明,《大闹天宫》孙悟空人物形象由严定宪于1961年最终定稿。

美影厂出具任职证明书证明,万籁鸣(已故)、严定宪、林文肖、浦家祥、陆青、阎善春、葛桂云(已故)、段浚(已故)自1957年直至退休均为美影厂员工。

美影厂提供的由上海电影音像出版社出版发行的孙悟空系列《孙悟空大闹天宫》上、下集VCD和《上海美术电影制片厂倾情奉献2004年经典回顾之〈大闹天宫〉四十周年收藏礼盒》DVD各一套显示:在该VCD和DVD的外包装盒和光碟上标注的出品人均为美影厂。其中,VCD外包装盒上没有标注创作人员姓名。经当庭播放,影片显示美术设计为张光宇;DVD外包装盒封底署有创作人员姓名,内容为:美术设计:张光宇、张正宇;动画设计严定宪、段浚、浦家祥、陆青、林文肖、葛桂云、张世明、阎善春。经当庭播放,影片显示美术设计为张光宇、张正宇。

2001年6月18日,美影厂与广州市天行者文化传播有限公司(以下简称广州天行者公司)签订电影放映权授让合同,约定美影厂将动画片《大闹天宫》在美国的独家电影放映权授让给广州天行者公司,授权期限为5年,自2001年8月1日起至2006年7月31日止。

2008年4月14日,汤泽波以珠海天空文化传播有限公司(以下简称天空公司)为著作权人,将其设计完成的WuKong系列卡通形象在广东省版权保护联合会自愿登记,作登字:19-2008-F-0428。其中包括孙悟空人物形象。

天行者公司提供的商标档案显示,商标名称为"WUKONG",申请日期为2009年1月13日,注册人为天空公司,国际分类为第25类,涉及"服装、婴儿纺织品尿布、鞋、帽子"等商品。

2010年2月23日,原告委托代理人周某毅向上海市东方公证处申请办理保全证据公证。当日下午,周某毅在公证人员的现场监督下,通过百度查找"悟空服饰",进入地址为www.wukongkids.com的网站,网站主页有"悟空服饰"标识、系列童鞋及孙悟空人物形象。进入首页,标题栏显示"珠海悟空服饰有限公司",页面上设有"关于我们""企业新闻""产品展示""招商加盟"等栏目。点击"企业新闻",页面显示有:"热烈祝贺悟空童鞋山东省总代理隆重开业""热烈祝贺山西总代理店隆重开业""热烈祝贺江苏省形象店隆重开业""热烈祝贺悟空童鞋杭州总代理店隆重开业""红色之旅2008年9月30日至10月5日,珠海市千致鞋业有限公司张开贵总经理同天行者国际传播机构新悟空之父汤某民董事长一行,到革命圣地遂川、井冈山和红色之都瑞金,重温革命历史,宣传、推广悟空品牌"等内容以及反映山西总代理店、江苏省形象店店面招牌的照片,上有悟空童鞋商标及孙悟空人物形象。点击"招商加盟",页面直接链接进入阿里巴巴商人博客,在名为eddywen的博主"我的文章"一栏,载明:"悟空童鞋加盟条件(2009/04/03)一、背景经天空公司授权,珠海市千致鞋业有限公司为‘wukong 系列卡通形象版权’及 wukong 商标在国内童鞋产品中唯一合法的使用者，所提供代理经营的商标、产品项目、种类具有合法性……二、进入条件 1. 代理期限内乙方销售目标为 5 万双/年以上；2. 乙方成为甲方代理商的必备条件：①必须有合法有效的经营手续；②有固定的、与其代理规模相适应的经营场所；③有与经营规模相适应的资金实力；④有成熟的市场网络和较丰富的营销经验；⑤须缴纳品牌代理费人民币（以下币种同）1 万～5 万元/年；保证金 0 元。”点击“关于我们”公司背景一栏，页面显示：“珠海市千致鞋业有限公司创立于 2001 年，2004 年自建现代厂房、宿舍和两条先进的运动鞋生产线，建筑面积 13,700 余平方米。主要生产童鞋、男女各类运动鞋、休闲鞋，产品出口日本、欧洲、美国等发达国家和地区，累计出口鞋类 1000 万双以上。2008 年夏，通过天行者国际传播机构授权经营‘悟空童鞋’品牌。”通过百度查找“天行者国际传播机构”，进入地址为 www. wukongland. com 的网站，网站主页有孙悟空卡通形象。标题栏显示“珠海天空文化传播有限公司/珠海天行者国际传播机构/汤某明/wukong/天行者/悟空官方网站”等内容，页面上设有“新闻中心”“关于我们”“品牌授权”“产品展示”“下载专区”“分享惊喜”等栏目。从首页进入“关于我们”项下的“公司历程”一栏，页面显示“辉煌印记”“历程”，其中“历程”项下记载：“2001 年天行者创始人汤某民先生买断经典动画《大闹天宫》海外发行权与改编权，并注册‘WuKong’。2006 年 3 月，‘悟空’获‘中国动漫产业十大影响力品牌’奖。2006 年 5 月，第二届中国（深圳）国际文化产业博览交易会上，‘悟空’一跃成为第二届文博会的‘明星’。2006 年 9 月，‘悟空’获‘世界华裔青少年华文卡通原创大赛’卡通形象专业组最佳形象奖。2006 年 12 月，在北京举行的纪念中国动画诞生 80 周年大会上，‘悟空’的卡通形象成为大会的吉祥物与中国动画的标志。2007 年 9 月，‘悟空’获‘亚洲青年动漫大赛最佳形象入围奖’。2007 年 11 月，第二届北京国际文化创意产业博览会上，‘悟空’再次荣获‘2007 年中国创意产业年度大奖十大潜力品牌’。2008 年 4 月，‘WuKong’系列造型在由国际奥委会、中国奥委会、北京奥组委联合主办的 2008 北京奥运会倒计时一周年庆典活动‘同一个世界，同一个梦想——国际奥委会奥林匹克珍藏中国巡展——广州站’活动展示中表现出色，为奥林匹克文化在中国的传播作出了贡献，获得奥组委颁发的荣誉证书。页面右下角标有孙悟空形象。”进入“关于我们”项下的“悟空产业链”一栏，页面显示有悟空文化产业集群的示意图,其中包括有悟空产品专卖店、悟空创意基地、悟空游戏开发等内容;从首页进入“下载专区”项下的“动画片”一栏,页面显示“大闹天宫”“乒乓球”“射击”“足球篇”等栏目,右下角标有孙悟空形象。上海市东方公证处对上述公证过程出具了(2010)沪东证经字第1442号公证书。

2010年10月13日,原告委托代理人周某毅向上海市东方公证处申请对相关网页内容办理保全证据公证。进入工业和信息化部ICP/IP地址/域名信息备案管理系统“公共查询”一栏,经查询,网站首页地址为www.wukongland.com,主办单位为天行者公司,网站名称为天行者公司,网站备案许可证号为粤ICP06066977号,审核时间为2009年10月23日;网站首页地址为www.wukongkids.com,主办单位为千致公司,网站名称为悟空服饰,网站备案许可证号为粤ICP08132998号,审核时间为2009年8月9日。进入www.wukongland.com网站,主页显示内容同(2010)沪东证经字第1442号公证书所反映内容。点击进入“产品展示”一栏,页面显示有“服装/玩具/图书/其他”栏目,其中“服装”项下显示有童鞋照片,页面右边有悟空人物形象。上海市东方公证处对上述公证过程出具了(2010)沪东证经字第9110号公证书。

扬派公司作为甲方与九履公司作为乙方签订商铺经营合同,甲方在上海市沪闵路7388号百联南方购物中心内设立YOUNGPARK商场,甲方提供给乙方从事经营活动的商铺位于百联南方购物中心第四层,编号为A13-1号商铺,经营期限自2009年6月25日至2010年7月31日。

九履公司提供的代销合同证明,悟空公司作为甲方与九履公司作为乙方签订代销合同,双方约定由乙方在其门店销售甲方“WuKong”品牌的童鞋;还约定甲方应将营业执照、税务登记证、组织机构代码证、质量检测证、商标注册证复印件加盖公章后提供给乙方。九履公司提供的授权书载明,2009年5月24日,悟空公司授权九履公司销售其生产的“悟空童鞋”,授权时间为2009年5月24日至2019年5月23日。九履公司提供的商标注册受理通知书载明,申请人天空公司向国家工商行政管理总局商标局申请的商标已被受理。该通知书上盖有悟空公司公章。九履公司提供的广东省珠海市质量计量监督检测所检测报告显示,悟空童鞋生产单位为千致公司。九履公司还提供了悟空公司的企业法人营业执照、税务登记证、组织机构代码证,上述证件载明了悟空公司的法人身份情况。

2010年2月25日,原告委托代理人周某毅向上海市东方公证处申请证据保全。根据公证书的记载,周某毅在公证人员的现场监督下,在上海市沪闵路7388号百联南方购物中心四楼购得扬派公司出售的悟空童鞋一双,价格为128元。上海市东方公证处对上述公证过程出具了(2010)沪东证经字第1493号公证书。经庭审查验,该童鞋包装盒正面左上角标明"悟空形象由天行者国际传播机构授权",正面中部靠左标有"悟空童鞋",正面右部标有悟空形象。包装盒底部左侧面标明"珠海悟空服饰有限公司,地址:珠海市香洲紫荆路63号科汇大厦301,网址www.wukongkids.com";右侧面标有鞋盒正面所示悟空形象,下有网址http:/www.wukongland.com。打开包装盒,盒内有童鞋一双,鞋舌上附有悟空头像,其中一只鞋上挂有悟空形象的塑料卡通物一个、附有悟空形象的图片一张(上述悟空形象与包装盒正面所示悟空形象相同)、质量三包标签的正面标明"悟空形象由天行者国际传播机构授权;珠海悟空服饰有限公司,地址:珠海市香洲紫荆路63号科汇大厦301,电话:0756-2512038,传真:0756-2512028;网址www.wukongkids.com"等内容。

经庭审比对,美影厂指控5名被告所使用的悟空人物形象与美影厂主张保护的孙悟空人物形象主要特征相同,构成实质性相似。

法院裁判

1. 关于美影厂是否具有本案主体资格

法院认为,本案系侵犯著作财产权纠纷案件,美影厂是否具有诉讼主体资格,关键在于美影厂是否享有动画影片《大闹天宫》孙悟空人物形象美术作品的著作权。根据《著作权法》第11条的规定,创作作品的公民是作者。如无相反证明,在作品上署名的公民、法人或者其他组织为作者。本案美影厂主张保护的是动画影片《大闹天宫》孙悟空人物形象的著作权,该人物形象系动画造型,属于美术作品的范畴。根据美影厂提供的相关证据,该美术作品设计者为张光宇或张光宇和张正宇。根据双方当事人的陈述,美影厂在制作《大闹天宫》动画影片时,基于张光宇在创作孙悟空人物形象方面的造诣,邀请张光宇参与影片人物形象的设计,而张正宇则于后期参加了人物形象的设计。鉴于张光宇在创作孙悟空人物形象方面的已有基础,且该动画影片创作周期较长,张光宇、张正宇兄弟先后参与创作的事实,故法院确认该美术作品创作人为张光宇。同时,鉴于孙悟空人物形象的最终定稿由美影厂职工严定宪完成,最终定稿的孙悟空动画人物形象与张光宇在《西游漫记》中创作的孙悟空漫画人物形象在人物造型、服饰装扮等方面基本要素相同,反映创作思路的承继性,且张光宇、严定宪进行孙悟空动画人物形象的设计均系为完成美影厂《大闹天宫》动画影片的制作任务,而严定宪已明确表示该作品的著作财产权归属于美影厂。故法院认为,《大闹天宫》动画影片中孙悟空人物形象的著作财产权应当由张光宇和美影厂共同享有。据此,美影厂具有本案诉讼主体资格,有权提起著作权侵权诉讼。

2. 关于5名被告是否侵权的问题

法院认为,第一,张光宇和美影厂创作完成动画影片《大闹天宫》孙悟空人物形象的时间是在1960年至1961年,远远早于某者公司法定代表人汤某波设计完成WuKong系列卡通形象的时间。第二,某者公司在其网站上公开宣称:"2001年某者创始人汤某民先生买断经典动画《大闹天宫》海外发行权与改编权,并注册'WuKong'"。庭审中,某者公司对上述内容出现在其网站上未做出合理解释;第三,经庭审比对,天行者公司和千致公司网站上出现的孙悟空人物形象以及九履公司销售的悟空童鞋包装盒及挂件上的孙悟空人物形象与美影厂主张保护的《大闹天宫》中的孙悟空人物形象在人物体貌、服饰特点等主要特征方面基本相同;第四,某者公司辩称孙悟空系历史小说《西游记》中的人物,其设计灵感来源于公有领域,但除提供张光宇所作《西游漫记》一书之外,未提供其他证据来证明孙悟空在历史上曾经存在过的人物形象,亦未提供任何创作底稿、原件。据此,法院认为,上述被告所使用的孙悟空人物形象抄袭了张光宇和美影厂享有著作权的孙悟空人物形象。至于具体的侵权形态,法院认为,著作权人所享有的权利是专有控制某一行为的权利。本案中,美影厂所指控的被告实施商标注册、版权登记、专利申请等行为并不属于著作权人所专有控制的行为,美影厂指控被告因上述行为而侵犯其著作权缺乏法律依据。但是,著作权人享有信息网络传播、复制、发行行为的专有控制权,被告在网站上使用孙悟空人物形象属于侵犯信息网络传播权的行为,在制造、销售的童鞋及包装盒上使用孙悟空人物形象,属于侵犯复制和发行权的行为。至于侵权行为实施人和责任承担人,法院认为,天行者公司主办的www.wukongland.com网站和千致公司主办的www.wukongkids.com网站上均有孙悟空人物形象,且前者网站主页标题栏显示有"珠海天空文化传播有限公司/珠海天行者国际传播机构/汤某明/wukong/天行者/悟空官方网站"等内容,某者公司在庭审中对此表示无法解释;后者网站主页上有“悟空服饰”标识,其中标识与珠海天空文化传播有限公司申请注册的商标构成近似。进入后者网站首页,标题栏显示有“珠海悟空服饰有限公司”,在有关招商加盟条件中,载明:“经珠海天空文化传播有限公司授权,千致公司为‘wukong 系列卡通形象版权’及 wukong 商标在国内童鞋产品中唯一合法的使用者。”而九某公司销售悟空童鞋源于悟空公司的授权,涉案悟空童鞋包装盒正面左上角标有“悟空形象由天行者国际传播机构授权”,相关商标则由珠海天空文化传播有限公司申请注册,包装盒底部标有千致公司和某者公司的网站地址,塑料卡通物和图片上的悟空形象与汤某波设计的如图4(略)所示悟空人物形象基本一某。鉴于天行者公司、悟空公司、千致公司在网络传播孙悟空人物形象以及授权生产、销售悟空童鞋方面互有关联,彼此协作,故法院认为,天行者公司、悟空公司、千致公司共同侵害了张光宇和美影厂享有的孙悟空人物形象的信息网络传播权、复制权和发行权。而九履公司系悟空童鞋的销售者,销售附有孙悟空人物形象的悟空童鞋,属于侵害发行权的行为。扬派公司系商铺出租方,未实施著作权人专有权利控制的行为,故美影厂有关扬派公司侵犯著作权的主张不能成立。

3. 关于侵权责任承担方式的问题

法院认为,根据《著作权法》第 48 条的规定,未经著作权人许可,复制、发行、通过信息网络向公众传播其作品的,应当承担停止侵害、消除影响、赔礼道歉、赔偿损失等民事责任。美影厂关于天行者公司、悟空公司、千致公司、九履公司停止侵权行为的诉请具有事实和法律依据,法院予以支持。另根据《著作权法》第 53 条的规定,复制品的发行者不能证明其发行的复制品有合法来源的,应当承担法律责任。鉴于九履公司已向法院提交了证明悟空童鞋合法来源的证据,故依法不承担赔偿责任。关于赔偿数额的问题,美影厂主张根据三被告的违法所得予以赔偿,具体计算方式为:每双童鞋零售价以 128 元计算,零售价为出厂价 3 倍,故每双童鞋利润约 85.4 元;三被告在全国至少有 6 家总代理店,平均每家代理店销售童鞋数量为 5 万双/年,平均每家代理店缴纳品牌代理费 2.5 万元/年,故三被告营业利润达 2575 万元,以 20% 的保守标准,诉请被告赔偿损失 515 万元。法院认为,本案系侵害著作权纠纷,美影厂不能将涉案童鞋销售利润直接作为复制、发行美术作品所获得的利润,故美影厂的该项主张缺乏事实依据,法院不予采信。鉴于美影厂未提供证据证明其遭受的实际损失和被告获取的违法所得,故法院综合作品类型、作品知名度、市场价值以及侵权人的主观过错、侵权方式、持续时间、涉及范围、损害后果等因素酌情确定。另鉴于美影厂主张被告赔偿调查取证、公证等合理费用6774.62元,却仅向法院提交了公证费及童鞋购买发票凭证,故法院对上述有证据证实的合理开支5328元予以支持。此外,鉴于赔礼道歉民事责任一般仅适用于自然人因人格权遭受侵害所请求的救济,故对美影厂要求各被告赔礼道歉的诉请不予支持。

评析

在本案当中,根据天行者公司在本案中提供的证据,其外观设计专利权、商标权以及美术作品著作权登记的时间,均远远晚于美影厂完成涉案作品的时间。根据“保护在先权利”的解决知识产权权利冲突的基本原则,天行者公司不能以在后获得的权利来对抗美影厂在先获得的权利。即便以被控侵权孙悟空人物形象与天行者公司提供的外观设计专利、美术作品及美影厂涉案作品进行比对,被控侵权孙悟空人物形象与美影厂涉案作品的相似度也远远高于该形象与天行者公司的外观设计专利和美术作品之间的相似度。因此即使,其依法拥有争议标的的专利、商标,也容易产生侵犯他人著作权中的信息网络传播权、复制权和发行权等权能。

第二节　在先权益的认定时间界限

目前,我国法律没有明确关于在先权利如何界定的规定。而关于在先权益如何界定,现阶段有两种主流观点:一是以注册商标核准之日为界,主张这部分观点的人认为,如果在先权利在诉争商标核准注册时已不存在,则不影响诉争商标的注册;反之,如果商标核准注册之时,他人依法享有在先权利,则应当就诉争商标的注册是否损害该在先权利做出进一步认定。二是以注册商标申请日为界,理由是商标注册的过程是需要经过较长的审核过程,需经申请、审查、公告等程序,这些程序走完少则数月,多则数年,时间跨度很大,让注册商标权人承担由于程序问题而带来的不合理对待,这不符合法律公平的精神。

《商标审查及审理标准》规定:本条规定的在先权利是指在系争商标申请注册日之前已经取得的,除商标权以外的其他权利,包括字号权、著作权、外观设计专利权、姓名权、肖像权以及应予保护的其他合法在先权益。在商标异议、不予注册复审及无效宣告案件审理中,涉及在先权利保护问题的,以本标准为原则进行个案判定。《商标审查及审理标准》以列举加概括的方式进行定义。具有开放性,其目的就是及时有效地对实践中新出现的、当事人依法享有的其他合法权益提供法律保护。

《商标法》第 32 条规定,申请商标注册不得损害他人现有的在先权利,也不得以不正当手段抢先注册他人已经使用并有一定影响的商标。该条所指的“现有”,一般应当以系争商标申请注册日为时间点,确定在先权利是否形成,是否仍处于合法状态,但如果在先权利在案件审理时已不存在,则一般不影响系争商标的注册。

2017 年 3 月 1 日,最高人民法院《关于审理商标授权确权行政案件若干问题的规定》第 18 条规定:《商标法》第 32 条规定的在先权利,包括当事人在诉争商标申请日之前享有的民事权利或者其他应予保护的合法权益。诉争商标核准注册时在先权利已不存在的,不影响诉争商标的注册。包括法定权利和法益,法益是指法条没有明确的定义,但是根据正义、公平和情理应予以保护的合法权益。

由此可见,现阶段认定在先权益的时间界限为注册商标申请日。

附　录

商标注册申请书

申请人名称(中文)：
(英文)：
申请人国籍/地区：
申请人地址(中文)：
(英文)：
邮政编码：
联系人：
电话：
代理机构名称：
外国申请人的国内接收人：
国内接收人地址：
邮政编码：
商标申请声明：□集体商标　□证明商标
□以三维标志申请商标注册
□以颜色组合申请商标注册
□以声音标志申请商标注册
□两个以上申请人共同申请注册同一商标
要求优先权声明：□基于第一次申请的优先权　□基于展会的优先权
□优先权证明文件后补
申请/展出国家/地区：
申请/展出日期：
申请号：

申请人章戳(签字)：　　代理机构章戳：

代理人签字：

注：请按说明填写

下框为商标图样粘贴处。图样应当不大于 10cm × 10cm，不小于 5cm × 5cm。以颜色组合或者着色图样申请商标注册的，应当提交着色图样并提交黑白稿 1 份；不指定颜色的，应当提交黑白图样。以三维标志申请商标注册的，应当提交能够确定三维形状的图样，提交的商标图样应当至少包含三面视图。以声音标志申请商标注册的，应当以五线谱或者简谱对申请用作商标的声音加以描述并附加文字说明；无法以五线谱或者简谱描述的，应当使用文字进行描述；商标描述与声音样本应当一致。

商标说明：

类别：
商品/服务项目：

类别：
商品/服务项目：

商标注册申请书(附页)

其他共同申请人名称列表：

填写说明

1. 办理商标注册申请,适用本书式。申请书应当打字或者印刷。申请人应当按照规定并使用国家公布的中文简化汉字填写,不得修改格式。

2. “申请人名称”栏:申请人应当填写身份证明文件上的名称。申请人是自然人的,应当在姓名后注明证明文件号码。外国申请人应当同时在英文栏内填写英文名称。共同申请的,应将指定的代表人填写在“申请人名称”栏,其他共同申请人名称应当填写在“商标注册申请书附页——其他共同申请人名称列表”栏。没有指定代表人的,以申请书中顺序排列的第一人为代表人。

3. “申请人国籍/地区”栏:申请人应当如实填写,国内申请人不填写此栏。

4. “申请人地址”栏:申请人应当按照身份证明文件中的地址填写。身份证明文件中的地址未冠有省、市、县等行政区划的,申请人应当增加相应行政区划名称。申请人为自然人的,可以填写通讯地址。符合自行办理商标申请事宜条件的外国申请人地址应当冠以省、市、县等行政区划详细填写。不符合自行办理商标申请事宜条件的外国申请人应当同时详细填写中英文地址。

5. “邮政编码”“联系人”“电话”栏:此栏供国内申请人和符合自行办理商标申请事宜条件的外国申请人填写其在中国的联系方式。

6. “代理机构名称”栏:申请人委托已备案的商标代理机构代为办理商标申请事宜的,此栏填写商标代理机构名称。申请人自行办理商标申请事宜的,不填写此栏。

7. “外国申请人的国内接收人”“国内接收人地址”“邮政编码”栏:外国申请人应当在申请书中指定国内接收人负责接收国家知识产权局后继商标业务的法律文件。国内接收人地址应当冠以省、市、县等行政区划详细填写。

8. “商标申请声明”栏:申请注册集体商标、证明商标的,以三维标志、颜色组合、声音标志申请商标注册的,两个以上申请人共同申请注册同一商标的,应当在本栏声明。申请人应当按照申请内容进行选择,并附送相关文件。

9. “要求优先权声明”栏:申请人依据《商标法》第二十五条要求优先权的,选择“基于第一次申请的优先权”,并填写“申请/展出国家/地区”“申请/展出日期”“申请号”栏。申请人依据《商标法》第二十六条要求优先权的,选择“基于展会的优先权”,并填写“申请/展出国家/地区”“申请/展出日期”栏。申请人应当同时提交优先权证明文件(包括原件和中文译文);优先权证明文件不能同时提交的,应当选择“优先权证明文件后补”,并自申请日起三个月内提交。未提出书面声明或者逾期未提交优先权证明文件的,视为未要求优先权。

10.“申请人章戳”栏:申请人为法人或其他组织的,应加盖公章。申请人为自然人的,应当由本人签字。所盖章戳或者签字应当完整、清晰。

11.“代理机构章戳”栏:代为办理申请事宜的商标代理机构应在此栏加盖公章,并由代理人签字。

12.“商标图样”栏:商标图样应当粘贴在图样框内。

13.“商标说明”栏:申请人应当根据实际情况填写。以三维标志、声音标志申请商标注册的,应当说明商标使用方式。以颜色组合申请商标注册的,应当提交文字说明,注明色标,并说明商标使用方式。商标为外文或者包含外文的,应当说明含义。自然人将自己的肖像作为商标图样进行注册申请应当予以说明。申请人将他人肖像作为商标图样进行注册申请应当予以说明,附送肖像人的授权书。

14.“类别”“商品/服务项目”栏:申请人应按《类似商品和服务项目区分表》填写类别、商品/服务项目名称。商品/服务项目应按类别对应填写,每个类别的项目前应分别标明顺序号。类别和商品/服务项目填写不下的,可按本申请书的格式填写在附页上。全部类别和项目填写完毕后应当注明“截止”字样。

15.“商标注册申请书附页——其他共同申请人名称列表”栏:此栏填写其他共同申请人名称,外国申请人应当同时填写中文名称和英文名称。并在空白处按顺序加盖申请人章戳或由申请人本人签字。

16. 收费标准:一个类别受理商标注册费300元人民币(限定本类10个商品/服务项目,本类中每超过1个另加收30元人民币)。受理集体商标注册费1500元人民币。受理证明商标注册费1500元人民币。

17. 申请事宜并请详细阅读“商标申请指南”(www. saic. gov. cn)。

案例索引